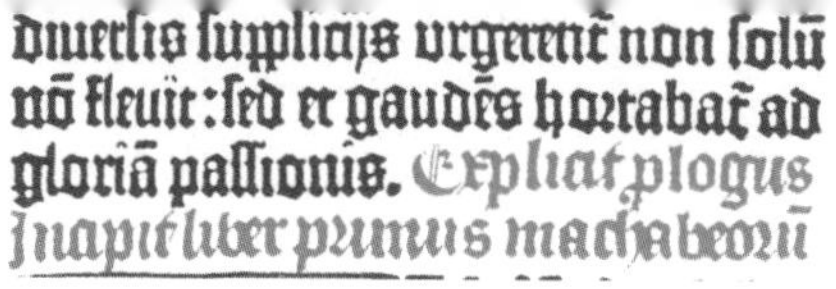
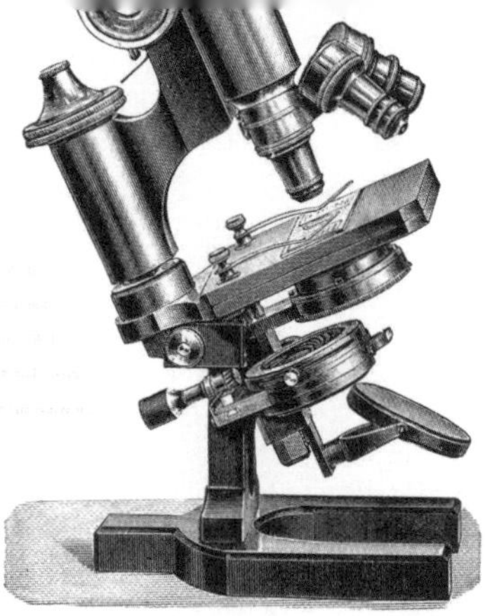
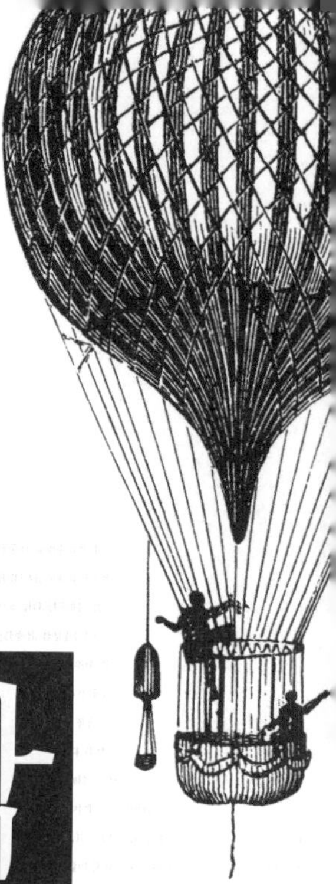

감성과학

응용과 실제

한국감성과학회 편
김보성 · 박재희 · 도성룡 · 이영창 · 김진호 · 이은주
김춘정 · 정상훈 · 나대열 · 주다영 · 민병찬 공저

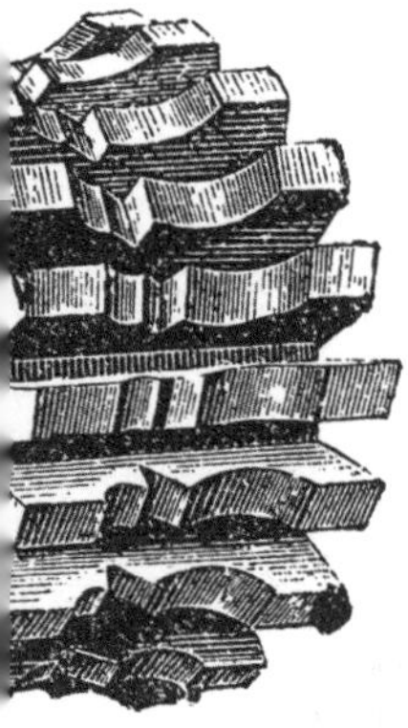
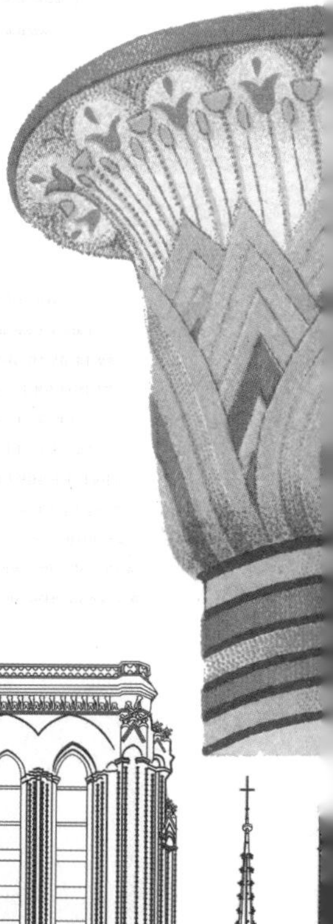
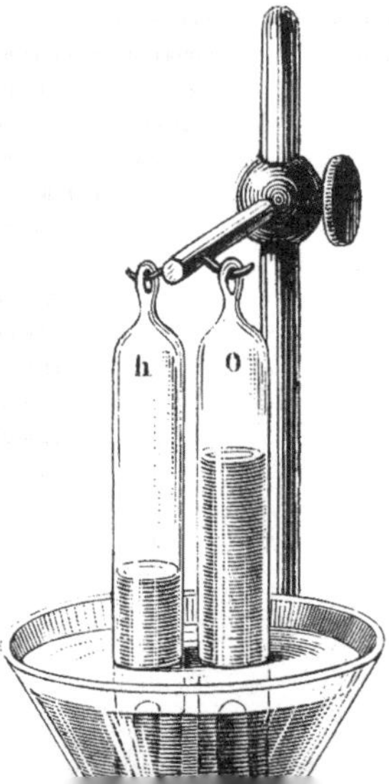

학지사

머리말

빅데이터, IoT, 클라우드, AI로 대표되는 지능정보기술 사회인 4차 산업혁명 시대에 접어들었다. 2016년 스위스에서 열린 다보스 포럼을 기점으로 4차 산업혁명이 폭넓게 회자되었으며, 세기의 대결이라고 불릴 만한 이세돌과 알파고의 바둑 대결은 전 세계의 집중을 받았다. 인공지능 로봇의 상용화 시대를 앞두고 있음을 고려할 때, 사람들이 주목하는 단어는 '대체'일 것이다. 인간이 지금까지 해 왔던 다양한 일들을 인공지능 로봇이 대신하게 되면서, 인간의 역할 감소와 더불어 인간의 가치가 평가 절하될 수 있다는 두려움이 팽배해지고 있다.

이러한 시기에 인간이 인간으로의 삶을 영위하기 위해서 초점을 두어야 하는 분야로서 관심을 받는 것이 '감성과학(emotion & sensibility)'이다. 인공지능 로봇이 계산 · 예측 등의 인지적 능력과 무빙(moving), 리프팅(lifting) 등의 신체적 능력에서 인간보다 월등하지만, 사람처럼 감성을 느껴 스스로 표현하는 부분에서는 아직도 인간을 뛰어넘지 못했다. 이는 자의식(self-consciousness)이라 불리는 개념에 대해서 아직 명확하게 밝혀지지 않아 딥러닝(deep learning)을 통해서 알고리즘으로 변환할 수 없기 때문이다.

따라서 이와 같은 시대적인 흐름에 발맞춰 인간이 인간으로서 가치를 살리는 데 기여 가능한 감성과학 내용을 정리하고자 했다. 이를 위해 심리학, 의(공)학, 인간공학, 의류학, 디자인학, 콘텐츠학 등 다양한 분야에 관심을 가진 감성과학 전문가들이 자신의 연구를 바탕으로 감성과학 내용을 독자가 쉽게 이해할 수 있도록 소개하는 데 노력을 기울였다. 이 책의 내용을 간략하게 소개하면 다음과 같다.

1장 '감성이란 무엇인가'에서는 감성을 이해하는 철학적 · 심리학적 · 공학적 접근을 소개하고, 감성의 테마를 유사 개념들과의 비교를 통해 명확하게 규정한다. 그리고 개략적으로 어떻게 다방면에 걸쳐 적용될 수 있는지 기술한다.

2장 '감성과학의 역사'에서는 감성에 관한 연구가 어떻게 시작되었으며, 감성과학이 어떻게 등장하게 되었는지 소개하고, 감성공학으로서의 태동과 관련 연구들을 탐색한다. 또한 감성과학의 확산성과 그 미래에 대해 논의한다.

3장 '감성의 연구방법: 감성 형용사'에서는 감성을 연구하는 방법 중 언어를 통한 감성 형용사 활용 방법을 소개한다. 감성 형용사의 의미를 이해하고, 감성 형용사가 어떻게 분류되며, 또한 어떻게 수집될 수 있는지를 기술한다. 그리고 감성 형용사의 기존 표현 척도를 살펴보고, 어떻게 평가할 수 있는지를 이해하도록 하며, 관련 연구의 동향에 대해서 논의한다.

4장 '감성의 연구방법: 생리적 지표'에서는 감성을 연구하는 방법 중 인간의 생리적 반응을 살펴보는 방법을 소개한다. 말초 신경계를 이용하는 방법과 중추 신경계를 이용하는 방법으로 구분하여 기술하고, 이러한 생리적 지표를 활용하여 감성의 측정이 어떻게 확장될 수 있는지를 논의한다.

5장 '감성과 제품 개발'에서는 감성이 제품 개발에 어떻게 응용될 수 있는지를 살펴본다. 절차적 측면으로 사용자 중심의 제품과 고객 니즈에 관해 이해하고, 고객 니즈를 개발하여 고객의 요구 사항을 제품 개발에 어떻게 반영할 수 있는지를 기술한다. 또한 시대적 트렌드로서 감성과 제품의 관계를 논의한다.

6장 '감성과 의류: 인체 · 자연친화 의류'에서는 감성이 의류 설계에 어떻게 응용될 수 있는지를 살펴본다. 그리고 패션의류 및 섬유산업에서 자연친화적 기술을 적용하여 기능성과 감성이 어떻게 융합될 수 있는지, 특히 천연 염색 직물에 초점을 두어 웰니스(wellness)와 친환경의 가치관까지 고려한 색채감성 측면을 소개한다.

7장 '감성과 의류: ICT 융합 의류'에서는 감성이 의류 설계에 어떻게 응용될 수 있는지를 살펴본다. 특히 감성 ICT를 기반으로 한 감성 ICT 융합 의류를 소개하고, 스마트의류, 3D 프린팅 의류 및 빅데이터와 인공지능 기반의 디지털 의류패션을 중심으로 논의한다.

8장 '감성과 제품디자인'에서는 디자이너가 의도한 감성을 사용자에게 전달하는 정도인 감성품질에 대해서 이해하고, 사용자가 제품을 사용하면서 느꼈던 감성과 해당 제품에 대한 만족도와의 관계를 살펴본다. 또한 제품의 감성 품질을 높이기 위한 요소들에는 어떤 것들이 있는지 소개한다.

9장 '감성과 UX'에서는 사용자 경험(UX)이 무엇인지 이해하고, UX 디자인 및 방법론에 대해서 살펴본다. 그리고 감성과의 연계성을 고려하여 감성 중심 UX 디자인이 생성되는 프로세스를 논의하고, 그 프로세스를 통해 산출된 일부 결과물의 예시들을 소개한다.

10장 '감성과 미래 자동차'에서는 자동차는 어떻게 변해 가고 있으며, 자동차에서 요구되는 감성은 무엇인지 살펴본다. 또한 운송수단이 아닌 하나의 공간으로서 인식되는 미래 자동차에 있어 탑승자의 감성적 만족도를 높여 주는 방안에 대해 논의한다.

11장 '감성과 향'에서는 후각 감성에 있어서 후각 감각의 이론적 배경에 대해서 구체적으로 살펴본다. 그리고 대표적인 2가지 연구사례를 집중적으로 알아보고, 이를 바탕으로 후각 감성평가의 방안에 대해 논의한다.

공동작업으로 인해 일정이 지체되었음에도 이 책이 나올 수 있도록 인내해 주신 박재희 교수(2장), 도성룡 박사(3장), 이영창 박사(4장), 김진호 교수(5장), 이은주 교수(6장), 김춘정 교수(7장), 정상훈 교수(8장), 나대열 박사(9장), 주다영 교수(10장), 민병찬 교수(11장)께 감사의 인사를 드린다. 또한 한국감성과학회의 20주년 사업 중 하나로서 이 책의 집필을 처음 기획하신 12대 박세진 회장님께도 감사의 인사를 드린다. 마지막으로 이 책의 출판을 기꺼이 맡아 주신 학지사 관계자 여러분에게도 감사의 인사를 드린다.

2019년 3월

집필자 대표 김보성

차례

● 머리말 3

1부 • 감성의 기초

1장 /

감성이란 무엇인가 14

1. 감성을 이해하는 틀 16
2. 감성의 테마 18
3. 감성의 적용 30

2장 /

감성과학의 역사 36

1. 감성에 대한 연구 38
2. 감성과학의 등장 배경 39
3. 감성공학의 태동 41

4. 감성공학 연구개발 42
5. 감성과학의 확산 44
6. 감성과학의 미래 46

3장 /

감성의 연구방법: 감성 형용사 52

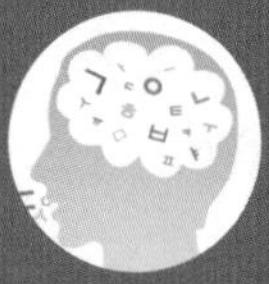

1. 감성 형용사 개요 54
2. 감성 형용사 분류 54
3. 감성 형용사 수집 방법 59
4. 감성 형용사 표현 척도 61
5. 감성 형용사 기반의 감성 평가 방법 65
6. 감성 형용사 관련 연구 동향 69

4장 /

감성의 연구방법: 생리적 지표 74

1. 말초신경계를 이용한 감성 측정 76
2. 중추신경계를 이용한 감성 측정 85
3. 생리적 지표를 이용한 감성 측정의 미래 91

2부 · 감성의 응용

5장 /

감성과 제품 개발 98

1. 사용자 중심의 제품과 고객 니즈 100
2. 고객 니즈 개발 101
3. 고객 요구 사항을 반영한 제품 개발 111
4. 감성과 제품 119

6장 /

감성과 의류: 인체 · 자연친화 의류 124

1. 인체 · 자연친화 의류와 감성과학 126
2. 인체 · 자연친화 의류의 심리적 감성 131
3. 인체 · 자연친화 의류의 생리적 감성 142

7장 /

감성과 의류: ICT 융합 의류 152

1. 스마트의류 154
2. 3D 프린팅 의류 163
3. 디지털 의류패션 169

8장 /

감성과 제품디자인 182

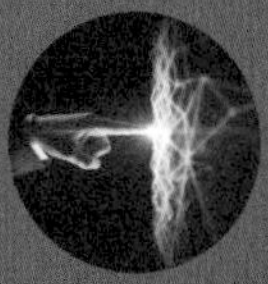

1. 제품 사용 중 표출되는 사용자의 감성 184
2. 제품의 감성품질 196
3. 한국감성과학대상 204

9장 /

감성과 UX 224

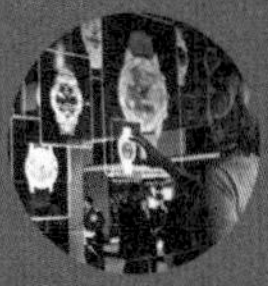

1. UX의 개요 226
2. UX 디자인 230
3. UX 디자인 방법론 235
4. 감성 중심 UX 디자인 프로세스 238
5. 감성 중심 UX 디자인 산출물 예시 245
6. 맺음말 248

10장 /

감성과 미래 자동차 252

1. 자동차의 변화와 감성 254
2. 자동차에서의 감성적 경험 256
3. '사람'을 생각하는 미래 감성자동차 274

11장 /

감성과 향 280

1. 후각에 있어서의 정동과 뇌의 역할 282
2. 후각 감성연구 사례 1: 300
향 자극에 따른 직업별 뇌파의 상호 정보량 분석
3. 후각 감성연구 사례 2: 307
뇌파와 자율신경계 반응을 이용한 향의 영향 평가

● 찾아보기 327

1부

감성의 기초

감성과학
응용과 실제

1장

감성이란 무엇인가

김보성

●●● 들어가기

〈너의 췌장을 먹고 싶어〉라는 일본 영화가 2017년에 개봉하였다. 당시 저자도 이 영화 제목을 처음 접했을 때, 공포 영화라는 착각을 했었다. 물론 지금은 이 영화를 본 이후이기 때문에 그러한 오해보다는 애틋함이 묻어나는 영화로서 기억하고 있다.

죽음을 앞두고 시한부 인생을 사는 여자 주인공 '사쿠라'와 사회적 대인관계에 미숙하여 외톨이로 등장하는 남자 주인공 '하루키'와의 대화에서 왜 이 영화 제목이 그러했는지 알 수 있다.

"내가 죽으면 내 췌장을 먹게 해 줄게. 누가 먹어 주면 영혼이 그 사람 안에서 계속 살 수 있대."

결국 죽어서도 너와 함께 하고 싶다는 의미의 표현으로 이 말이 사용된 것이다.

이 영화를 검색하다 보면 '감성 영화'라는 키워드를 함께 접하게 되는데, 그렇다면 왜 이 영화를 감성 영화로 분류하는 것일까? 단순히 사람들의 눈물샘을 자극하거나, 몽환적인 분위기에 빠지도록 하는 것을 감성이라고 보면 되는 것일까? 만일 그렇다면 '감성 제품'이나 '감성 인테리어' 등에 사용되는 감성은 '감성 영화'의 감성과 같은 의미일까? 아니면 '감각' 또는 '감정'이라는 단어의 의미와는 다른 것인가? 그럼 학문적 용어로서 자주 사용되는 '정서'는 또 다른 것인가?

이 장에서 이러한 물음에 대한 답변들을 하나씩 찾아보도록 하자.

〈너의 췌장을 먹고 싶어〉

1. 감성을 이해하는 틀

1) 철학적인 접근

철학은 모든 학문의 뿌리에 해당한다. 물론 사회적 트렌드에 따라 철학에 관심을 두는 사람들이 줄어들고 있는 것은 사실이다. 그러나 우리가 감성(emotion & sensibility)을 이해하기 위해서는 그 첫 번째 틀로서 철학적인 접근을 배제할 수는 없다. 익히 들어서, 마치 옆집에 사는 아저씨인 양 착각할 수 있는 사람이 바로 칸트(Immanuel Kant)이다. 칸트는 1770년에 「감성 세계와 지성 세계의 형식과 원리들에 관하여」라는 논문에서 감성과 지성을 구분하였다(김재호, 2015). 둘 다 '인식 능력'이라는 상위 개념을 가지고 있어, 감성은 감성적 인식 능력으로, 지성은 지성적 인식 능력으로 구분되었다. 여기서 인식 능력을 문자 그대로 해석한다면, 무엇인가를 받아들이는 수용 능력으로 해석할 수 있다. 전통적인 컴퓨터로 예를 들면, 키보드와 마우스와 같은 입력장치가 그 기능을 적절하게 수행할 수 있을 때, 이를 인식 능력이 존재한다고 말할 수 있는 것이다. 사람의 특징을 모방하여 만들어진 것이 컴퓨터임을 고려하면, 사람이 가지고 있는 다양한 감각 기관이 바로 컴퓨터의 입력 장치이고, 이러한 감각 기관이 제 역할을 잘 수행할 수 있다면, 마찬가지로 인식 능력이 존재한다고 볼 수 있다.

[그림 1-1] 임마누엘 칸트

감성을 이해하는 철학적 접근에서 눈여겨볼 만한 중요한 사실은, 결국 감각(sensation)을 매개로 하여 외부 대상을 받아들이는 수용적인 과정이 핵심이라는 것이다(박창호 외, 2007). "나는 생각한다, 고로 존재한다."라는 데카르트의 유명한 말처럼, 인간의 내부에서 시작되는 자발적 특징이 강조됨과 더불어 인간의 외부에서 접근되는 수동적인 특징도 강조된 것이다. 결국, 감각을 이해하는 것이 감성을 이해하는 첫걸음인 셈이다. 따라서 감성의 첫걸음인 감각에 대해서는 이후 '감각과 감성'에서 보다 자세하게 살펴본다.

2) 심리학적 접근

감성을 이해하는 틀로서 심리학적 접근 역시 빼놓을 수는 없다. 심리학은 인간을 이해하고자 하는 학문이다. 물론 인간의 존재론적 이유라는 측면에서는 심리학보다는 철학이 더욱 가깝다고 볼 수 있으나, 우리 주변에서 일어나고 있는 현상에서는 오히려 심리학이 인간을 이해하는 학문에 더욱 가깝다고 여긴다. 예를 들어, 어떤 사람이 '친한 친구를 내가 잘 알면 그 친구와의 좋은 관계를 유지하는 데 도움이 될 거야.'라는 생각을 하고 있다고 가정해 보자. 그는 친구와의 좋은 관계를 지속하고자 그 친구를 이해하기 위해 어떠한 노력을 기울일 것이라고 예상하는가? 아마도 서점에 가서 심리학과 관련된 책을 탐독하거나, 인터넷을 통해 심리학과 관련된 블로그를 확인할지 모른다. 이러한 예상에 우리가 동의한다면, 심리학이 인간에 대해 이해하는 데 가장 가까운 학문임을 우리 스스로가 입증하고 있는 셈이다.

문자 그대로 '마음의 이치'라고 해석할 수 있는 심리에서 마음은 오히려 논리적인 것보다 감정적인 것을 더 중요하게 여긴다. 예를 들어, 누군가를 사랑한다면 흔히 콩깍지가 씌었다고들 표현한다. 이때의 콩깍지는 사랑의 조건으로 외모, 태도 등이 합리적 측면에서 부족하더라도 이를 긍정적으로 보도록 하는 데 기여한다. 다시 말하면, 논리적 이유가 중요한 것이 아니라 그 사람이 사랑스럽다는 감정이 사랑의 의사결정에 중요하다는 것이다. '널 사랑하는 이유'([그림 1-2] 참조)라는 사랑에 대한 글귀는 이를 잘 반영하고 있다.

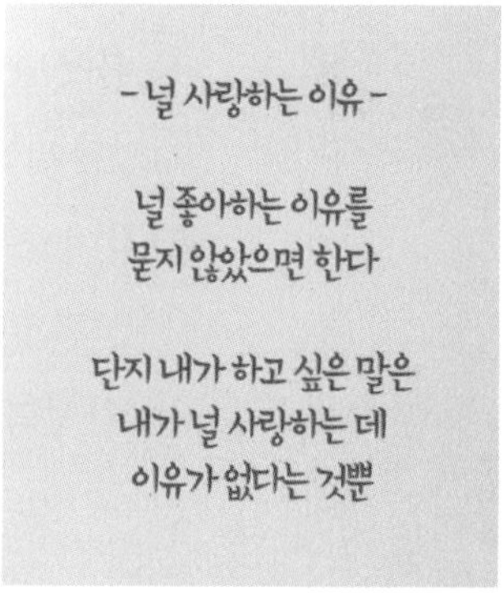

[그림 1-2] 사랑에 대한 글귀
출처: 남녀소통연구소

심리학은 지금까지 느낌(feeling), 분위기(mood), 호오(好惡, affects) 등의 다양한 요소들을 포괄하는 학문적 개념으로서 정서(emotion)에 많은 관심을 기울이고 있다. 이러한 관점에서 외부의 대상에 대한 감정적인 내적 상태의 변화를 살펴보고자 하는 것이 감성을 이해하는 심리학적 접근의 핵심이라 할 수 있다. 정서에 대해서도 '정서와 감성'에서 보다 자세하게 살펴본다.

3) 공학적 접근

감성을 이해하는 데 접근방법이 조금은 다른 형태가 바로 공학적 접근이라 할 수

[그림 1-3] 감성의 공학적 접근의 예 (아사히 맥주)

출처: http://www.asahibeerk.com/mobile/dryBlack.asp

있다. [그림 1-3]은 일본의 대표적 주류업체 '아사히(アサヒ)'가 개발한 캔맥주의 광고이다. 다른 캔맥주와 별다를 것이 없어 보이긴 하지만, 소비자가 캔맥주를 따를 때의 소리, 캔 뚜껑 표면의 촉감 등의 총 27가지의 소비자의 감성 특성에 기초하여 개발한 캔맥주이다(감성 특성을 추출하는 방법에 대해서는 4장 '감성의 연구방법: 생리적 지표'를 참조).

이는 앞서 살펴본 감성의 철학적 접근과 심리학적 접근에서 중요하게 여겼던 감각과 정서의 특성을 기준으로, 이 기준에 적합한 형태의 사물을 제작하여 소비자가 기분 좋은 소비를 할 수 있도록 했다는 점이 핵심이다. 즉, 감성의 응용적 접근이 바로 감성의 공학적 접근인 셈이다.

그렇다면 공학적 접근에서 기준으로서 바라본 감성은 정확하게 무엇을 의미하는 것일까? 이구형(1998)은 감성은 외부 대상으로부터 전달되는 감각자극에 대한 즉각적인 반응으로 감정보다 강도가 낮은 것으로 정의하고 있다. 이는 철학적 접근의 핵심인 감각은 적극적으로 수용하되, 심리학적 접근의 핵심은 정서와는 차별을 두고 반영한 것이다. 다시 말하면, 공학에서는 기준이 매우 중요한데, 인간의 정서는 변화무쌍하며 때로는 그 원인도 불분명할 수 있으니 이를 기준으로 삼는 것은 매우 부적절했을 것이다['정서와 감성'(2절의 2) 참조]. 그럼에도 불구하고 인간에게 있어 변화 요소가 매우 적을 수 있는 감각에 초점을 두되, 그 감각을 긍정과 부정의 언어로 표현할 수 있는 정도에서 감성을 결정하고, 이를 기준으로 삼는 것은 매우 현명한 선택이었다고 볼 수 있다. 이는 '감성의 적용'에서 보다 자세하게 살펴본다.

2. 감성의 테마

1) 감각과 감성

폴리와 마틀린(Foley & Martlin, 2013)은 감각을 감각계의 기능 작용으로 정의하고 있다. 즉, 인간이 가지고 있는 감각 기관(시각, 청각, 촉각, 미각, 후각)이 인간을 중심으로 외부의 무엇(이하 '자극')을 하나의 정보로서 받아들여 인간의 뇌가 이를 처리할 수 있도록 전달해 주는 신경계의 작동을 의미한다.

그러나 우리는 일상에서 이러한 정의에 합당한 감각을 스스로 느끼거나 구분하는 데 어려움을 겪는다. 그 이유는 지각(perception) 때문이다. 여기서 지각은 감각들의 의미와 체제를 부여하는 해석 과정을 의미한다. 예를 들어, 자신의 방에서 실수로 압정을 하나 바닥에 떨어뜨렸다고 가정해 보자. 이를 알지 못하고 떨어져 있던 압정을 발로 막 밟으려는 상황에서 일시 정지를 해 보도록 하자. 어떤 상황이 일어나리라 예측되는가?

지금까지 자신도 모르는 사이에 피부를 긁히거나 상처가 나는 일을 자주 경험했던 사람이라면, 압정을 발로 밟아 피가 나는 상황을 머릿속에 떠올렸을 수도 있다. 그러나 이러한 사람과는 반대로 한 번도 그런 경험이 없던 사람은 압정을 발로 밟기 전에 뾰족한 끝이 발바닥에 닿는 순간의 아픔으로 피가 나는 상황을 모면할 수 있을 것으로 예측했을 수도 있다. 두 가지 예측은 결과로서 다르지만, 두 상황은 같은 감각을 공유하고 있다. 이 가정된 상황에서 감각은 뾰족한 압정의 끝부분이 하나의 자극으로 인간의 발바닥에 존재하는 촉각의 감각 기관에 전달된 후, 촉각정보의 신경계를 거쳐 우리의 뇌에까지 그 신호를 전달하는 과정을 의미한다. 이는 두 가지 예측 결과에서 모두 같게 이루어진 과정인 셈이다.

그렇다면 이 가정된 상황에서 지각은 서로 다른가? 결론부터 이야기하면 그렇다고 볼 수 있다. 감각 신호를 위협으로 해석하면서 매우 긴급하게 처리하여 다리를 들어 올려 압정에 찔리지 않도록 유도하는 즉각적 대처의 정보처리 과정을 거치느냐, 긴급한 상황으로 처리하기보다 일상적으로 반복될 수 있는 평상적(routine)인 상황으로 처리하여 상처가 유발될 수 있도록 내버려 두느냐의 차이인 것이다. 이러한 차이가 발생하는 것은 해석이라는 과정이 포함되어 있기 때문에 발생하는 것이다.

잘 생각해 보면, 이 가정된 상황은 매우 짧은 시간에 벌어지는 일을 마치 느린 동작과 일시 정지 기능을 통해 우리가 생각해 볼 수 있는 시간을 충분히 제공한 경우라 할 수 있다. 그러나 현실은 이와 같이 감각과 지각을 서로 구분하는 여유의 시간이 충분하지 않으며, 이를 구분하면서 삶을 살아간다는 것은 인간의 삶의 질을 떨어뜨리는 행동이 될 수도 있다. 시간제한이 존재하는 게임을 하면서 충분히 생각해 보고 결정한 후에 게임을 지속하겠다고 하는 사용자와 다를 것이 없는 셈이다.

감각과 지각의 구분을 이해했다면, 감성은 두 구분된 현상 중 어디에 속한다고 봐야 하는가? 정확하게는 감각과 지각의 사이에 해당한다고 보는 것이 맞다. 감성은 감각 기관을 통해 전달되는 정보를 배제할 수 없으며, 감각정보에 대한 즉각적인 형태의 해석도 배제할 수 없다. 결국 두 과정이 모두 요구되기 때문에 감각과 지각이 공유되는 사이에 해당하는 개념으로 이해하는 것이 적절하다.

감성을 조금 더 이해하려면, 다음 두 가지 사항에 대해서 참고해야 할 필요가 있다. 첫째, 감각은 우리의 감각 기관의 수만큼 각각 개별적으로 구분되어 있다. 둘째, 지각은 해석의 영역으로 구분되기보다 하나의 자원(pool)으로서 감각에 따라 자원 내에서 매칭되는 것을 빠르게 도출하게 된다. 이를 고려한다면, 감성은 시각 · 청각 · 촉각 · 미각 · 후각이라는 감각의 종류에 따라 시각 감성 · 청각 감성 · 촉각 감성 · 미각 감성 · 후각 감성으로 구분할 수 있으며, 각 감각에 적절한 즉각적인 반응들이 지각의 자원에서 도출되는 것으로 이해할 수 있다.

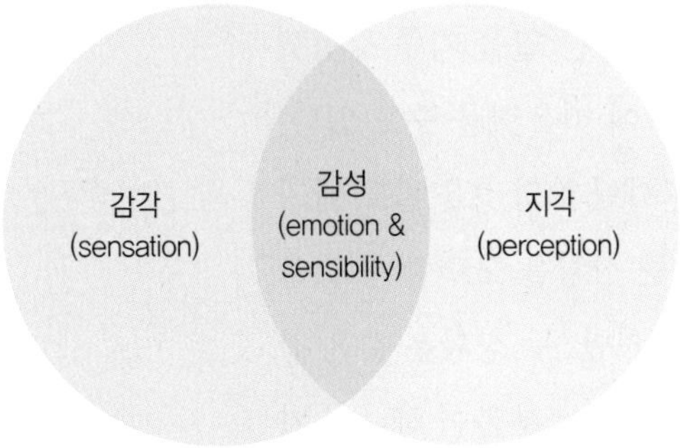

[그림 1-4] 감각과 지각의 범위에서 감성의 영역

(1) 시각 감성

시각 감성은 시각 자극에 의해 유발되는 즉각적 반응으로 이해할 수 있다. 그러나 우리가 처리하는 정보 대다수가 시각에 의해 처리되기 때문에 시각 감성의 범위 역시 매우 넓다고 할 수 있다. 따라서 여기에서는 시각이 어떤 정보들로 구성되느냐에 초점을 두고 유사한 사례를 중심으로 살펴보고자 한다.

① 색상

시각 정보 중 대표적인 것 중의 하나는 색상(color)이다. 즉, 시각 자극이 색상 정보라면 이에 대한 감성은 시각 감성이면서 색상 시각 감성이라 명명할 수도 있을 것이다. 이와 관련하여 반홍우와 최종명(2012)은 우리나라 대학생들과 중국 대학생들을 대상으로 빨간색 셔츠에 대한 시각 감성을 비교한 연구를 진행하였다. 이러한 연구의 배경에는 우리나라와 중국은 빨간색에 대한 즉각적인 반응을 유발할 정도로 매우 친근한 역사가 존재하기 때문이다. 최근 2018년 러시아 월드컵이 개최되었는데, '월드컵' 하면 우리나라 응원단인 '붉은 악마'를 떠올리게 된다. 우리에게 있어 붉은색은 매우 친숙한 색상 중 하나로 예로부터 신비롭고 강한 힘을 가진 색으로 여겨 왔다. 한편, 중국은 왕의 예복의 주된 색으로 붉은색을 사용하였으며, 행복을 연상시키는 의미로 사용해 와서 우리와 비슷하게 매우 친근한 색으로 여긴다. 이러한 배경 속에서 색상 중 빨간색, 그리고 셔츠의 색으로서 빨간색에 대한 감성을 추출하고, 문화적 차이에 근거한 비교까지 진행하였다. 이 주된 결과로는 빨간색 면 티셔츠의 주된 시각 감성으로 스포티(sporty)가 도출되었으며, 흥분, 열정 그리고 활동적인 면들과 밀접하게 연관되어 있음을 제시하였다.

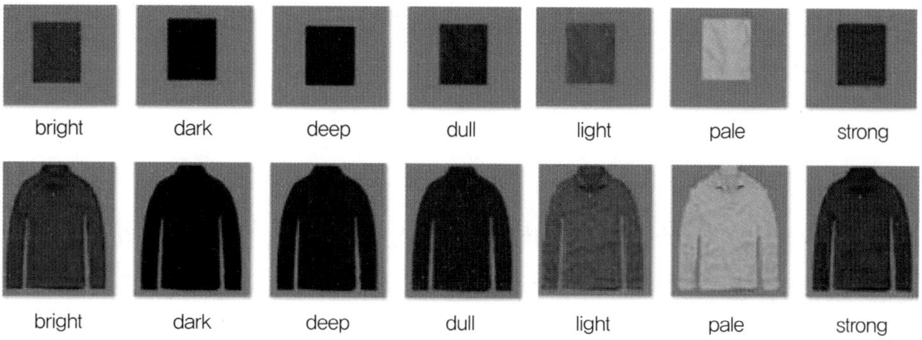

[그림 1-5] 색상 시각 감성의 예

출처: 변홍우, 최종명(2012)

② 모양 및 패턴

시각 정보 중 또 다른 요소는 모양(shape) 및 패턴(pattern)이다. 그러나 인간의 발달 과정에서도 모양과 패턴에 대한 시각 기능의 발달에 있어 매우 중요하게 여기는 것 중 하나가 바로 사람의 얼굴을 적절하게 인식할 수 있는지를 살펴보는 것이다. 얼굴을 인식한다는 의미에는 양육자의 얼굴을 정확하게 아는지와 더불어 얼굴에 대한 선호도(매력도)도 매우 중요하게 여기는 것이 사실이다. 이러한 관점에서 얼굴과 관련된 자극을 통해 아름다움의 감성을 구체적으로 살펴본 연구(김한경, 박수진, 정찬섭, 2004)가 있다. 이 연구에서는 여성의 얼굴을 자극으로 사용했는데, 이는 주로 아름다움이라는 자극에 대한 즉각적 반응은 성차에 따라 남성보다는 여성과 매우 밀접하게 관련되어 있기 때문이다. 이 연구자들에 따르면, 얼굴의 감성적 구조는 크게

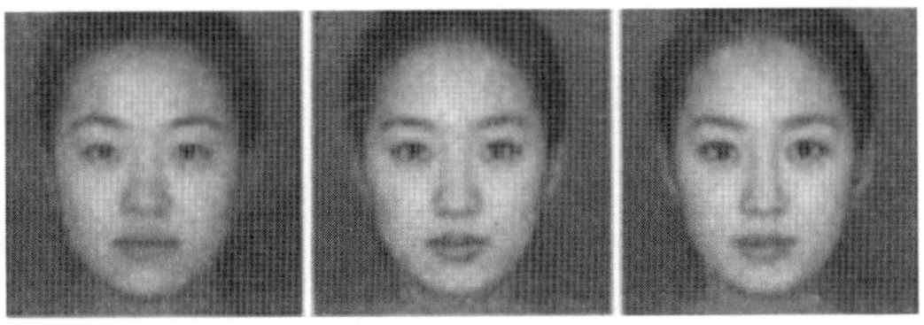

[그림 1-6] 얼굴 시각 감성의 예
출처: 김한경, 박수진, 정찬섭(2004)

샤프(sharp)와 소프트(soft)에 의해 많은 부분 설명될 수 있으며, 얼굴의 아름다움은 샤프(서구적이다, 섹시하다)와 매우 밀접하게 관련되어 있다.

③ 깊이 및 크기

시각 정보에서 빼놓을 수 없는 특징 중 하나는 3차원 입체, 즉 깊이(depth)와 크기(size)이다. 일상생활에서 실물 자극을 활용하는 경우에는 대부분 3차원 특징과 연관되어 있다고 보이나, TV나 영화를 시청하는 경우처럼 2차원의 평면 자극에서 3차원의 입체 특징을 느끼는 부분이 더 많은 관심의 대상일 수 있다. 그러나 TV나 영화를 시청하는 상황은 시각과 더불어 청각이 동시에 제시되는 복합 감각이기 때문에 시각 감성을 이해하기 위해서는 청각 감성과의 구분이 필수적이다. 그렇기 때문에 사진을 통해서 입체로 지각된 대상을 시각적으로 인식했을 때의 감성을 먼저 살펴보는 것이 요구된다. 이러한 관점에서 윤정선, 신미경, 이강희와 구아현(2000)은 주거 환경으로서 거실의 사진을 보고 거실 공간에 대한 감성을 살펴보는 연구를 진행하였다. 이 연구자들이 결과적으로 제시한 주거 환경의 시각 감성으로 10개의 어휘가 도출되었다. '안락한' '개방적인' '세련된' '경쾌한' '개성있는' '단순한' '화려한' '중후한' '고풍스러운' '전원적인'이 이에 해당하는 어휘들이다.

(2) 청각 감성

청각 감성은 청각 자극에 의해 유발되는 즉각적인 반응으로 이해할 수 있다. 그러나 시각과는 달리 물리적 속성과 심리적 속성이 일치하지 않는 것이 바로 청각이다. 청각의 기본적 단위인 소리(sound)는 주파수(frequency)와 진폭(amplitude)으로 구성되어 있다. 그런데 이러한 소리를 인간이 들었을 때, 그에 대한 심리적 경험 반응은 실제 물리적 특성인 주파수와 진폭이 아닌 소리가 높다/낮다는 것과 같은 음높이(pitch), 소리가 크다/작다는 것과 같은 음량(loudness)으로 표현된다. 이 심리적 경험은 물리적 속성이 아니기 때문에 단위가 없다는 특징을 가지고 있다. 따라서 청각 감성은 시각 감성처럼 구성 특성에 따라 구분하지 않고 소리라는 큰 테두리에 대한 감성 하나로서 그 예를 살펴보고자 한다.

〈표 1-1〉 **주거 환경의 시각 감성 어휘**

안락한	편안한, 쉴 만한, 아늑한, 평화로운, 온화한, 안전한, 평온한, 포근한, 안정감을 주는, 부드러운, 쾌적한, 따듯한, 아담한
개방적인	탁 트인, 전망 좋은, 넓은, 시원한, 여유 있는, 넉넉한
세련된	아름다운, 조화로운, 근사한, 매력적인, 멋진, 매끄러운, 고상한, 현대적인, 도시적인
경쾌한	밝은, 맑은, 상쾌한, 친근한, 산뜻한, 상큼한, 깜찍한, 참신한, 귀여운, 동화 같은, 명랑한, 환한, 사랑스러운, 예쁜, 발랄한, 가벼운
개성있는	생동감 있는, 새로운, 독창적인, 독특한, 특이한, 변화감 있는, 이국적인, 활기찬, 강렬한, 환상적인, 이색적인, 자유분방한, 신세대풍의, 과감한, 신선한, 참신한
단순한	차분한, 단정한, 간편한, 실용적인, 단조로운, 깔끔한, 기능적인, 깨끗한, 균형 잡힌, 간결한, 정결한, 가지런한, 정돈된, 반듯한
화려한	화사한, 아름다운, 정교한, 섬세한, 사치스러운, 로맨틱한, 우아한, 풍요로운
중후한	품위 있는, 격조 높은, 기품 있는, 웅장한, 고급스러운, 권위적인, 클래식한, 원숙한
고풍스러운	한국적인, 전통적인, 동양적인, 예스러운, 토속적인, 고전적인
전원적인	자연적인, 내추럴한, 아기자기한

출처: 윤정선, 신미경, 이강희, 구아현(2000)

이러한 관점에 가장 적절한 청각 감성 연구의 예는 이주환과 환광희(2006)의 연구이다. 이 연구자들은 음높이와 음량 이외에 음색도 포함하여 이들을 다양하게 조합한 자극에 따른 청각 감성의 구조를 살펴보고자 하였다. 특히 음색은 현악기, 관악기와 피아노를 구분하여, 현악기에는 바이올린, 비올라, 첼로의 소리를, 관악기에는 플루트, 오보에, 트롬본의 소리를 포함해 청각 자극으로 구성하였다. 이 연구에 따르면, 청각 감성은 크게 3개의 감성요소로 구분된다. 첫째, 유쾌(pleasant)와 불쾌(unpleasant)의 쾌적(pleasure) 요소, 둘째, 단순(simple)과 복잡(complex)의 복잡성(complexity) 요소, 셋째, 동적(active)과 정적(static)의 활동성(activity) 요소가 제시되었다. 조금 더 자세하게 살펴보면, '시원하다' '경쾌하다' '발랄하다' '우울하다' '슬프다' '어둡다'가 쾌적 요소의 어휘에 해당한다. 한편, '불안하다' '혼란스럽다' '날카롭다' '포근하다' '잔잔하다' '평범하다'가 복잡성 요소의 어휘들이다. 마지막으로 '다이내믹하다' '웅장하다' '거칠다' '단조롭다' '지루하다' '섬세하다'가 활동성 요소에 해당하는 어휘들이다.

(3) 촉각 감성

촉각 감성은 촉각 자극에 의해 유발되는 즉각적인 반응으로 이해할 수 있다. 여기서 하나 기억해야 할 것은 우리 몸의 신체 부위의 면적과 비례하게 촉각 자극에 대한 반응이 이루어지는 것이 아니라는 사실이다. 다시 말하면, 신체 부위가 넓다고 해서 그 부위에 대한 접촉이 이루어지는 대상에 대해서 민감하게 반응하지는 않는다는 것이다. 예를 들면, 우리의 허벅지와 손등에 뾰루지가 나서 이를 짜내려고 한다고 가정해 보자. 어느 부위의 뾰루지를 짜낼 때 그 통증이 더 큰가? 정답은 손등에 난 뾰루지를 짜낼 때 상대적으로 더 큰 통증이 유발된다. 그 이유는 우리의 체감각 영역을 담당하는 대뇌피질의 영역이 각 신체 부위의 촉감에 대해서 대응되는 정도가 서로 다르기 때문이다. [그림 1-7]의 중앙에 보이는 호문쿨루스(homunculus)는 체감각 영역의 피질에 할당된 공간의 양을 중심으로 사람 모양으로 재구성한 것으로, 특히 손과 얼굴 부위에 할당된 피질의 공간이 많다는 것을 확인할 수 있다. 이러한 공간의 양은 결국 신체 부위들의 민감도와 밀접하게 관련되어 있어, 다른 부위에 비해 얼굴과 손의 촉감은 더 민감하게 반응한다는 점을 시사한다.

그러나 얼굴과 손은 지속해서 촉각 자극을 받을 수 있는 대상이 존재하지 않는다

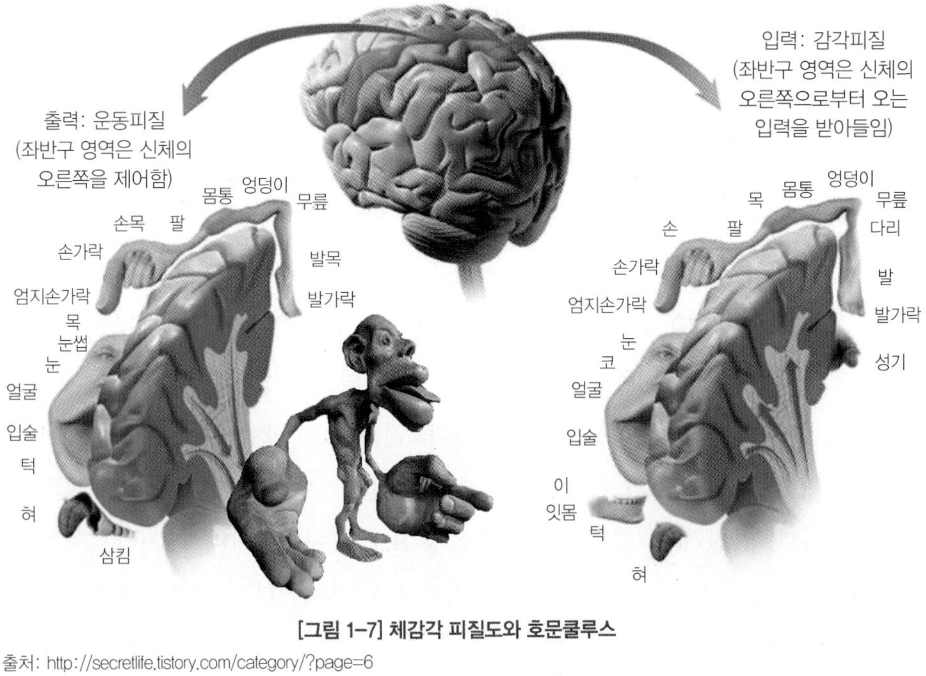

[그림 1-7] 체감각 피질도와 호문쿨루스

출처: http://secretlife.tistory.com/category/?page=6

는 사실과 더불어 이를 배제하더라도 인간이 태어나는 순간부터 죽는 순간에 이르기까지 가장 오랫동안 접촉이 이루어지는 대상으로 의류가 존재한다는 사실이다. 따라서 의류 분야의 연구에서는 촉감 감성을 매우 중요하게 여긴다. 이은주(2007)의 연구도 이러한 관점에서 의류를 제작하기 위한 직물의 감성 요인을 탐색해 보고자 했다. 이 연구에 따르면, 전통 직물들을 대상으로 이 직물들에 대한 감성 요인으로 3가지 요인이 도출되었다. 세 가지 촉각 감성 요인은 페미닌, 내추럴, 캐주얼이었으며, '세련되다' '우아하다' '편하다' 등의 감성 형용사가 페미닌에, '내추럴하다' '심플하다' '상쾌하다'의 감성 형용사가 내추럴에, '개성적이다' '액티브하다' '독특하다' 등의 감성 형용사가 캐주얼에 포함되었다.

(4) 미각 감성

미각 감성은 미각 자극에 의해 유발되는 즉각적인 반응으로 이해할 수 있다. 미각 자극에 대한 가장 기본적인 반응으로는 미각 자극을 맛의 형태로 구분하는 것이다. [그림 1-8]에서 보듯이, 혀는 보통 단맛, 짠맛, 신맛, 쓴맛 등 4개의 맛을 구분하는 것으로 알고 있다. 그러나 혀의 위치에 따른 기본 맛 이외에 다섯 번째 맛인 감칠맛(umami, 우마미)이 추가되었다. 이는 우리가 잘 알고 있는 글루탐산나트륨(MSG)와 유사한 글루타메이트가 포함된 음식에서 인식되는 맛이다(Bailey, 2003; Foley & Martlin, 2013에서 재인용).

이준환, 정성환, 노정옥과 박근호(2013)는 이런 기본적인 맛의 특성과 더불어 식자재의 식감, 온도 등까지도 고려하여 미각 감성을 확인해 보고자 하는 연구를 진행하였다. 이 연구자들에 따르면, '누린내 나는' '매스꺼운' 등과 같은 보편적이지는 않으면서 부정적인 맛을 표현하는 감성 형용사들도 존재하며, '쓴맛 나는-달콤한' '단단한-부드러운' 등과 같이 서로 반대되는 개념이 있는 감성 형용사들, 그리고 '퍽퍽한' '푸짐한' 등과 같은 반대되는 개념이 없는 감성 형용사들도 존재하는 것을 확인할 수 있다.

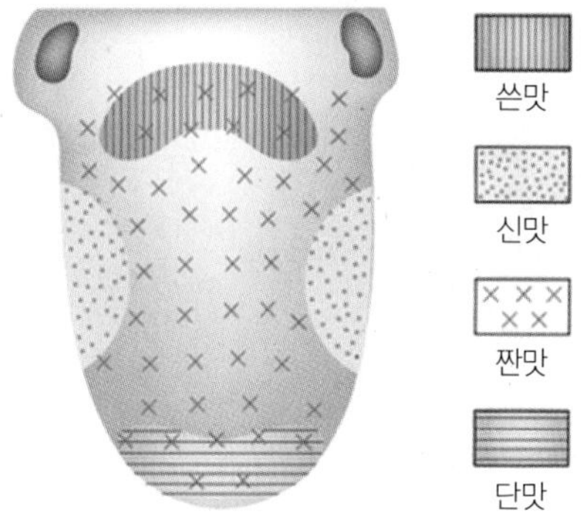

[그림 1-8] 혀의 미각 분포도

출처: https://brunch.co.kr/@bang1999/143

(5) 후각 감성

후각 감성은 후각 자극에 의해 유발되는 즉각적인 반응으로 이해할 수 있다. 후각 자극은 주로 공기에 분포한 휘발성 물질 분자로서, 코에 있는 후각 수용체를 자극하게 한다. 그런데 이런 후각 수용체가 빠르게 순응(adaptation)하기 때문에 후각 자극은 지속해서 자극을 주지 못한다. 예를 들면, 화장실에 들어갈 때 매우 고약한 냄새를 느낀 적이 있을 것이다. 그러나 그런 화장실에 일정 시간 동안 머무르게 되면 언제 그랬냐는 듯이 고약한 냄새가 느껴지지 않은 경우를 접했을 것이다. 이러한 상황은 고약한 냄새를 풍기는 분자, 즉 후각 자극이 사라졌기 때문이 아니라, 후각 수용체가 더는 그 고약한 냄새에 대해서 민감하게 반응하지 못하는 현상, 즉 순응이 일어나서 발생하는 결과이다. 이에 따라 후각 감성을 이해하는 데는 이러한 부분들에 대한 고려가 반영되어야 한다.

서한석 등(2007)의 연구는 순응에 대한 부분뿐만 아니라 각 개인이 후각 자극을 인식할 수 있는 수준의 물질 농도까지도 사람별로 고려하여 후각 자극에 대한 후각 감성을 살펴보았다. 이 연구에서는 순응을 고려하여 하나의 향 자극을 3초 이상 제공하지 않았으며, 개인별 물질 농도를 확인하기 위한 절차를 거쳐 동일하게 지각하는 수준의 농도를 제공했을 때의 후각 감성 구조를 도출하였다. 이 연구에서 도출된 후각 감성 구조는 4개의 요인으로 구분되었는데, 심미성, 중량감, 강도, 활동성 측면이 이에 해당한다. 세부적으로는, '공격적이다–평온하다' '달다–쓰다' 등과 같은 감성 형용사가 심미성에 포함되며, '기름기가 있다–물기가 있다' '무겁다–가볍다' 등과 같은 감성 형용사는 중량감에 포함된다. 또한 '부족하다–풍부하다' '애매하다–분명하다' 등과 같은 감성 형용사는 강도에 포함되며, '세밀하다–조잡하다' '외롭다–번잡하다' 등과 같은 감성 형용사는 활동성에 포함된다.

[그림 1-9] 후각 순응의 예
출처: https://blog.naver.com/brainsports/220924943304

2) 정서와 감성

우리가 일반적으로 느끼는 감정은 통합적으로 정서의 개념으로 연결된다. 왓슨과 클라크(Watson & Clark, 1994)는 정서를 개별 또는 통합된 정신 생리학적 반응체계라고 정의했다(민윤기, 김보성, 안권순, 한건환, 2013에서 재인용). 이는 크게 세 개념으로 구분되어 이해될 수 있다. 첫째, 표정의 변화와 같은 표현된 행동(expressive behavior)이며, 둘째, 자율신경계의 변화와 같은 생리적 각성(physiological arousal)이고, 셋째, 주관적인 느낌의 변화와 같은 인지적 경험(cognitive experience)이다. 예를 들어 살펴보도록 하자. 만약 번지점프대에 당신이 서 있다고 생각해 보자. 어떤 감정이 느껴지는가? 아마도 표정은 경직되어 있으며, 긴장되면서 심장은 빠르게 뛰기 시작할 것이다. 만일 이번 경험이 처음이라면 앞선 경직된 표정과 빠르게 뛰는 심장은 I 강도가 더 강해질 가능성이 높다. 그러나 이미 여러 차례 경험이 있다면, 오히려 표정은 경직되기보다 기쁨에 가까운 표정으로 변경되고, 심장 박동은 빠르게 뛰긴 하지만 두려울 때와는 달리 흥분한 형태로서 나타날 가능성이 높다.

이는 감성의 공학적 접근에서 우려했던 바가 표현된 것이라 할 수 있다. 번지점프라는 같은 자극 경험을 마주하게 되었을 때, 그에 따른 감정적 반응들이 같지 않고 다를 수 있는 것이다. 결국 동일한 자극에 동일한 대상의 반응으로서 변화가 일어날 수 있는 정서를 공학 분야에서 기준으로 사용하기를 꺼릴 수밖에 없다. 따라서 인지적 경험을 통제한 수준에서는 비교적 동일한 자극에 일관된 반응을 유발하는 표정, 심장 박동과 같은 체계들을 감성이라는 개념으로 한정하고, 이러한 감성을 기준으로 삼아 표준화된 제품을 생산하는 방식으로 접근하기 시작한 것이다.

정서와도 일부 구분되는 유사 개념들과 감성을 비교해 보면 명확한 차이를 더욱 잘 이해할 수 있을 것이다. 먼저 고려할 수 있는 개념은 'feeling(느낌)'이다. 우리는 흔히 필(feel)이 통한다

[그림 1-10] 번지점프
출처: https://www.okthere.com/activities/macau-bungee-jump

는 표현으로 자주 접하는 개념인데, 여기서 feeling은 인간의 의식 상태를 의미하는 것이다. 다시 말하면, 우리의 의식이 적절하게 작동을 하는 상태는 feeling이라고 할 수 있으며, 만일 깊이 잠들어 있거나 사고로 의식이 작동하지 않는 상황은 feeling이라고 할 수 없다. TV나 드라마에서 보면 이러한 의식 상태를 판별하는 장면으로서 병원에 오랫동안 의식 없이 누워 있던 사람의 손가락 움직임을 확대(zoom-in)하여 보여 주는 경우가 있다. 이런 상태를 우리는 feeling이라고 한다. 당신이 지금 이 책의 내용을 읽고 있다면 당신도 feeling 상태라고 말할 수 있다.

한편, affect[호오(好惡)도] 역시 정서와 유사한 개념 중 하나이다. 번역 표현처럼 affect는 대상에 대해서 느껴지는 좋은 감정 또는 싫은 감정의 정도를 의미하는 것이다. 이는 정서와 유사한 개념이면서도 어떤 대상을 경험함에 따른 즉각적인 반응으로서 감성과도 매우 유사한 개념이다. 다만 대상에서 도출될 수 있는 다양한 속성에 대한 다양한 감정을 도출하는 데 선과 악과 같이 이분법적으로만 구분한다는 점에서는 차이가 존재한다.

정서와 유사한 또 다른 개념으로 'mood(기분)'를 살펴볼 수 있다. 때로는 이를 분위기로 해석하는 경우가 있다. 예를 들면, 이성 친구에게 이벤트를 준비하고자 한다면 장소를 선정하는 데 시간을 많이 들일 것이다. 분위기 있는 장소에서 이벤트를 해야 자신에 대한 이성 친구의 긍정적인 감정을 극대화할 수 있다고 생각하기 때문이다. 이처럼 mood를 분위기로 해석하는 경우는 환경에 대한 인간의 정서 반응으로 국한되는 경향이 있다. 기분으로서 mood는 순간적이지는 않고 일정 시간 동안 유지되며, 원인이 분명하지 않고 강도도 다소 약한 상태의 감정을 의미한다. 감성은 원인, 즉 자극이 분명하다는 점에서 차이가 존재하지만, 자극에 대해서 급격한 반응이 유발되지 않으면서도 일정 시간 동안 반영되는 부분에서 감성과 유사한 점을 발견할 수 있다.

그렇다면 감성은 정서 및 그와 유사한 개념들 사이에서 어떻게 이해해야 하는가? 각각의 차이점을 기반으로 하여 정리하면 다음과 같이 이해할 수 있을 것이다.

감성은 제시되는 대상과 즉각적으로 연결되는 개념적 네트워크 상태를 제외하면 연결이 불분명한 인지적 경험은 최소화한 것이다.

예를 들어, 자동차에 전혀 관심이 없는 사람에게 특정 자동차를 제시했다면, 아마도 그에게서 특이한 반응을 찾아볼 수는 없을 것이다. 즉, 어떤 대상을 보고 즉각적으로 나타나는 반응이 없는 상황이라면, 대상에 대해 좋고 싫음에 대한 가장 단순한 감성 특성조차 없다고 볼 수 있다. 그러나 '특정 차 = 좋은 차'라는 공식을 반복적인 형태로 경험하여 받아들이는 경우라면 이는 엄격하게 말해서 특정 차에 대한 적절한 감성을 도출한 것이라고 보기 어렵다. 따라서 정서의 개념에 포함된 인지적 경험은 일부 즉각적 연결을 제외하면 최소화하는 것이 적절하게 감성을 이해하는 것으로 볼 수 있다.

💬 감성은 최소 좋고 싫음에 대한 구분에서 그 이상의 관련된 다양한 감정을 도출할 수 있는 것이다.

감성은 어떤 대상에 대해서 즉각적으로 나타나는 감정적 반응을 내포하고 있다. 여기서 감정적 반응이라고 말하려면 가장 단순하게라도 '특정 대상은 좋다.' 또는 '특정 대상은 싫다.'라는 연결 관계가 도출되어야 할 필요가 있다. 이는 감성이, 앞서 언급한, affect의 개념을 포함하고 있다는 의미이다. 그러나 다양한 형용사들을 활용한 감성 구조 연구들을 고려하면, '좋다'는 의미도 '아주 좋다' '매우 좋다' '좋은 듯하다'와 같은 뉘앙스의 차별적 개념까지도 포함할 수 있는 것이 감성이다. 따라서 단순 호오(好惡)뿐 아니라 다양한 형태의 좋고 싫음의 감정도 도출할 수 있는 것으로 감성을 이해하는 것이 적절하다고 볼 수 있다.

💬 감성은 자극으로 제시되는 대상에 대한 즉각적인 감정 반응으로 원인이 분명한 것이다.

물론 이 표현은 약간의 논란이 존재할 수 있다. 그 이유는 자극을 원인으로 보고, 반응을 결과로 보는 관점에서는 적절하게 이해될 수 있으나, 그 자극에서 왜 그런 감성이 도출되었는지에 대한 의문을 제기하는 관점에서는 원인이 오히려 불분명할 수 있다. 따라서 전자의 관점에서 mood와는 달리 대상의 제시 유무에 따라 명확하게 구분되는 반응으로 감성을 이해할 수 있다.

3. 감성의 적용

1) 감성 제품

[그림 1-11] 감성 제품 사례
출처: 권종대, 홍정표(2008)

소비자가 좋아하는 제품을 개발하기 위해서 소비자의 니즈(needs)를 파악하는 것이 제품 개발자에게는 필수적으로 요구되는 사항이다. 그 니즈 중에 감성요소도 포함되는데, 권종대와 홍정표(2008)는 디지털카메라의 소비자 감성을 살펴보는 연구를 진행하였다. 이 연구자들에 따르면, 13개 그룹의 대표 모델에 해당하는 디지털카메라의 선호도에 대한 감성요소로 '세련된' '편리한' '흥미로운' '활동적인' '감각적인' '기능적인' '품위있는'의 일곱 가지 요소가 도출되었다. 이를 다시 디자이너가 디자인할 때 고려하는 디자인 요소와 매칭하는 작업을 통해 긍정적인 형태로 선택된 디자인이 바로 [그림 1-11]의 디지털카메라인 것이다.

2) 감성 인테리어

특정 공간에 어떤 사물이 놓이는지에 따라 공간에 대한 다른 감성을 유발할 수 있다. 그러나 공간은 시각 중심의 감성을 유발할 가능성이 있는데, 때로는 제품의 촉각 중심의 감성이 더욱 중요한 공간도 존재한다. 박남춘과 정성원(2013)은 인테리어 공간으로서 자동차 공간을 선정하였으며, 자동차 공간의 특성상 운전자 및 탑승자의 촉각적 접촉이 많이 요구되는 환경으로 촉각 감성을 살펴보았다. 이 연구자들에 따르면, 자동차 인테리어 소재를 직접 접촉하면서 어휘를 평가하여 도출된 촉각 감성 어휘가 52개다. 이 어휘들을 감성 군집 요소로 '거칠기' '단단함' '마찰감' '안락감' '뻣뻣함' '부드러움' '온도감' '매끈함' '친숙함' '유연함'의

[그림 1-12] 감성 인테리어 사례
출처: 박남춘, 정성원(2013)

10개가 도출되었다.

3) 감성 콘텐츠

감성 콘텐츠는 디지털로 구성된 다양한 정보들을 통해 감정이 유발되는 것들로 이해할 수 있다. 영화나 TV 프로그램의 내용이 시청자가 감정 반응을 유발할 수 있도록 유도한다면 이는 감성 콘텐츠에 포함될 수 있다. 물론 유발되는 감정 반응은 긍정적인 형태의 기쁨과 같은 감정도 있겠지만, 부정적인 형태의 슬픔과 같은 감정도 존재할 수 있다. 정상훈(2012)은 감성 콘텐츠의 성공 사례를 살펴보면서 앞으로의 감성 콘텐츠 개발 방향에 대한 고찰 연구를 진행하였다. 이 연구에 따르면, 게임 분야에 있어서 닌텐도 Wii를 포함해서, 영상·뉴미디어 및 가상현실 분야에 있어서 영화 〈아바타(avatar)〉, 창작·공연·전시 및 공공문화 서비스 분야에 있어서 MBC 드라마 〈대장금〉, 그리고 융·복합 분야에서는 아이팟과 아이폰이 포함되었다. 이는 개인 맞춤형으로 인간의 수행 능력을 향상시킴과 동시에 감정 조절이 가능한 형태의 콘텐츠가 필요할 것으로 제안하고 있다.

[그림 1-13] 감성 콘텐츠 사례

출처: https://gamelog.kr/410

4) 감성 의류

앞서 시각 감성에서도 살펴본 바와 같이, 감성 의류는 의류가 가장 기본적으로 가지고 있는 시각적 속성과 촉각적 속성에 대한 감성 도출이 주를 이루고 있다. 그러나 일반적인 형태의 의류와 더불어 최근의 융합기술 흐름 속에서 스마트의류(smart clothing)

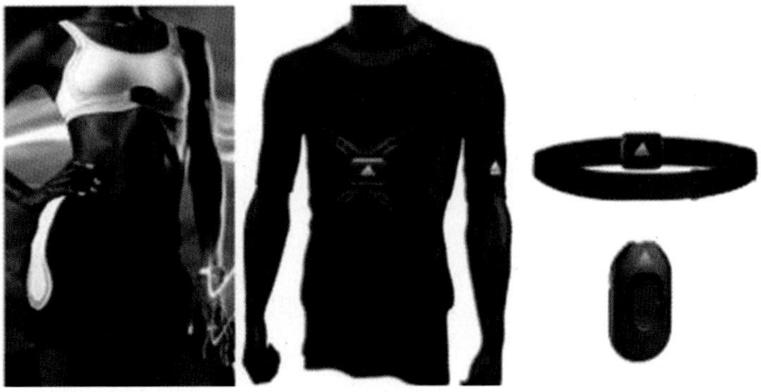

[그림 1-14] 감성 의류 사례

출처: 조현승, 김정호, 구혜란(2014)

에 대해서도 감성 측면의 적용이 요구되고 있다. 조현승, 김정호와 구혜란(2014)은 이러한 흐름에 대한 연구로서 스마트의류에 대한 감성을 도출하는 연구를 진행하였다. 이 연구자들에 따르면, 기존의 스포츠 의류와 캐주얼 의류 대비 스마트의류에서 다섯 가지 감성 요인에서 차별성을 보였다. 이 연구에서는 '테크니컬한' '심미적인' '모던한' '펀(fun)' 그리고 '복합적인' 요인이 여기에 해당한다고 제시하고 있다.

요약하기

1. 감성을 이해하는 틀

- 감성을 이해하기 위해서는 세 가지 접근에 대해 이해해야 한다.
- 철학적 접근은 감각을 매개로 하여 외부 대상을 받아들이는 수용적인 과정이 핵심이다.
- 심리학적 접근은 외부의 대상에 대한 감정적인 내적 상태의 변화를 살펴보고자 하는 것이 핵심이다.
- 공학적 접근은 감각과 정서의 특성을 기준으로 이 기준에 적합한 형태의 사물을 제작하여 소비자가 기분 좋은 소비를 할 수 있도록 하는 것이 핵심이다.

2. 감성의 테마

- 감각은 외부로부터 감각 기관을 통해 전달된 정보가 뇌에서 처리할 수 있도록 전달되는 감각계의 기능 작용을 의미한다.
- 지각은 감각들의 의미와 체제를 부여하는 해석 과정을 의미한다.
- 감성은 감각 기관을 통해 전달되는 정보를 배제할 수 없으며, 감각정보에 대한 즉각적인 해석도 배제할 수 없으므로 감각과 지각 사이에 위치한 개념으로 이해하는 것이 적절하다.
- 시각 감성은 시각 자극에 의해 유발되는 즉각적 반응으로 이해할 수 있으며, 색상, 모양 및 패턴, 깊이 및 크기의 시각 자극의 특징에 따라 각각 구분될 수 있다.
- 청각 감성은 청각 자극에 의해 유발되는 즉각적 반응으로 이해할 수 있으며, 물리적 속성과 심리적 속성이 일치하지 않는 특성으로 청각 자극의 특징에 따라 구분되기가 어렵다.
- 촉각 감성은 촉각 자극에 의해 유발되는 즉각적 반응으로 이해할 수 있으며, 신체 부위의 면적과 촉각 자극의 민감도가 비례하는 것이 아니다.
- 미각 감성은 미각 자극에 의해 유발되는 즉각적 반응으로 이해할 수 있으며, 기본 맛 이외에 감칠맛 그리고 식자재의 상태에 따라 다양한 감성을 확인할 수 있다.
- 후각 감성은 후각 자극에 의해 유발되는 즉각적 반응으로 이해할 수 있으며, 순응 및 개인별 지각 강도도 고려할 필요가 있다.

- 정서는 개별 또는 통합된 정신생리학적 반응체계로, 표현된 행동, 생리적 각성, 인지적 경험을 포함하고 있다.
- 감성은 제시되는 대상과 즉각적으로 연결되는 개념적 네트워크 상태를 제외하면 연결이 불분명한 인지적 경험은 최소화한 것이다.
- 감성은 최소 좋고 싫음에 대한 구분에서 그 이상의 관련된 다양한 감정을 도출할 수 있는 것이다.
- 감성은 자극으로 제시되는 대상에 대한 즉각적인 감정반응으로 원인이 분명한 것이다.

3. 감성의 적용

- 소비자가 좋아하는 제품을 개발하기 위해서 소비자의 니즈를 파악하는 제품 개발자에게 요구되며, 여기에 감성도 포함된다.
- 인테리어 공간에 대한 이해에 있어 인테리어 소재에 대한 감성도 중요할 수 있다.
- 디지털로 구성된 정보들에 의해서 유발되는 감정을 기반으로 감성 콘텐츠를 이해할 수 있다.
- 융합기술의 흐름으로 스마트의류에 대한 감성의 관심도가 높아지고 있다.

참고문헌

권종대, 홍정표(2008). 디자인요소와 감성언어 추출을 통한 디지털 카메라의 선호도와 구매도에 영향을 미치는 요소에 관한 연구. **감성과학, 11**(2), 285-292.

김재호(2015). '감성'(Sinnlickkeit)의 한계 안에 있는 칸트의 '초월적 관념론'. **철학논구, 42**, 7-29.

김한경, 박수진, 정찬섭(2004). 아름다운 얼굴의 감성적 특징, **감성과학, 7**(1), 23-28.

민윤기, 김보성, 안권순, 한건환(2011). **인간생활과 심리학**. 서울: 학지사.

박남춘, 정성원(2013). 자동차 인테리어의 촉감 평가를 위한 대표감성 추출. **감성과학, 16**(2), 157-166.

박창호, 곽호완, 김성일, 김영진, 김진우, 이건효, 이재식, 이종구, 한광희, 황상민(2007). **인지공학심리학: 인간-시스템 상호작용의 이해**. 서울: 시그마프레스.

변홍우, 최종명(2012). 한국과 중국 대학생의 빨간색 셔츠에 대한 시각적 감성 비교. **감성과학, 15**(1), 57-64.

서한석, 전광진, 권진환, 황인경, 강진규, 민병찬(2007). 피험자의 후각 역치 고려 유무에 따른 후각 감성 비교. **감성과학, 10**(2), 199-208.

윤정선, 신미경, 이강희, 구아현(2000). 주거환경의 시각적 감성어휘. **감성과학**, 3(2), 67-74.

이구형(1998). 감성과 감정의 이해를 통한 감성의 체계적 측정 평가. **감성과학**, 1(1), 113-122.

이은주(2007). 전통 견직물의 촉각적 감성요인. **감성과학**, 10(1), 99-111.

이준환, 정성환, 노정옥, 박근호(2013). 한국어 맛 평가 형용사에 관한 연구. **감성과학**, 16(4), 493-502.

정상훈(2012). 감성기술 적용 성공사례 분석을 통한 감성콘텐츠 개발 방향 연구. **감성과학**, 15(1), 121-132.

조현승, 김정호, 구혜란(2014). 스마트의류 상품 기획을 위한 감성 효과 분석. **감성과학**, 17(3), 49-56.

Foley, H. J., & Martlin, M. W. (2013). **감각과 지각(제5판)**. (민윤기, 김보성 역). 서울: 박학사. (원전은 2010에 출판).

Bailey, S. A. (2003). Taste. In S. F. Davis (Ed.), *Handbook of research methods in experimental psychology* (pp. 285-298). Malden, MA: Blackwell.

Watson, D., & Clark, L. A. (1994). *The PANAS-X: Manual for the positive and negative affect scheddule-expanded form*. Unpublished manuscript, University of Iowa, Iowa City.

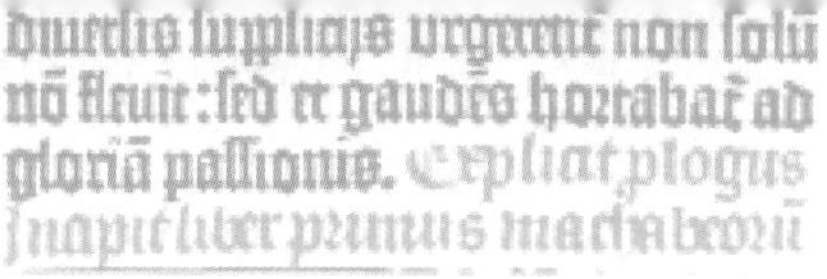

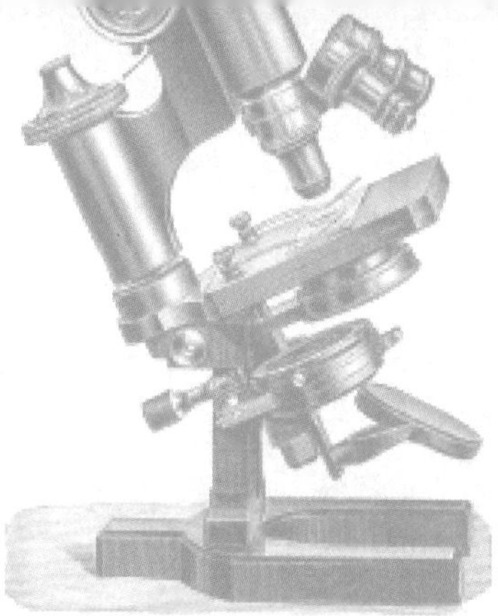

Science of Emotion & Sensibility

Application and Practice

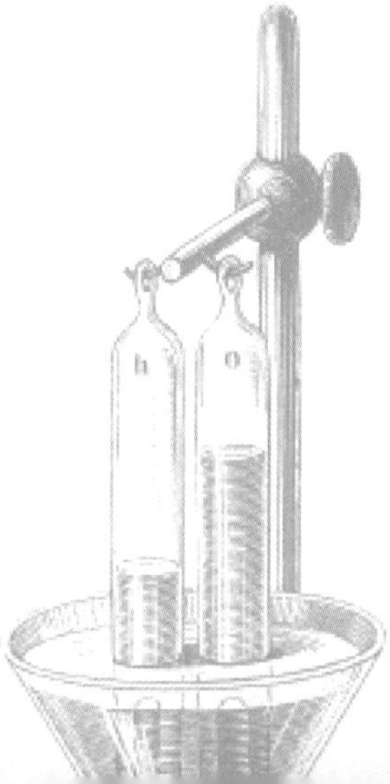

2장

감성과학의 역사

박재희

● ● ● 들어가기

최근 4차 산업혁명의 핵심인 인공지능(AI) 기술이 발전하며, 인공지능과 인간과의 감성적 인터랙션(interaction)에 대한 연구가 핵심적 사항으로 떠오르고 있다. 인간의 감성에 대해 고대 동서양 철학 모두에서 이를 설명하고자 노력했다. 20세기 후반에 들어서는 기업의 경쟁력 측면에서 제품이나 환경에 대한 사용자들의 감성적 반응을 측정 · 평가해 만족도를 높이고자 하는 실용적 연구가 활발해졌다. 이 장에서는 감성과학의 역사를 살펴봄으로써 미래 감성과학의 연구 방향을 예측해 볼 수 있을 것이다.

1. 감성에 대한 연구

원시 인류는 거친 자연 환경 속에서 매우 민감하게 공포감을 느꼈을 것이며, 이를 피했을 때는 반대로 안도와 함께 안락감을 느꼈을 것이다. 또한 인간은 자연에서 생존하기 위해 집단을 이루어 생활을 하게 되며, 상호 간에 느끼는 감정에 영향을 매우 많이 받았을 것이다. 이렇듯 인간은 자연을 접했을 때나, 인간 상호 간에 나타나는 감정의 변화를 느끼고 감성의 존재를 알아차렸을 것이다.

근대의 합리적 세계관을 열어젖힌 철학자 데카르트(Descartes, 1596~1650)의 "나는 생각한다. 고로 존재한다(Cogito ergo sum)."라는 명제는 인간은 다른 동물과 월등히 다르게, 존재에 있어 이성적 사고의 중요성을 보여 주고 있다. 그런데 인간에게는 정신적 활동 가운데 이성적 사고 외에 감성의 영역도 존재한다. 이는 때로는 이성의 영역에서 제어가 안 되기도 하는 인간의 심리적 상태이다.

고대 철학자들도 이러한 감성을 파악하기 위한 노력을 수행하였다. 그리스 철학자 아리스토텔레스(Aristoteles, B.C. 384~B.C. 322)가 주장했듯이, 대부분의 고대인은 이성적 사고와 감성은 심장의 작동에 의해서 발생한다고 생각했다. 생리적 활동 중 심장 박동의 신호는 상대적으로 매우 커서, 흥분했을 때의 심장 박동의 변화를 보고 인간의 감성은 심장에서 형성되는 것으로 착각했던 것 같다. 이후 400년이 지난 후 로마의 의학자 갈레노스(Galenus, 129~199)에 의해 이성이나 감성 모두 뇌의 작용이라는 것이 밝혀지게 되었다.

그런데 이후 서양에서는 전통적으로 인간의 합리성에 근거한 이성적 활동, 즉 지각, 기억, 학습, 판단 등에 대한 관심은 상대적으로 매우 높았고, 심리학에서는 이를 쿨 사이드(cool side) 인지심리학이라 부르며 오랜 기간 많은 연구가 이루어져 왔다.

그러나 상대적으로 인간의 마음(정서, 감정, 감성)에 대해서는 이성의 통제에 의해 제어되어야 할 부분으로 여기고, 인간의 분노, 격정, 지나친 즐거움 등의 감정 상태는 자제되어야 했다. 그러다 보니 심리학에서는 이를 핫 사이드(hot side) 인지심리학이라 부르며 최근까지 상대적으로 연구가 충분치 않았다. 그러나 최근에는 감성 등에 대한 연구의 중요성을 느끼고 이 분야에 대한 연구도 활발해지고 있다.

동양에서도 도가나 유교 등에서 인간의 마음에 대한 설명을 하고 있다. 도가에서는 도(道)를 인간의 지각(知覺)을 초월하는 것으로 보고 그 존재 형태는 무위자연(無爲自然)이라고 하였다. 그리고 마음의 평안을 유지하는 것이 대우주의 조화에 이르는 길(道)이라고 설명하고 있다.

유교의 시조인 공자(B.C. 551~B.C. 479)는 인류 보편적 질서, 인간 내면의 심미적인 부분에 중점을 두고, 고대 사회의 야만스러운 풍속을 정리하기를 원했으므로 사회의 보편적 질서, 계급 간의 상호 존중 등을 이론화하였다. 이후 주류 유교로 등장한 성리학에서는 본격적으로 이기론(理氣論)으로 인간의 마음을 설명하고 했다. 이기론에서 세계는 선(善)이며 보편적 질서인 추상적인 이(理)와 세상의 변화를 가져오는 물리적 에너지인 기(氣)로 이루어져 있다고 설명한다. 한마디로 이(理)는 성(性)이자 본질인 체(體)이고, 기는 정(情)이자 움직임인 용(用)이다. 맹자(B.C. 372~B.C. 289)의 4단7정론도 이러한 기의 작용으로 발생하며 '측은 · 수오 · 사양 · 시비'의 4단의 마음 작용과 7개의 '희 · 노 · 애 · 구 · 애 · 오 · 욕(喜怒愛懼哀惡欲)'의 정서가 나타날 수 있다고 하였다. 이는 최근 서양의 심리학에서 에크만(Ekman)이 인간의 정서(emotion)를 기쁨(happy), 슬픔(sad), 분노(anger), 역겨움(disgust), 놀람(surprise), 두려움(fearful)의 6개로 나누고 있는 것과 매우 유사하다는 것을 알 수 있다(Ekman, Friesen, & Ellsworth, 1972).

조선시대에도 4단7정론에 대한 해석을 둘러싸고 이황과 기대승 사이에 8 년간의 학술적 논쟁이 치열하게 전개되기도 하였다. 이황은 이(理)와 기(氣)가 각각의 실체로 존재하는 것으로 보고 이기이원론(理氣二元論)을 주장했는데, 기대승은 이에 대해 이기공발설(理氣共發說)을 주장하며 기(氣)의 중요성을 강조했다.

이렇듯 인간의 마음, 감성에 대한 연구는 오래전부터 동서양 모두에서 철학적 관점에서 이루어져 왔다는 것을 알 수 있다. 그러던 감성에 대한 연구는 기술 개발의 발전과 더불어 20세기 후반에 들어 실용적 관점에서 주목을 받게 된다.

2. 감성과학의 등장 배경

1982년 미래학자 나이스비트(Naisbitt, 1982)는 『메가트렌드(Megatrends)』라는 책을 발표했다([그림 2-1] 참조). 이 책은 당시 기술과 사회의 변화 흐름을 탁월한 관점

메가트렌드(1982) 하이테크 하이터치(1999)

[그림 2-1] Naisbitt의 저서

에서 해석하고 미래의 변화를 예측한 책으로 당시 전 세계적 베스트셀러가 되었다.

1970년대 두 차례의 석유 파동(oil shock)으로 경제의 어려움을 겪었던 세계는 1980년대 들어서면서 지속적인 경제 성장을 이룩하였다. 소품종 대량생산 시대를 지나 이제 소비자는 자신만의 개성을 추구하는 제품을 찾기 시작했다. 때마침 급격하게 발전하기 시작한 컴퓨터 기술은 이러한 것들을 가능하게 했다. 컴퓨터를 이용한 디자인(CAD), 제조(CAM) 및 관리 기술은 소비자의 욕구를 반영한 다품종 소량생산을 가능하도록 했다. 기술 위주의 제품 개발에서 이제는 소비자의 니즈(needs)에서 출발하는 기술 개발이 요구되기 시작했다.

나이스비트는 이를 기계 위주의 단순 기술에서 인간 중심의 첨단기술, 즉 하이터치(high touch) 기술의 시대가 도래할 것이라고 예언한 것이다(Naisbitt, 1982). 서울대학교의 이면우 교수도 이러한 흐름을 파악하고, 대우전자 등과 함께 인간의 요구와 감성을 적용한 제품들을 개발하고 이를 '하이터치' 제품([그림 2-2] 참조)이라 명명했다(Lee, Yoon & Han, 2001).

특히 일본은 1980년대 제조업을 중심으로 최고의 전성기를 누리고 있었다. 소니(Sony)를 중심으로 한 일본의 전자 기업들은 전 세계를 휩쓸었다. 도요타(Toyota)를 필두로 한 일본의 자동차들도 북미 시장에서의 점유율을 한창 높이고 있었다. 일본의 경쟁력 있는 제품들에 밀려 문을 닫는 미국의 기업들이 늘어났다. 일본이 곧 미국을 제치고 세계 제1의 경제대국이 될 것이라는 전망도 있었다.

[그림 2-2] 이면우 교수의 하이터치 가전제품들

출처: Lee, Yoon & Han(2001)

제조업 왕국인 일본은 이러한 흐름에서 최종적인 쐐기를 박고자 했다. 기술로서는 최선단에 선 일본의 제조업체들은 이제 제품의 기능과 성능에 더해 소비자의 마음을 빼앗고자 하는 제품을 개발하고자 했다. 그러기 위해서는 소비자의 니즈, 욕구, 선호도 등을 어떻게 제품 개발로 연결할 것인가에 관한 문제에 귀결된다.

3. 감성공학의 태동

감성과학의 분야 중 가장 먼저 기업에서 관심을 갖게 된 것은 제품 개발에 감성을 반영하는 감성공학적 접근방법이었다. 마침 일본 마츠다(Mazda) 자동차사는 미야타(Miata)라는 스포츠카를 개발하였는데, 이는 운전자의 승차감을 최대화시키는 방향의 연구를 통해 개발된 것이었다([그림 2-3] 참조). 이때까지의 자동차에 관한 연구개발이 엔진 기술, 조향장치 기술 등 개별 기술에서 출발해 자동차의 성능을 최대화 하는 데 초점을 맞춘 기술 개발이었다면, 미야타는 운전자의 니즈와 욕구를 먼저 파악하고 이를 제품에 기술로 구현한 것이다. 인마일체(人馬一體)감을 모토로 내세웠던 미야타 개발은 성공적이었고, 판매에서도 큰 성공을 거두었다(Takao & Toshihiko, 2003). 당시 마츠다의 회장이었던 야마모토(Yamamoto, 1986)는 1986년 미국의 한 학회에서 이러한 방법론을 감성공학이라고 처음 명명하였다. 물론 이러한 개념은 이전에도 있어 왔으나, 공식적인 학문의 명칭을 달고 세상에 처음 나타난 것은 이때가 처음이었다.

이에 대해 가장 발 빠르게 대응한 학자는 일본 히로시마(Hiroshima)대학교의 나가

[그림 2-3] 일본 마츠다 사의 스포츠카 미야타

마치(Nagamachi) 교수이었다. 나가마치 교수는 이전까지 주로 인간의 감성을 표현하는 형용사 언어들을 이용한 의미미분(Semantic Differential: SD)이라는 방법을 이용해 제품을 평가하는 일들을 수행하던 학자였다([그림 2-4] 참조). 나가마치는 이전까지 이러한 방법을 이미지 테크놀로지(image technology) 또는 정서공학이라 명명했었는데, 이제 이를 감성공학이라 개명해 부르며, 일약 감성공학의 전문가로 자처하였다(Nagamachi, 2011).

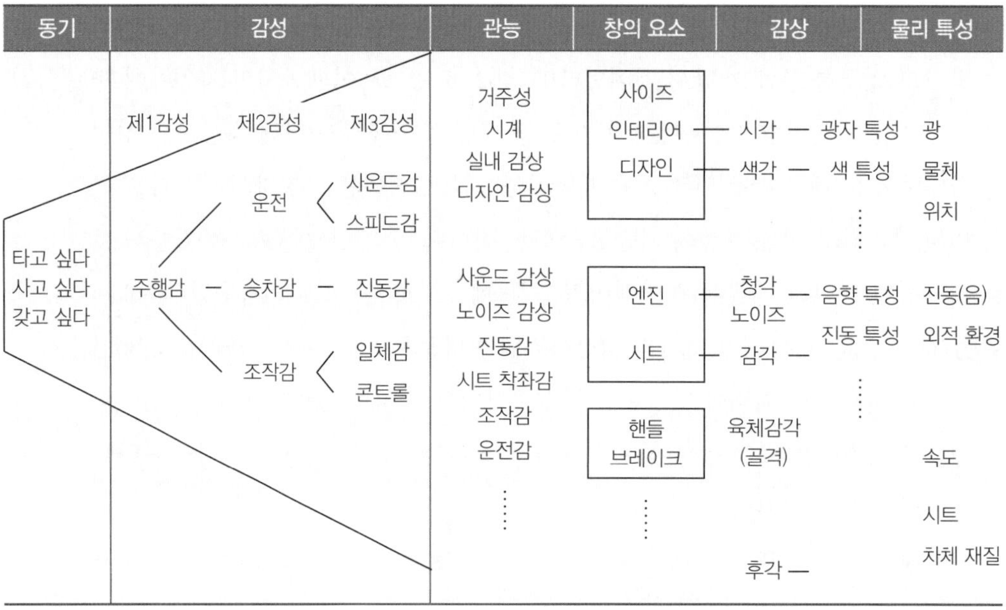

[그림 2-4] 나가마치에 의한 자동차 설계에서의 감성공학적 접근방법

출처: Nagamachi(1989)

4. 감성공학 연구개발

한편, 일본 통산산업성은 일본 제조업의 지속적인 경쟁력 유지를 위한 특별한 연구개발 프로젝트를 진행시켰다. 1년간의 조사 · 기획을 통해 1991년 '인간감각계측 응용기술개발'이라는 범국가적 감성공학 연구개발 과제가 만들어졌다(Yoshioka, 1996). 이 과제는 일본 제품과학연구소를 총괄 기관으로 출연연구소, 대학, 기업이 참여해 10년간 약 1,600억 원 규모의 연구비가 투자되는 대규모 연구개발 과제이었

다([그림 2-5] 참조).

일본은 이제 제조업 분야의 향후 몇 십 년 간 아성을 더욱 공고히 하기 위해 발걸음을 떼기 시작한 것이다. 그리고 그것은 기술을 위한 기술개발이 아닌 철저히 소비자, 사용자를 중심에 놓고 생각하는 발상의 전환을 이룬 기술개발이었고, 그 핵심은 감성공학이었다.

공간감 연구(시미주건설)

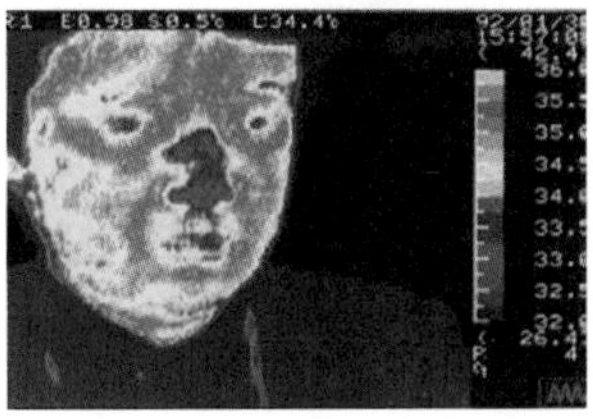

스트레스 측정기 개발(산요전기)

[그림 2-5] 일본 정부의 감성공학 연구과제의 예

우리나라에서 일본의 대규모 감성공학 연구개발 프로젝트의 흐름을 가장 먼저 포착한 이는 한국표준과학연구원 인간공학연구실 이남식 박사였다. 마침, 우리나라 정부에서는 단군 이래 최대 규모라는 과학기술 연구개발 프로젝트인 G7 프로젝트가 기획되고 있었다(강인구 외, 1992). 미국, 영국 등과 같은 G7 국가에 들기 위해서는 과학기술 분야에서도 G7 수준에 들어가는 것이 필요했다.

이에 정부는 2000년대까지 과학기술 수준을 G7 수준에까지 이끌어 올리기 위해 10년간 총 3조 6,000억 원의 연구비를 투입하였다. 1995년 한국표준과학연구원을 주관 기관으로 하는 감성공학 기반기술 과제는 G7 과제 중 제품응용기술 7개 중 하나로 선정되었다. G7 과제에 함께 선정되어 개발되는 과제는 1단계부터 치면 모두 18개였다. 그것들은 HDTV 개발, 신의약·신농약 개발, 주문형 반도체 개발, 차세대 평판 표시장치 개발, 광대역 종합정보 통신망 개발, 차세대 자동차, 차세대 원자로 개발 등 쟁쟁한 분야들인데, 그것들과 나란히 함께 한 것이다.

감성공학 과제는 감성요소 기술개발, 감성 측정평가 시뮬레이터 개발, 감성응용제품 기술 개발 등 3개 대과제에 11개 중과제, 55개 세부 과제로 구성된 연구에 15개 대학, 6개 연구소, 26개 기업이 참여하는 대규모 연구단이 편성되었다. 기업으로는 대우전자, 에이스침대, 대한항공 등 소비자와 밀접한 관련을 갖는 기업들이 참여했다(한국표준과학연구원, 1995). 감성공학 연구과제 수행을 위해 인간공학, 심리학, 생리학, 산업디자인, 물리학, 전자공학, 컴퓨터공학 등 다방변의 전문가들이 대거 참여해, 오늘날에는 보편화된 융복합 연구가 범국가적 차원에서 첫 시도가 이루어진 것이다.

연구비는 1995년부터 2001년까지 정부 투자 450억 원, 민간 190억 원 등 약 640억 원이 투자되었다. 상대적으로 하드웨어 개발 중심이 아닌 소프트한 분야의 연구개발에 연구비를 640억을 들여 개발에 나서는 것은 우리나라 역사상 처음 있는 일이었다.

1995년 정부 주도로 시작된 감성공학 기반기술과제를 시작으로, 그간 감성공학 분야에서는 많은 연구개발 성과를 내었다. 의미미분(SD)을 사용해 제품평가 설문지를 작성하고, 이를 이용해 제품의 개발과 평가에 활용하는 방법은 감성공학과 마케팅 분석에서 보편화된 기술로 사용되고 있다. 자동차, 가전제품, 식음료, 일상용품 등 다양한 제품의 SD 설문지가 개발되었고 사용되었다.

인간의 생리적 변화를 측정해 감성을 평가하는 기술도 활발히 개발되었다. 뇌파 측정과 분석을 통해 스트레스를 평가하는 기술이 개발되었고, 다양한 향 자극에 대한 인간의 감성적 반응을 생리적으로 측정하는 기술이 개발되었다.

인체의 3차원 동작측정 분석기술은 사용자의 제품 사용 동작을 측정해 인체가 조작하기에 편리한 진공청소기, 냉장고 등의 가전제품 디자인과 작업용 수공구 개발 등에 이용되고 있다. 체압분포 측정을 통한 인체의 불편감/안락감 평가 기술 개발은 의자, 자동차 시트, 침대 등의 개발에 체계적으로 적용되고 있다.

가상현실 기술개발은 모델하우스 구축, 문화/관광, 제품평가, 드라이빙 시뮬레이터 등 다양한 분야에 걸쳐 응용되고 있다. 또한 시각 외에 청각, 촉각, 후각을 위한 다양한 자극 재현 기술등이 개발되었다.

5. 감성과학의 확산

1990년대 감성공학 과제가 수행되면서 감성공학은 여러 분야에 확산되었다. 정부가 대규모 연구개발 투자를 하니, 다양한 연구를 수행하는 연구원들과 그룹들이 감성공학에 관심을 보이고 모여들었다. 그러다 보니 학제적 연구가 자연스럽게 이루어졌다. 심리학으로 대표되는 인문사회과학과 공학 간의 학제적 연구가 여러 곳에서 이루어졌다. 서로 다른 공학 간에도 교류가 활발해졌으며, 공학과 디자인 간에도 협업이 이루어졌다.

감성공학과 관련해 기업, 연구소, 대학에도 이를 연구하는 조직들이 만들어지기 시작했다. LG전자 연구소(구 금성사)에는 일찍이 1992년에 감성 연구팀이 조직되었다. 이후 당시로서는 획기적인 형태의 '커뮤니카토피아연구소'가 1994년에 별도로 창설되어 인간공학, 심리학, 사회학 등 다양한 분야의 전문가들이 참여했다(한국경제, 1994. 08. 04). 여기서는 소비자의 니즈, 감성, 행동, 문화 등에 대한 기반 연구가 이루어졌다. 나중에 커뮤니카토피아연구소는 해체되었지만, LG전자 연구소에서는 감성공학 연구팀이 최근까지 운영되었다.

시스템공학연구소 같은 정부 출연연구소에도 감성공학 연구팀들이 생겨났다. 1998년에는 박재희 박사가 중심이 된 미래 정보가전 제품의 사용자 인터페이스(User Iaterface: UI)연구회가 조직되었다. 이 연구회에는 교수들과 삼성전자, LG전자, 대우전자 등의 UI 디자인 팀의 인간공학과 디자인 전공 연구자들이 참여했다(이재용, 2012).

대학에도 감성공학과나 감성공학을 주요 교과로 다루는 학과들이 생겼다. 1996년 산업자원부(당시 통상산업부) 산하의 디자인진흥원은 국제산업디자인대학원(International Design School for Advanced Studies: IDAS)을 발족시켰다. IDAS에서는 감성공학, 인간공학, UI 등을 교과의 핵심으로 운영했다. 2009년 설립된 울산과학기술원(UNIST)에는 '디자인 및 인간공학부'가 만들어지고 그 안에 '감성 및 인간공학' 트랙이 만들어져 감성공학을 교육했다. 2010년에는 상명대학교 대학원에 국내에서는 처음으로 감성공학과가 만들어졌다. 이 학과는 지금도 가장 독보적으로 감성공학 분야의 연구를 수행하고 있다.

한국감성과학회는 1997년 창립(초대회장 정찬섭)되어 오늘날까지도 이어져 오고 있다. G7 과제의 영향 때문인지 이 학회에는 1년도 안 되어 100여 명의 회원이 가입되었다. 어쨌든 감성과학회는 이 분야의 세계 최초의 학회가 되었다. 우리나라보다 앞서서 감성공학을 시작한 일본에서도, 우리보다 1년 늦은 1998년에야 일본감성공학회가 설립되었기 때문이다. 국제적으로는 감성공학과 지향이 같은 The Design and Emotion Society가 1999년 만들어졌다. 미국 심리학회는 2011년부터 「Emotion」이라는 학술지를 별도로 발간하기 시작했다.

2001년에는 애플에 복귀한 스티브 잡스(Steve Jobs)에 의해 회심의 역작인 MP3 플레이어 아이팟(ipod)이 출시된다. 흰색의 매끈한 디자인에 휠 버튼 하나만 달린 아이팟은 전 세계적으로 엄청난 반향을 몰고 왔다. 뒤를 이은 아이폰은 그간의 디자인의 역사를 새로 쓰는 것이었다. 아이팟과 아이폰은 기존의 UI라는 용어 외에 사용자 경험(User Experieuce: UX)이라는 용어가 새롭게 등장하도록 만들었다. UI가 사용자와 제품 간의 인터페이스와 상호작용에 더 초점을 맞춘 것이라면, UX는 사용자의 경험, 즉 감성에까지 관심을 갖고 이를 디자인에 반영하는 것이다.

애플의 잇단 히트작들은 전자정보통신 기업들에 가장 먼저 영향을 주었다. 삼성전자, LG전자 등에는 스마트폰 개발 부문 등에 UI/UX 관련 조직들이 대거 생겨나고 감성에 대한 연구개발들이 활발해지기 시작했다. 스마트폰의 슬림한 디자인, 그립감, 스타일러스 사용 시의 촉감, 화면 색상 등 감성 전반에 걸친 연구들이 이루어지고 제품에 반영되기 시작했다.

현대자동차와 같은 자동차 회사에서도 감성공학에 대한 연구는 활발해지기 시작했다. 이전까지의 산학연구개발이 주로 기계공학 중심이었다면, 2000년대 들어서는 승차감, 조향감, 조작감, 시트 안락감 등 감성공학과 인간공학과 관련된 주제의 연구들이 상당한 정도로 이루어지고 있다.

1990년대 시작한 감성이란 화두는 이제 화두로만 그치지 않고, 때로는 UX라는 명칭과 같이 다양한 명칭으로 산업 전반에 걸쳐 연구가 이루어지고 있고 응용되고 있다.

6. 감성과학의 미래

최근 사회 전반에 걸쳐 제4차 산업혁명에 대한 관심과 논의가 활발하다. 4차 산업혁명의 핵심적 키워드는 인공지능(AI)과 로봇이다. AI는 인간의 두뇌를 대신하고, 로봇은 인간의 몸을 대신해 인간이 수행하는 정신적 · 신체적 노동과 활동을 용이하게 해 줄 것이 분명하다.

2016년 알파고(AlphaGo)가 이세돌을 비롯한 바둑 세계 정상급의 바둑 고수들을 차례로 물리친 것은 특정 분야에서 기계의 지능이 이미 인간의 지능을 뛰어넘은 것을 보여 주는 사건이었다. 거기에 더해 1년 뒤의 알파제로는 특정 분야뿐만 아니라 일반적 분야에서도 AI의 적용이 가능할 것이라는 것을 보여 주는 사건이었다. 산업용 로봇은 이미 널리 사용된 지 오래되었고, 이제 인간의 보행과 인간과의 대화를 가능하도록 하는 로봇 등이 빠르게 개발되고 있다. 궁극적으로는 AI를 탑재한 인간을 닮은 로봇 휴머노이드(humanoid) 등장이 예견되고 있다.

그런데 이러한 로봇이나 휴머노이드가 우리 인간 사회에 쉽게 받아들여질 수 있을까? 일본의 마사히로(Masahiro, 1970)는 로봇과 관련해 '불쾌한 골짜기(the uncanny valley)'라는 이론을 제시했다. 이 이론에 따르면, 인간은 로봇 등이 인간의 모습과 흡사해질수록 인간이 로봇에 대해 느끼는 호감도가 증가하다가 어느 정도에 도달하게 되면 갑자기 강한 거부감으로 바뀌게 된다. 그러다 로봇의 외모와 행동이 인간과 거의 구별이 불가능할 정도가 되면 호감도는 다시 증가하여 인간이 인간에 대해 느끼는 감정의 수준까지 접근하게 된다는 것이다.

여기서의 핵심은 바로 감성이다. 로봇이 인간과 가까이서 자연스럽게 사용되기 위해서는 인간과의 감성적 교류가 가능해야 할 것이다. 이를 위해서는 인간의 감성을 이해하고, 로봇도 그러한 감성을 표현해야 할 수 있어야 한다. 감성과학은 인간의 감성을 이해하고 표현하는 방법에 대한 연구를 수행해 오고 있다. 인간의 표정이나 제스처가 나타내는 감성을 이해하고 이를 로봇에도 표현하고자 한다. 따라서 앞으로 AI나 로봇에서의 주요한 연구의 한 분야로 감성과학의 중요성이 다시 한 번 관심을 받게 될 것이다.

빅데이터에 대한 관심도 감성과학의 주요한 관심 영역이 되고 있다. 소셜미디어에 나타나는 수많은 소비자들의 엄청난 대화 내용들의 빅데이터는 소비자의 니즈와 감성이 드러나 있게 된다. 이러한 빅데이터를 이용한 소비자의 감성분석은 마케팅과 제품 개발에 또 다른 기회를 줄 것이다.

가상현실 기술은 최근 컴퓨팅 능력의 가속적 발전으로 인해 더욱 몰입감을 전달할 수 있게 되어 가고 있다. 가상현실 기술로 다양한 체험과 감성을 느끼게 하는 기술이 더욱 개발될 것이다. 3D 프린터는 개별 소비자의 개인화된 감성적 요구 사항에 맞춰 제품 생산을 할 수 있도록 할 것이다. 사물인터넷(Iuternet of Things: IoT) 기술은 다양한 센서가 채택되어 인간의 위치와 동작, 인간의 욕구와 심리 상태를 파악해 다양한 서비스를 가능하도록 할 것이다. 디자인에 있어서도 이미 UI 디자인에서 소비자의 경험을 디자인하는 UX 디자인의 시대로 넘어온 지 오래이다. UX 디자인의 핵심은 바로 감성적 체험을 갖도록 하는 것이다.

십여 년 전부터 융합연구가 중요한 화두로 떠올랐다. 감성과학은 그 성격상 이미 다학제적 성격을 지니고 있다. 그리고 사용자 · 소비자의 니즈와 욕구를 제품과 서비스에 체계적으로 반영하고자 하는 것은 여전한 기업의 화두이다. 예전의 직관적 제품 디자인과 개발에서 최근에는 비교적 다양한 과학적 접근방법을 사용하고 있어 예측을 높이고 있는데 이러한 모든 것이 여전히 감성과학의 영역이라 할 수 있다. 그리고 기업의 성패는 바로 사용자와 소비자가 원하는 것을 만들어 주는가에 달려 있다. 현재 이를 대표하는 용어로 UX가 사용되고 있기는 하나, 향후 뇌과학 등 생체신호나 인간의 동작, 제스처 등을 측정·평가하는 기술 개발 등이 더 이루어져 가고 있기에, UX는 감성공학과 어우러져 또 다른 기술로 진화할 것이 예견된다.

이제 감성과학이 다시 주목을 받을 시기가 도래했다. 그것이 감성과학이라는 하나의 단어로 묶여서 관심을 받을지, 아니면 UX, AI의 감성지능 등 다른 단어에 녹아들어 관심을 받을지는 크게 중요하지 않을 수도 있다. 보다 중요한 것은 기술과 인간, 기술과 사회의 접점에서 점점 감성공학이 중요해지고 있다는 것이다.

요약하기

1. 감성에 대한 연구

원시 인류도 거친 자연에서 공포감 등의 감성을 느꼈을 것이다. 이러한 감성에 관심을 갖고 동서양의 철학자들은 감성의 발생에 대한 연구를 수행해 왔다.

2. 감성과학의 등장 배경

20세기 후반 후기산업사회가 도래하며 소비자는 제품의 기능과 성능에 더해 자신의 감성을 만족시킬 수 있는 제품을 추구하는 경향을 나타내게 되었고, 이러한 경향을 띠는 제품과 관련한 기술을 나이스비트는 하이터치 기술이라 불렀다. 1980년대 일본은 이러한 흐름을 타고 제조업 분야에서 경쟁력을 갖게 되었다.

3. 감성공학의 태동

감성공학이라는 용어는 일본 마츠다 자동차사에서 '미야타'라는 스포츠카를 개발하는 과정에서 처음 사용되었다. 주로 의미미분법(SD)을 활용한 제품평가를 해 오던 일본의 나가마치 교수는 이를 학술적으로 전파하기 시작했다.

4. 감성공학 연구개발

1991년 일본 정부는 일본 제품의 경쟁력을 더 향상시키기 위한 대규모 감성공학 연구개발과제를 착수했다. 우리 정부도 이를 모델로 삼아 1995년 G7 과제에 감성공학을 포함시켜 대규모 연구개발 투자를 수행하였다. 이를 통해 가상현실, 감성 측정기술, 제품 평가기술 등이 크게 발전하였다.

5. 감성과학의 확산

감성공학은 그 특성상, 인간공학, 심리학, 생리학, 공학, 산업디자인 등 다양한 분야의 학제적 연구 협력이 필요한 분야이다. 이러한 이유로 감성과학은 다양한 학문 분야에 접목되기 시작했다. 국내 대학, 연구소, 기업 등에 감성과학과 관련 조직이 만들어졌고, 연구 분야가 크게 확산되기 시작했다.

6. 감성과학의 미래

제4차 산업혁명의 핵심 기술인 인공지능(AI)의 개발에서도 인간과의 감성적 상호작용은 매우 중요한 연구 분야로 여겨지고 있다. 가상현실, 사물인터넷, 빅데이터, UI/UX 등의 분야에서도 감성과학은 가장 핵심적 연구 요소로 작용할 것이다.

참고문헌

Ekman, P., Friesen, W., & Ellsworth, P. (1972). *Emotion in the human face*. Oxford: Pergamon.

Lee, M. W., Yun, M. H. & Han, S. H. (2001). High Touch-an innovative scheme for new product development: case studies 1994-1998. *International Journal of Industrial Ergonomics, 27*, 271-283.

Masahiro, M. (1970). *The uncanney valley. Energy, 7*(4), 33-35.

Nagamachi, M. (1989). *Kansei Engineering*. Tokyo: Kaibundo.

Nagamachi, M. (Eds). (2011). *Kansei/Affective Engineering*. Boca Raton: CRC Press.

Naisbitt, J. (1982). *Megatrends: Ten New Directions Transforming Our Lives. New York:* Warner Books.

Takao, K., & Toshihiko, H. (2003). Vehicle development through "Kansei Engineering. *SAE 2003 World Conggress*, 53-59.

Yamamoto, K. (1986). *Kansei Engineering: The Art of Automotive Development at Mazda*. The University of Michigan unit publication.

Yoshioka, M. (1996). 人間感覺計測應用技術開發, **日本人間工學會誌**, 52(6), 242-246.

강인구 외(1992). G7 과제 도출 및 연구개발계획 수립에 관한 연구. ㈜금성사.

한국경제(1994. 08. 04.). 금성사, 사회학자 등 전공자로 구성된 '커뮤니카토피아' 설립.
한국표준과학연구원(1995). 감성공학기반기술 연구개발 계획서.

이재용(2012). 대한민국 HCI-UI-UX의 역사. http://story.pxd.co.kr/534#a1999-1.

Science of Emotion & Sensibility

Application and Practice

3장

감성의 연구방법: 감성 형용사

도성룡

●●● 들어가기

최근 소비자는 스마트폰, 자동차, 가전 기기, 생활용품 등의 제품을 구매할 때, 디자인을 중요시 여긴다. 방송통신위원회와 한국인터넷진흥원의 '2012년 스마트폰 이용실태 조사' 결과에 따르면, 사람들은 화면 크기(55%)와 가격(50.4%), 조작 방식 및 편리성(36%)보다 디자인(59.9%)을 우선적으로 고려하는 것으로 나타났다(임재영, 유지열, 장세정, 김민영, 유지민, 2012). 이제는 제품이 제공하는 기능만큼이나 소비자의 감성을 자극하는 요소가 중요해 진 것이다.

이에 많은 기업들이 감성 마케팅(emotional marketing)을 비즈니스의 수단으로 활용하고 있다. 감성 마케팅이란 소비자의 감성을 자극하는 요소를 제공함으로써 제품 또는 해당 기업과의 유대 관계를 강화하는 기법이다.

기업이 감성 마케팅을 시작하기 위해서는 소비자의 소리를 수집하고 분석해야 한다. 예를 들어, 기업은 SNS(Social Network Service)에 제품, 패션, 음식, 여행 등에 대해 사용자가 작성한 텍스트를 분석한다. 그리고 소비자의 감성을 파악하여 실시간으로 차별화된 프로모션 정보를 제공하고 있다.

이처럼 사람들은 언어를 통해 감성을 표출하는데, 형용사 어휘가 일반적으로 가장 감성을 잘 표현한다. 이 장에서는 감성 형용사에 대한 정의, 분류, 추출 및 평가 방법 등에 대해서 설명한다.

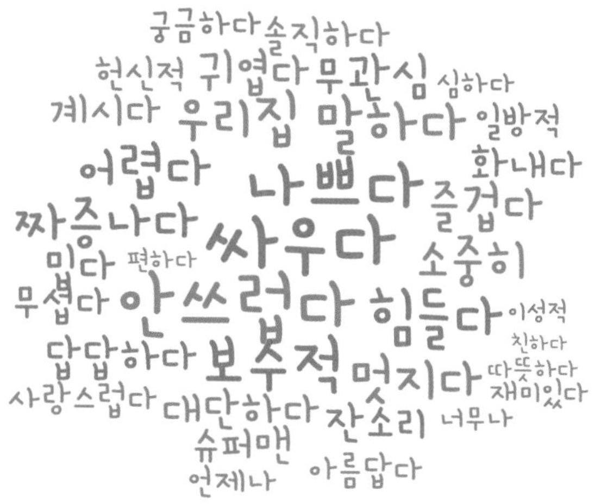

〈부모님을 묘사할 때 쓰이는 다양한 감정 단어〉

출처: http://doc.mindscale.kr/blog/2016/1/25/introduction-to-sentiment-analysis/

1. 감성 형용사 개요

사람은 일상생활 속에서 끊임없이 명시적 또는 암묵적으로 행동, 표정, 언어 등을 통해 감성을 표출한다. 이 중, 사람의 감성을 가장 잘 표현할 수 있는 수단은 언어(어휘)이다. 감성공학 분야에서는 어휘를 분석하여 사람이 느끼는 감성을 평가한다. 감성 어휘에는 형용사, 동사, 부사, 명사 등이 있으나, 인간의 감성을 가장 잘 표현하는 감성 형용사를 주로 사용하고 있다. 감성 형용사란 사람 및 사물의 성질, 상태 또는 존재를 표현하는 감성 어휘를 의미한다.

Tip 감성 평가 방법

감성 평가 방법은 크게 사용자의 주관적인 의견을 토대로 하는 심리적 평가 방법과 생리 신호를 이용하는 생리적 평가 방법으로 나눌 수 있다. 심리적 평가 방법은 사용자가 느끼는 감성을 형용사, 명사 등의 어휘를 통해 간접적으로 파악하는 방법이다. 반면, 생리적 평가 방법은 감성을 보다 객관적으로 파악하기 위해 인간의 생리적 반응을 분석하는 방법이다. 생리적 평가 방법은 객관성을 확보할 수 있지만, 생리 신호를 측정하는 장비가 고가이고, 실험을 통해 산출된 데이터의 해석이 난해하므로 접근하기 어렵다는 제한이 있다. 이에 비교적 간단하고 비용이 적게 드는 심리적 평가 방법을 주로 사용하는 추세이다.

2. 감성 형용사 분류

국어학에서 형용사는 술어로 분류하며, 서술의 기능을 가지고 있다. 형용사 분류와 관련하여, 최현배(1975), 천기석(1984), 남기심과 고영근(1985), 홍사만(1985), 김미형(1989), 신순자(1991), 남지순(1993), 김세중(1995), 유현경(1998) 등의 대표적인 연구가 있다. 감성 형용사 분류는 여러 학자들에 의해 오랜 시간 연구되어 오면서 조금씩 변화하고 있다. 하지만 기본적인 구조는 유지하고 있기 때문에, 현재에도 기존의 감성 형용사 분류를 사용하고 있다.

국문학자들에 의해 수행된 우리말 형용사의 의미 분류체계를 살펴보면, '감성'이라는 단어 대신 '성상'이라는 단어를 사용한다. 성상이란 '사람의 성질과 행실' 또는 '사물 내부의 성질과 외부의 상태'를 이르는 말로 앞서 살펴본 형용사의 사전적 의미와 상통한다. 성상이라는 단어는 초기 문법에서부터 사용되었으며, 최현배(1975)는 [그림 3-1]과 같이 분류하고 있다.

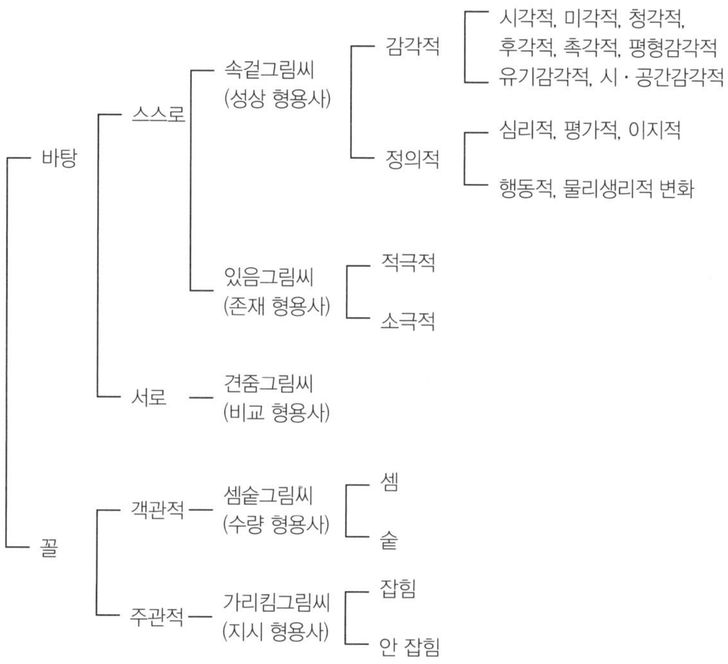

[그림 3-1] 최현배(1975)의 형용사 분류

형용사에 대한 분류 체계는 학자들마다 조금씩 차이가 있다. 남기심과 고영근(1985)은 성상의 범주를 넓게 설정하여 지시 형용사를 제외한 모든 형용사를 [그림 3-2]와 같이 감성 형용사로 구분하고 있다.

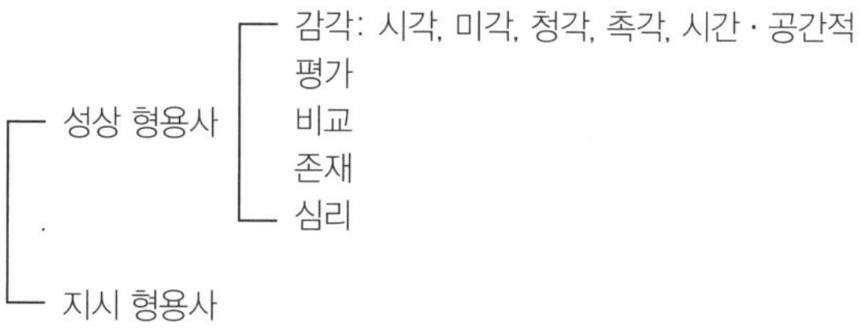

[그림 3-2] 남기심과 고영근(1985)의 형용사 분류

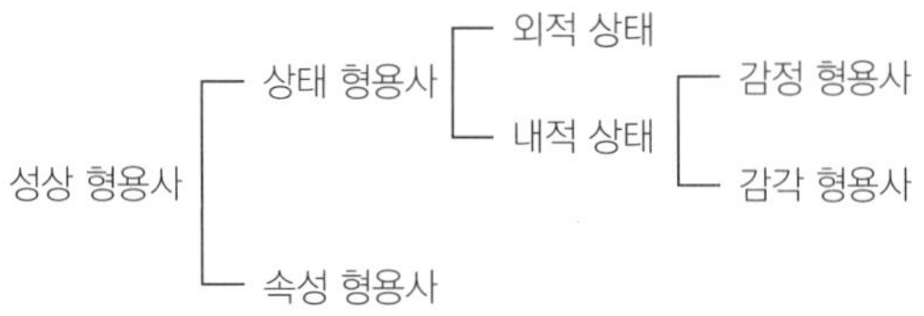

[그림 3-3] 홍사만(1985)의 형용사 분류

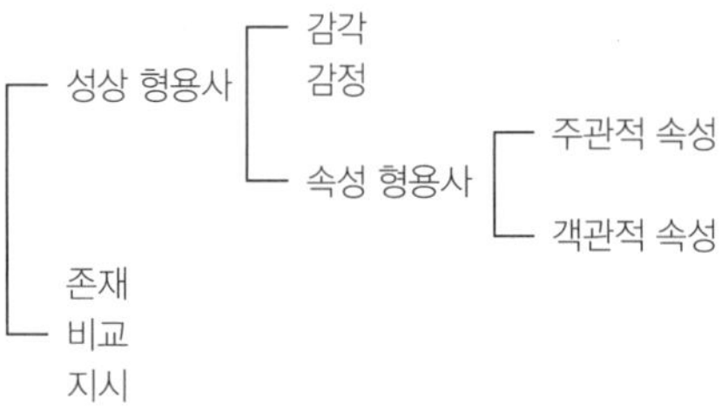

[그림 3-4] 김미형(1989)의 형용사 분류

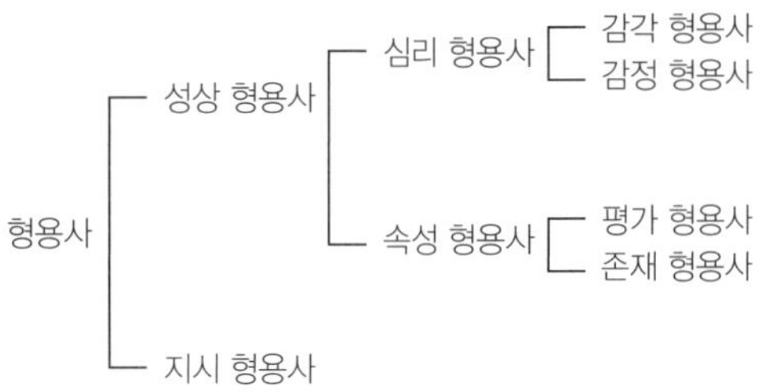

[그림 3-5] 신순자(1991)의 형용사 분류

반면, 홍사만(1985)과 김미형(1989)은 다른 연구자들에 비교해 형용사의 범위를 [그림 3-3], [그림 3-4]와 같이 감각, 감정, 속성만을 포함하도록 구분하고 있다.

여기서는 감성 형용사 관련 연구에서 주로 인용되고 있는 신순자(1991)의 형용사 분류체계를 설명한다. 신순자(1991)는 형용사를 크게 성상 형용사와 지시 형용사로 구분하며, 성상 형용사만 감성 형용사로 한정한다. 또한, 성상 형용사는 심리 형용사와 속성 형용사로 분류하며, 각각은 [그림 3-5]와 같이 구분하고 있다.

1) 감각 형용사

감각 형용사는 사물이나 상태의 속성에 대하여 시각, 촉각, 청각, 미각, 후각 등의 신체 외부 기관과 호흡기, 소화기, 배설기 등의 신체 내부 기관과 같은 유기 감각을 통해 느끼는 객관적 판단을 묘사한다. 감각 형용사 분류 예시는 〈표 3-1〉과 같다.

〈표 3-1〉 감각 형용사 분류 예시

구분		감각 형용사 예시
시각	색채어	검다, 새까맣다, 거무끄름하다, 검디검다, 거뭇거뭇하다
		희다, 희멀겋다, 하얗다, 희끗희끗하다
		푸르다, 파릇하다, 푸르디푸르다, 새파랗다
		노랗다, 누렇다, 샛노랗다, 노리끼리하다
		붉다, 새빨갛다, 붉디붉다, 엷붉다, 불그레하다
	명암어	밝다, 어둡다, 훤하다, 어두침침하다
	청탁어	맑다, 깨끗하다, 흐릿하다, 탁하다

촉각	표면촉각어	딱딱하다, 거칠다, 매끄럽다, 단단하다, 부드럽다, 무르다
	온도감각어	시원하다, 차다, 포근하다, 따뜻하다
	통각어	따갑다, 아프다, 쑤시다, 결리다, 아리다
청각		조용하다, 고요하다, 요란하다, 시끄럽다, 떠들썩하다
미각	기본미각어	짜다, 짭짤하다, 건건하다, 간간하다, 짜디짜다
		쓰다, 씁싸래하다, 씁쌀하다
		시다, 시큼하다, 새곰하다, 새콤하다
		달다, 달콤하다, 달착지근하다, 달싹하다, 다디달다
		떫다, 떠름하다, 떫디떫다, 떨떠름하다, 텁텁하다
		맵다, 매콤하다, 얼근하다, 얼큰하다, 맵싸하다
		싱겁다, 삼삼하다, 심심하다, 밍밍하다, 밋밋하다
	종합미각어	맛있다, 맛나다, 맛깔스럽다
	융합미각어	새콤달콤하다, 시금씁쓸하다, 시금털털하다
	유기미각어	느끼하다, 가쁘다, 고프다, 갑갑하다
후각		향긋하다, 고소하다, 비릿하다, 퀴퀴하다, 구리다

2) 감정 형용사

감정 형용사는 객관적 판단보다는 내면적 또는 주관적 감정이나 심리를 묘사한다. 감정 형용사는 기쁨, 노여움 등과 같은 인간의 기본 감정에 해당하는데, 우리나라에서 예전부터 분류해 오고 있는 칠정(七情)이 여기에 해당한다. 김은영(2004)이 칠정에 따라 분류한 감정 형용사 예시는 〈표 3-2〉와 같다.

〈표 3-2〉 감정 형용사 분류 예시

구분	감정 형용사 예시
기쁨(喜)	기쁘다, 즐겁다, 들뜨다, 설레다, 신나다, 신명나다, 우습다, 재미있다, 유쾌하다, 행복하다, 흐뭇하다, 홍겹다, 홍분하다
노여움(怒)	격분하다, 분하다, 성질나다, 속상하다, 짜증나다, 화나다, 홍분하다, 원망하다, 탓하다, 불쾌하다, 언짢다
슬픔(哀)	서글프다, 서러워하다, 서럽다, 슬프다, 우울하다, 억울하다, 고독하다, 고립되다, 고적하다, 삭막하다, 쓸쓸하다, 공허하다, 실망하다, 좌절하다

두려움(懼)	두렵다, 겁나다, 무섭다, 긴장하다, 불안하다, 노심초사하다, 뒤숭숭하다, 경악하다, 기겁하다, 당혹하다, 기절초풍하다, 놀라다, 당황하다
좋아함(愛)	감미롭다, 귀엽다, 끌리다, 도취하다, 매료되다, 매혹하다, 반하다, 사랑하다, 아름답다, 예쁘다, 정가다, 정겹다, 좋아하다, 편안하다, 평온하다, 감격하다, 감동하다, 상쾌하다, 자랑하다
싫어함(惡)	싫다, 밉다, 얄밉다, 경멸하다, 혐오하다, 역겹다, 증오하다, 귀찮다, 답답하다, 의심하다, 따분하다, 심심하다, 지루하다, 동경하다, 부럽다
바람(慾)	갈망하다, 소망하다, 바라다, 욕심나다, 섭섭하다, 서운하다, 불만족하다, 아깝다, 불평하다, 갈등하다, 망설이다

3) 평가 형용사

평가 형용사는 옳고 그름, 선과 악 등과 같이 특정 기준에 따라 사물이나 인간 성품에 대한 주관적 판단을 묘사한다. 평가 형용사 분류 예시는 〈표 3-3〉과 같다.

〈표 3-3〉 평가 형용사 분류 예시

구분	평가 형용사 예시
진위(眞僞)	거짓되다, 진실하다, 참되다, 헛되다
시비(是非)	옳다, 맞다, 올바르다, 그르다, 틀리다, 바르다
선악(善惡)	착하다, 모질다, 나쁘다, 선하다, 악하다
귀천(貴賤)	귀하다, 소중하다, 중하다, 보배롭다, 천하다, 상스럽다
미추(美醜)	아름답다, 곱다, 예쁘다, 멋있다, 밉다, 흉하다
난이(難易)	쉽다, 어렵다, 능하다, 까다롭다, 난해하다
이익(利益)	이롭다, 유리하다, 해롭다, 불리하다
비교(比較)	같다, 동등하다, 비슷하다, 유사하다, 다르다, 차이나다

4) 존재 형용사

존재 형용사는 시공간적 존재 상태, 외면적인 모습, 사물 간의 관계, 수량의 많고 적음과 같은 현상을 묘사한다. 존재 형용사 분류 예시는 〈표 3-4〉와 같다.

〈표 3-4〉 존재 형용사 분류 예시

구분		존재 형용사 예시
시간성		빠르다, 빠름직하다, 늦다, 느리다, 더디다, 지루하다
공간성	존재(存在)	있다, 존재하다, 없다
	원근(遠近)	가깝다, 멀다, 멀찍하다, 머다랗다
	심천(深淺)	깊다, 깊숙하다, 깊다랗다, 얕다, 얕디얕다
	광협(廣狹)	넓다, 널찍하다, 좁다, 좁디좁다
	밀도(密度)	촘촘하다, 빽빽하다, 듬성하다
	층위(層位)	차곡하다, 나란하다, 첩첩하다, 엉성하다
형태성	장단(長短)	길다, 기름하다, 짧다, 길쭉하다, 짤따랗다
	고저(高低)	높다, 낮다, 높직하다, 높다랗다, 나지막하다
	대소(大小)	크다, 작다, 굵다, 가늘다
	경중(輕重)	무겁다, 무거움 직하다, 가볍다, 가볍디가볍다
	원각(圓角)	둥글다, 둥그스름하다, 모나다, 각지다
	후박(厚薄)	두껍다, 두둑하다, 두텁다, 두툼하다, 얄따랗다
	예둔(銳鈍)	날카롭다, 뭉뚝하다, 뾰족하다, 둔하다
	균형(均衡)	곧다, 바르다, 구불하다, 굽다, 기울다, 삐딱하다
수량성		많다, 흔하다, 풍부하다, 적다, 드물다
행동성	휴면(休眠)/ 분주(奔走)	급하다, 바쁘다, 한가롭다, 심심하다
	신중(愼重)	공손하다, 삼가다, 방정맞다, 불손하다
	완성(完成)	완전하다, 온전하다, 완벽하다, 불완전하다
	근면(勤勉)	민첩하다, 부지런하다, 게으르다
	강력(强力)	힘세다, 굳세다, 용감하다, 약하다, 엄하다, 관대하다
	은밀(隱密)	그윽하다, 노골적이다, 비밀스럽다, 공공연하다

3. 감성 형용사 수집 방법

감성 형용사 관련 연구를 수행하기 위해서는 연구 분야와 관련된 어휘를 수집해야 한다. 감성 형용사를 수집하는 대표적인 방법은 다음과 같다(정상훈, 이건표, 2004).

- 연구자의 자유 연상
- 기존 연구자들의 문헌 검색
- 사용자 집단의 초점집단면접(Focus Group Interview: FGI)
- 전문가 집단의 인터뷰
- 국어 대사전과 같은 용어 사전 활용
- 영어 어휘 목록인 워드넷(WordNet) 활용
- 고객과 직원 사이의 대화 내용 녹음
- 카탈로그, 잡지, 팸플릿, 광고 등의 매체 활용
- SNS(Social Network Service), 웹사이트 등의 사용 후기 등의 활용

Tip

워드넷(WordNet)

워드넷(WordNet)은 영어의 의미 어휘목록이다. 워드넷은 밀러(George Armitage Miller) 심리학 교수가 지도하는 프린스턴 대학교의 인지과학연구소에 의해 만들어져 운영되고 있다. 워드넷은 영어 단어를 'synset'이라는 유의어 집단으로 분류하고, 간략하며 일반적인 정의를 제공한다. 또한, 어휘목록 사이의 다양한 의미 관계를 기록한다.

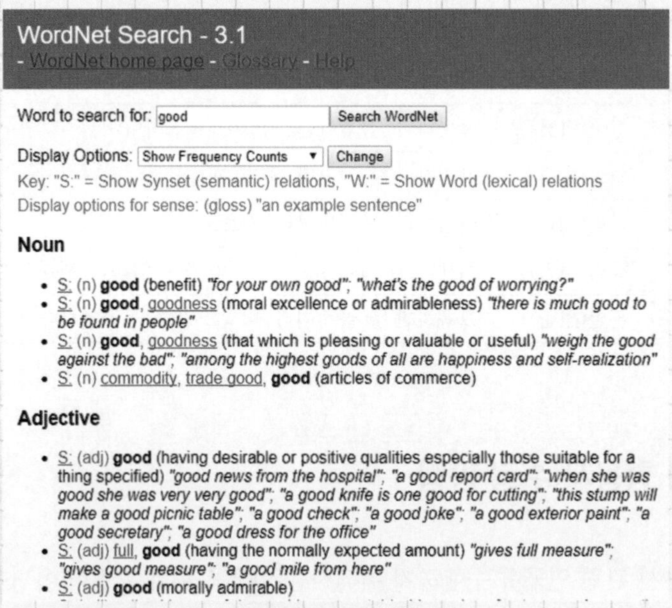

[그림 3-6] 워드넷 사이트

출처: http://wordnet.princeton.edu/

이렇게 관계를 수립하는 이유는 단어 사전과 유의어·반의어 사전인 시소러스를 조합하여 사용자에게 더욱 직관성을 제공하고, 자동화된 본문 분석 및 인공 지능을 가능하게 하기 위함이다. 워드넷은 의미적 관계에 속하는 상하 관계(super-sub relation), 전체-부분 관계(whole-part relation), 집합-요소 관계(set-element relation), 동의 관계(equivalence relation), 유사 관계(similar relation)의 다섯 가지 관계에 대한 파악을 가능하게 한다(Wikipedia, 2017).

연구자들은 해당 연구의 특성과 시간적 제약 사항들을 고려하여 앞서 제시한 감성 형용사 수집 방법들을 적절히 활용할 필요가 있다. 특히, 최근에는 SNS나 웹사이트 등을 통해 사용자들이 작성한 텍스트와 콜 센터 등에 녹음된 음성 데이터를 분석하여 사용자들의 감성을 파악하는 연구도 고려할 필요가 있다.

또한, 앞서 제시한 방법들을 통해서 수집한 감성 형용사는 양이 많기 때문에 중복되거나 유사한 용어 등을 적절한 기준에 따라 분류하고, 연구에서 활용할 정도로 최적화하여 사용해야 한다.

4. 감성 형용사 표현 척도

사람은 색을 통해 감성을 느낄 수 있다. 예를 들어, 빨간색은 열정, 파란색은 시원함, 노란색은 발랄함, 녹색은 편안함을 느낄 수 있다. 이처럼 색과 감성 간의 관계를 이해하면 소비자에게 차별화된 디자인을 제공할 수 있다. 색과 감성 간의 관계를 기준으로 감성 척도가 개발되었는데, 대표적으로 고바야시와 I.R.I 형용사 이미지 척도가 있다.

1) 고바야시 형용사 이미지 척도

고바야시(Kobayashi)는 1981년 일본인의 감성 구조를 분석하고, 색의 3요소인 색상, 명도, 채도와 관련된 세 가지 감성요소를 토대로 감성 척도를 정의하였다. 또한, 따뜻한–시원한(warm-cool)과 부드러운–딱딱한(soft-hard)의 감성요소 척도를 2차원 구조에 형용사 어휘를 직교된 형태로 배치하여 [그림 3-7]과 같은 고바야시 형용사 이미지 척도를 개발하였다. 두 축이 직교된 2차원 평면을 15개의 영역으로 구분하고, 각 영역을 대표하는 감성 형용사를 지정함으로써, 감성 척도 좌표별 형용사 어휘를 표현할 수 있게 하였다(Pinterest, 2017).

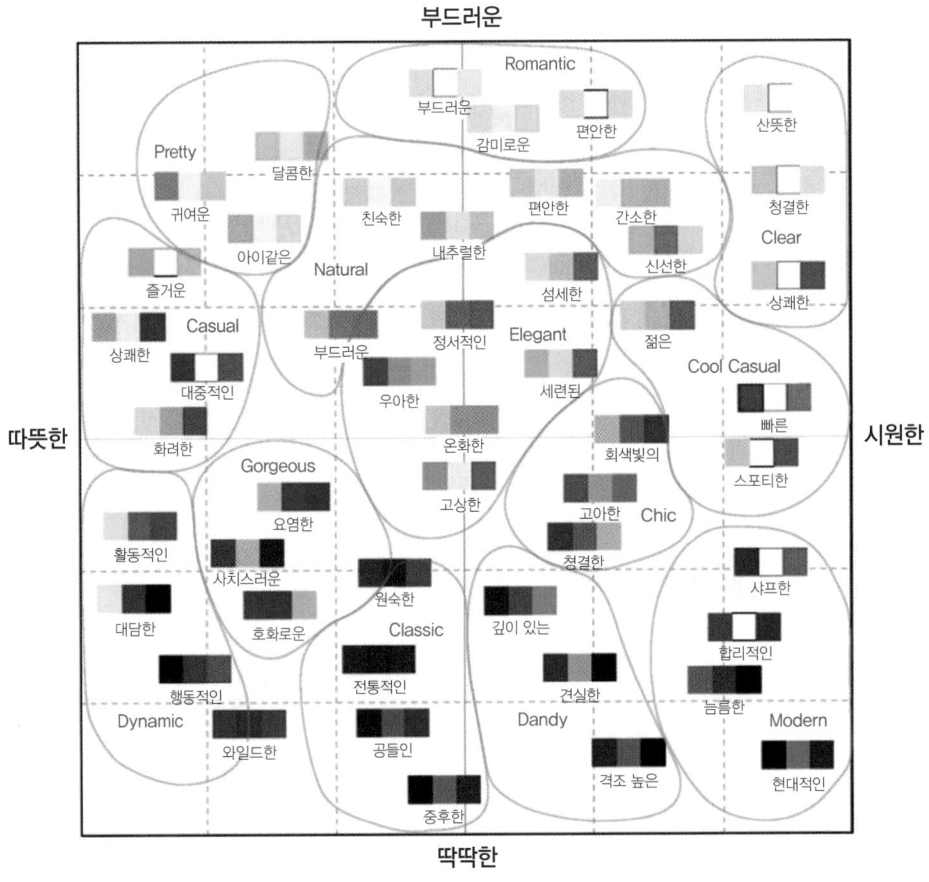

[그림 3-7] 고바야시 형용사 이미지 척도

출처: https://www.pinterest.co.kr

고바야시 형용사 이미지 척도는 이미지 패턴을 분석하고 상대적으로 개체의 이미지를 평가하는 실용적인 도구로 건축, 패션, 조명 등 다양한 분야에서 활용되고 있다. [그림 3-7]의 형용사 이미지 척도를 상세화하고 15개의 영역에 형용사를 대응하면 [그림 3-8]과 같다(일본 NCD 컬러연구소, 2017).

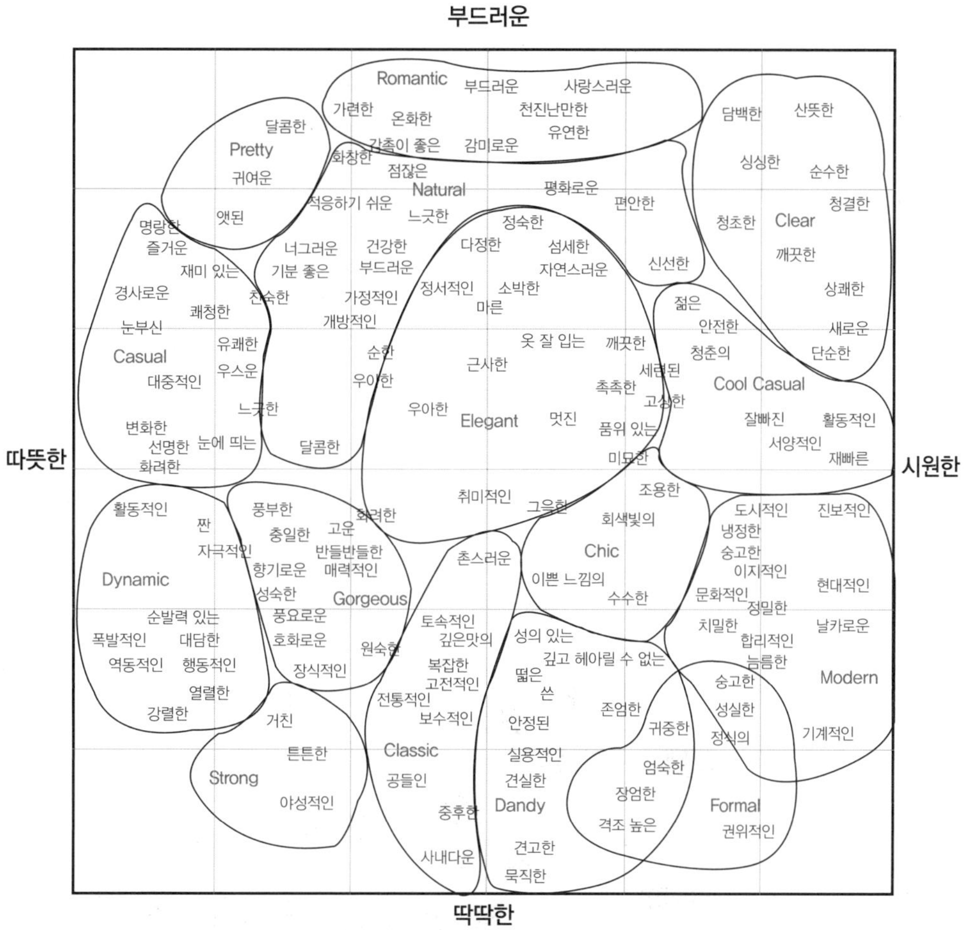

[그림 3-8] 고바야시 형용사 이미지 척도 내 형용사 상세 매핑

출처: http://www.ncd-ri.co.jp

2) I.R.I 형용사 이미지 척도

이복신(1997)은 한국인의 감성 구조를 기반으로 색채에 대한 감성 연구를 통해 동적인(dynamic)–정적인(static)과 부드러운(soft)–딱딱한(hard) 감성요소를 추출하고, 두 축이 직교 형태로 배치한 2차원 감성 척도를 개발하였다. 동일 평면에 형용사 어휘를 배치한 [그림 3-9]와 같은 I.R.I 형용사 이미지 척도를 개발하여 국내 산업 및 하계에서 색채 디자인에 대한 도구로 활용되고 있다(IRI 디자인 연구소, 2017).

고바야시 척도와 비교해 보면 수직축의 척도는 동일하나, 수평축은 따뜻한–시원한 척도 대신 동적인–정적인 척도를 사용한다. 또한, 2차원 평면을 12개의 영역으로 구분하고 각 영역을 대표하는 감성 형용사를 정의하였다.

I.R.I 형용사 이미지 척도는 추상적인 이미지를 구체적인 색채로 해석할 수 있으

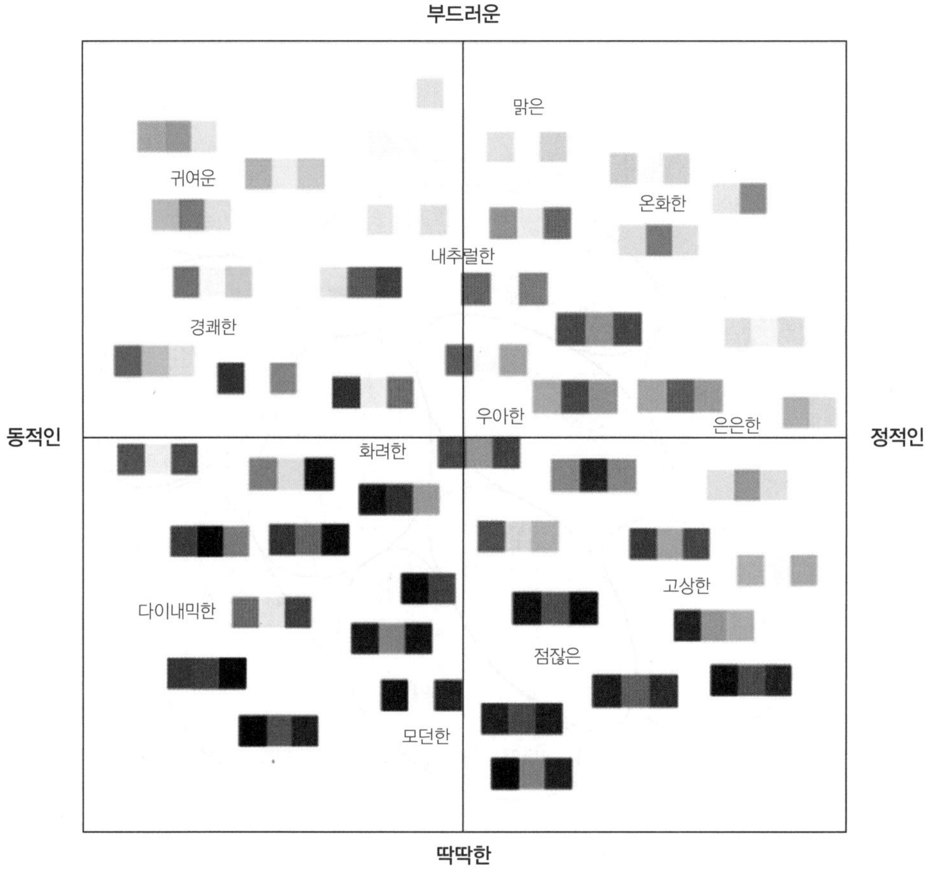

[그림 3-9] I.R.I 형용사 이미지 척도

출처: http://iricolor.com

며, 또한 반대로 구체적인 색을 추상적인 이미지로 전환하여 해석하는 것도 가능하다. [그림 3-9]의 형용사 이미지 척도를 상세화하고 12개의 영역에 형용사를 대응하면 [그림 3-10]과 같다(IRI 디자인 연구소, 2017).

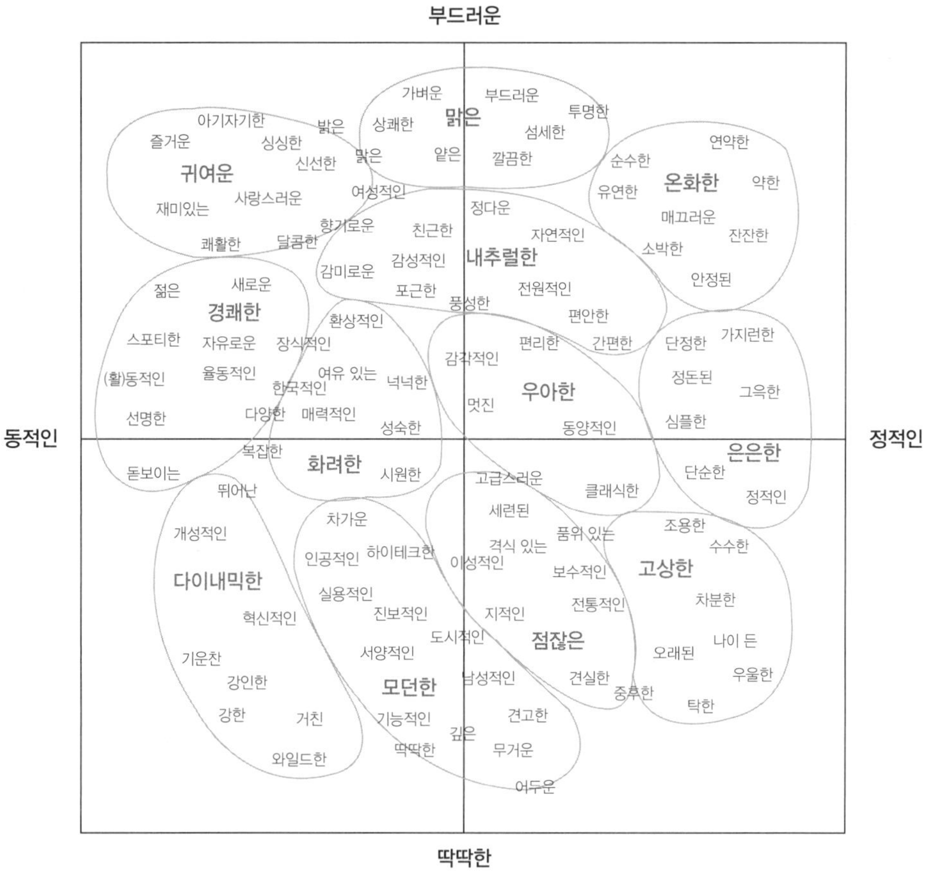

[그림 3-10] I.R.I 형용사 이미지 척도 내 형용사 상세 매핑

출처: http://iricolor.com

5. 감성 형용사 기반의 감성 평가 방법

사람마다 같은 대상에 대해서도 감성적으로 느끼는 정도에 차이가 존재한다. 이러한 차이를 확인하기 위해 사람들이 사용하는 감성 형용사를 평가하는 방법이 주로 사용된다. 감성 형용사를 기반으로 감성을 평가하는 방법들의 장점은 다음과 같다. 첫째, 어떤 감성을 표현하는 어휘라도 최대한 많이 수집할 수 있다. 같은 감성을 표현하는 다양한 감성 형용사가 존재하기 때문이다. 둘째, 혼합된 감성들도 측정할 수 있다. 예를 들어, 자동차에 대해서 '남자답다' '고급스럽다' '예쁘다'와 같은 복합된 감성 측정이 가능하다. 반면, 언어 차이로 인해 다양한 문화에서 적용하는 데 있어서 어렵다는 한계가 있다. 감성 어휘가 내포하고 있는 의미를 번역만으로는 정확히 표현하기 어렵기 때문이다.

감성 형용사의 어휘를 기반으로 감성을 평가하는 방법에는 의미 미분법(semantic differential method), 제품 반응 카드(product reaction card), 요인분석(factor analysis), 주성분 분석(principal component analysis), 다차원 척도법(multidimensional scale), 군집 분석(cluster analysis) 등이 있다(정현원, 2008).

여기서는 감성 연구 분야에서 가장 일반적으로 사용되고 의미 미분법, 제품 반응 카드, 요인분석 방법에 대해서 살펴본다.

1) 의미 미분법

[그림 3-11] 특정 기업 또는 제품에 대한 의미 미분법 예시

의미 미분법은 1957년 오스굿(Osgood) 등에 의해 제안된 심리 평가 척도법이다. 나가마치에 의해 제품 평가에 처음 적용된 후 디자인 분야에도 사용되고 있다. 평가 참여자들에게 평가 대상과 [그림 3-11]과 같이 어휘를 대립적으로 배치한 항목을 보여 준다. 평가 참여자들은 일정한 척도(5점 또는 7점 척도)를 사용하여 배치된 항목에 답변함으로써 스스로 느낀 감성이 어떠한지를 파악하는 방법이다(Wikipedia, 2017).

의미 미분법을 적용하는 방법은 [그림 3-12]와 같다.

첫째, 평가 대상과 관련된 감성 형용사를 수집한다. 자동차, 가전 기구 등 평사 대상과 관련하여 해당 도메인에서 주로 사용하는 감성 형용사에 대해서 앞서 제시한 감성 형용사 수집 방법을 적용하여 정리한다. 일반적으로 약 600~800개의 형용사를 수집한다.

둘째, 대표 감성 형용사를 선별하고, 대칭적으로 구성한다. 의미 중복 등의 형용사를 제외하여 약 200개 정도로 정리한다.

셋째, 인자 분석을 통한 대표 감성 형용사를 선정한다. 인자 분석을 통해 상관계수가 높은 순으로 정리하여 약 100개 이하의 형용사를 선정한다.

넷째, 대립 감성 형용사 항목 및 SD 척도를 설정한다. 이렇게 선정한 형용사는 의미 구조를 파악할 수 있도록 대칭되게 구성하고, 대립이 되는 두 형용사 사이에 5점 또는 7점 척도를 설정한다. 일반적으로 평가 참여자의 판단을 쉽게 하고, 평가로 인한 피로도를 줄이기 위해 5점 척도를 사용한다.

다섯째, 평가 대상의 이미지를 제작한다. 평가 대상을 가장 잘 설명할 수 있도록 그래픽 도구 등을 사용하여 이미지를 제작한다.

여섯째, 평가 대상 이미지를 참여자에게 제시하고, 내용을 입력하게 한다. 감성을 이미지와 같은 디자인으로 파악하기 위해서는 평가 대상을 요소별로 분해하여 구체적으로 제시한다. 평가 참여자는 제시한 이미지를 보고 감성 형용사별로 척도에 표시하고, 그 결과를 취합한다. 평가 결과는 형용사별 입력된 척도를 수치화하거나 그 결과를 의미 분별 척도 프로필 차트 형태로 제작하기도 한다.

일곱째, 주요 요인을 선별 및 검증한다. 평가 대상과 가장 관련 있는 감성 형용사를 파악하기 위해 요인분석을 하고, 주요한 요인을 파악하고 검증한다.

[그림 3-12] 의미 미분법 수행 방법

2) 제품 반응 카드

제품 반응 카드는 기존 감성 평가 방법들의 사용성 측면에서의 문제를 해결하기 위해 2002년 Microsoft사에 의해 개발된 바람직성 측정 도구(Desirability Measuring Tool)이다(Wikipedia, 2017). 이 방법은 [그림 3-13]과 같이 제품을 사용하고 나서 느낄 수 있는 형용사 118개를 사전에 제시함으로써 형용사를 수집하고 추출하는 과정을 생략할 수 있다.

Accessible	Creative	Fast	Meaningful	Slow
Advanced	Customizable	Flexible	Motivating	Sophisticated
Annoying	Cutting edge	Fragile	Not Secure	Stable
Appealing	Dated	Fresh	Not Valuable	Sterile
Approachable	Desirable	Friendly	Novel	Stimulating
Attractive	Difficult	Frustrating	Old	Straight Forward
Boring	Disconnected	Fun	Optimistic	Stressful
Business like	Disruptive	Gets in the way	Ordinary	Time-consuming
Busy	Distracting	Hard to Use	Organized	Time-Saving
Calm	Dult	Helpful	Overbearing	Too Technical
Clean	Easy to use	High quality	Overwhelming	Trustworthy
Clear	Effective	Impersonal	Patronizing	Unapproachable
Collaborative	Efficient	Impressive	Personal	Unattractive
Comfortable	Effortless	Incomprehensible	Poor quality	Uncontrollable
Compatible	Empowering	Inconsistent	Powerful	Unconventional
Compelling	Energetic	Ineffective	Predictable	Understandable
Complex	Engaging	Innovative	Professional	Undesirable
Comprehensive	Entertaining	Inspiring	Relevant	Unpredictable
Confident	Enthusiastic	Integrated	Reliable	Unrefined
Confusing	Essential	Intimidating	Responsive	Usable
Connected	Exceptional	Intuitive	Rigid	Useful
Consistent	Exciting	Inviting	Satisfying	Valuable
Controllable	Expected	Irrelevant	Secure	
Convenient	Familiar	Low Maintenance	Simplistic	

[그림 3-13] 제품 반응 카드의 118개 형용사

제품 반응 카드를 적용하는 방법은 [그림 3-14]와 같다. 첫째, [그림 3-13]의 형용사를 카드로 제작한다. 둘째, 평가 대상의 이미지를 제작한다. 평가 대상을 가장 잘 설명할 수 있도록 그래픽 도구 등을 사용하여 이미지를 제작한다. 셋째, 평가 대상 이미지를 참여자에게 제시하고, 카드를 선택하게 한다. 1차 선택 시에는 개수에 제한 없이 선택하도록 하고, 2차 선택 시에는 1차에서 선택한 카드 중에서 감정을 가장 잘 표현한 카드 5장을 선택하도록 한다. 넷째, 감성 형용사 선택 이유에 대해 인터뷰를 진행하고, 선택한 요인을 분석한다. 다섯째, 선택한 감성 형용사를 긍정과 부정으로 분류한다. 긍정과 부정으로 분류하는 이유는 평가 대상에 대한 전반적인 선호 정도 등을 파악하기 위함이다.

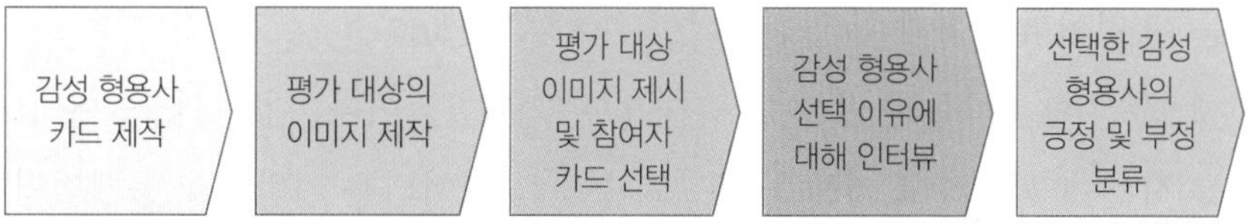

[그림 3-14] 제품 반응 카드 수행 방법

3) 요인분석

요인분석이란 여러 개의 변수가 서로 어떻게 관련되어 있는가를 분석하여 변수 간의 공통 요인을 추출하고 이를 이용하여 설명하는 다변량 분석기법이다. 변수를 독립변수와 종속변수로 구분하지 않고, 전체 변수 중에서 같은 분산의 형태를 가지는 변수들을 구분함으로써 이를 요인으로 분류하는 기법이다(Wikipedia, 2017).

의미 미분법 등을 통해 수집한 감성 형용사들은 너무 많고, 복잡한 상관관계를 갖는다. 이를 해결하기 위해 감성 형용사를 몇 개의 집단으로 나누고, 그 집단을 대표할 수 있는 요인을 파악해야 한다. 그리고 추출된 요인들을 근거로 감성 형용사 간의 상관관계를 정의하고, 감성 형용사 중에서 독립적이고 주요한 요인들을 추출한다.

6. 감성 형용사 관련 연구 동향

감성 형용사 관련 연구는 사용자들의 설문 응답 결과를 기반으로 통계적으로 분석하는 방법을 주로 사용해 왔다. 하지만 최근에는 디지털 정보화 시대를 맞이하여 정보통신기술(Information Communication Technology: ICT) 및 모바일 네트워크 기술을 기반으로 개인의 생활 방식과 취향을 고려한 SNS(Social Network Service)가 확산되고 있다. 사용자는 이러한 서비스를 통해 제품의 성능이나 디자인에 대하여 적극적으로 의견을 개진하고 있다. 소비자는 전문가의 의견보다도 개인이 주관적인 평가 정보나 제품 사용 후기를 보고 구매 의사를 결정하고 있다. 이처럼 온라인상에서 사용자가 작성한 정보는 소비자의 요구, 선호 등의 주요한 단서를 제시한다는 점과 데이터양이 방대하다는 점에서 데이터 분석 기술이 주목받고 있다(곽기영, 2014).

기존의 감성 형용사에 대한 연구 방식으로는 이처럼 데이터 기반으로 감성을 분석하는 데 있어서 다음과 같은 한계가 있다(안효선, 2017).

첫째, 감성 형용사를 수집할 수 있는 범위가 제한적이다. 기존 연구들은 감성 형용사를 사전에 선정하고 이들을 척도로 수집한 데이터를 기반으로 통계적인 분석 방법을 적용하고 있다. 따라서 척도가 되는 감성 형용사의 범위를 벗어나는 형용사에 대한 분석은 불가능하다.

둘째, 사용자 응답의 수집 및 분석 과정에서의 어려움이다. 기존 연구들은 사용자의 응답을 수집하고자 주로 설문조사나 전문가 인터뷰를 하고 있다. 이와 같은 방법은 참여 대상자를 모집하는 것이 어렵고, 대상자들로부터 다양한 응답을 수집하고 분석하는 데 많은 시간과 비용이 소요된다. 또한, 설문조사의 경우 참여자 별로 수치적인 기준을 모호하게 느낄 수 있으므로, 감성의 차이를 객관적으로 평가하기 어렵다. 뿐만 아니라 설문 또는 인터뷰 과정에서 응답자의 의지나 기대가 개입되면서 수집한 데이터가 변질될 가능성도 존재한다.

기존 연구의 한계를 해결하기 위해 최근에는 SNS 등에 존재하는 빅 데이터로부터 감성 어휘를 추출하고, 제품에 대한 사용자들의 인식 정도를 파악함으로써, 서비스 만족도를 높이려는 연구가 다양한 분야에서 수행되고 있다. 연구 목표는 인터넷 게시판, SNS, 블로그 등에 사용자가 작성한 텍스트 또는 음성 데이터를 추출하고, 특정 주제에 대한 사용자의 감성을 분석함으로써 향후 사용자의 긍정적인 반응이 극대화될 수 있는 방안을 제시하는 데 있다.

요약하기

1. 감성 형용사 개요

- 사람의 감성을 가장 잘 표현할 수 있는 수단은 언어(어휘)이다.
- 다양한 어휘 중에서 감성 형용사가 인간의 감성을 가장 잘 표현한다.
- 감성 형용사란 사람 및 사물의 성질 또는 존재를 표현하는 감성 어휘를 의미한다.

2. 감성 형용사 분류

- 감성 형용사 분류는 국어학자들에 의해서 오랜 시간 연구되어 오면서, 조금씩 다르게 분류하고 있지만 기본 구조는 유사하다.

- 신순자의 감성 형용사 분류체계는 다음과 같다.
  - 감각 형용사는 사물이나 상태의 속성에 대하여 신체 내/외부 유기 감각을 통해 느끼는 객관적 판단을 묘사한다(예: 밝다, 짜다 등).
  - 감정 형용사는 기쁨, 노여움 등 내면적 또는 주관적 감정이나 심리를 묘사한다(예: 기쁘다, 슬프다 등).
  - 평가 형용사는 사물이나 인간 성품에 대해서 옳고 그름과 같이 주관적 판단을 묘사한다(예: 옳다, 그르다 등).
  - 존재 형용사는 시공간적 존재 상태, 수량의 많고 적음과 같은 현상을 묘사한다(예: 빠르다, 무겁다 등).

3. 감성 형용사 수집 방법

- 감성 형용사 어휘를 수집하는 방법은 다음과 같으며, 연구의 특성을 고려하여 이를 적절히 활용해야 한다.
  - 연구자의 자유 연상
  - 기존 연구자들의 문헌 검색
  - 사용자 집단의 초점집단면접(FGI)
  - 전문가 집단의 인터뷰
  - 국어 대사전과 같은 용어 사전 활용
  - 영어 어휘 목록인 워드넷(WordNet) 활용
  - 고객과 직원 사이의 대화 내용 녹음
  - 카탈로그, 잡지, 팸플릿, 광고 등의 매체 활용
  - SNS(Social Network Service), 웹사이트 등의 사용 후기 등의 활용

4. 감성 형용사 표현 척도

- 색과 감성 간의 관계를 기준으로 감성을 표현하는 척도로 대표적으로 고바야시 형용사 이미지 척도와 I.R.I 형용사 이미지 척도가 있다.
- 고바야시 형용사 이미지 척도는 색의 3요소인 색상, 명도, 채도와 관련된 세 가지 감성요소를 토대로 정의한 감성 표현 척도이다.
  - 고바야시 형용사 이미지 척도는 따뜻한–시원한(warm–cool)과 부드러운–딱딱한(soft–hard)의 감성요소 척도를 사용한다.
  - 고바야시 형용사 이미지 척도는 15개의 영역으로 구분하고 형용사를 매핑함으로써 색과 감성 간의 관계를 설명한다.

- I.R.I 형용사 이미지 척도는 고바야시 형용사 이미지 척도와 유사하지만 한국인의 감성 구조를 기반으로 개발된 감성 척도라는 점이 다르다.
  - I.R.I 형용사 이미지 척도는 동적인(dynamic)–정적인(static)과 부드러운(soft)–딱딱한(hard) 감성요소 척도를 사용한다.
  - I.R.I 형용사 이미지 척도는 12개의 영역으로 구분하고 각 영역을 대표하는 감성 형용사를 정의함으로써 색과 감성 간의 관계를 설명한다.

5. 감성 형용사 기반의 감성 평가 방법

- 감성 평가 방법에는 의미 미분법, 제품 반응 카드, 요인분석 방법 등이 있다.
  - 의미 미분법은 평가 참여자들에게 평가 대상과 관련된 어휘를 보여 주고, 일정한 척도를 기준으로 답변하게 함으로써 감성이 어떠한지를 파악하는 방법이다.
  - 제품 반응 카드는 평가 참여자들에게 평가 대상을 보여 주고, 사전에 준비한 형용사 카드를 선택하게 함으로써 감성이 어떠한지를 파악하는 방법이다.
  - 요인분석은 감성 형용사 간의 상관관계를 정의하고, 감성 형용사 중에서 독립적이고 주요한 요인들을 추출할 때 사용하는 방법이다.

6. 감성 형용사 관련 연구 동향

- 일반적으로 감성 형용사 관련 연구는 사용자들의 설문 응답 결과를 기반으로 통계적 분석을 수행하는 방법을 주로 사용하고 있다.
- 하지만 최근에는 SNS 등에 존재하는 빅 데이터로부터 감성 어휘를 추출하고, 제품에 대한 사용자들의 인식 정도를 파악함으로써, 서비스 만족도를 높이려는 연구가 다양한 분야에서 수행되고 있다.

참고문헌

곽기영(2014). **소셜네트워크 분석**. 서울: 청람.

김미형(1989). **형용사의 의미유형과 구문의 차이**. 서울: 한샘.

김은영(2004). **국어 감정 동사 연구**. 전남: 전남대학교 대학원.

남기심, 고영근(1985). **표준국어문법론**. 서울: 탑출판사.

신순자(1991). **형용사의 분류**. 서울: 숙명여자대학교 한국어문학연구소 어문논집.

안효선(2017). **빅데이터를 활용한 패션디자인 감성분석 연구**. 서울: 이화여자대학교 대학원.

이복신(1997). 형용사를 이용한 색채감성 스케일의 개발. 한국디자인학회, 17-18.

임재영, 유지열, 장세정, 김민영, 유지민(2012). 2012년 스마트폰 이용실태 조사. 방송통신위원회, 한국인터넷진흥원.

정상훈, 이건표(2004). 제품 사용중 표출되는 사용자의 감성을 측정하기 위한 감성 어휘 추출. 한국디자인학회, 188-189.

정현원(2008). 감성의 개념 및 어휘 체계 정립을 통한 공감각 디자인 평가 방법에 관한 연구. 서울: 홍익대학교 국제디자인전문대학원.

최현배(1975). 우리말본 5판. 서울: 정음사.

홍사만(1985). 국어어휘의미연구. 서울: 학문사.

일본 NCD 컬러연구소. 고바야시 형용사 이미지 척도(2017.04.27.에 인출). http://www.ncd-ri.co.jp

IRI 디자인 연구소. I.R.I 형용사 이미지 스케일(2017.04.27.에 인출). http://www.iricolor.com

Pinterest. 고바야시 형용사 이미지 척도(2017.04.27.에 인출). https://www.pinterest.co.kr

Wikipedia. Factor Analysis(2017.04.27.에 인출). https://en.wikipedia.org/wiki/Factor_analysis

Wikipedia. Microsoft Reaction Card Method(2017.04.29.에 인출). https://en.wikipedia.org/wiki/Microsoft_Reaction_Card_Method_(Desirability_Testing)

Wikipedia. Semantic Differential(2017.04.29.에 인출). https://en.wikipedia.org/wiki/Semantic_differential

Wikipedia. WordNet(2017.04.29.에 인출). https://en.wikipedia.org/wiki/WordNet

4장

감성의 연구방법: 생리적 지표

•

이영창

●●● 들어가기

피니어스 게이지(Phineas Gage, 1823~1860)는 미국 버몬트주에 사는 철도 건설 현장의 작업책임자였다. 1848년 9월 13일, 25세의 게이지는 바위 발파 작업 중에 발생한 폭발로 인해 쇠막대(굵기 3cm, 길이 1m)가 왼쪽 뺨을 뚫고 왼쪽 눈을 지나 오른쪽 머리 윗부분을 완전히 통과해 버리는 사고를 당한다. 게이지는 25m를 날아갔지만 놀랍게도 살아있었고 몸을 일으킬 수 있었으며, 치료하기 위해 달려온 의사에게 "할 일이 많겠습니다. 의사 선생님"이라는 말을 할 수 있을 만큼 멀쩡해 보였다. 그를 치료했던 할로우 박사(Dr. John Martyn Harlow, 1819~1907)의 빠르고 적절한 치료 덕에 게이지는 왼쪽 눈을 잃은 것 이외에는 건강을 거의 완벽하게 회복했지만, 더 이상 예전의 게이지가 아니었다. 사고 이전에는 말수도 적고 성실하며 온순하고 인내심도 많았지만, 사고(전두엽 손상) 이후에는 감정 기복이 심해져 자주 화를 내는 무례한 사람이 되었다. 또한 끈기나 시간을 요구하는 작업을 해내지 못하게 되어 회사에서 쫓겨났으며, 주변의 친구들은 이렇게 바뀐 게이지와 더 이상 관계를 유지할 수 없게 되었다.

〈피니어스 게이지〉

출처: https://ko.wikipedia.org/wiki/%ED%94%BC%EB%8B%88%EC%96%B4%EC%8A%A4_%EA%B2%8C%EC%9D%B4%EC%A7%80

감성(emotion)에 대한 연구는 오랜 역사와 전통을 가지고 있으며, 그 정의 또한 다양하다. 감성에 대한 정의들은 공통적으로 마음과 행동의 변화, 그리고 이러한 심리적·행동적 변화의 기반이라 할 수 있는 생리적 상태를 가정한다.

감성과 관련된 생리적 상태의 연구는 감성 유발 사건에 대한 생리적 변화의 지각이 특정 감성을 유발한다는 제임스-랑게 이론(James-Lange theory, 1884), 말초의 생리적 상태와 더불어 중추(뇌의 시상하부)에서의 변화가 특정 감성을 유발한다고 제안한 캐넌-바드 이론(Cannon-Bard theory, 1927), 그리고 감성에 대한 중추적 처리를 담당하는 대뇌변연계(limbic system: 해마, 편도체, 대상회, 중격 등의 구조물로 이루어진 대뇌 구피질 영역)에 대한 연구로 확장되어 왔다(Berntson et al., 2011; Feinstein et al., 2013). 최근에는 보다 발달된 측정도구와 분석방법을 통해 얻어진 생리적 지표들을 이용하여 감성의 발생과 유지, 그리고 조절 및 통제에 대한 통합적 연구들이 활발하게 수행되고 있다(Davidson, 2003; Drake & Myers, 2006; Harmon-Jones et al., 2002).

1. 말초신경계를 이용한 감성 측정

말초신경계(peripheral nervous system)는 뇌신경(cranial nerve) 12쌍과 척수신경(spinal nerve) 31쌍에 의해 조절되는 감각 및 운동체계를 의미하며, 자율신경계(autonomic nervous system)와 체성신경계(somatic nervous system)로 구분할 수 있다. 먼저, 자율신경계는 심장 박동, 땀 분비, 동공 반응, 소화, 면역 기능과 같이 뇌의 직접적인 통제를 받지 않는 비교적 독립적이고 자동적인 기능을 담당한다. 예를 들어, 예측할 수 없는 외부 환경의 변화(갑작스러운 큰 소리, 낯선 대상의 등장 등)는 즉각적이고 자동적으로 심장박동, 호흡, 땀분비의 증가, 그리고 동공의 확장 등과 같은 전형적인 싸움-도주 반응(fight-flight response)을 생성한다. 이러한 생리적 변화는 해당 반응, 즉 심장이 빨리 뛰고 호흡이 가빠진 이후에 자각(self awareness)이 가능하며, 외부 환경의 변화가 사라지거나 유기체가 환경에 적응함으로써 원래의 생리적 상태로 회복된다. 이처럼 자율신경계에 의해 조절되는 생리적 반응은 우리의 의지와 상관없이 발생하고 추후에 자각이 가능하다는 점에서 자율적 사후보고 체계라

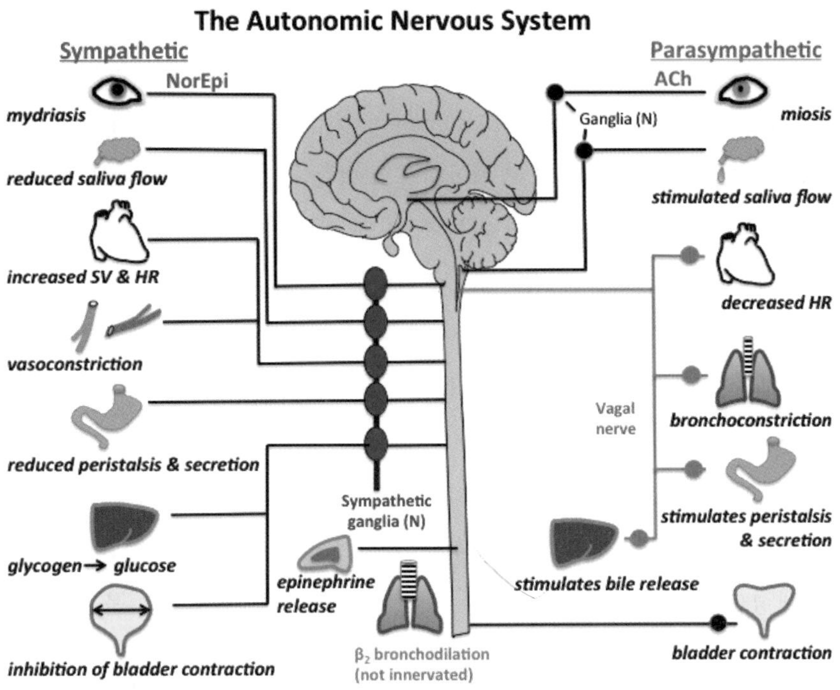

[그림 4-1] 자율신경계의 구조와 기능

출처: http://tmedweb.tulane.edu/pharmwiki/doku.php/introduction_to_the_ans

할 수 있다([그림 4-1] 참조).

자율신경계는 세부적으로 각성 및 각성 상태의 유지와 관련된 생리적 반응을 조절하는 교감신경계(sympathetic nervous system)와 이완 및 신체의 항상성(homeostasis) 유지와 관련된 생리적 반응을 조절하는 부교감신경계(parasympathetic nervous system)로 구분되며, 일반적으로 하나가 활성화되면 다른 하나는 비활성화되는 길항작용(antagonism)을 한다. 이러한 교감과 부교감 신경계의 관계는 감성과 관련된 생리적 지표를 추출하는 데 중요한 요인으로 작용한다. 즉, 교감과 부교감 신경계에 의해 발생하는 생리적 반응을 측정하고, 측정된 생리적 반응의 절대적 수치와 상대적 수치의 비교·분석함으로써 특정 감성과 관련된 생리적 상태를 이해하고 정의하는 데 객관적 증거로 사용될 수 있다.

예를 들어, 공포(fear)와 혐오(disgust)는 부정적 심리 상태와 회피적 행동이 나타난다는 점에서 유사한 감성이지만, 공포는 전형적인 싸움-도주 반응(심장 박동, 호흡률, 땀 분비의 증가, 동공의 확장 등)이 나타나는 반면, 혐오는 심장 박동의 증가가 공포에 비해 현저히 낮고, 호흡이 감소하는 것과 같이 생리적 반응이 나타난다(Levenson, Ekman, & Friesen, 1990). 즉, 다양한 생리적 지표를 이용하면 다양한 감성을 보다 기초적인 수준에서 구분하고 이해하는 것이 가능하다. 나아가 새로 개발된 특정 제품에 대해 사용자가 실제로 편안함을 느끼는지, 실내 구조의 어떤 특성이 긍정적이고 이완된 감성과 관련되어 있는지, 그리고 다양한 물리적 환경(온도, 색, 질감, 바람세기 등)에서 쾌적감을 주는 요인은 무엇인지 등과 같이 환경과 관련된 감성을 평가하는 데 유용한 지표로 사용될 수 있다.

다음으로, 체성신경계는 신체의 감각과 더불어 골격근을 기반으로 한 수의적 행동을 담당한다. 얼굴에 느껴지는 바람, 손바닥을 통해 전달되는 따뜻함, 자갈길을 걸을 때의 이질감은 모두 체성신경계의 감각기능이며, 바람이 불어오는 쪽으로 고개를 돌리고 손바닥을 더욱 세게 움켜쥐며, 조심스러운 발걸음을 유지하는 것은 전형적인 체성신경계의 운동기능이라 할 수 있다. 특히, 체성신경계의 운동기능은 감성의 표현에 중요한 역할을 한다. 예를 들어, 다양한 문화에 걸쳐 감성과 관련된 얼굴표정을 연구한 에크만(Ekman)에 따르면, 기본감성(공포, 분노, 혐오, 슬픔, 놀람, 행복)의 경우 문화와 상관없이 동일한 얼굴표정으로 표현되고, 이러한 얼굴표정이 상대방 감성을 지각하고 판단하는 데 중요한 지표로 사용된다. 이처럼 특정 감성에 따라 독특한 얼굴표정이 존재한다는 것은 그 감성을 경험할 때 누구나 동일한 얼굴근육을 사용한다는 것을 의미한다. 따라서 얼굴근육의 움직임을 보다 정확하게 측정하고 분석하는 것은 비언어적 감성표현을 이해하는 데 중요한 역할을 한다.

여기서는 감성과 관련된 말초신경계의 비침습적 생리적 지표인 자율신경계(심전도, 피부전기활동, 광혈류량도)와 체성신경계(안면근전도)의 측정 원리 및 연구방법과 관련 연구를 간략하게 소개하고자 한다.

1) 심전도

심전도(electrocardiogram: ECG)는 'P-QRS-T'로 불리는 독특한 파장의 형태로 나타나는 심장의 전기적 활동을 기록한 것으로서, P파는 심방의 탈분극을 반영하고 QRS는 심실의 탈분극을, 그리고 T파는 심실의 재분극을 의미한다([그림 4-2] 참조). 심장은 쉬지 않고 수축과 이완을 반복하는데, 이러한 활동에서 발생하는 미약한 전

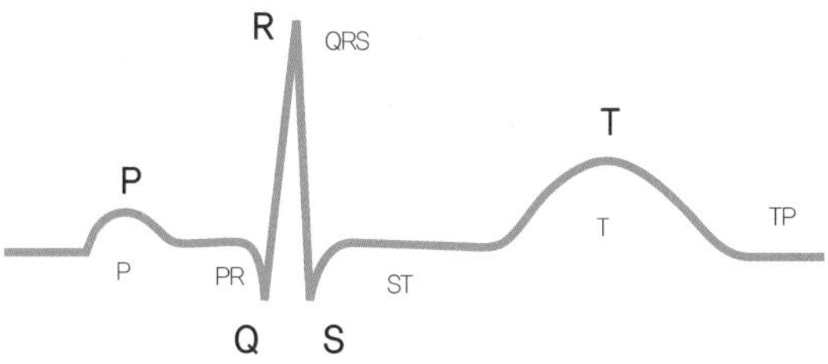

[그림 4-2] 심전도의 전형적 파형 예시
출처: https://www.fmkorea.com/best/242735283

류를 신체 표면에서 기계적 장치(심전도계)를 통해 증폭하여 기록한 것이 심전도이다. 심장 활동의 측정은 의료 장면을 제외하고 일반적으로 두 탐색전극의 전위차를 기록하는 사지유도법을 사용한다. 사지유도법은 구체적으로 오른쪽 손목(−)과 왼쪽 손목(+)을 사용하는 유도1(Lead I), 오른쪽 손목(−)과 왼쪽 발목(+)을 사용하는 유도2(Lead II), 그리고 왼쪽 손목(−)과 왼쪽 발목(+)을 사용하는 유도3(Lead III)으로 구분된다([그림 4-3]). 이렇게 얻어진 정보에서 심박률(HR), 심박변이도(HRV) 등의 세부적 지표를 분석하고, 이를 통해 심장의 상태와 더불어 심리적 상태, 특히 감성 상태의 보다 과학적 측정치로 사용된다.

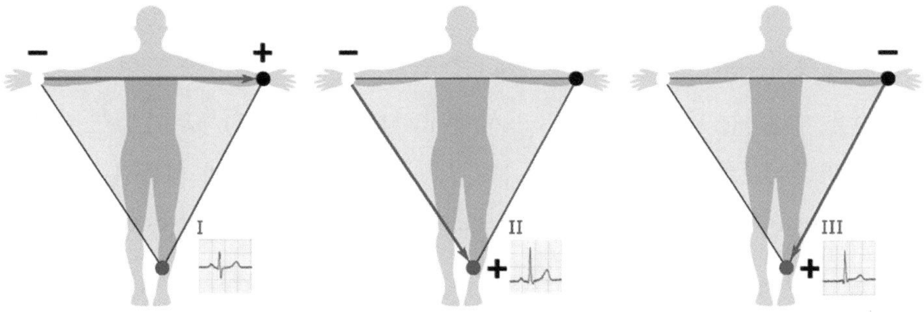

[그림 4-3] 심전도 측정의 사지유도법
출처: https://www.cablesandsensors.com/pages/12-lead-ecg-placement-guide-with-illustrations

(1) 심박률

심박률(Heart Rate: HR)은 1분 동안 심장의 수축과 이완의 주기가 발생한 횟수를 의미하며, 측정 단위는 분당 박동 수(beat per minute: bpm)를 사용한다. 심박률은 교감신경계의 활성화에 의해 증가하고 부교감신경계의 활성화에 의해 감소하는 자율신경계의 길항작용의 전형적인 기능을 보여 준다. 이 때문에 생리적 지표를 통해 감성을 분류하고자 했던 초기의 연구들은 대부분 심박률을 측정했으며, 특히 증가된 심박률은 각성적인 감성(공포, 분노 등)에 대한 하나의 주요한 생리적 특성으로 보고한다(Neumann & Waldstein, 2001; Sinha, Lovallo, & Parsons, 1992).

(2) 심박변이도

심박변이도(Heart Rate Variability: HRV)는 심장박동 간격의 변화, 즉 시간을 주파수 단위로 변환한 지표로서 교감신경계와 부교감신경계의 상대적 영향을 분리할 수 있는 유용한 지표로 알려져 있다. 일반적으로 심박변이도의 분석은 먼저, 일정시간(대부분 3분 이상) 동안 발생한 R파와 R파의 시간적 변화를 빠른 푸리에 변환(Fast Fourier Transform: FFT)을 통해 주파수성분으로 변환한다. 그리고 변환된 자료에서 특정 주파수성분의 강도(power)를 분석하면, 교감신경계와 부교감신경계의 영향을 절대적 및 상대적 수치로 나타낼 수 있다. 세부적으로 저주파성분(Low Frequency: LF, 0.04~0.15Hz)은 교감신경계의 활동을 반영하고, 고주파성분(High Frequency: HF, 0.15~0.4Hz)은 부교감신경계, 즉 미주신경의 활동을 반영한다(Berntson et al., 1997).

일반적으로 공포, 분노, 놀람, 유머와 같은 교감신경계의 활성화에 민감한 감성들에서는 저주파 성분의 절대수치와 상대수치(LF/HF+LF)가 높게 나타나지만, 행복, 혐오, 만족과 같은 부교감신경계의 활성화를 반영하는 감성의 경우에는 고주파 성분의 절대수치는 높고 상대수치는 낮게 나타난다. 또한 감성의 주요 표현 수단인 얼굴표정을 재인하는 데 어려움을 겪는 사람과 사회적 관계가 위축되어 있는 사람에게서 심박변이도의 감소된 변화, 즉 심리 및 신체의 상태에 따라 계속해서 변화해야 하는 심박변이도 특성의 결핍이 나타나며, 정상적이지 않은 감성 상태가 주요 증상으로 나타나는 우울, 불안, 알코올 관련 장애를 평가 · 진단하는 데 심박변이도가 사용되기도 한다(Hasin, Stinson, Ogburn, & Grant, 2007; Kemp et al., 2012; Quintana, Guastella, Outhred, Hickie, & Kemp, 2012).

이 밖에도 R파 간격의 평균과 표준편차(mean, standard deviation of R-wave interval), 호흡률(respiration rate), 호흡성 동성 부정맥(Respiratory Sinus Arrhythmia: RSA) 등 자율신경계의 상대적 활성화를 측정할 수 있는 심전도의 하위 지표들이 다양하다.

2) 피부전기활동

피부전기활동(Electro Dermal Activity: EDA)은 땀분비 반응의 변화와 그에 따른 피부의 전기전도도를 기록하는 방법으로, 다른 생리 신호와 다르게 교감신경계의 영

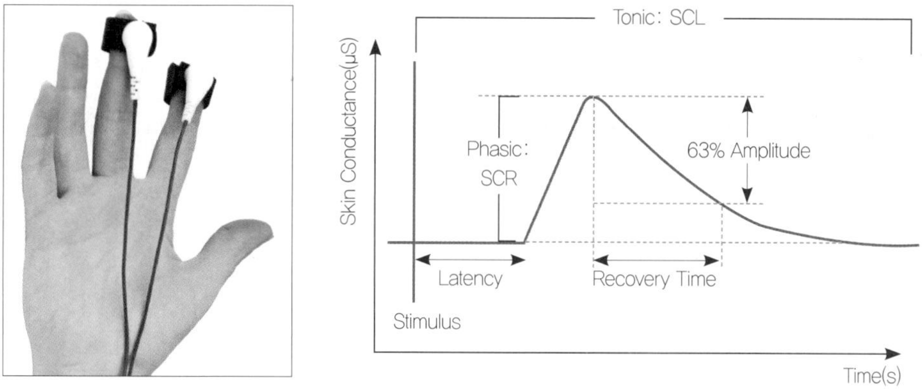

[그림 4-4] 피부전기활동의 측정 위치와 파형 예시

출처: http://www.ycanaustralia.com/SKIN-CONDUCTANCE-SENSOR-FOR-NEXUS-4-10-32F, https://plusminus5.wordpress.com/2010/11/03/gsr-as-control-signal/

향만을 받는다. 일반적으로 인접해 있는 두 손가락 끝에서 측정되며, 교감신경계의 활성화에 따라 땀 분비가 증가하면 피부 저항이 감소하고 이러한 피부저항(Ω)의 역수인 전도도는 증가하게 된다. 측정 단위는 마이크로지멘스(μS)를 사용하며, 일정 시간 동안 전반적인(tonic) 피부전도도의 평균적 수준을 의미하는 피부전도수준(Skin Conductance Level: SCL)과 사건 혹은 자극(phasic)에 특정적인 피부전도도를 의미하는 피부전도반응(Skin Conductance Response: SCR)을 주요 세부 지표로 사용한다([그림 4-4] 참조).

피부전기활동은 교감신경계의 영향만을 받기 때문에 감성 및 스트레스 상황에서 발생하는 각성 상태를 측정하는 데 광범위하게 사용되어 왔다. 이를 기반으로 감성 연구들에서는 개별 감성을 구분하는 생리적 지표로 사용하기도 한다. 즉, 피부전기활동이 감성에 의한 교감신경계의 활성화 수준과 유지에 민감한 지표이면서 개별 자극의 특성을 반영한다는 점에서 이를 통해 개별 감성들을 구분할 수 있다. 예를 들어, 공포 혹은 분노 감성은 공통적으로 피부전도수준의 즉각적인 증가를 유발하지만 분노에 비해 공포는 주변 상황의 변화(소리, 움직임, 빛 등)에 더 민감하게 반응하기 때문에 피부전도반응의 강도와 수에서 다를 수 있다(Vianna & Tranel, 2006).

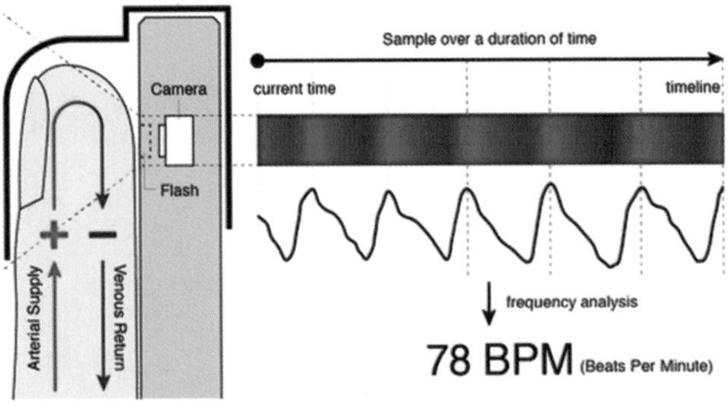

[그림 4-5] 광혈류량도의 측정 원리

출처: https://www.quora.com/How-do-I-measure-heart-rate-using-photoplethysmography-PPG

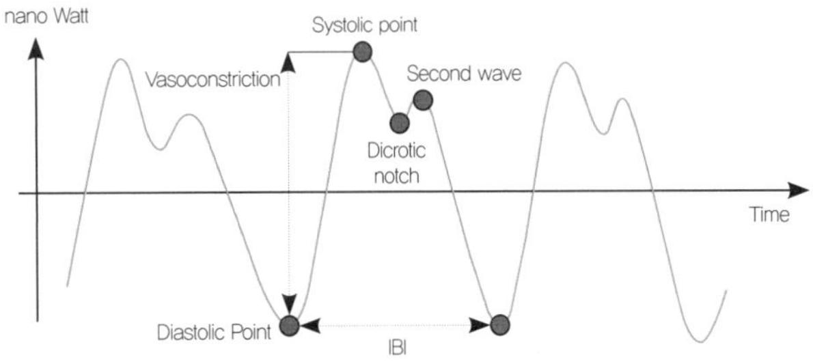

[그림 4-6] 광혈류량도의 파형 예시

출처: https://support.empatica.com/hc/en-us/articles/204954639-Utilizing-the-PPG-BVP-signal

3) 광혈류량도

광혈류량도(photoplethysmogram: PPG)는 동일한 파장에 흡수되는 빛의 특성을 이용하여 심장 박동에 의해 변화하는 혈류의 용적(volume) 변화를 기록하는 일종의 맥파(pulse wave)라 할 수 있다. 즉, 발광다이오드(Light Emitting Diode: LED)를 이용하여 혈액과 동일한 파장을 가진 빛을 측정 위치에 투과하면 혈류의 양에 따라 혈액에 흡수되는 빛의 양이 달라지고, 따라서 광수신기에 돌아오는 빛의 양도 동일하게 변화하게 된다([그림 4-5] 참조). 이러한 변화를 연속적으로 기록한 것이 광혈류량도이다. 일반적으로 혈류의 양은 심장 박동에 영향을 받기 때문에 광혈류량도에 의해 측정된 파장의 주기는 심박률과 같지만 확장기(diastolic point)와 수축기(systolic point)의 혈류의 양적 변화를 측정할 수 있다는 점에서 차별화된다([그림 4-6] 참조).

광혈류량도는 대부분의 신체에서 기록이 가능하나, 일반적으로 교감신경계의 활성화에 보다 민감한 것으로 알려진 손가락에서 측정된다. 세부적인 측정치로 파형의 진폭, 혈류량의 변화, 호흡 주기 및 호흡률 등이 있으며, 자율신경계의 활성화 정도를 나타내는 지표로 사용된다. 예를 들어, 교감신경계의 활성화가 강력한 감성의 경우, 호흡의 주기가 짧아지고 심장의 박동성 혈류량이 줄어들며, 낮은 진폭의 파형이 전형적으로 나타난다(Blosh, Lemeignan, & Aguilera, 1991).

4) 안면근전도

인간의 얼굴근육은 체성신경계의 7번 뇌신경인 안면신경의 지배를 받으며, 대부분 두개골에 연결되어 있는 골격근의 형태를 띠고 있다. 각 근육은 전두근(frontails),

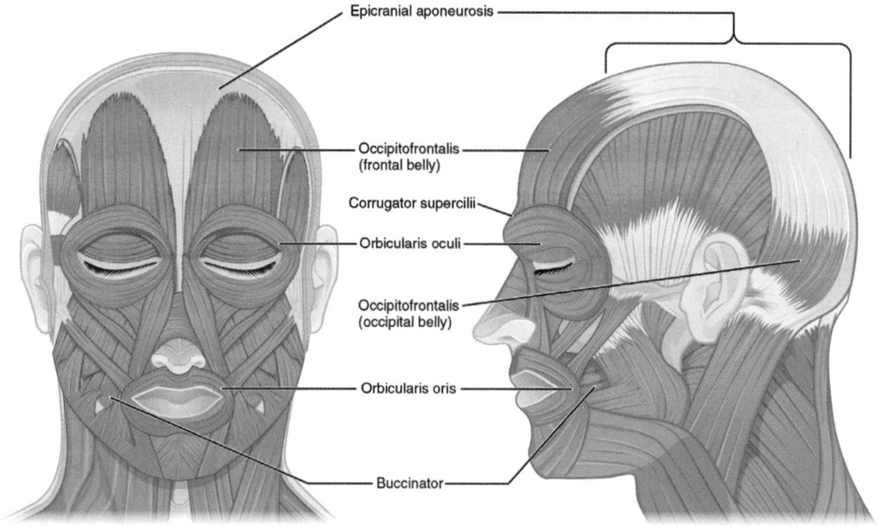

[그림 4-7] 안면근전도 측정 위치

출처: https://commons.wikimedia.org/wiki/File:1106_Front_and_Side_Views_of_the_Muscles_of_Facial_Expressions_update.jpg

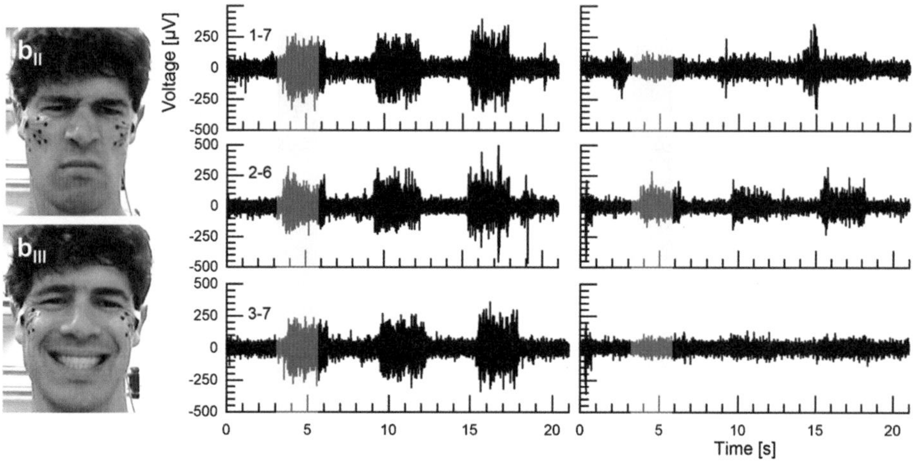

[그림 4-8] 안면근전도 파형 예시

출처: https://www.nature.com/articles/s41598-018-20567-y

측두근(temporalis), 추미근(orbicularis supercilii), 안륜근(orbicularis oculi), 권골근(zygomaticus), 구륜근(orbicularis oris) 등으로 세분화되어 있으며, 개별적인 신경에 의해 독립적으로 움직인다([그림 4-7] 참조). 안면근전도(facial electromyogram: fEMG)는 각 얼굴근육들의 수축에 의해 발생하는 미세한 전위를 해당 근육의 표면(피부)에 부착된 두 전극을 이용하여 증폭시켜 기록하는 일종의 표면근전도(surface EMG)를 의미한다([그림 4-8] 참조).

인간의 얼굴표정은 연령과 문화를 초월하는 보편성을 가지고 있으며(Ekman, 1972; Sinha & Parsons, 1996), 타인의 감성 상태를 추론할 수 있는 유용한 정보인 동시에 자신의 감성을 표현하는 중요한 수단이라 할 수 있다. 감성에 따른 얼굴표정의 보편성이 확인된 이후 안면근전도를 이용한 수많은 감성연구들이 수행되었다. 이러한 연구들은 경험하는 감성이 긍정이냐 부정이냐에 따라 다른 얼굴근육을 사용한다고 설명한다. 예를 들어, 긍정감성의 경우, 입(구륜근)과 뺨(권골근)의 근육을 주로 사용하지만, 부정감성의 경우에는 추미근의 움직임이 두드러지게 나타난다(Brown & Schwart, 1980; Dimberg & Karksson, 1997; Vrana & Gross, 2004).

2. 중추신경계를 이용한 감성 측정

중추신경계(central nervous system)는 감각과 운동의 신호들이 전달되는 가장 효율적인 통로인 척수(spinal cord)와 실제 정보의 처리가 이루어지는 뇌(brain)로 구성된 구조물을 의미한다. 특히, 뇌는 우리가 경험하는 수많은 정보들을 처리(이해, 평가, 판단, 추론 및 의사결정 등)하고 적절한 반응 및 행동(특정 행동의 계획, 실행, 조절 및 통제 등)을 수행하는 데 가장 중추적인 역할을 한다. 너무나 당연하게 '감성'은 내부, 외부에서 전달된 정보의 처리, 혹은 처리된 결과에 의해 발생하는 '뇌의 느낌'이며, 뇌의 발달과 더불어 세분화되고 정교화 된다(Izard, 2009).

뇌에 대한 비침습적 연구는 전통적으로 두 가지 서로 다른 접근법을 사용해 왔다. 하나는 뇌에서 발생한 자발 혹은 유발 전위를 두피에서 기록 · 분석하는 방법으로, 뛰어난 시간해상도, 즉 뇌에서 발생한 전기적 신호를 즉각적으로 기록할 수 있다는 장점이 있다. 최근에는 뇌의 전기적 신호의 출처를 확인하고 이를 바탕으로 뇌 전체의 상태를 공간적으로 추정(brain topography)하고자 하는 노력이 수행되고 있다.

이러한 뇌의 전기적 신호와 관련된 감성연구들은 특정 감성 상태에서 발생하는 전기적 신호의 성분과 발생 위치를 확인하고 반복하여 검증함으로써 누군가의 현재 뇌의 상태(특정 전기적 신호와 위치)를 통해 대상의 감성 상태를 즉각적으로 파악하고자 노력해 왔다. 또한 이를 바탕으로 멀지 않은 미래에는 (필요하다면) 대상의 감성 상태를 효과적으로 유도하거나 보다 긍정적으로 변화시킬 수 있는 환경적 통제 체계를 제안할 수 있을 것으로 기대된다.

비침습적 뇌 연구의 다른 하나의 접근은 전통적으로 엑스레이 장치, 뇌혈관 조영장치, 자기공명 장치 등의 기계적 장치를 이용하여 뇌의 구조를 보다 정확하게 파악하는 것에 일차 목적이 있다. 이러한 뛰어난 공간해상도를 바탕으로 비교적 최근에야 뇌의 구조와 인간의 마음을 연결하고 나아가 복잡한 연결을 가진 뇌의 이해, 즉 통합적 관점에서 인간의 마음과 행동의 이해를 시도하고 있다.

예를 들어, 비침습적 뇌의 구조 및 기능과 관련된 감성연구들은 1950년대에 뇌 손상을 가진 인간과 동물(대표적으로 원숭이)의 연구들에 의해 제안된 '오랜 역사와 전통의 감성중추 대뇌변연계(limbic system)'의 기능을 정상인에서 확인하고, 대뇌변연계가 복잡한 감성의 신경 회로(emotion neural circuit)로서 현재의 관점으로 확장되는 데 중요한 역할을 해 왔다(Bechara, Damasio, & Damasio, 2000; Damasio, 1994; MacLean, 1952). 최근에는 보다 통합적인 관점에서 전전두피질(prefrontal cortex), 안와전두피질(orbitofrontal cortex) 등과 같은 대뇌의 상위 구조물[신피질(neocortex)]과 대뇌변연계의 연결, 그리고 이를 통한 감성의 조절 및 통제기능을 이해하고자 하는 시도들이 진행되고 있다.

여기서는 감성과 관련된 중추신경계의 두 가지 접근법의 대표적 연구방법인 뇌전도와 자기공명영상의 측정원리와 관련연구를 간략하게 소개하고자 한다.

1) 뇌전도

우리의 뇌는 잠시도 온전하게 쉬지 않는다. 우리가 깊은 수면에 빠져들어도 우리의 뇌는 호흡하고 심장을 뛰게 하며, 체온을 조절하는 것과 같은 최소한의 업무를 수행한다. 이러한 뇌의 활동을 대략적으로나마 관찰할 수 있는 방법이 뇌에서 발생

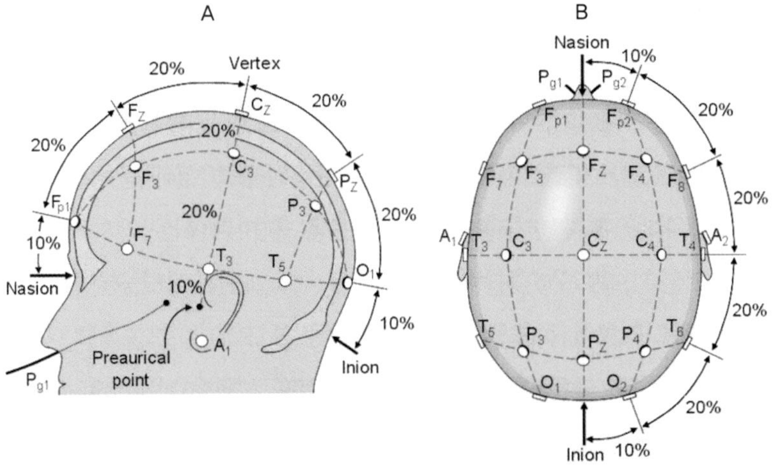

[그림 4-9] 뇌전도의 측정 위치(국제 10-20체계)

출처: https://blog.adafruit.com/2017/06/19/tdcs-electrode-positioning-the-10-20-system/

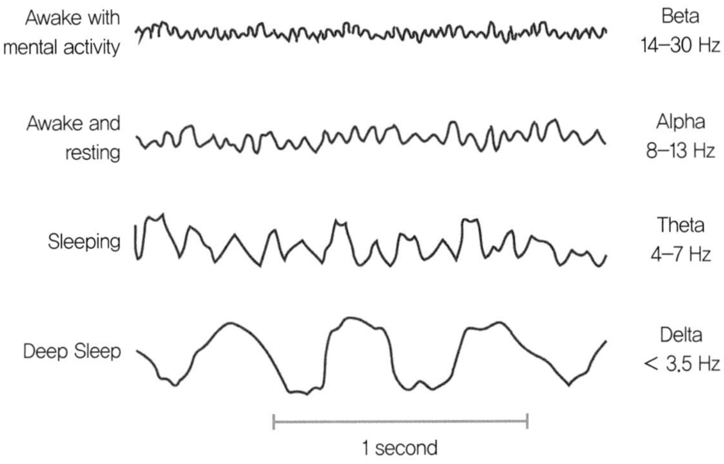

[그림 4-10] 뇌전도의 주파수 성분

출처: https://www.firstclassmed.com/articles/2017/eeg-waves

하는 전기신호를 탐색하는 것이다.

뇌의 신경세포는 이온을 이용하는 전기적 방법과 신경전달물질을 이용하는 화학적인 방법으로 정보를 전달한다. 이때 발생하는 신경세포의 자발전위, 혹은 유발전위를 증폭, 기록한 것이 뇌전도(electroencephalogram: EEG)이다. 뇌전도는 두피에 부착된 전극을 통해 측정되며, 전극부착의 위치는 국제 10-20체계(international 10-20 system)의 규칙에 따른다([그림 4-9]).

뇌전도에서 자발전위를 연속적으로 기록한 파장을 뇌파(brain wave)라고 하는데, 뇌파는 매우 복잡한 패턴을 나타내기 때문에 주파수 분석을 통해 네 가지 성분으로 나누어 해석한다. 주파수 분석은 뇌파를 특정 주파수로 진동하는 파장들의 선형적 결합으로 가정하고 각 성분별 주파수 범위의 강도(power)를 추출하는 일종의 스펙트럼 분석(spectrum analysis)을 의미한다.

뇌파분석의 기준이 되는 네 가지 성분은 ① 스트레스파로 불리며, 일상적인 흥분과 집중 및 긴장 상태일 때 나타나거나 증가하는 베타파(β-wave, 14~30Hz), ② 몸과 마음이 안정적이고 편안한 상태에서 나타나거나 증가하는 알파파(α-wave, 8~13Hz), ③ 명상 상태이거나 잠들기 직전 혹은 꿈을 꾸는 동안 나타나거나 증가하는 세타파(θ-wave, 4~7Hz), ④ 깊은 수면 상태에서 나타나거나 증가하는 델타파(δ-wave, 3.5Hz 이하)로 구분한다([그림 4-10] 참조).

뇌전도를 이용한 분석의 다른 접근은 유사하거나 동일한 자극들을 짧은 시간 제시했을 때 발생하는 전위, 즉 유발전위를 기록하고 그 평균을 측정치로 사용하는 것이다. 이러한 방식의 뇌전도 기법을 사건 관련 전위(Event-Related Potentials: ERP) 혹은 평균 유발전위(average evoked potentials)라 하며, 사건 관련 전위는 뇌 활동의 변화를 1ms 단위(1,000분의 1초)로 측정할 수 있을 만큼 시간해상도가 매우 높다는 것이 장점이다. 특히, 특정 사건이나 자극에 의해 유발된 뇌 활동성의 변화를 즉각적이고 세밀하게 기록하는 데 유용하다([그림 4-11] 참조).

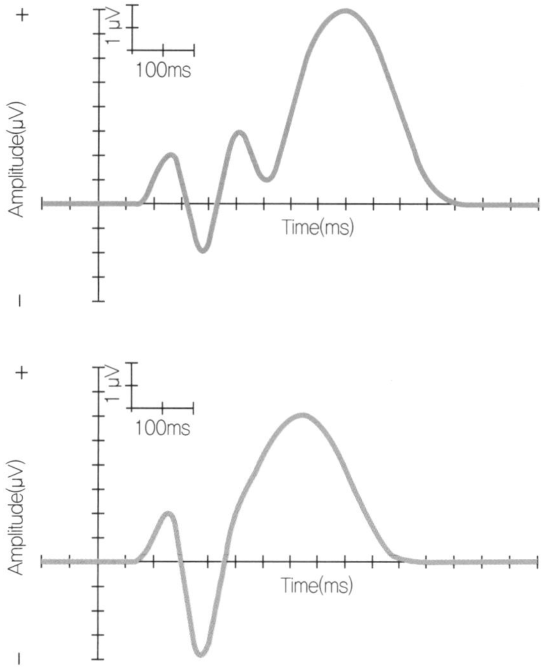

[그림 4-11] 상이한 자극에 의해 유발된 사건 관련 전위의 파형 예시
출처: http://www.mdpi.com/2075-4663/6/1/5

일반적으로 200ms 이전에 발생하는 사건 관련 전위의 패턴은 자극의 특성을 반영하고 이후에 발생하는 패턴은 심리적 특성(감성, 인지)을 반영하는 것으로 해석한다. 또한 사건 관련 전위는 측정 전극의 부착 위치와 수에 따라 시간적으로 동일한 지점에서 발생한 전체적인 뇌 활동성을 살펴볼 수 있으며, 이러한 뇌 지형도

(brain topography)연구가 최근에도 활발하게 진행되고 있다.

뇌전도의 주파수 분석과 사건 관련 전위를 사용한 연구들은 부정감성은 우반구에서 우세하고 긍정감성은 좌반구에서 우세한 것으로 일관성 있게 보고하고 있다(Chanel, Kierkels, Soleymani, & Pun, 2009; Davidson, Ekman, Saron, Senulis, & Friesen, 1990; Zaidel, Hugdahl, & Johnsen, 1995). 이를 확장하여 웬디 헬러(Wendy Heller)는 감성을 긍정·부정 차원과 각성·이완 차원으로 구분하는 감성의 이차원 모델을 제안하였다.

헬러의 이차원 모델에 따르면, 좌우측 전두엽은 긍정·부정 감성의 차원으로, 그리고 우측 두정엽은 이완·각성 감성의 차원으로 구분된다. 예를 들어, 부정적이고 각성적인 감성(예: 공포)인 경우에는 우측 전두엽과 우측 두정엽의 활성화가 관찰되고, 부정적이고 이완적인 감성(예: 우울)인 경우에는 우측 전두엽의 활성화와 우측 두정엽의 비활성화가 관찰된다. 반면에 긍정적이고 각성적인 감성(예: 행복)인 경우에는 좌측 전두엽의 활성화와 우측 두정엽의 활성화가, 긍정적이고 이완적인 감성(예: 만족)인 경우에는 좌측 전두엽의 활성화와 우측 두정엽의 비활성화가 관찰된다(Heller, 1993). 보다 최근에는 우울증 경향성과 부정적 성격 특성이 우측 전두엽과 관련성이 높고, 활발하고 낙천적인 성격 특성은 좌측 전두엽과 관련성이 높다는 증거들이 발견되고 있다(Davidson, 2003; Drake & Myers, 2006; Harmon-Jones et al., 2002).

2) 기능적 자기공명영상(fMRI)

인간의 감성에 대한 연구에서 우리가 궁극적으로 밝히고자 하는 것 중에 하나는 심리적 느낌인 감성과 해당 감성의 생물학적 마커(뇌에서의 주요 영역)를 확인하고 해당 영역들이 개별적 혹은 통합적으로 어떤 기능을 하느냐를 탐색하는 것이다. 이러한 감성연구의 목적을 해결하기 위해서는 뇌를 세분화해서 관찰할 수 있는 높은 공간적 해상도와 세분화된 영역의 기능을 확인할 수 있는 신뢰할 수 있는 측정기법이 필요하다.

기능적 자기공명영상(functional Magnetic Resonance Imaging: fMRI)은 심리적 기능과 뇌의 영역을 연결하려는 노력, 즉 뇌 지도화(brain mapping) 기법 중에서 현재 가장 광범위하게 사용되는 연구방법이다. 기능적 자기공명영상은 의료 장면에서 주로 사용되는 자기공명영상 혹은 핵자기공명영상(nuclear magnetic resonance imaging)의 분석 방법을 기본 원리로 한다.

자기공명영상은 특정 방향으로 강한 자기장을 발생시킬 수 있는 원통형 촬영 기계에 온몸 혹은 머리를 들어가게 하고 원자핵(수소 원자)과 공명하는 주파수의 전자기파(수소 원자와 공명할 수 있는 2,100kHz~85Mhz의 FM라디오의 주파수 대역)를 쏘아 신체 부위에 있는 수소 원자핵을 특정 방향으로 정렬시킨다. 이때 발생하는 원자핵들의 공명(resonance) 현상을 컴퓨터로 3차원의 영상을 구성한 것이 자기공명영상이며, 뇌 구조물(뇌의 백질, 회백질, 뇌척수액 등)의 수소 농도 차이로 인해 구분 가능한 영상을 얻을 수 있다([그림 4-12] 참조).

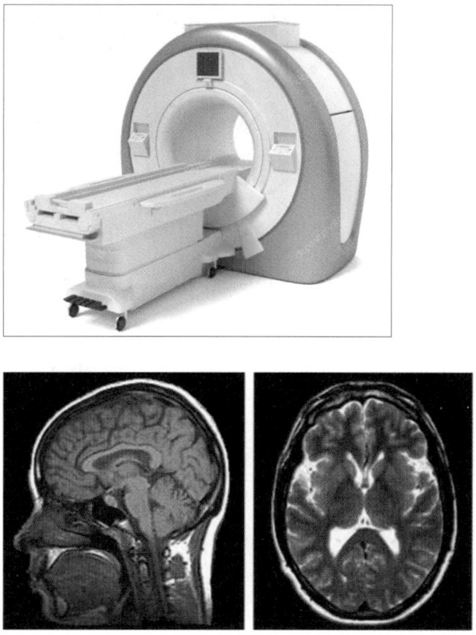

[그림 4-12] 자기공명영상장치와 촬영 영상 예시

https://ua.depositphotos.com/103157232/stock-photo-3d-mri-machine.html
https://www.ncm-c.org/services/diagnostic-imaging/magnetic-resonance-imaging-mri/

이러한 자기공명영상기법에 기반하여 뇌의 혈류 내 산소 수준(Blood Oxygen Level Dependent: BOLD)의 변화를 측정함으로써 뇌의 활동 양상을 간접적으로 탐색하는 방법이 기능적 자기공명영상(fMRI)이다. 혈류 내 산소 수준은 혈류 속에 산소와 결합한 헤모글로빈의 비율을 의미하는 것으로, 뇌의 특정 부위에 활동성이 증가하면 그 영역의 모세혈관 수준에서 산소와 결합한 헤모글로빈의 비율이 증가하게 된다. 이때 산소와 결합된 헤모글로빈의 비율이 높아진 혈류가 공급되는 영역은 주변 영역에 비해 높은 자기 신호 강도를 나타내게 된다. 이러한 혈류 내 산소 수준의 차이를 탐지하여 3차원으로 재구성한 영상이 fMRI이다([그림 4-13] 참조; 강은주, 이정모, 2000). fMRI는 전체의 뇌를 1회 측정하는 데 걸리는 시간이 비교적 짧고(2~3초), 특정 자극이나 사건을 통해 감성을 유발하는 한 주기(20~30초) 동안 다수의 반복 측정이 가능하다는 점에서 다른 뇌 연구기법에 비해 높은 공간해상도를 가진 영상을 얻을 수 있다는 장점이 있다.

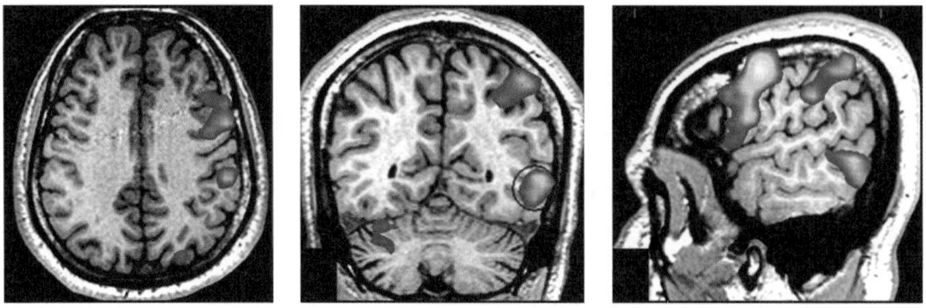

수평단면 관상단면 시상단면

[그림 4-13] 혈류 내 산소 수준(BOLD)의 정보가 추가된 의 예시

출처: http://www.neurologyindia.com/article.asp?issn=0028-3886;year=2010;volume=58;issue=6;spage=879;epage=885;aulast=Vaghela

세이지 오가와(Seiji Ogawa)에 의해 1992년에 등장한 fMRI의 원리, 즉 혈류 내 산소 수준을 통한 비침습적 뇌의 기능연구방법은 인간 대상의 감성연구들을 폭발적으로 증가시켰고 현재까지도 꾸준히 지속되고 있다. 이러한 연구들의 축적된 결과들은 시상하부(hypothalamus), 편도체(amygdala), 대상피질(cingulate cortex), 전측시상(anterior thalamus), 유두체(mammillary body), 해마방회(parahippocampal gyrus), 해마(hippocampus), 복측피개(ventral tegmental), 측좌핵(nucleus accumbens), 섬엽(insula) 등의 대뇌피질 아래 구조물들을 포함하는 인간의 감성처리중추로 변연계를 검증하고 확장하였다.

이 중 편도체는 위험 상황에서 각성반응을 조절하고, 대상피질은 혐오 · 분노와 관련성이 높으며, 복측피개와 측좌핵은 기쁨과 보상에, 그리고 해마는 감성유발 사건들을 기억하는 데 중요한 역할을 한다(Banich & Compton, 2011; Shiota & Kalat, 2012; Wicker et al., 2003). 이와 더불어 감성과 관련된 마음과 행동의 조절과 통제를 담당하는 고등인지영역(전전두피질, 안와전두피질 등)을 찾기 위한 연구들이 계속되고 있다(Dixon, Thiruchselvam, Todd, & Christoff, 2017).

fMRI를 이용한 감성연구는 여전히 낮은 시간해상도 문제와 감성인식 혹은 유발을 위한 자극 제시가 제한적이라는 한계가 있다. 하지만 이러한 문제들을 보완하기 위해 개선된 측정 방법과 새로운 분석 방법들이 지속적으로 개발되고 있어 그 미래는 밝다고 할 수 있다.

3. 생리적 지표를 이용한 감성 측정의 미래

2016년 1월에 열린 세계경제포럼에서 4차 산업혁명을 '디지털 혁명에 기반하여 물리적 공간, 디지털적 공간 및 생물학적 공간의 경계가 희석되는 기술융합의 시대'로 정의하고 또 최근에 가장 뜨거운 이슈가 되고 있는 인공지능(AI)에 대한 열망에 비추어 볼 때, 머지않아 인간은 감성의 일부분을 '다른 존재'와 공유하게 될 것이다. 즉, 가까운 미래에는 인간처럼 감성을 '경험'할 수는 없지만 인간의 감성을 '이해'할 수 있는 '그들(로봇 비서, 주거 시스템, 자동차 등)'이 등장할 것이고, 인간의 감성적인 삶에 어떤 방식으로든 개입하게 될 것이다.

그렇다면 그들은 무엇을 통해 인간의 감성을 이해할 수 있을 것인가? 아마도 인간의 감성을 이해하기 위해 그들이 사용하게 될 가장 기본적인 자료는 '감성에 의한 인간의 생리적 변화'일 것이다. 현재 인간의 감성과 관련된 생리적 변화를 그들에게 이해시키려는 시도와 노력이 전 세계의 많은 연구진들에 의해 진행되고 있으며, 멀지않은 미래에 그들을 만나게 될 것으로 기대하고 있다.

요약하기

1. 말초신경계를 이용한 감성 측정

- 심전도(ECG)는 심장 박동에 의해 발생하는 전위의 차를 기록한 것으로 심박률(HR), 심박변이도(HRV) 등의 생리적 지표를 추출할 수 있으며, 감성 상태와 관련된 교감 및 부교감 신경계의 상대적 영향력을 분리할 수 있다.
- 피부전기활동(EDA)은 땀 분비에 의해 변화하는 피부의 전기전도도를 기록한 것으로 피부전도수준(SCL)과 피부전도반응(SCR) 등의 생리적 지표를 추출할 수 있으며, 감성 상태와 관련된 교감신경계의 변화에 민감하다.
- 광혈류량도(PPG)는 말초의 혈류량의 변화를 기록한 것으로 파형의 진폭, 혈류량의 변화, 호흡주기 및 호흡률 등의 생리적 지표를 추출할 수 있으며, 측정된 파장의 주기는 심박률과 같지만 감성 상태와 관련된 확장기와 수축기의 혈류의 양적 변화를 측정할 수 있다는 점에서 차별화된다.
- 안면근전도(fEMG)는 얼굴근육의 활동성을 기록한 것으로 개별적인 신경에 의해 독립적으로

움직이는 얼굴근육을 분리하여 측정함으로써 현재 경험하는 감성, 특히 긍정감성과 부정감성의 분리가 가능하다.

2. 중추신경계를 이용한 감성 측정

- 뇌전도(EEG)는 뇌의 신경세포들에서 발생하는 자발 혹은 유발 전위를 증폭하여 기록한 것으로 주파수 분석은 각 성분별 주파수 범위의 강도(power)를 추출할 수 있고 사건 관련 전위는 동일한 자극들에 대한 반복적인 뇌 활동을 추출할 수 있으며, 이를 통해 감성의 유발 및 인식에 의해 발생하는 뇌 활동의 변화를 즉각적이고 세밀하게 분석하는 것이 가능하다.
- 기능적 자기공명영상(fMRI)은 뇌의 혈류 내 산소 수준의 변화를 측정함으로써 뇌의 활동 양상을 탐색하는 비침습적 방법으로 뇌의 구조 및 기능을 연구하는데 효과적이다. 이를 통해 인간의 감성 처리와 조절 및 통제를 담당하는 뇌 영역을 탐색할 수 있으며, 현재 가장 많이 사용되고 있는 유용한 감성의 연구방법이라 할 수 있다.

3. 생리적 지표를 이용한 감성 측정의 미래

다양한 학문과 실생활이 융합되는 미래에서 인간의 감성을 이해하고 물리적 환경에 적용하기 위해서는 객관적 자료가 필요하다. 이러한 시대의 흐름에서 인간의 감성과 관련된 생리적 변화는 인간과 기계, 혹은 인간과 물리적 환경을 연결하는 가장 기초적인 자료로 사용될 것이다.

참고문헌

강은주, 이정모 (2000). 두뇌 기능 지도화와 정보 처리 과정 이해. **전자공학회지**, 27(7), 49-61.

ヴァン・トラー, S., ドッド, G. H. (1994). 香りの感性心理学. フレグランスジャーナル社, 159.

Banich, M. T., & Compton, R. J. (2011). *Cognitive Neuroscience* (3rd Ed.). Belmont, CA: Wadsworth, a Part of Cengage Learning.

Bechara, A., Damasio, H., & Damasio, A. D. (2000). Emotion, decision making and the orbitofrontal cortex. *Cerebral Cortex, 10*, 295-307.

Berntson, G. G., Bigger, J. T., Eckberg, D. L., Grossman, P., Kaufmann, P. G., Malik, M., Nagaraja, H. N., Porges, S. W., Saul, J. P., Stone, P. H., & van der Molen, M. W. (1997). Heart rate variability: origins, methods, and interpretive caveats.

Psychophysiology, 34, 623-648.

Berntson, G. G., Norman, G. J., Bechara, A., Bruss, J., Tranel, D., & Cacioppo, J. T. (2011). The insula and evaluative processes. *Psychological Science, 22*(1), 80-86.

Blosh, S., Lemeignan, M., & Aguilera, N. (1991). Specific respiratory patterns distinguish among human basic emotions. *International Journal of Psychophysiology, 11*(2), 141-154.

Brown, S. L., & Schwartz, G. E. (1980). Relationships between facial electromyography and subjective experience during affective imagery. *Biological Psychology, 11*(1), 49-62.

Cannon, W. B. (1927). The James-Lange theory of emotions: A critical examination and alternative theory. *American Journal of Psychology, 39*, 106-124.

Chanel, G., Kierkels, J. J. M, Soleymani, M., & Pun, T. (2009). Short-term emotion assessment in a recall paradigm. *International Journal of Human-Computer Studies, 67*(8), 607-627.

Damasio, A. D. (1994). *Descartes' Error: Emotion, reason and the human brain*. New York: Avon Books.

Davidson, R. J. (2003). Affective neuroscience and psychophysiology: Toward a synthesis. *Psychophysiology, 40*, 655-665.

Davidson, R. J., Ekman, P., Saron, C. D, Senulis, J. A., & Friesen, W. V. (1990). Approach-withdrawal and cerebral asymmetry: Emotional expressions and brain physiology I. *Journal of Personality and Social Psychology, 58*(2), 330-341.

Dimberg, U., & Karlsson, B. (1997). Facial reactions to different emotionally relevant stimuli. *Scandinavian Journal of Psychology, 38*(4), 297-303.

Dixon, M. L, Thiruchselvam, R., Todd, R., & Christoff, K. (2017). Emotion and the prefrontal cortex: An integrative review. *Psychological Bulletin, 143*(10), 1033-1081.

Drake, R., & Myers, L. (2006). Visual attention, emotion, and action tendency: Feeling active or passive. *Cognition and Emotion, 20*(5), 608-622.

Ekman, P. (1972). *Universals and cultural differences in facial expression of emotion*. In J. Cole(Eds.), Nebraska Symposium on Motivation, 1971. Lincoln: University of Nebraska Press.

Feinstein, J. S., Buzza, C., Hurlemann, R., Follmer, R. L., Dahdaleh, N. S., Coryell, W. H., Welsh, M. J., Tranel, D., & Wemmie, J. A. (2013). Fear and panic in humans with bilateral amygdala damage. *Nature Neuroscience, 16*(3), 270-272.

Harmon-Jones, E., Abramson, L. Y, Sigelman, J., Bohlig, A., Hogan, M. E., & Harmon-Jones, C. (2002). Proneness to hypomania/mania or depression and asymmetrical frontal cortical responses to an anger-evoking event. *Journal of Personality and Social Psychology, 82*(4), 610-618.

Hasin, D. S., Stinson, F. S., Ogburn, E., & Grant, B. F. (2007). Prevalence, correlates, disability, and comorbidity of DSM-IV alcohol abuse and dependence in the United States: results from the National Epidemiologic Survey on Alcohol and Related Conditions. *Archives of General Psychiatry, 64*(7), 830-842.

Heller, W. (1993). Neuropsychological mechanisms of individual differences in emotion, personality, and arousal. *Neuropsychology, 7*(4), 476-489.

Izard, C. E. (2009). Emotion theory and research: Highlights, unanswered questions, and emerging issues. *Annual Review of Psychology, 60*(1), 1-25.

James, W. (1884). *What is an emotion?* (Eds.). UK: Penguin Books, Ltd.

Kemp, A. H., Quintana, D. S., Gray, M. A., Felmingham, K. L., Brown, K., & Gatt, J. M. (2012). Impact of depression and antidepressant treatment on heart rate variability: a review and meta-analysis. *Biological Psychiatry, 67*(11), 1067-1074.

Levenson, R. W., Ekman, P., & Friesen, W. V. (1990). Voluntary facial action generates emotion-specific autonomic nervous system activity. *Psychophysiology, 27*(4), 363-384.

MacLean, P. D. (1952). Some psychiatric implications of physiological studies on frontotemporal portion of limbic system (visceral brain). *Electroencephalography and Clinical Neurophysiology, 4*(4), 407-418.

Neumann, S. A., & Waldstein, S. R. (2001). Similar patterns of cardiovascular response during emotional activation as a function of affective valence and arousal and gender. *Journal of Psychosomatic Research, 50*(5), 245-253.

Quintana, D. S., Guastella, A. J., Outhred, T., Hickie, I. B., & Kemp, A. H. (2012). Heart rate variability is associated with emotion recognition: Direct evidence for a relationship between the autonomic nervous system and social cognition. *International Journal of Psychophysiology, 86*(2), 168-172.

Shiota, M. N., & Kalat, J. W. (2012) *Emotion* (2nd ed.). Belmont, CA: Wadsworth, a part of Cengage Learning.

Sinha, R., Lovallo, W. R., & Parsons, O. A. (1992). Cardiovascular differentiation of emotions. *Psychosomatic Medicine, 54*(4), 422-435.

Sinha, R. (1996). Multivariate response patterning of fear and anger. *Cognition and Emotion, 10*(2), 173-198.

Vianna, E. P. M., & Tranel, D. (2006). Gastric myoelectrical activity as an index of emotional arousal. *International Journal of Psychophysiology, 61*(1), 70-76.

Vrana, S. R., & Gross, D. (2004). Reactions to facial expressions: effects of social context and speech anxiety on responses to neutral, anger, and joy expressions. *Biological Psychology, 66*(1), 63-78.

Wicker, B., Keysers, C., Plailly, J, Royet, J. P., Gallese, V., & Rizzolatti, G. (2003). Both of us disgusted in my insula: The common neural basis of seeing and feeling disgust. *Neuron, 40*(3), 655-664.

Zaidel, D. W., Hugdahl, K., & Johnsen, B. H. (1995). Physiological responses to verbally inaccessible pictorial information in the left and right hemispheres. *Neuropsychology, 9*(1), 52-57.

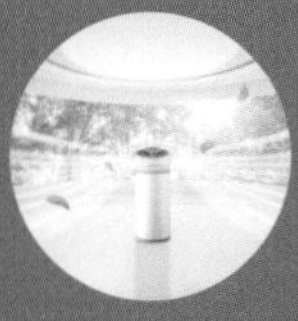

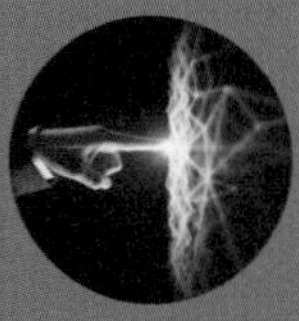
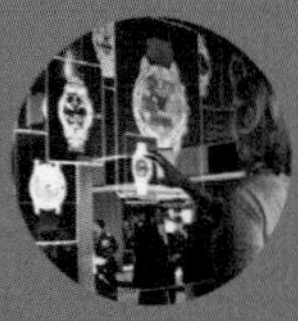
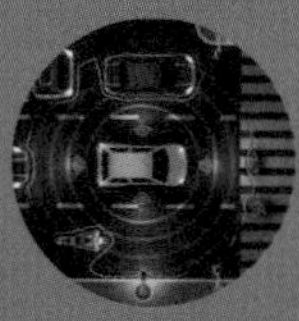

2부

감성의 응용

5장

감성과 제품 개발

김진호

●●● 들어가기

감성공학 제품 개발 사례는 1990년대부터 찾아볼 수 있다. 1990년대 후반에 등장한 LG전자의 전자레인지는 조리 접시가 위아래로 자동 조절되게 설계함으로써 최적의 조리 상태를 소비자에게 제공하였다. 최적의 승차감을 추구하려는 자동차 기술에도 감성공학이 접목되었다. 신체 적응형 시트는 운전자의 체형에 맞게 자동 조절되는 자동차 시트이다. 이런 시트는 자리를 따뜻하게 만든다거나, 피곤한 운전자를 위해 안마 기능을 제공하기도 한다. 메모리 기능을 통해 자기 체형에 맞게 시트 위치가 자동으로 조정되기도 한다. 최근 4차 산업혁명의 대두로 감성공학이 다시 주목받고 있다. 빅데이터, 인공지능 등을 활용해 우리는 인간의 감성을 좀 더 정확하게 정량화할 수 있게 되었다. 집에 들어가기만 해도 자동으로 불이 켜지고, 사용하지 않거나 오래 켜 둔 전기 제품은 자동으로 꺼지는 '스마트홈'이 등장하고 있다. 인공지능 로봇이나 컴퓨터가 카메라로 인간의 신체를 스캔해 현재 건강과 심리 상태를 점검할 수 있는 미래가 다가오고 있다.

출처: 한국전력 블로그-굿모닝 KEPPCO!

〈이제는 감성시대! 감성공학이란 무엇일까?〉

출처: 한국전력 블로그-굿모닝 KEPPO

1. 사용자 중심의 제품과 고객 니즈

기업의 주된 목적은 이윤 창출이며, 이는 곧 제품과 관련이 많다. 이윤을 극대화할 수 있는 제품 생산을 위해서는 먼저 고객의 목소리라고 하는 니즈(needs)를 조사한다. 그리고 고객의 니즈에 부합하는 제품의 가격을 소비자의 지불 의사 범위 내에서 결정하여야 하며, 또한 적절한 시기에 맞춰 시장에 출하하는 것이 필요하다.

따라서 효율적 시장 관리의 출발은 제품의 원천인 고객에서부터 출발한다고 해도 과언이 아니다. 즉, 고객 니즈가 기업을 성공으로 이끄는 핵심 요인이라 할 수 있다. 고객의 니즈 또는 필요(customer need)는 고객에 대한 잠재적인 편익으로 정의할 수 있다(KS Q ISO 16355-1:2015, 2018). 여기서 고객에 대한 편익으로는 고객의 문제 해결, 기회 활성화, 이미지(자신 또는 타인의) 강화, 또는 더 바람직한 상태로의 발전 등이 있을 수 있겠다.

제품 개발 단계에서 신제품이 좋은 제품이 될지와 얼마나 이윤을 남길 것인가에 대해서 예측하는 것은 결코 쉬운 일이 아니다. 이윤과 더불어 제품 개발 노력의 성과를 평가하는 것도 중요하다. 칼과 스티븐(Karl & Steven, 1999)은 기업 이윤 이외에 제품 개발의 평가 척도를 다음의 다섯 가지로 제안하였다.

- 품질: 개발 노력의 결과물인 제품의 성능이 우수하여 고객의 욕구를 만족시키는지에 대한 척도이다. 또는 고객은 제품을 믿고 흔쾌히 비용을 지불할 것인가에 대한 것이다. 품질은 시장 점유율과 가격에 반영될 것이다.
- 비용: 제품 제조 비용은 기계, 공구 등 자본재뿐만 아니라 생산하는 데 발생되는 비용을 포함한다. 이런 제조 비용은 이익과 직접적으로 관련이 있다.
- 개발 기간: 경쟁 제품이나 신기술에 대한 대응 능력을 나타내 것으로 빠른 대처 능력이 시장 점유에 직접적으로 영향을 주는 경우가 종종 있다.
- 개발 비용: 일반적으로 이익을 달성하는 목적으로 제품을 개발하기 위해 기업이 투자한 비용이다.
- 개발 능력: 기업과 제품 개발팀이 제품을 개발하는 유형 · 무형의 능력이다. 이런 개발 능력은 경쟁제품에 보다 효과적이고 경제적으로 대처하는 데 필요한 자산

이다(Karl & Steven, 1999).

이 다섯 가지는 단지 경제적인 측면만을 강조한 것이라 할 수 있다. 제품이 제조되는 지역사회에서는 고용 효과에 관심이 더 있을 수 있으며, 사용자 측면에서는 안전, 친환경 제품에 관심을 더 가질 수도 있을 것이다.

이 장에서는 『제품설계 및 개발(Product Design and Development)』(Karl & Steven, 1999)을 중심으로 감성제품 개발 과정에 대하여 살펴보고자 한다.

2. 고객 니즈 개발

앞서 언급한 고객 니즈는 고객에 대한 잠재적인 편익으로 정의할 수 있다. 그리고 고객의 편익은 고객이 제품에 요구하는 정성적인 속성을 충족시킬 때 비로소 제공될 수 있다.

고객 니즈는 목표 시장의 고객과 제품 개발자를 연결하는 의사소통의 창구이자 정보 채널이라고 할 수 있다. 제품 개발자 입장에서 아무리 좋은 제품을 개발하더라도 고객의 니즈에 부합되지 않는다면 성공적이라 말하기 어렵다. 따라서 고객 니즈를 파악하기 위한 과정은 제품 개발을 위한 첫걸음이자 가장 중요한 과정이다. 제품 개발자는 고객의 요구 사항이 파악이 되면 이를 공학적인 특성(Engineering Characteristics: EC)이라고 하는 제품사양으로 바꾸는 작업을 할 것이다. 제품사양이란 제품에 무엇을 해야 하는가에 대한 기술을 의미한다. 이는 다음 절에서 자세히 다루고 있다.

여기서 제품사양과 니즈의 차이점을 간략하게 살펴보면, 니즈는 기존에 생산되었거나 특정 제품에 한정되는 것이 아닌 반면, 제품사양은 경쟁력을 고려하여 결정된다는 점이다. 과거에는 우수한 품질과 가격이 경쟁의 주요 대상이었다. 그러나 제품의 질이 비슷해지고 가격 경쟁이 치열해지면서 기업의 이윤은 크게 줄어들 수밖에 없었다. 따라서 최근에는 제품 차별화에 대한 필요성이 높아지고 있는 추세이다. 이에 따라 기업은 마케팅과 함께 소비자의 행동과 소비자가 무엇을 필요로 하는지, 즉 고객의 니즈에 대한 관심이 높아지게 되었다. 이처럼 오늘날에는 무작정 신

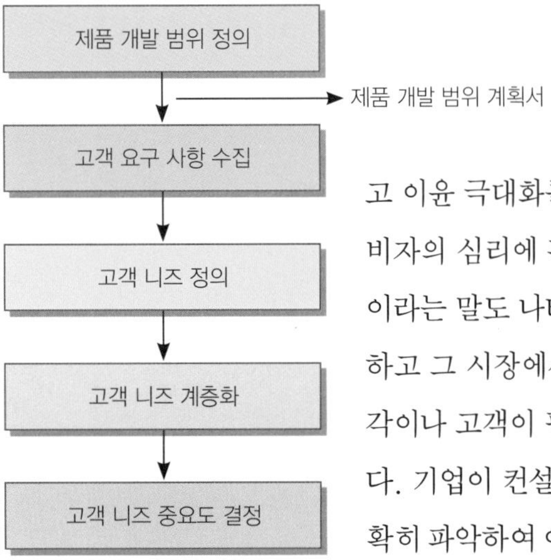

[그림 5-1] 고객 니즈 개발 절차

제품을 개발하고 시장에 내놓는다고 팔리는 것이 아니라, 소비자가 꼭 필요로 하는 제품을 시장에 내놓아야만 시장에서 경쟁 우위를 차지할 수 있고 이윤 극대화를 실현할 수 있게 되었다. 그래서 소비자 행동이나 소비자의 심리에 관한 많은 연구들이 나타나게 되었으며, '소비자가 왕'이라는 말도 나타나게 된 것이다. 이처럼 어느 한 기업이 시장을 조사하고 그 시장에서 성공할 수 있는 제품을 생산하기 위하여 고객의 생각이나 고객이 필요로 하는 제품에 대한 연구는 필수적인 사항이 되었다. 기업이 컨설팅을 하는 이유 또한 소비자의 생각과 고객 니즈를 정확히 파악하여 이윤의 극대화를 달성하기 위한 것이라 말할 수 있다.

고객 니즈 파악을 위한 방법은 제품에 따라 달라질 수 있지만, 일반적으로 다음의 절차를 거쳐 완성된다(그림 5-1] 참조).

1) 제품 개발 범위 정의

제품 개발 범위의 정의란 제품 개발 수행 중에 발생할 수 있는 불확실성을 최소화하면서 제품 개발 노력에 포함될 요구 사항을 확정하는 것이다. 제품 개발 범위를 정의하기 위해서는 목표로 하는 특정 시장에 대한 조사가 필수적이다. [그림 5-2]는 신제품 개발의 실패 요인을 보여 준다. '부적절한(부정확한) 시장분석'이 기업에서 언급되는 신제품 개발 실패의 원인 중 가장 높은 약 45%를 차지하고 있다는 것을 알 수 있다.

제품 개발 범위를 명확히 정의하면 개발 과정에서 범위 변경을 최소로 할 수 있다. 그러기 위해서는 제품 개발 수행 중에 발생할 수 있는 불확실성 요소와 제약 조건이나 가정을 찾아내어야 한다. 만약 신제품에 대한 정의를 잘못하면 신제품 개발에 실패할 뿐만 아니라 그에 따라 신제품 출시가 늦어지는 주요 원인이 된다.

개발 범위의 정의는 제품 개발 범위 계획서로 공식화된다. 즉, 범위 계획서는 신제품 개발 프로젝트를 공식 선언하는 문서로서 개발 작업을 본격적으로 착수하는 시발점으로 활용될 수 있다. 범위 계획서는 다음의 내용이 포함된다.

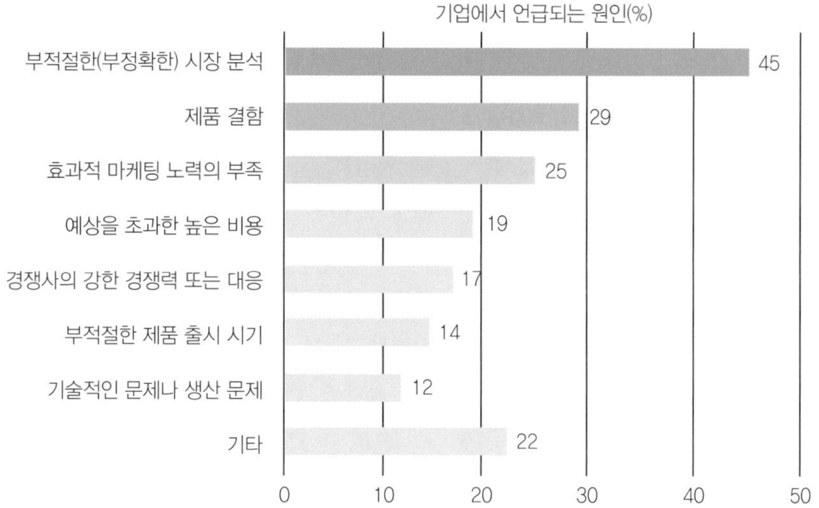

[그림 5-2] 신제품 실패의 원인

출처: Robert (1996)

- **개발 필요성:** 목표로 하는 특정 시장에 대한 조사를 바탕으로 한 신제품 개발의 필요성을 기술함
- **개발 목표:** 제품의 품질, 성능 등에 대한 구체적이고 측정 및 실현이 가능한 목표를 설정함. 필요하면 개발 일정, 원가 등을 포함할 수 있음
- **주요 영업 목표:** 매출액뿐만 아니라 제품 출시 시기, 시장 점유율, 재무성과 등 포함
- **목표 시장:** 주요 시장과 2차, 3차 목표 시장 등을 명시하고 주요 고객을 명시함
- **제약 조건:** 제품 개발 범위와 관련하여 제한 조건이나 전제 조건이 무엇이며, 이 조건에 문제가 발생하였을 때나 제품 개발에 미치는 영향을 기술함
- **관련자 집단:** 사용자, 판매자, 서비스, 생산 부서 등 이해관계자를 기술함

여기서는 보드마커에 대한 신제품 개발 사례를 알아본다. 기존 보드마커는 교체 시기를 알 수 없고 수명을 확인할 수 없다는 한계점을 가지고 있다. 수명을 확인할 수 없다면 사용 중 언제 보드마커가 써지지 않을지 예측이 불가능하다. 우리는 대부분의 강의실이나 회의실에서 많은 수의 보드마커를 비치함으로써 이러한 문제점에 대비하고 있음을 잘 알고 있다. 하지만 이는 쓸데없이 재화의 낭비와 관리를 부추기

고 불필요한 공간을 차지하게 한다.

〈표 5-1〉 보드마커의 제품 개발 범위 계획서

개발 필요성	회사 또는 회의나 학교, 강의 세미나 등 보드마커를 사용하지만 보드마커의 교체 시기를 알 수 없어 사용 중 보드마커를 사용하지 못하는 불편함을 해소 수명을 실시간 확인할 수 있는 제품
개발 목표	안정성, 가격, 세련미, 효율성을 모두 갖춘 디자인
목표 시장	보드마커를 사용하는 모든 사용자
주요 영업 목표	모든 세대의 사용자들이 보드마커의 수명을 쉽게 확인하고 사전 구매를 유도할 수 있는 제품 개발
관련자 집단	사용자, 재조업체, 도·소매업자

출처: 김종현, 이선일(2017)

2) 고객 요구 사항 수집

제품 개발 단계는 크게 ① 개념 개발, ② 시스템 수준 설계, ③ 상세 설계, ④ 검사 및 개량, ⑤ 생산 시스템 설계의 단계로 나눌 수 있다(Karl & Steven, 1999). 그중에서 부가가치가 가장 높은 단계는 개념 개발 단계이며, 고객 요구 사항 조사의 필요성도 개념 개발 단계에서 가장 높다. 따라서 조사 가치를 높이기 위해서 제품 개발 초기에 조사가 이루어져야 한다. 특히 요즘처럼 신기술의 발전 속도가 빠르고 품질이 평준화되고 있는 시대에서는 고객의 끊임없는 감성 변화와 요구 사항을 파악하기 위한 조사가 더욱 중요하다고 할 수 있다. 더욱이 사람과 사람, 사람과 사물, 사물과 지능이 유기적으로 연결된 4차 산업혁명 시대에는 다양한 커뮤니케이션을 통한 끊임없는 브랜드 재정의와 고도화된 고객 경험 제공이 더욱 중요한 가치가 되고 있다(에너지경제, 2018. 3. 30.). 또한 SNS, 빅데이터, 인공지능 등을 활용하여 고객의 요구 사항을 파악하는 기술들이 하루가 다르게 발전하고 있다. 적은 비용으로 큰 효과를 볼 수 있다는 장점 때문에 이제 SNS를 통한 고객과의 접촉은 기업에게 필수 아닌 필수가 되어 버렸다. 기존의 일반적인 마케팅과는 달리 고객의 주체적·자발적인 참여를 통해 기업 입장에서는 큰 비용을 들이지 않고 고객의 숨겨진 니즈를 파악할 수 있다. 아울러 신규 시장 진출 및 신상품 기획에 활용할 수 있는 정보 또한 손쉽게 확보할 수 있다(파이낸스투데이, 2018. 3. 29.).

일반적으로는, 니즈 조사는 해당 제품을 사용해 본 사람이나 잠재 고객 등을 대상으로 이루어지며, 크게 정성적인 조사(qualitative survey)와 정량적인 조사(quantitative survey)로 나눌 수 있다. 정성적인 조사는 주로 소비자와의 토론 등을 통해 소비자의 주관적 · 감성적인 요구 사항을 파악하는 데 사용되는 비계량적 방법이다. 반면, 정량적인 조사는 주로 설문지를 이용하여 수치화된 자료를 수집하는 계량적 조사 방법이라 할 수 있다. 이 방법의 단점은 설문 문항으로는 숨어 있는 고객의 주관적 · 감성적인 요구 사항을 찾아내기 힘들다는 점이다.

(1) 정성적인 조사

- **표적집단면접**(Focus Group Interview: FGI): 중재자 또는 사회자가 목표 시장으로 예상되는 8~12명의 고객들을 한 장소에 모이게 한 후 토론을 통하여 니즈를 파악하는 방법이다.
- **심층면접**(depth interview): 면접 진행자가 1명의 응답자와 1:1 면접으로 니즈를 수집하는 방법이다.
- **관찰**: 사용자들이 특정 환경 내에서 행동하는 방식들을 연구하여 문제점들을 도출해 내고 궁극적으로 새로운 제품의 콘셉트를 제시할 수 있는 유용한 기법이다. 고객이 기본 상품을 사용하게 하거나 신상품이 의도하는 업무를 수행하는 것을 관찰함으로써 고객 니즈에 대한 세부 사항을 관찰하는 방법이다. 고객과의 접촉 없이 비디오를 이용하여 간접적으로 관찰할 수도 있다. U&A(Usage & Attitude) 조사, HUT(Home Usage Test) 등도 관찰법의 한 종류라고 할 수 있다.

(2) 정량적인 조사

- **설문조사**: 문서화된 설문지를 통하여 고객 니즈를 파악하는 방법이다. 문항을 작성할 때 고객 니즈에 대한 사전지식을 요구한다는 단점이 있다. 제품 구입 및 이용 실태, 상표 및 광고 인지도, 상표별 속성 평가 등 마케팅 전략 수립을 위하여 많이 사용된다.

조사에서는 어떤 사람을 대상으로 몇 명을 조사해야 하는가에 대한 고민을 하게 된다. 고객 니즈 조사에서는 조사 대상자의 숫자보다는 대상자 선정이 더 중요하다. 선도 사용자를 접촉하면 보다 효율적으로 고객 니즈를 파악할 수 있다. 여기서 선도 사용자란 일반 고객보다 먼저 제품을 경험하는 고객을 말한다. 선도 사용자는 기존 제품에 대한 속성을 잘 파악하고 있으므로 신제품에 대한 기대 사항(여기서는 요구 사항)을 이미 파악하고 있을 가능성이 많다. 선도 사용자는 중요 정보원이기 때문에 데이터 수집의 일부분을 이들에게 할당하는 것이 바람직하다. 그다음으로 제품 판매자를 생각할 수 있다. 그 외에도 고객의 불만이나 요구 사항을 많이 알고 있는 사람을 조사 대상자로 선정할 필요가 있다. 일부의 집단만을 조사하면 데이터의 편향이 있을 수 있다. 이것을 피하기 위하여 조사 집단을 선도 사용자, 일반 사용자, 소매업자, 서비스센터로 나누고, 제품 사용 빈도에 따라 수시 사용자, 자주 사용자, 전문가로 나누어 고루 포함시키는 것이 바람직하다(Karl & Steven, 1999).

고객 니즈 조사 과정은 비디오나 오디오 녹화, 기록, 사진 등을 통해 남겨져야 한다. 그리고 조사된 내용들은 정량화된 문서형태인 탬플릿으로 구조화하는 것이 바람직하다. 템플릿에는 조사자 이름, 주소, 조사 날짜, 연락처 등 인적 정보를 기록하여 추후 재조사나 시장분석, 마케팅 등에 사용할 수 있도록 하여야 한다.

템플릿은 보통 질문, 고객 진술, 니즈 해석으로 나누어 작성하게 된다. 질문의 주된 목적은 고객의 요구 사항을 추출하기 위함이다. 그러기 위해서는 질문에 대한 조사자의 반응이 고객 진술 항목에 기입되어야 하며, 이때 고객 관찰 사항(비디오, 노트, 오디오, 사진 등)과 관련된 내용을 모두 포함하도록 한다. 좋은 결과를 얻기 위해서는 보조 자료가 필요할 수도 있다. 보조 자료는 직접 제품을 보거나 경쟁사 카탈로그를 통한 제품 소개 또는 이와 관련된 동영상, 홈페이지 등이 될 수도 있다. 그리고 조사자의 진술 자체가 곧바로 고객 니즈로 표현되는 것은 아니다. 이들은 문장으로 표현하지 않을 수도 있고, 행동이나 제스처로 표현될 수도 있을 것이다. 이런 진술 속에 암시된 니즈를 해독하거나 해석하여 문서화하여 니즈 해석 항목에 기록한다.

〈표 5-2〉는 회사원 30명을 대상으로 설문조사를 실시한 결과를 가지고 니즈로 해석한 것이다.

〈표 5-2〉 **보드마커의 고객 니즈 해석**

설문조사 질문	고객 응답	니즈 해석
1. 귀하는 일주일에 몇 번 보드마커를 사용하는가?	1위: 10번 이하 19명 2위: 5번 이하 5명	10군데 업체의 인원 30명 중 일주일에 보드마커 사용 횟수는 10번 이하가 많다.
2. 귀하는 보드마커의 수형을 파악하고 있는가?	미 파악: 30명 관심 없다: 30명	현재 보드마커 사용자는 보드마커의 수명에 관심이 없다.
3. 귀하는 보드마커가 나오지 않아 곤란한 경험을 한 적이 있는가?	있다: 15명 없다: 5명 관심 없다: 10명	보드마커가 나오지 않아 불편함은 있으나 큰 관심을 두지 않는 것으로 파악되었다.
4. 귀하는 무슨 색의 보드마커를 많이 사용하는가?	감정: 30명 기타: 0명	보드마커 사용자는 검정색의 보드마커를 많이 사용한다.
5. 귀하는 보드마커를 사용 전 사용할 수 있는지 알고 싶지 않은가?	알고 싶다: 30명 알고 싶지 않다: 0명 관심 없다: 0명	보드마커를 사용하기 전 사용할 수 있는 마커인지 알고 싶어 한다.
6. 귀하는 보드마커(검정색)를 몇 개나 비치하고 있는가?	1개: 5명 / 2개: 5명 3개: 15명 / 4개 이상: 5명	보드마커 비치는 3~4개 비치를 기본으로 하고 있다.
7. 귀하는 4개 이상 보유 보드마커(검정색) 중 나오지 않는 제품이 있는가?	있다: 28명 없다: 2명 모르겠다: 28명	보드마커의 사용 전 사용 여부에 대한 불신이 있다.

출처: 김종현, 이선일(2017)

3) 고객 니즈 정의

앞서 살펴본 고객의 진술과 니즈 해석 자료는 그 자체로 유용할 수도 있지만, 지극히 추상적이고 주관적일 수 있다. 이런 추상적이고 주관적인 정보들은 사람마다 다르게 해석되고, 제품 개발 5단계별로도 서로 다르게 해석될 수 있다. 뿐만 아니라 이 정보를 제품사양으로 직접 바꾸기는 쉽지 않다. 따라서 수집된 고객 요구 사항을 좀 더 구체적이고 명확하게 정의하는 과정이 필요하다. 고객 니즈의 구체적이고 명확한 정의는 서로 다른 이해 당사자들 간에 일치된 생각을 갖게 하여 고객 니즈를 충족시키기 위해 공통의 노력을 기울이게 할 것이다.

고객 니즈를 제대로 정의하기 위해서는 가능한 한 알기 쉬운 문장 형태로 정의되는 것이 효과적이다. 다음과 같은 것들을 고려해야 한다(Karl & Steven, 1999).

- 합의된 고객 니즈를 얻도록 한다. 몇 사람의 의견에 치우치지 않도록 관련 전문가들이 모여 니즈를 정의하여야 한다.
- 제품사양 개발에 활용하기 쉽도록 한다. 제품 개발을 위해서는 고객 니즈는 제품사양을 바뀌어야 한다는 것을 염두에 두어야 한다.
- 정보 손실을 최대한 피하도록 한다. 고객 요구 사항에 충실하게 니즈를 정의해야 함을 뜻한다.
- 방법보다는 목표 중심으로 표현한다. 즉, '어떻게 할 것인가?'보다는 '무엇을 할 것인가?'로 정의하여야 한다('어떻게 할 것인가?'는 '제품사양 개발' 절에서 다룬다.)

[그림 5-3]은 〈표 5-2〉에서 조사된 고객 요구 사항(니즈 해석)을 제품에 적용하는 방법과 이를 바탕으로 고객 니즈로 정의한 것을 보여 준다.

니즈 해석	제품에 적용 방법
10군데 업체의 인원 30명 중 일주일에 보드마커 사용 횟수는 10번 이하가 많다.	기업에서는 100% 마커를 사용하고 있으며, 주 10회 정도 사용하고 있어 사용의 편의성이 필요하다.
현재 보드마커 사용자는 보드마커의 수명에 관심이 없다.	보드마커의 수명을 알 수 있도록 한다.
보드마커가 나오지 않아 불편함은 있으나 큰 관심을 두지 않는 것으로 파악되었다.	사용 전 마커의 사용 여부를 알 수 있도록 한다.
보드마커 사용자는 검정색의 보드마커를 많이 사용한다.	마커의 색은 검정색을 많이 사용하지만 여러 색을 한꺼번에 사용할 수 있도록 한다.
보드마커를 사용하기 전 사용할 수 있는 마커인지 알고 싶어 한다.	사용 전 마커의 사용 여부를 알 수 있도록 한다.
보드마커 비치는 3~4개 비치를 기본으로 하고 있다.	보드마커를 여러 색을 한꺼번에 사용할 수 있는 제품 개발이 필요하다.
보드마커의 사용 전 사용 여부에 대한 불신이 있다.	사용 전 마커의 사용 여부를 알 수 있도록 한다.

(1) 니즈 해석을 제품 적용 방법으로 변환

감성요소		고객 니즈
가격	경제성	저렴해야 한다.
디자인	시인성	내부를 쉽게 볼 수 있어야 한다.
	독창성	차별화된 색감을 적용해야 한다.
사용성	교체 용이성	간편하게 교체해야 한다.
	재생성	사용 시간이 확보되어야 한다.
	편리성	간편하게 사용할 수 있어야 한다.
	작용성	부드러워야 한다.
기능성	단일성	제품 내에 모든 색이 있어야 한다.
	융합성	여러 가지 색을 사용해야 한다.
	휴대성	가벼워야 한다.

(2) 보드마커의 고객 니즈 정의

[그림 5-3] 보드마커의 고객 니즈 정의

출처: 김종현, 이선일(2017)

4) 고객 니즈 계층화

만일 고객 니즈의 수가 많다면 활용하기 편리하도록 분류할 필요가 있다. 계층적 분류에는 매트릭스(matrix)법, 친화도법(affinity diagram)등이 있다. 매트릭스법은 니즈들을 각각 행과 열로 하는 매트릭스를 구성하여 각 셀(Cell)에 연결된 두 개의 서로 다른 요소들 간의 관계를 0 또는1 로 표시하도록 하고 분류하는 방법이다. 친화도법은 다양한 개념들을 개념 간의 관계를 파악하여 몇 개의 범주로 분류하는 데 사용되는 기법이다.

친화도법으로 니즈를 계층적으로 분류하는 절차는 다음과 같다.

첫째, 고객 니즈 문장을 낱장의 카드나 데이터 템플릿으로 작성한다.

둘째, 중복되거나 유사한 의미를 가진 니즈는 제거하거나 묶는다. 이때 묶인 니즈에는 니즈 정의를 새롭게 할 수도 있다.

셋째, 유사한 의미를 갖는 니즈는 모두 모으고, 집단화한다. 집단화된 니즈를 1차 니즈(중분류), 집단 내 구성원은 2차 니즈(소분류)로 한다.

넷째, 1차 니즈(중분류)에 이름을 부여한다.

만약 1차 니즈가 많아 상위 계층으로 분류할 필요가 있으면 이와 같은 절차대로 집단화할 수 있다.

[그림 5-3]의 '(2) 보드마커의 고객 니즈 정의'는 감성요소를 2차 니즈까지 계층화한 것이다.

5) 고객 니즈 중요도 결정

제품 개발에서는 어떤 니즈를 가장 우선적으로 만족시킬 것인가에 대한 고민을 하게 된다. 그 이유는 가장 중요한 니즈를 충족시키지 않고서는 결코 제품도 성공을 거둘 수 없기 때문이다. 그런 목적으로 고객 니즈의 상대적 중요도를 파악된다. 상대적 중요도는 한정된 자원을 효율적으로 배분할 때도 활용될 수 있다. 종종 기업 내의 한정된 자원으로 인하여 고객의 요구 사항을 모두 만족시키는 제품 개발이 불가능할 수 있다. 이때에도 상대적으로 중요한 고객 니즈를 우선적으로 고려해야 한다.

상대적 중요도는 정량적인 수치로 나타나면 좋다. 그 이유는 고객 니즈 간의 중요도의 차이와 그 정도를 쉽게 파악할 수 있기 때문이다. 중요도 수치화는 주로 다음과 같은 방법을 많이 사용한다.

- **관련자 합의**: 해당 직무 관련자 합의에 의한 방법은 실시가 용이하고 비용이 적게 든다는 장점은 있지만 실제로 고객 생각과는 차이가 있을 수 있다. 아무리 소비자나 고객 입장에서 생각하고 행동한다고 해도 직무 관련자는 기업의 입장을 완전히 배제할 수 없다. 따라서 해당 제품관련 실무자들만 참여하여 상대적 중요도를 선정하게 되면 자칫 왜곡된 결론에 도달할 가능성도 있다.
- **설문조사**: 설문조사는 고객의 의견을 충실히 반영할 수 있다는 장점은 있지만, 상대적으로 많은 비용과 시간이 소요된다는 단점이 있다. 고객 니즈 문항이 많거나 니즈에 전문적인 지식 등이 포함되어 있는 경우에 중요도 산정에 어려움을 겪을 수 있다. 따라서 고객이 충분히 판단 가능한 수준의 니즈인지를 검토한 후 설문조사를 하는 것이 바람직하다. 보통 설문조사를 통해 파악할 수 있는 니즈의 수는 20~30개 정도가 적합하다고 본다. 고객 요구 사항 조사 때와는 다르게 목표 시장에 속한 사람만을 대상으로 조사를 실시할 수도 있을 것이다.

- **분석적 계층화 과정**(Analytic Hierarchy Process: AHP)**에 의한 상대적인 중요도 파악**: AHP는 요소들 간에 상호 연관관계가 복잡하게 얽혀 있을 때 많이 사용한다. AHP는 먼저 각 요소 간의 연관관계를 계층적 구조로 표현함과 동시에 정성적 · 주관적인 쌍대 비교를 실시하고, 이에 대한 체계적 분석을 통해 요소들 간의 상대적 비중을 밝혀내는 평가 기법이다. AHP 기법을 사용하면 모든 고객 니즈들 간의 직간접적인 상호 비교가 가능해지고 상대적 비중 또한 얻을 수 있기 때문에 어느 정도까지 취사선택을 할 것인지를 결정하는 데 사용할 수 있는 유용한 방법이다.

보드마커에 대한 신제품 개발 사례에서는 첫 번째 방법인 관련자 합의에 의하여 고객 니즈의 중요도를 구하였다([그림 5-7] 참조).

3. 고객 요구 사항을 반영한 제품 개발

품질기능전개(Quality Function Deployment: QFD)는 고객이 요구하는 품질 특성을 기능적으로 전개하여 제품의 기술 특성으로 변환하고, 이를 다시 부품 특성, 공정 계획 그리고 생산 계획으로 전개해 나가는 것을 의미한다. 최근 고객 중심의 경영이 부각되면서 QFD와 관련한 연구들이 활발하게 진행되고 있다.

KS Q ISO 16355-1:2015에서는 QFD에 대하여 다음과 같이 소개하고 있다.

> 품질기능전개(QFD)는 다양한 차원과 다양한 관점에서, 고객 또는 이해관계자들에게 가장 중요한 요구 사항을 설계하여 신제품 및 기존 제품에 대한 고객 또는 이해관계자들의 만족 및 가치를 보증하는 방법이다. 이러한 요구 사항들은 올바른 제품으로 작업을 하고 있다는 신뢰를 설계 및 개발 단계에서 향상시키기 위한 정량적 및 비정량적 도구와 방법을 사용하여 잘 숙지하는 것이 좋다. 제품에 대한 만족도뿐 아니라, QFD는 신제품을 개발하는 과정을 개선한다.

여기서는 QFD의 개념에 맞게 고객 니즈를 제품사양으로 전개하는 것을 중심으로 정리하였으며([그림 5-4] 참조), 그 절차는 [그림 5-5]와 같다(KS Q ISO 16355-1, 2015).

[그림 5-4] QFD를 활용한 고객 니즈-제품사양 품질의 집

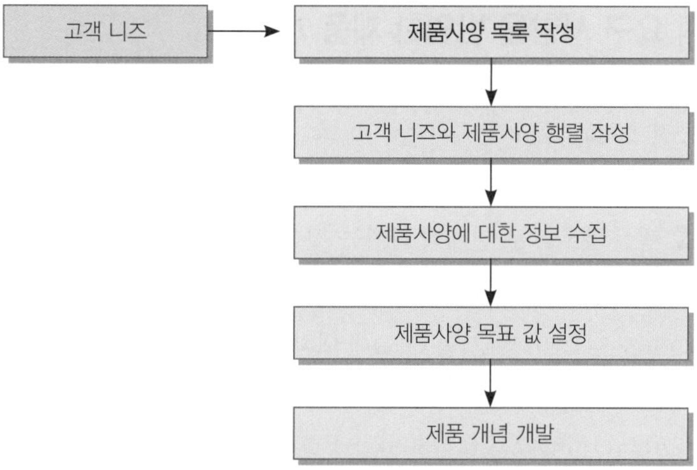

[그림 5-5] QFD를 활용한 제품 개념 개발 절차

1) 제품사양 목록 작성

고객 니즈는 고객 제품에 대한 일종의 요구 사항이라 할 수 있다. 그러나 고객의 요구 사항들은 대부분 주관적·감성적이기 때문에, 이를 그대로 공학적으로 설계하고 제품화하기에는 한계가 있다. 따라서 고객의 추상적인 요구 사항과 제품에 기대하는 막연한 느낌을 실현 가능한 공학적 특성으로 변환해야 한다. 즉, 제품사양은 제품 요구 사항 또는 공학적 특성이라고도 할 수 있다.

제품사양은 척도와 척도 값으로 구성된다. 척도는 제품의 공학적 설계 변수이다. 예를 들어, 스마트폰 제품 개발에서 무게, 표면 거칠기 등은 척도이고, 척도 값은 단위가 포함된 척도가 가지는 수치이다. 예를 들어, 고객 니즈가 '매우 가벼워야 한다.'라고 하고 이에 대응하는 제품사양이 '무게가 120g이다.'라고 한다면, '무게'는 척도이고, '120g'은 척도 값에 해당된다.

고객 니즈는 현존하는 제품에 영향을 받지는 않지만, 제품사양은 현재 기술, 기존 제품, 경쟁 제품, 목표시장 등에 의존된다. 표현 방법도 서로 달라서 고객 니즈는 주관적 언어나 형용사적 언어로 표현되는 반면, 제품사양은 물리적 단위가 포함된 객관적 척도로 표현된다. 예를 들어, 고객 니즈가 '등산용 배낭은 가벼워야 한다.'라고 한다면, 제품사양은 '등산용 배낭의 무게는 500g 미만이다.'라고 표현될 수 있을 것이다. '무게 500g'이라고 하는 척도 값 결정은 '4) 제품사양에 대한 목표 값 설정 및 콘셉트 개발'에서 다룬다.

제품사양은 고객 니즈를 하나씩 검토하여 제품의 공학적 특성으로 만드는 것이다. 그리고 한 개의 고객 니즈가 반드시 한 개의 제품사양으로 바뀌는 것은 아니다. 한 개의 고객 니즈가 여러 개의 제품사양으로 변환될 수 있고, 반대로 여러 개의 고객 니즈가 모여 하나의 제품사양으로 만들어질 수도 있다. 보드마커 사례([그림 5-3]의 (1))에서 '간편하게 사용할 수 있어야 한다.'라는 고객 니즈는 '총 중량' '길이' '두께' '부피' '내경 · 외경' '교체를 위한 분해 · 조립 시간'으로 변환되었다(〈표 5-3〉 참조). 반면, 고객 니즈 중 '부드러워야 한다.'는 '표면 거칠기'라는 척도로 바뀔 수 있지만 구현하는 데 비용이 많이 들어 제품사양에서는 제외되었다.

제품척도의 측정 단위는 주로 kg, s(초) 등 국제단위계인 SI 단위계 사용을 원칙으로 한다. 그러나 국제단위를 사용하지 못할 경우도 있을 수 있다. 이때는 그 분야에서 많이 쓰는 단위를 사용하면 된다. 고객은 잡지, 카탈로그 등을 이용하여 제품을 구매할 가능성이 많기 때문에 시장에서 유행하는 단위나 척도를 포함하는 것이 유리할 수 있다.

〈표 5-3〉 보더마커의 제품사양 목록

척도 번호	니즈 번호	척도	중요도	단위
1	4, 6, 10	총 중량	5	kg
2	6	길이	2	mm
3	6	두께	5	mm
4	6	부피	3	ml
5	3, 6	내경 · 외경	4	∅
6	2	강도	1	Mpa
7	3, 8, 9	색감	1	color
8	1	단위 제조 비용	5	원
9	2, 5	내부가 보이는 투명도	5	N/A
10	4, 6	교체를 위한 분해 · 조립 시간	5	s
11	4	사용량이 끝날 때까지의 사용 수	4	cycles
12	4, 5	마커심이 보유하는 잉크의 양	4	cc

출처: 김종현, 이선일(2017)

제품사양 목록은 사양을 순차적으로 나열한 것을 의미한다. 〈표 5-3〉에 제시된 것처럼, 제품사양 목록에는 척도 번호, 해당 니즈의 번호, 상대적 중요도, 단위 등이 포함될 수 있다. 이 중에서 제품사양의 중요도는 중요도가 높은 순서대로 제품 개발에 고려될 가능성이 높다. 상대적 중요도를 산출하는 방법은 여러 가지가 있을 수 있다. 대표적으로 고객 니즈의 중요도를 고려하여 산출하는 방법 등이 있다. 만일 제품사양이 한 개의 고객 니즈로부터 변환된 경우에는 고객 니즈의 중요도가 제품사양의 중요도가 된다. 두 개 이상의 고객 니즈로부터 변환된 경우에는 고객 니즈들과의 관계를 고려하여 결정될 수 있을 것이다. 또 다른 방법은 고객 니즈-제품사양 행렬로부터 중요도를 구하는 방법이다. 니즈-제품사양 행렬은 다음에서 다루고 있다([그림 5-7] 참조).

2) 니즈–제품사양 행렬 작성

제품사양 목록만으로는 고객 니즈와 제품사양과의 관계를 잘 알 수 없다. 따라서 니즈와 사양 간의 관계를 행렬로 나타냄으로써 고객 니즈와 제품사양 간의 연계성을 보다 쉽게 파악할 수 있다. 니즈–제품사양 행렬 작성 방법은 다음과 같다.

첫째, 행렬의 왼쪽 첫 번째 열에 고객 니즈를 기록한다.

둘째, 행렬의 첫 번째 행에 제품사양을 기록한다.

셋째, 각 행렬의 셀에는 셀에 해당하는 행과 열이 서로 연계되어 있으면 관련성 높은 정도에 따라 '◎' '○' '△' 로 표기한다. 관련이 없으면 빈칸으로 둔다.

보드마커의 니즈–척도 행렬의 예는 [그림 5–6]과 같다.

사양 / 니즈	총중량	길이	두께	부피	내외·외경	강도	색감	단위 제조 비용	내부가 보이는 투명도	교체를 위한 분해·조립 시간	사용량이 끝날 때까지의 사용 수	마커심이 보유하는 잉크의 양
저렴해야 한다.	△							◎				△
내부를 쉽게 볼 수 있어야 한다.					○				◎			
차별화된 색감을 적용해야 한다.							○			◎		
간편하게 교체해야 한다.											△	○
사용 시간이 확보되어야 한다.										△	○	◎
간편하게 사용할 수 있어야 한다.				◎					○	○		
부드러워야 한다.			△	○		◎						
제품 내에 모든 색이 있어야 한다.	△			○			◎					
여러 가지 색을 사용해야 한다.	△			○			◎					
가벼워야 한다.	◎	△	△	△	△							

[그림 5–6] 보더마커의 니즈–제품사양 행렬

출처: 김종현, 이선일(2017)

3) 경쟁제품에 대한 정보 수집과 제품사양 선택

경쟁제품보다 고객의 니즈를 반영하는 제품을 개발하기 위해서는 제품사양의 목표 척도 값을 결정하여야 한다. 그러기 위해서는 제품사양과 관련하여 경쟁사의 제품과 개발될 제품의 경쟁력을 비교분석하여야 한다. 경쟁력 비교분석 자료는 자사뿐만 아니라 경쟁사에 대한 정보를 바탕으로 이루어진다. 기존에 잘 알려진 데이터를 수집하여 정보를 획득할 수도 있고, 제품들을 수집하여 검사하고 분해하여 경쟁력을 추정할 수도 있다. 간접적으로는 경쟁사의 카탈로그를 이용할 수도 있을 것이다.

경쟁사와의 비교분석은 차트 작성을 통해 좀 더 쉽게 분석될 수 있다. 일반적으로 차트는 제품사양별로 작성할 수 있으며, 고객 니즈별로 작성이 가능하다. 여기서는 제품사양에 근거한 경쟁사 비교분석 차트 작성에 대하여 알아본다. 차트 작성을 위해 〈표 5-4〉와 같이 1, 2열에는 제품사양 번호와 목록을 기입하고, 첫째 행에는 경쟁사의 제품을 기입한다. 해당되는 셀은 제품사양별로 경쟁제품의 척도 값을 기입하면 된다.

마지막은 전체 제품사양 항목 중 목표 시장을 겨냥하여 새롭게 개발되는 제품사

〈표 5-4〉 보드마커의 주요 경쟁사 비교분석 차트

척도 번호	척도	중요도	단위	A모델	B모델	C모델	D모델
1	총 중량	5	kg	0.12	0.13	0.12	0.15
2	길이	2	mm	120	125	125	127
3	두께	5	mm	24	23	25	24
4	부피	3	ml	35	33	30	40
5	내경 · 외경	4	∅	9	8	9	8.5
6	강도	1	Mpa	0.4	0.5	0.5	0.4
7	색감	1	color	6	5	6	6
8	단위 제조 비용	5	원	6000	5000	4500	5000
9	내부가 보이는 투명도	5	N/A	N	N	N	N
10	교체를 위한 분해 · 조립 시간	5	s	60	50	50	65
11	사용량이 끝날 때까지 사용 수	4	cycles	10,000	11,000	9,000	9,800
12	마커심이 보유하는 잉크의 양	4	cc	300	350	280	300

출처: 김종현, 이선일(2017)

양 항목을 선택하는 것이다. 물론 고객의 요구 사항을 충족하는 제품사양 항목 모두를 고려하면 좋겠지만, 이는 현실적으로 너무 많은 노력과 비용이 든다. 따라서 목표 시장에서 경쟁 제품을 이길 수 있을 만큼의 제품사양만을 선택하는 것이 더 효율적일 수 있다.

[그림 5-7]은 고객 니즈의 중요도를 고려하여 제품사양의 우선순위를 나타낸 것이다. [그림 5-7]의 절댓값은 [그림 5-6]에서 측정한 관련성 정도 '◎' '○' '△'를 각각 5점, 3점, 1점으로 변환하고 고객 니즈의 중요도를 가중하여 계산한 값이다. 보드마커 사례에서 가장 우선순위가 높은 것은 '교체를 위한 분해 · 조립 시간'이다. 여기서는 12개 제품사양 중에서 '교체를 위한 분해 · 조립 시간' '부피' '내부가 보이는 투명도' '마커심이 보유하는 잉크의 양'을 최종 신제품사양으로 선택하였다.

사양 / 니즈	중요도	총 중량	길이	두께	부피	내경 · 외경	강도	색감	단위 제조 비용	내부가 보이는 투명도	교체를 위한 분해 · 조립 시간	사용량이 끝날 때까지의 사용 수	마커심이 보유하는 잉크의 양
저렴해야 한다.	4	1							5				1
내부를 쉽게 들 수 있어야 한다.	5					3				5			
차별화된 색감을 적용해야 한다.	2							3					
간편하게 교체해야 한다.	5										5	1	3
사용 시간이 확보되어야 한다.	4										3	3	5
간편하게 사용할 수 있어야 한다.	5				5					3	3		
부드러워야 한다.	2			1	3		5						
제품 내에 모든 색이 있어야 한다.	3	1			3			5					
여러 가지 색을 사용해야 한다.	3	1			3			5					
가벼워야 한다.	1	5	1	1	1	1							
절댓값		15	1	3	50	16	10	36	20	40	52	17	39
비교값(%)		5	0	1	17	5	3	12	7	13	17	6	13
순위		9	12	11	2	8	10	5	6	3	1	7	4

[그림 5-7] 보드마커의 제품사양 선택

출처: 김종현, 이선일(2017)

4) 제품사양에 대한 목표 값 설정 및 콘셉트 개발

제품사양은 척도와 척도 값으로 구성된다는 것을 이미 앞에서 언급하였다. 이 단계에서는 경쟁제품과의 비교와 목표시장에서 요구 사항을 바탕으로 척도 값에 대한 목표 값을 설정하는 단계이다. 목표 척도 값은 〈표 5-4〉와 같이 주요 경쟁사 비교분석 차트를 기준으로 설정한다.

목표 값은 제품사양의 척도 특성에 따라 최솟값, 최댓값, 범위, 특정한 값, 이산 값, 만족 여부, 정성적인 기준 등으로 나타낼 수 있다.

- 최솟값은 척도 값의 최소 기준을 제시하는 것으로 이 값보다 높으면 만족하는 경우이다. 의자의 경우 좌면 너비는 성인 남자의 엉덩이 너비가 최소 기준으로 사용될 것이다.
- 최댓값은 척도 값의 최대 기준을 제시하는 것으로 이 값보다 낮으면 만족하는 경우이다.
- 범위 값은 척도 값이 그 범위 사이에 있으면 만족하는 경우이다.
- 특정 값은 척도 값이 그 범위 사이에 있으면 만족하는 경우이다.
- 이산 값은 척도 값이 이산형일 때 사용된다.
- 어떤 척도는 시험 규격을 통과하느냐에 관심이 있을 수도 있고, 어떤 척도는 주관적인 것으로 나타날 수 있을 것이다. 이때에는 '주관적'으로 표시하여야 한다.

보드마커 사례에서는 4개의 제품사양에 대하여 최종 신제품사양으로 다음과 같은 척도와 목표 척도 값을 갖도록 하였다.

- 교체를 위한 분해 · 조립 시간을 55초 이내로 한다.
- 부피는 40ml로 한다.
- 내부가 보이는 투명도를 만족하도록 한다.
- 보드마커심이 보유하는 잉크의 양은 350cc로 한다.

제품사양의 목표 척도 값이 설정되고 나면 이에 부합하는 신제품의 개념 개발이 필요하다. 이 과정에서는 감성적 요소, 산업디자인 요소, 인간공학적 요소 등 다양한 요소들의 충족이 요구될 것이다. 보드마커 사례에서는 개폐식 씰 시스템과 펜 뚜껑을 적용하여 잉크가 마르는 것을 방지하고 교체 형 보드마커로 투명하게 잉크 수명을 알 수 있도록 하는 보드마커의 제품 개념을 보여 주고 있다.

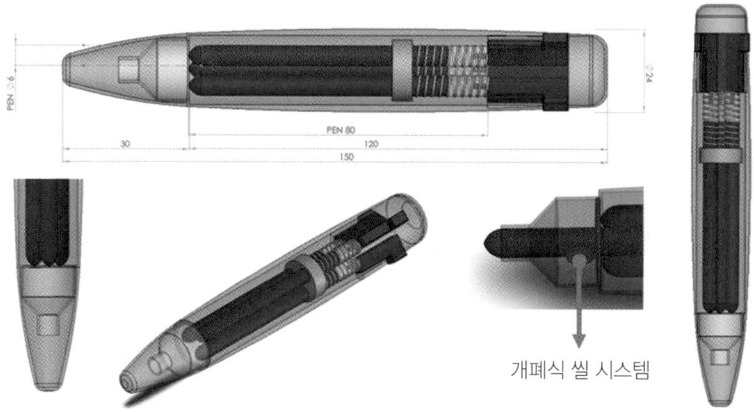

[그림 5-9] 보드마커의 제품 개념 개발

출처: 김종현, 이선일(2017)

4. 감성과 제품

생산, 기술의 시대를 지나 21세기는 '기술과 감성'의 융합시대라 할 수 있다. 그 이유는 우수한 기술은 물론이고 감성(디자인, 촉감, UI등 감성 파워)이 구매의 결정적 요소로 부상하고 있기 때문이다. 아울러 기업 간의 기술력 차이가 점점 줄어들면서 성능이나 품질 면에서 평준화가 이루어지고 있다는 점은 새로운 차별화 요소의 필요성을 가속화시키고 있다. 그 차별화 요소 중의 대표적인 것이 바로 감성이다. 최근에는 개성이 강한 젊은 소비층을 중심으로 감성요소를 중요시하는 풍토가 확산되고 있으며 사용자 경험(UX)이 디자인 요소의 하나로 자리를 잡고 있다. 대표적인 예로, '스타벅스'는 커피라는 제품 자체보다 사람들이 커피를 마시면서 즐겁고 친밀한 분위기를 느낄 수 있는 감성적인 경험을 마케팅함으로써 성공을 거두었다고 볼 수 있다(이민훈 외, 2003).

〈표 5-5〉 21세기 '기술+감성' 시대 진입

시대 구분	생산 (1970~1980년대)	기술 (1990년대)	기술+감성 (2000년대)
소비자 니즈	단순 · 획일	신제품 · 고기능 선호	차별성 · 감성 중시
구매 결정의 요인	가격, 품질, 대량 확보, 다품종	소형(대형), 고기능, 디지털, 친환경	디자인, 사용 편의성, 복합화, 콘셉트, 색상, 매력과 브랜드 이미지
기업 대응	대량생산과 원가절감	기존 기술 고도화와 첨단 신기술 개발	소프트 강화를 통한 고객감성 포착, 업종 기술 접목
업종 사례	의류, 제지	메모리, 신약, 대형 평면 TV	향기 나는 자동차, 쥬얼리 휴대폰

출처: 이민훈 외(2003)

〈표 5-6〉 경제적 가치의 발전과 특성

경제 패러다임	농업경제	산업경제	서비스경제	경험경제
경제적 제공 가치	농산품	재화	서비스	경험
경제 기능	수확	생산	제공	기획
제공 가치 유형	대체 기능	유형성	무형성	기억에 남는
핵심 속성	자연물질	표준화	수요자 맞춤형	개인
공급 방법	대량 저장	생산 후 입고	요청 시 제공	일정 시간 동안 지속적으로 제공
판매자	성인	생산자	공급자	전문가(경험가)
구매자	시장	사용자	의뢰인	고객
수요 요인	형질	기능 등 특징	편익	감정 혹은 느낌

출처: 차두원(2013)

현재와 미래의 제품은 소비자의 감성을 충족시켜야만 시장에서 우위를 차지할 수 있을 것이다. 즉, 품질을 갖추면 선진기업과 대등한 위치에 설 수 있고, 그 위에 감성을 입히면 확실한 우위에 설 수 있다는 것이다. 그러기 위해서는 제품 개발 관련 부서만이 아니라 기업 전체가 소비자의 감성을 찾으려는 노력을 지속적으로 기울여야 할 것이다.

이러한 트렌드에 발맞추어 한국감성과학회는 2014년부터 감성과학대상을 제정해 시행하고 있다(자세한 내용을 8장 3절 참조). 제품과 서비스 개발 과정에 담겨 있는 감성을 체계적으로 평가하고 시상함으로써, 국내 기업이 경쟁력 향상에 더욱 노력하도록 하고 소비자는 양질의 감성적 제품과 서비스를 향유하기 위한 목적이다. 제품 속의 감성이 중요한 시대에 한국감성과학회가 세계 일류 제품을 선도하는 데 그 중심에 있기를 기대하여 본다.

[그림 5-10] 한국감성과학대상 로고
출처: 한국감성과학회(www.koses.or.kr)

요약하기

1. 사용자 중심의 제품과 고객 니즈

- 고객의 니즈 또는 필요(customer need)는 고객에 대한 잠재적인 편익으로 정의할 수 있다.
- 칼과 스티븐은 기업 이윤 이외에 제품 개발의 평가 척도를 품질, 비용, 개발 기간, 개발 비용, 개발 능력으로 제안하였다.

2. 고객 니즈 개발

고객 니즈 개발의 5단계 절차는 ① 제품 개발 범위정의, ② 고객 요구 사항 수집, ③ 고객 니즈 정의, ④ 고객 니즈 계층화, ⑤ 고객 니즈 중요도 결정의 순서로 이루어진다.

3. 고객 요구 사항을 반영한 제품 개발

- 제품 개발 단계는 크게 ① 개념 개발, ② 시스템 수준 설계, ③ 상세 설계, ④ 검사 및 개량, ⑤ 생산 시스템 설계의 단계로 나눌 수 있다. 그중에서 부가가치가 가장 높은 단계는 개념 개발 단계이다.
- QFD를 활용하여 고객 요구 사항을 반영한 개념 개발의 5단계 절차는 ① 제품사양 목록 작성, ② 고객 니즈와 제품사양 행렬 작성, ③ 제품사양에 대한 정보 수집, ④ 제품사양 목표 값 설정, ⑤ 제품 개념 개발의 순서로 이루어진다.

4. 감성과 제품

- 21세기는 '기술과 감성'의 융합시대라 할 수 있다. 우수한 기술은 물론이고 감성이 구매의 결정적 요소로 부상하고 있다.
- 현재와 미래의 제품은 소비자의 감성을 충족시켜야만 시장에서 우위를 차지할 수 있다.

참고문헌

김종현, 이선일(2017). 신제품 개발 프로젝트. 공주대학교 산업경영공학과.

이민훈, 민동원, 복득규, 김정우, 민병석(2003). 기술과 삼성의 융합시대-상품 트랜드와 선도 기업들의 대응-. CEO Information, 삼성경제연구소.

차두원(2013). 인간 친화적 기술의 핵심-사용자 경험과 감성 인터페이스 기술-. R&D Inl, 한국과학기술기획평가원.

Karl, T. U., & Steven, D. E. (1999). 제품설계 및 개발 (원전은 Product Design and Development). (서효원, 이현찬, 김덕수 역). 서울: 시그마프레스.

KS Q ISO 16355-1:2015 (2018). 신기술 및 신제품 개발프로세스에 통계적 방법 및 관련 방법 적용 -제1부: 품질기능전개(QFD)의 일반 원리와 개관.

Robert, G. C. (1996). *Winning at New Products*. New York: Basic Books.

에너지경제(2018. 3. 30). 기업의 지속성장 필수조건, 지속적인 소통과 교감.

파이낸스투데이(2018. 3. 29). 마케팅의 새로운 수단으로 각광받는 MPR.

한국전력 블로그-굿모닝 KEPCO!(2017). http://blog.kepco.co.kr/1074

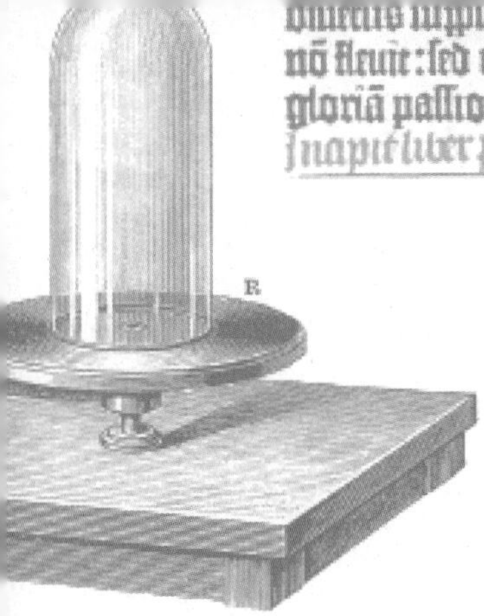
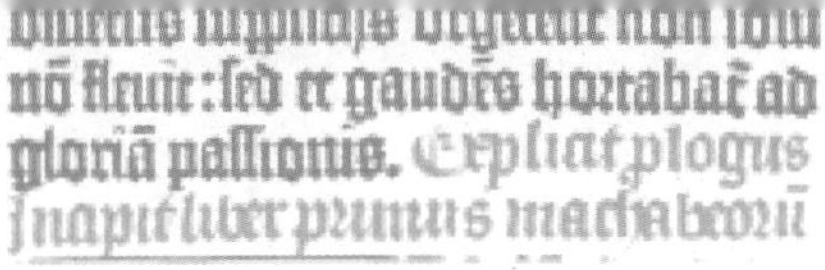
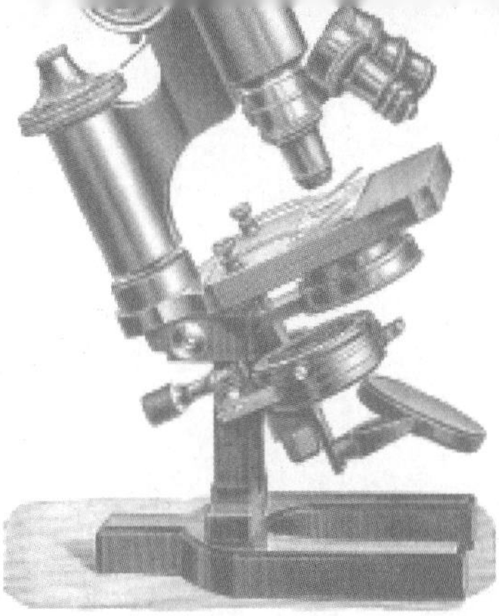

Science of Emotion & Sensibility

Application and Practice

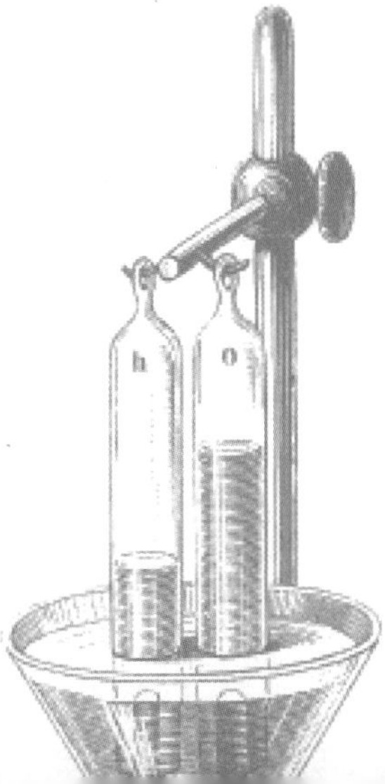

감성과학 응용과 실제

6장

감성과 의류: 인체 · 자연친화 의류

이은주

●●● 들어가기

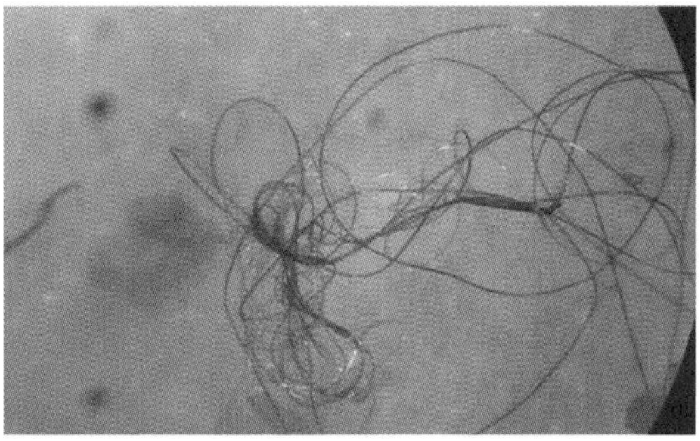

〈바닷물에서 발견된 미세섬유〉

출처: https://blog.greenpeace.de/autor/kirsten-brodde

"바닷속 생물들이 미세플라스틱을 먹으며, 먹이사슬을 통해 우리 몸에 축적될 수 있다. 이 미세플라스틱은 인간 생활에서 배출되며, 결국 인간 건강에 유해한 영향을 미칠 수 있다."

이는 뉴스와 방송에서뿐 아니라 근래 몇 년간 국제저명학술지 「Nature」의 자매학술지들과 「Science」 등에서 꾸준히 발표되어 온 공통된 내용이다. 미세플라스틱은 직경 333μm(0.333mm) 이하, 1mm 이하 또는 5mm 이하의 합성 플라스틱으로 정의되는데, 세계자연보호연맹(IUCN)은 최근 발표한 보고서에서 전체 해양 플라스틱 오염의 15~31%가 가정과 산업용 제품에서 방출되는 미세한 입자 때문이며, 이 중 35%는 합성섬유 제품을 세탁하는 과정에서 발생한다고 언급하였다. 한편 그린피스(Greenpiece)의 'Detox your fashion' 캠페인에서 섬유 전문가로 활동하고 있는 커스틴 브로디(Kirsten Brodde) 박사는 2017년 3월의 블로그에서 옷 한 벌을 세탁할 때마다 70만 개의 미세섬유가 생산된다고 보고하였다. 이러한 경고는 인간 생활에서 빼놓을 수 없는 제 2의 피부(the second skin)인 옷이 인간과 자연의 공존과 지속 가능한 삶을 방해하지 않고 도움이 될 수 있는 길을 찾아야 할 시점임을 시사한다.

〈친환경 바구니
"I'm not a plastic bag."〉

출처: http://news.bbc.co.uk/2/hi/uk_news/magazine/6587169.stm

근래에 패션 · 섬유 산업에서도 자연친화적이고 인체 건강과 정신적 편안함을 지향하는 기술과 제품이 주목받고 있다. 2007년 영국에서 '나는 비닐봉지가 아니다(I'm not a plastic bag).'는 슬로건이 들어간 장바구니가 소개된 이후에 세계적으로 유행하고 있는 환경친화적인 소재와 디자인으로 만들어진 '에코백'은 친환경 가치관을 감성으로 승화한 좋은 제품 사례가 되었다. 유럽을 중심으로 환경 규제가 강화되면서 인체 친화적이고 감성적인 디자인 요소를 갖춘 천연 염색과 천연 섬유 제품에 대한 소비자 수요가 점차 늘어나고 있다. 최근 국내 연구소 등을 중심으로 개발되고 있는 인체 친화 전통 섬유기술인 천연염색과 첨단 디지털 프린팅의 융합 기술은 이와 같은 요구에 부응하는 대표적인 사례라고 할 수 있다(동아사이언스, 2016). 이와 같이 세계 각국의 산업과 생활 · 문화 전반에 영향을 미치는 메가트렌드로서 '웰빙' '건강' '지속 가능성' '친환경'의 가치관은 환경의 보존과 자연과의 공존, 인간의 신체적 · 심리적 건강과 평온을 추구하며, 인간의 감성을 만족시킬 수 있는 기술과 제품으로 현실화될 수 있다.

이 장에서는 인체와 자연친화 의류의 심리적 감성과 생리적 감성을 중심으로 세부적인 감성 차원과 이를 구현하는 기술 및 평가 동향을 살펴보고자 한다.

1. 인체 · 자연친화 의류와 감성과학

1) 의류산업의 특성과 감성

지난 수십년간 다양한 산업 분야에서 두드러지는 변화 중의 하나는 과거의 산업이 기술 중심이던 반면에 인간 중심으로 옮겨 가고 있다는 것이다. 이제는 고기능성 기술만으로는 소비자의 결정을 이끌어낼 수 없으며, 제품의 감성적 만족도와 물질적 · 사회적 가치 등 인간의 마음을 움직이는 감성 파워와 함께 결합해야 한다.

21세기 메가트랜드는 웰니스(wellness)와 친환경인데, 대부분의 산업 분야에서는 하이테크(hi-tech)와 감성이 결합되어 소비자의 고차원적 욕구에 부응하고자 하는 경향이다. 따라서 인간성과 개인의 느낌을 우선하면서 동시에 친환경적이고 편안함을 추구하는 사회의 흐름에 맞추어, 의류 및 섬유 산업계에서도 다양한 자연친화적 테크놀로지를 적용한 기능성과 감성의 융합 제품 설계의 노력이 활발하다. 미래 소재 메가트렌드와 제품 트렌드를 제안한 사례를 살펴보면, 1990년대에 본격적으로 등장한 감성 트렌드와 관련 제품은 2010년대부터 감성화 · 지능화 · 다양화로 세분되는 경향을 나타내며 고도의 소프트-터치(soft-touch)화 제품 등으로 구체화되

〈표 6-1〉 미래 소재 메가트렌드

구분	2000~2010	2010~2020	2020년 이후	미래 요구 기능 (~2020년)	요구 기능 충족을 위한 미래 소재
메가 트렌드	고기능화 시장 진입	감성화, 지능화, 소형화, 다양화, 능동화	휴머노이드화, 자연교감화, 인간친화적, 지속 성장화, 일체화, 유비쿼터스에 적용	인간친화형 소재, 친환경화, 플렉서블, 능동화	환경 대응재, 미소 변화 감시재, 고 감성재, 고감도 나노 소재
제품 트렌드	감성의류, 기능성 건축, 내 · 외장재, 반도체 기반 센서	고 소프트-터치화, 자동차 내장재 코팅 및 디스플레이 소재, 일체형 능동 소지	인테리어 소재, 정보 저장 소재, 광학소재, 군수 소재	고 감성 다기능화, 인간 감지기관 모방	고 감성 지능화 소재, 나노 어레이 소재

출처: 한정우, 김동현, 김정수(2017)

었다(〈표 6-1〉 참조). 앞으로 예상되는 메가트렌드는 인간과 자연친화와 지속 성장, 환경 대응, 고감성 지능화의 키워드로 구성된다. 의류산업과 제품은 트렌드와 밀접한 관련을 가지는 특성을 가지므로, 이러한 메가트렌드와 부합하여 전개될 수 있다.

의류와 관계되는 용어에는 섬유, 직물, 패션, 인테리어 등이 있다. 의류 제품은 디자인 중심의 기술집약적 고부가가치 산업을 기반으로 생산되며, 물리적 · 생리적 기능성에 심리적인 특성을 더하여 패션 이미지, 생활양식, 소비자 욕구 등에서 의미 있는 가치가 창출된다. 의류 제품은 현대의 산업 구조에서 단독으로 생산될 수 없으며, 원사에서 실, 직물, 염색과 가공, 의류 · 패션 제품까지 연계되는 스트림 구조를 띠고 있다. 즉, 한 회사에서 최종 완제품에 필요한 모든 재료를 생산하지는 않으며, 원사와 원단을 생산하여 공급하는 섬유 · 직물산업과 의류와 패션 제품을 제조하는 의류제조업, 디자인 · 브랜드 · 기획을 주로 하는 패션산업, 구매 · 판촉 · 판매와 관계된 유통산업으로 분류되어, 이들이 서로 유기적인 관계를 형성한다. 단, 근래에 제품 기획과 생산, 유통을 함께 하여 소비자 가격을 상대적으로 낮추고 빠르게 변하는 트렌드에 부응하는 패스트패션 산업이 주목받고 있다. 또한 최근 일반인도 옷이나 패션 소품을 직접 만들어 사용하는 추세도 간과할 수 없다. 즉, 의류산업은 전통적인 구조를 기본으로 다양한 구조들이 존재한다. 따라서 의류와 관련된 인간의 감성은 섬유 · 직물에서부터 의류 · 패션 완제품, 이들의 유통과 마케팅의 전 과정에서 발생할 수 있음을 염두에 두어야 한다.

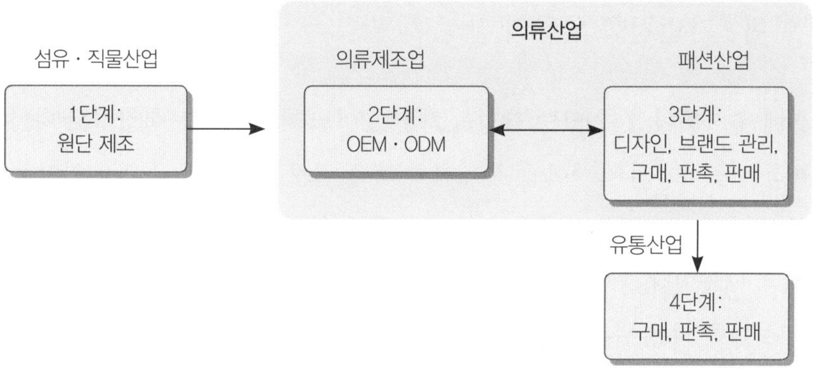

[그림 6-1] 의류산업의 산업 구조

출처: 중소기업연구원(2016)

감성이 의류와 그 관련 산업에서 중요한 이유에 대하여 조길수 등(2012)은 종합적으로 다음과 같이 설명하였다. 첫째, 현대의 첨단 의류생산 시스템에서 발생하는 생산자-소비자 간 커뮤니케이션의 부재를 완화하기 위해서이다. 둘째, 의류생산 관련 전문가가 각 생산 과정에서 축적한 노하우, 즉 대량생산 체계에서 지나칠 수 있는 개별 착용자의 섬세한 감성에 응답하는 복합적으로 체계화된 경험을 디지털 데이터로 정량화하기 위함이다. 셋째, 의복 착용의 궁극적인 목적인 인체에 편안하고 신체적 · 정신적 쾌적감을 강화할 수 있는 의류를 제작하기 위하여 관련된 다양한 복합적인 요인들을 보다 과학적이고 객관적으로 측정 · 평가하기 위해서이다.

의류산업과 제품에서 소비자가 원하는 감성을 실현하기 위해서는 감성기술이 적용되어야 한다. 감성기술이란 인간의 오감(시각, 청각, 촉각, 후각, 미각)을 비롯한 감성을 과학적으로 측정 · 평가하여 구체적인 제품 설계로 실현해 내고자 하는 기술로서, 감성디자인, 감성마케팅 등에 활용함으로써 미래 전략산업을 도모할 수 있다(기술표준원, 2013). 감성기술은 의류와 같은 구체적인 제품으로 소비자에게 다가가는 분야에서 중요한 의미를 가지며, 감성 지향 의류를 제안하기 위해서는 인간의 감성을 제품 설계로 실현하여 의류의 디자인부터 마케팅까지 유기적으로 활용할 수 있는 감성기술이 발굴되어야 한다. 즉, 의류제품과 산업에서 감성과학의 실용적 목표는 감성과 기술의 연결선을 찾아냄으로써 감성을 측정하거나 감성을 유발할 수 있는 기술을 개발하여 궁극적으로 감성 지향 제품을 제안하는 데 있다고 할 수 있다.

2) 인체 · 자연친화 의류의 감성 차원

의류에서 다루어질 수 있는 감성의 차원은 어느 제품보다도 복잡하고 다양하다. 의류제품은 소비자의 감성이 선호 또는 선택을 결정하는 데에 중요한 역할을 하며, 대중의 심리와 사회문화 트렌드가 가장 빠른 속도로 영향을 주는 산업군 중의 하나에 속하기 때문이다.

앞서 설명한 의류 관련 산업의 구조적 특성과 소비자 및 사용자가 경험하는 제품의 형상이 다양하다는 점을 고려하여 의류의 감성 차원과 이에 영향을 미치는 물리적 요인들을 요약하면 [그림 6-2]와 같이 제시할 수 있다. 의류의 물리적 구성 요소 각각은 인간의 단일 감각 또는 단일 감성에 영향을 줄 수 있으며, 동시에 여러 감각

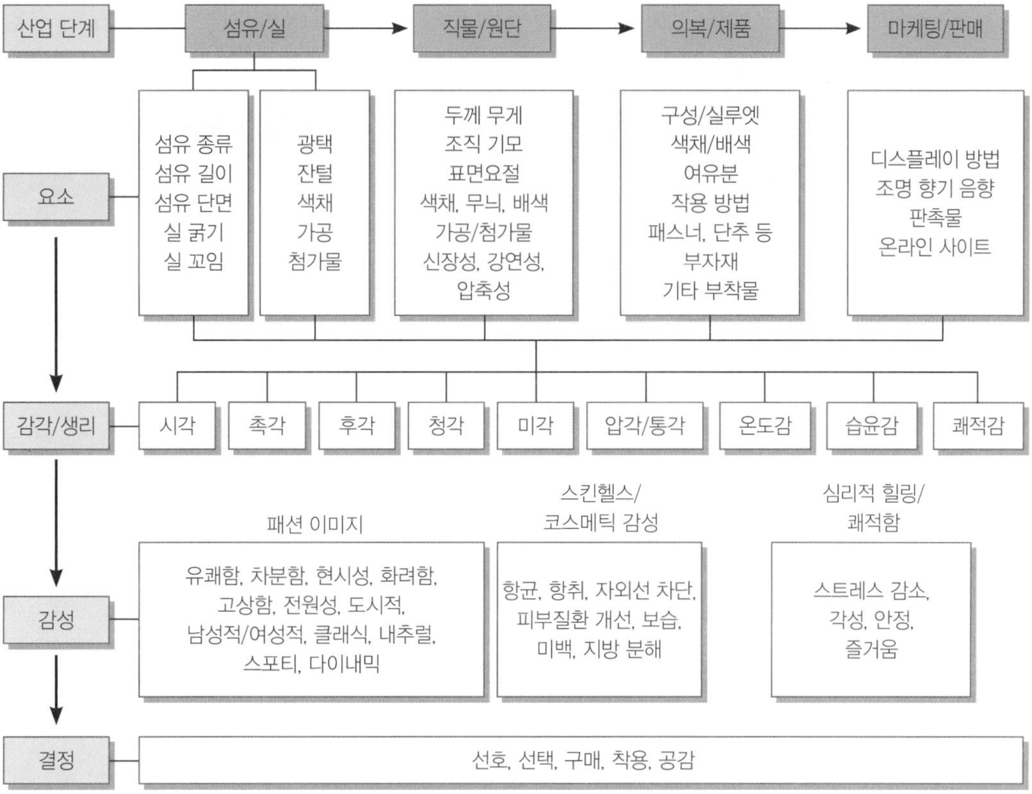

[그림 6-2] 의류산업 단계와 의류 감성 및 영향 요인

및 감성을 결정하는 데 공헌할 수 있다. 또한 의류로부터 유발되는 감각과 감성, 선택/선호의 태도는 서로 유기적으로 연결되어 상호 관계를 형성할 수 있다. 실제로는 많은 경우에 의류의 물리적 구성요소 각각이 단일 감각이나 단일 감성에만 영향을 주는 경우보다는 동시에 여러 감각과 감성을 결정하는 데 공헌을 한다. 또한 여러 감각들이 복합적으로 고차원의 감성을 결정하며, 단일 감각들이 상호 영향을 주고받을 수 있다. 따라서 감성 지향적 의류를 설계하기 위해서는 단일 감각자극 뿐 아니라 복합 감각자극에 의한 인간의 감성 인지 메커니즘을 이해하고 탐구할 필요가 있다.

인체가 외부 환경에 반응하는 다섯 가지 주요 감각에는 시각, 촉각, 후각, 청각, 미각이 포함된다. 기타 감각으로 압각, 온감 · 냉감, 통각, 근육의 심부감각, 내장 통각 등이 있다. 또한, 형태나 색채와 같은 시각적 요소에서 미각이나 후각, 청각 등의 다른 감각을 느끼는 공감각이 있다. 의류와 의류 관련 제품은 대부분 인체와 직접 접촉하거나 인체와 매우 가까운 공간에서 사용되기 때문에, 사용자는 의류로부터 다양한 심리적 감각들을 느낄 수 있다. 인체 · 자연친화 의류에서 인지할 수 있는 심리적 감성과 생리적 감성을 구체적으로 나타내면 [그림 6-3]과 같이 제안할 수 있다.

인체 · 자연친화 의류에서 심리적 감성을 구성하는 주요한 기본 감각에는 시각과 촉각, 후각을 들 수 있다. 인체 · 자연 친화 의류의 시각적 특성은 원료 섬유와 실의 구조적/물리적 성질에서 비롯되는 시각적 텍스처와 광택, 특유의 염색과 가공에 의한 색채에 의해 주로 결정된다. 특히 피부 건강에 기여하고 환경 오염을 줄일 수 있는 천연염료는 천연색소를 함유한 식물과 동물, 광물로부터 추출하여 사용하며, 염색한 의복을 착용한 사람에게 시각적인 편안함과 심리적인 안정을 부여하는 것으

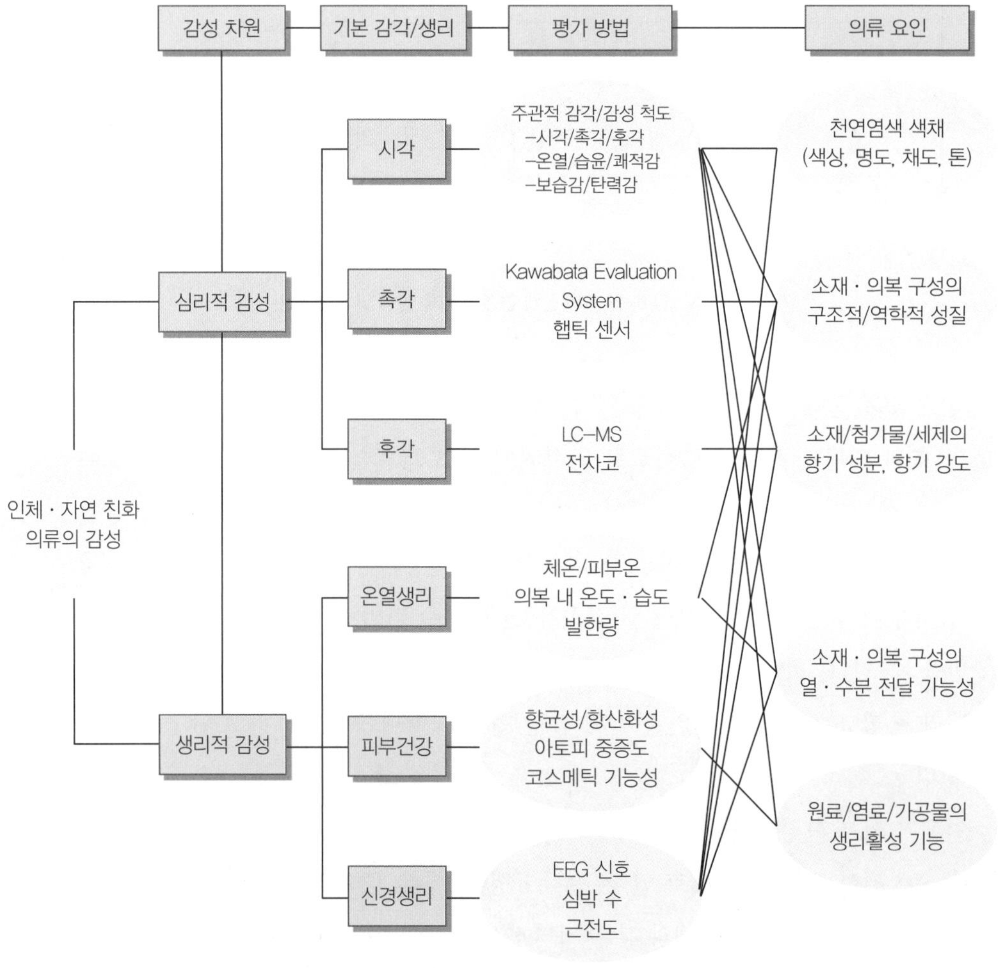

[그림 6-3] 인체 · 자연친화 의류의 감성 차원

로 알려져 있다(김재필 외, 2004). 자연친화적인 천연섬유인 면과 견, 양모와 라이어셀(lyocell), 케나프(Kenaf), 대나무 섬유 등 새로운 자연친화 섬유 소재에 의해 유발되는 시각적 텍스처를 사례로 들 수 있다. 즉, 천연섬유 소재로 구성된 의류와 패션제품에서 소재의 구조적 특성과 역학적 성질들은 표면을 만지거나 피부에 스쳤을 때에 느껴지는 촉감에 기여한다. 의류에서 촉각적 감성은 옷을 입거나 만졌을 때에 직물과 피부가 닿아서 생기는 감각이며, 기본적으로 소재의 역학적 성질에 의해 좌우된다고 알려져 있다. 이와 관련하여 촉각이 주된 부분을 차지하지만 촉각과 동시에 시각과 청각에 의해 동시에 종합적으로 판단되는 직물의 느낌은 태(fabric hand/handle)라고 한다. KES-FB (Kawabata Evaluation System for Fabric)은 직물의 촉감을 예측할 수 있는 6개의 대표적인 역학적 성질(인장, 굽힘, 전단, 압축, 표면, 두께와 무게)을 이용하여 직물의 일차적인 촉감과 태를 객관적으로 측정할 수 있도록 제안한 체계이다. KES-FB가 이론을 중심으로 사용되는 촉감 예측 시스템이라면, 미국의 ASTM(American Standard of Testing Methods)에서는 태를 예측할 수 있는 측정 가능한 물리적 성질로 강연성과 압축성, 신장성, 반발성, 밀도, 요철성, 마찰성, 온감 · 냉감을 제시하고 있다. 일반적으로 섬유 소재의 특성에 따라 태를 분류하면 silk-like, wool-like, leather-like, peach skin-like 등의 용어가 있다.

2. 인체 · 자연친화 의류의 심리적 감성

1) 천연염색 의류의 색채 감성

천연염색은 식물성과 동물성, 광물성 염료를 이용하여 식품과 화장물, 섬유 직물에 오랜 역사 동안 활용되어 왔다. 합성염료의 등장으로 천연염료는 수십 년 간 주목받지 못하였으나, 근래 들어 섬유 및 의류 소재의 친환경적 공정 방법 중의 하나로서 천연염색이 산업체와 연구 분야 모두에서 의미 있는 재조명을 받고 있다(Gupta, 2002). 천연염색은 구체적으로 환경 친화적인 동시에 항미생물성과 자외선 차단성 등 여러 가지 피부 건강에 기여하는 기능성도 함께 갖추고 있는 것으로 보고되고 있다. 따라서 염색 공정의 현대화와 염색 견뢰도 등 앞으로 해결해야 할 과제가 남아 있으나, 현재 염색화학 분야의 기술력 향상 속도를 가늠해 볼 때, 고부가가치를 지닌 인체 · 자연 친화 제품으로서 그 성장 가능성이 매우 크다. 이에 많은 선행 연구들(Kawahito et al., 2002; Montazer et al., 2004; Wakida et al., 1998)에 의해 전통 천연염색법의 과학적 재현과 염색성 및 견뢰도 향상, 항균성 등의 부가적 기능성을 부여하기 위한 노력들이 활발하게 이루어지고 있으며, 이러한 연구들은 천연염색의 기술적 향상을 목표로 진행되어 왔다. 또한, 천연염색 산업의 규모는 아직 소규모이지만, 천연염색 제품의 생분해성을 포함한 친환경성과 인체 친화성이라는 의미 있는 장점으로 인하여 천연염색 산업이 감성 제품 산업으로도 충분히 성장할 수 있는 가능성이 거론되고 있다. 인간의 오감 중에 60%는 시각이 받아들이며(양승무, 1999), 제품의 구매 의사 결정에는 시각 87%, 청각 7%, 촉각 3%, 후각 2%, 미각 1% 순으로 영향을 미친다(권오경, 김희은, 나영주, 2000). 또한 패션 제품의 이미지는 주로 색채와 소재, 형태에 의하여 결정되는데, 패션 직물에서는 색채의 영향력이 가장 큰 것으로 보고되고 있다(추선형, 2001). 따라서 천연염색 직물에서도 물리적인 색채 특성으로부터 최종 제품이 발휘할 수 있는 패션 이미지를 예측할 수 있을 것이다. 일반적으로 천연염색 색채는 합성염료로 발현된 색채와는 다르게 전통적이며 자연적인 수수한 이미지를 자아내며, 일반적인 색채에서 느껴지는 감성과는 차별된다(양영애, 이은주, 2010).

(1) 천연염색 색채의 감성 이미지 척도

패션 산업의 주요 트렌드 중의 하나인 '에콜로지(ecology)'는 최종 제품의 색채와 깊은 관련이 있으며, 천연염료로 염색한 패션 제품의 자연스러운 색채는 이러한 세계적 자연주의 트렌드에 부합할 수 있다. 디자인 분야에서는 색채의 이미지를 정량적으로 척도화하여 감성 이미지에 따라 색채들의 상대적 위치를 정의함으로써, 디자이너가 제품에 구현하고자 하는 원하는 색채 이미지의 제품을 구상할 때에 이를 적용할 수 있다. 디자인과 패션 분야에서 대표적으로 활용되는 색채 이미지 척도에는 일본 고바야시(Kobayashi)의 color image scale과 우리나라 IRI color image scale 등이 있다.

최근 몇 년간 천연염색 패션 소재의 색채 감성에 대해 관심과 중요성이 높아지면서 여러 연구들에서 다양한 천연염료를 대상으로 천연염색 패션 소재의 색채 감성

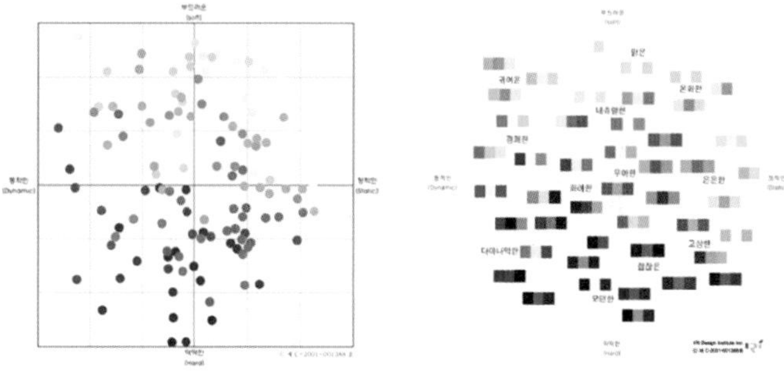

(a) I.R.I color image scale

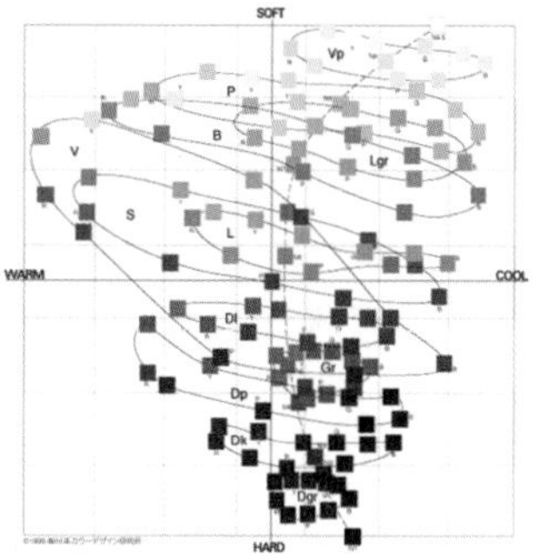

(b) Kobayashi color image scale

[그림 6-4] color image scale의 사례들

을 규명해 오고 있다. 이를 정리하여 황색과 청색, 녹색, 적색의 천연염색 색상들을 구현할 수 있는 천연 염재와 색채의 톤, 그리고 주관적 평가를 이용하여 규명한 대표적인 감성 이미지들을 〈표 6-2〉에 제시하였다.

〈표 6-2〉 천연염색 색상에 따른 대표적인 감성 이미지

색체	염료	톤	대표적 감성 어휘	컬러
청색계열	쪽, 치자청	Dull, Deep, Pale, Light	스포티한, 내추럴한, 도시적인	
녹색계열	생쪽, 치자청/치자황의 복합	Light Grayish, Dull, Grayish, Soft	편안한, 점잖은, 섬세한	
황색계열	괴화, 황벽, 치자, 울금, 양파, 홍화, 황토, 오배자, 빈랑자, 석류, 감	Dull, Soft, Light Grayish, Grayish, Vivid, Bright, Pale	명쾌한, 편안한, 활동적인, 품위 있는	
적색계열	랙, 홍화, 소목	Dull, Deep	유니크한, 매력적인, 편안한	

출처: 신주동, 최종명(2017); 양영애, 이은주(2010); 이은주(2014); 이은주(2016); 이은주, 최종명(2009); 최연주, 유효선, 권수애(2005)

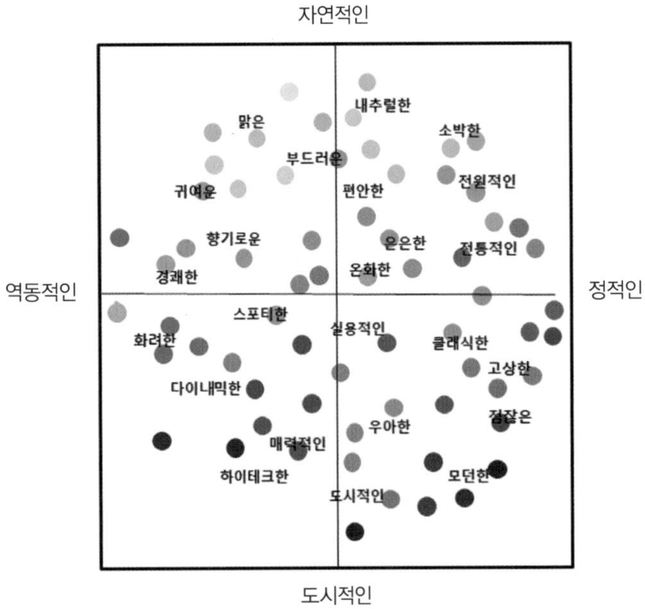

[그림 6-5] 천연염색 색채의 감성 이미지 척도

출처: 양영애, 이은주(2010)

천연염색은 합성염료와 달리 염재의 종류가 제한되어 발현 색채의 범위가 합성염료와는 구별되는 특성을 지니고 있으며, 일반적으로 황색계열과 적색계열의 색상이 가장 다양하게 발현된다고 알려져 있다. 또한 매염이나 기타 첨가물에 의하여 색채 특성에 변화를 얻을 수 있다. 이에 다양한 국내외 천연염색 견직물의 색상과 톤, 염료 및 매염 종류에 따라서 발현되는 색채감성 이미지 요인을 고찰하여 천연염색 견직물의 색채감성 이미지 척도를 구축하고자 하였다. 다양한 국내외 시판 천연염료로 단일 및 복합 염색을 실시하여 얻은 대표적인 66개 색채의 동일한 견직물을 대상으로 주관적 평가를 실시하였다. 연구 결과로서 추출된 색채감성 요인 중에서 '유쾌성'은 Blue와 Green, vivid와 bright의 색채이거나, 치자황과 치자청, 황토, 홍화씨로 염색, 또는 알루미늄으로 매염하였을 때 강하게 인지되었으며, '자연성'은 Purple Blue, light, light grayish, pale의 색채, 또는 빈랑자, 오배자로 염색하였을 때 높게 평가받았다. '현대성'은 Green, Blue Green, Blue의 색채에서, 염료로는 생쪽과 치자청, 철 매염시에 높은 평가를 받았으며, '매력성'은 Red, Red Purple, Purple과 dark, 염료로는 오배자, 랙, 꼭두서니, 매염제로는 알루미늄 또는 구리를 사용하였을 때 더 강하게 느껴지는 것을 알 수 있었다. 나아가 천연염색 견직물의 색채 특성과 감성 이미지 형용사 간의 관계에 의한 시각적 이미지 척도를 구축하였다([그림 6-5] 참조). 이러한 색채 이미지 척도는 색채감성을 지향하여 디자인하는 천연염색 직물 및 의류 제품을 기획할 때에 활용할 수 있다.

(2) 제주 갈천의 색채감성에 대한 비교문화적 사례

갈천은 제주도에서 전통적으로 천연 감물을 염색한 천을 일컫는 용어로서 7~8월의 풋감을 으깨어 짜낸 즙에 광목 등을 담가 발로 밟거나 손으로 주물러 감 즙이 광목 등에 잘 스며들도록 하여 염색한다. 감 즙이 베인 천을 햇볕에 말리면, 감 즙 속의 탄닌 성분에 의해 갈색의 짙은 톤의 색채가 발현된다고 알려져 있다. 갈천의 색채는 일반적으로 Yellow Red 계열이며, grayish 또는 dull 톤을 띠고 있다. 갈천은 특유의 빳빳하고 질긴 감촉과 물을 튕겨 내는 발수성, 체취와 땀 냄새를 줄여 주는 소취성과 균의 번식을 억제하는 항균성 등의 피부 건강 기능성을 포함한 인체 친화성을 지닌 천연염색 소재로 알려져 있을 뿐 아니라, 갈천의 고유한 적갈색 계통의 색채는 최근 들어 패션 전문가들의 관심을 받으며 매력적인 색채로 재인식되고 있다. 갈천의 색채 범위는 한정되어 있으나, 최근 천연염색 산업체에서는 염색 횟수와 매염에 의한 색채의 다양성을 꾀하고 있다. 또한 제주도를 비롯한 우리나라를 방문하는 외국 관광객의 수가 급증하면서, 우리나라 고유의 천연염색 제품을 글로벌 문화상품으로 키워야 할 필요가 절실하게 높아지고 있다. 이에 여기서는 제주 전통 갈천의 색채 감성을 한국인과 미국인을 대상으로 비교문화 관점에서 분석한 연구 사례(Yi & Shamey, 2015)를 살펴보고자한다.

[그림 6-6] 제주 갈천을 만드는 과정과 염색한 셔츠를 말리는 모습

출처: The Jeju Weekly(2009)

갈천 제작에 사용된 감물의 농도를 조절하여 7단계의 농담이 다른 색채의 갈천과 이에 철 매염을 적용하여 채도를 낮추고 어두운 색채로 조절한 또 다른 7단계 색채의 갈천을 포함한 14개의 서로 다른 색채의 갈천을 준비하였다. 같은 해에 미국과 한국을 각각 대상으로 20대의 섬유 · 패션 전공 여대생 집단을 대상으로 준비한 갈천의 색채에 대하여 −3에서 +3까지의 의미미분척도(Semantic Differential Scale: SDS)을 사용하여 시각적 평가를 실시하였다. 한국 대학생과 미국 대학생들은 옅은 농도의 갈천 색채를 제외하고는 대부분의 갈천 색채에서 '에스닉' 이미

[그림 6-7] 색채 감성의 주관적 평가

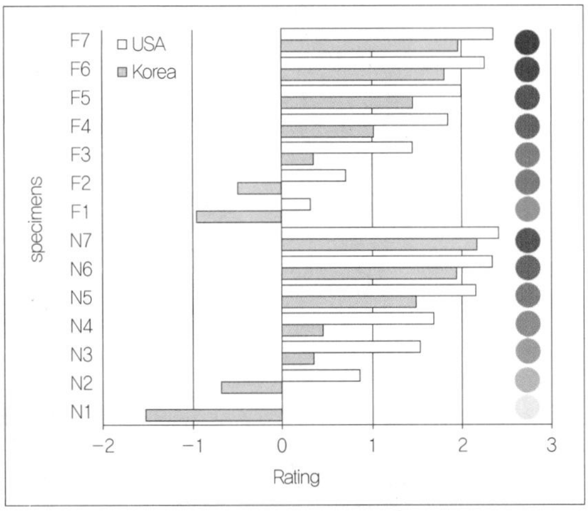

(a) 패션 이미지 '에스닉'

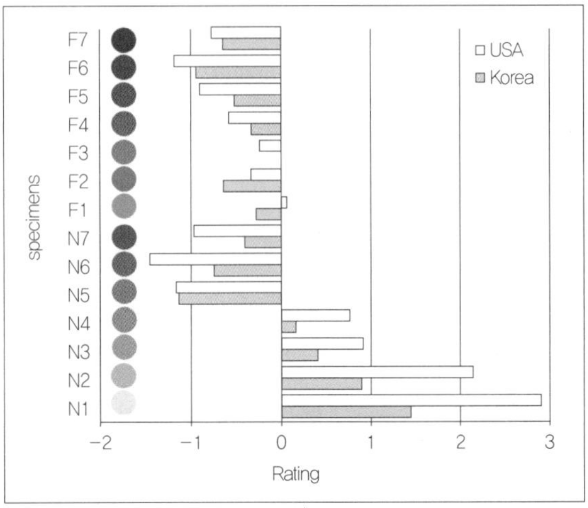

(b) 패션 이미지 '엘레강스'

[그림 6-8] 한국인과 미국인을 대상으로 한 갈천 색채에 따른 패션 이미지 평가

출처: Yi & Shamey (2017)

지를 느낀다고 답하였으며, 이는 감물의 농도가 진할수록 강하게 느끼는 것으로 나타났다. 반면, 패션 이미지 '엘레강스'는 농도가 진한 감물로 염색한 갈천이나 철 매염한 갈천에서는 긍정적으로 느끼지 못하였으나, 감물 농도가 연한 무매염 갈천에서는 '엘레강스' 패션 제품을 제작하기 위해서 사용할 수 있다고 응답하였다. 일반적으로 갈천은 천연 염색의 일종으로 제주의 전통 소재로 알려져 있어서 에스닉한 이미지를 나타낸다는 응답이 많았으나, 옅은 농도의 감물로 염색한 갈천은 엘레강스한 이미지를 지향하는 현대적인 패션 제품에도 활용할 수 있는 가능성이 충분히 있음을 알 수 있다.

한편, 동일한 갈천 소재 14종에 대해서 한국 대학생과 미국 대학생의 선호도를 조사하였다. 전통적으로 가장 널리 쓰여 왔던 갈천의 색채는 특이하게도 미국 대학생과 한국 대학생 집단 모두가 가장 덜 선호하는 갈천 색채인 것으로 나타났다. 반면, 철 매염을 하여 채도를 낮추고 어둡게 하거나, 감물의 농도를 옅게 하여 상대적으로 연하고 밝은 톤을 발현한 갈천 색채에 대한 선호도는 양국 대학생 모두가 더 높게 나타났다. 즉, 갈천 색채에 대한 선호도는 양국 모두 표면 색채의 명도에 따라 영향을 받으며, 명도 변화에 따라 정량적으로 설명될 수 있었다.

일반적으로 색채 감성은 세 가지 주요한 물리적 색채 특성, 즉 색상과 명도, 채도에 의해 영향을 받는데, 이들 색채 특성은 CIE 또는 먼셀 등의 색체계에 따라 다르게 정의되기도 하지만, 인간의 색채감성을 설명할 수 있는 주요 변수로 활용이 가능하다. 제주의 전통 염색 소재의 색채 선호도 또한 색채의 물리적 성질인 명도(색의 밝기)에 의해 정량적으로 해석될 수 있었다. 즉, 자연친화적인 천연염색 소재이면서 피부 건강에 도움을 줄 수 있는 인체 친화적인 갈천의 색채의 물리적 성질을 토대로 인간의 감성을 정량적으로 해석한 감성과학적 분석으로 글로벌 패션산업에 활용할 수 있는 데이터를 제공해 준 사례이다.

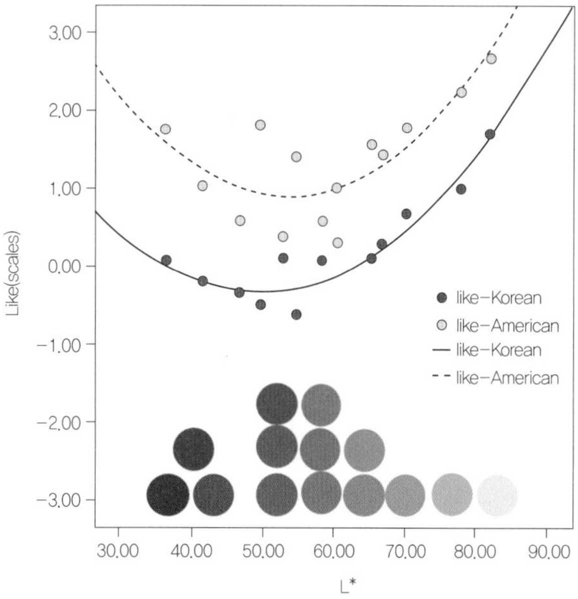

[그림 6-9] 갈천 색채의 명도에 따른 한국인 · 미국인의 선호도
출처: Yi & Shamey (2015)

2) 코스메틱 섬유 소재의 후각 감성

의복의 후각적 감성은 천의 향기나 냄새로부터 느낄 수 있다. 마이크로캡슐레이션(microcapsulation)을 이용한 방향 가공이나 나쁜 냄새를 제거할 수 있는 소취 가공을 통하여 후각적 쾌적성을 적극적으로 의류에 부여하기도 한다. 의복의 후각적 쾌적성은 초기에 소취 기능을 중심으로 연구되었으나, 근래에 이르러 소비자가 의류 소재로부터 보다 감각적인 성능을 요구하는 추세를 보이고 있다. 이에 적극적인 후각적 쾌적성을 의류 소재에 부여하기 위한 여러 가지 방향 가공 기술이 활발히 개발되어 연구되고 있다.

최근 정부의 중점 육성 6대 섬유제품에 고감성 섬유소재가 포함되었으며('섬유산업 르네상스를 위한 중장기 발전전략' 한국산업기술진흥원 Issue Paper 2011-14), 현재 섬유의류산업은 고기능 · 고감성 지향의 제품 개발과 마케팅에 주력하고 있다. 실제로 국내외 연구 개발 동향을 살펴보면, 천연물의 감성과 기능성을 융합한 섬유패션 소재의 개발과 평가가 화두가 되고 있는데, 특히 섬유패션과 타 산업 간의 협업과 기능 · 감성의 상호 지원이 주목받고 있다. 이 중 대표적인 제품의 콘셉트가 코스메틱 텍스타일(cosmetic textile), 코스메틱 아트(cosmetic art), 아로마 힐링 텍스타일(aroma healing textile)이라는 명칭으로 불리우는 섬유패션과 코스메틱의 융합이다. 코스메틱과 섬유패션의 융합은 전통적인 럭셔리 브랜드들의 마케팅 전략과 제품 연계를 통하여 이미 소비 시장에서 신뢰를 얻은 협업 형태의 하나지만, 최근 고부가가치 제품으로 관심받는 코스메틱 텍스타일과 아로마 힐링 텍스타일은 화장품의 생리적 기능성인 보습과 항균, 탄력성 등과 감각적 성능인 향기, 아로마테라피 등을 섬유패션이라는 입는 형태인 제품에 적용한 사례이다. 이러한 제품들은 주로 천연물 유래 유효성분을 활용하므로, 천연염색에 의해 발현되는 색채와 아로마 오일에 의한 향기, 피부 접촉감을 포함한 다양한 감성적 요소가 존재하는 고감성 제품이다.

섬유의 방향 가공 기술을 이용하여 향기를 부여한 섬유 소재를 이용하여 향기와 인간 감성의 관련을 연구한 사례들을 살펴보면 다음과 같다. 향 물질이 혼입된 폴리프로필렌(polypropylene: PP)을 심물질로 하는 폴리락틱산(polylactic Acid: PLA)을 대상으로 섬유 소재의 향기 종류와 농도, 소재의 색채를 변인으로 하여 90명의 소비자에게 주관적 평가를 실시한 연구(Liu, Tovia, & Pierce, 2009)에서는, 실험 소재로 제작한 향기 스카프에 대한 소비자 반응이 우호적이었으며, 스카프에서 방출되는 향기는 소비자의 주관적인 '즐거움(pleasantness)' '분위기 (mood)' '흥미 (interest)'에 긍정적인 영향을 발휘할 수 있음을 보고하였다. 이러한 연구 결과는 최근에 들어 국내외적으로 사람들이 일상생활에서 점점 향기를 중요하게 생각하는 경향이 커지고 있으며, 따라서 종래의 일반적인 향수 제품뿐 아니라 방향제와 향초, 섬유용 향수 등 향 관련 제품을 다루는 산업의 규모가 점차 성장하고 있는 배경과도 연관된다.

그러나 섬유 소재와 의류패션의 후각 감성에 대한 평가와 분석은 아직 체계적으로 이루어지지 않고 있는 단계이다. 인체 친화성이 우수한 사이클로덱스트린(β-cyclodextrin)을 벽물질로 하여 천연 오일을 담지한 마이크로캡슐로 가공한 직물의 향기 방출성에 대해서 고찰한 초기 연구(Wang & Chen, 2005)에서 라벤더와 레몬의 오일에 비하여 로즈마리, 재스민, 샌달우드의 오일이 더 오랫동안 방출되었음을 UV-spectrophotomer를 이용하여 확인하였는데, 이는 10명의 훈련된 향기 전문가의 주관적 후각 평가에서의 결과와 거의 일치하는 경향을 보였다. 그러나 향기를 방출하는 천연 정유를 처리한 직물 소재에 대하여 마찰과 세탁을 포함한 실제적인 제품 사용 변인을 적용하여 향기 방출 특성을 객관적으로 기기분석하고 주관적 감각과의 관계를 고찰할 필요가 대두되고 있다.

천연오일이 함유된 마이크로캡슐을 표면에 부착 가공한 패션 소재의 향기에 대한 주관적인 감성을 객관적인 기기분석 결과와 연관시켜서 분석한 사례가 있다. 감귤 등의 과육에서 추출한 식물성 에센셜 오일은 산뜻한 향기뿐 아니라 항산화성과 항균성, 보습성 등 피부 건강 기능성이 입증되어 화장품 역할을 할 수 있는 코스메틱 텍스타일에 활용할 수 있을 것으로 기대되었다. 이에 국내산 감귤에서 추출한 에센셜 오일을 직경 2~3μm 의 마이크로캡슐로 봉합하고 이를 면직물의 표면에 부착하는 가공을 이용하여 코스메틱 텍스타일의 개발을 시도하였다(노봉수, 이은주,

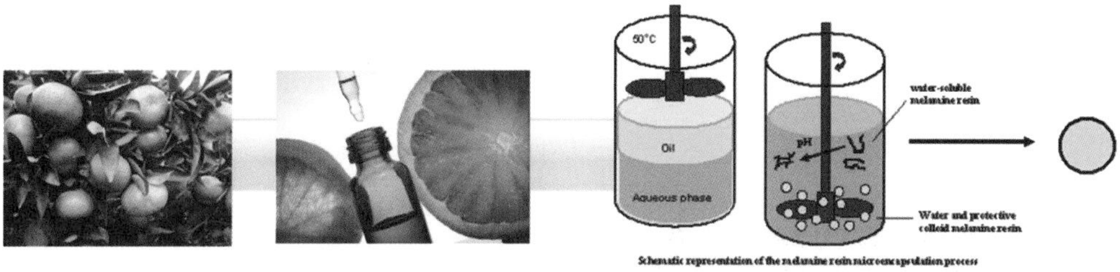

감귤 오일을 함유하는 마이크로캡슐 제조

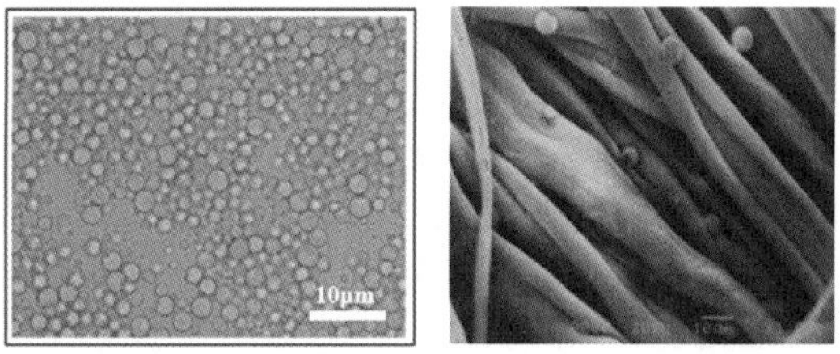

감귤 오일을 함유하는 마이크로캡슐과 이를 가공한 직물 표면 상태

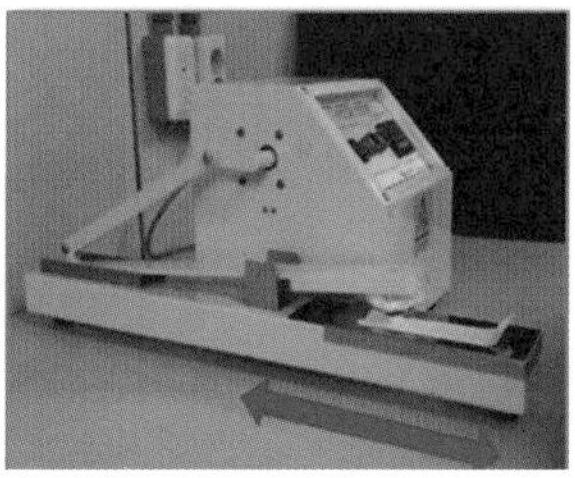
직물 마찰기기를 이용한 향기 발생

후각감각 척도를 활용한 주관적인 향기감성 평가

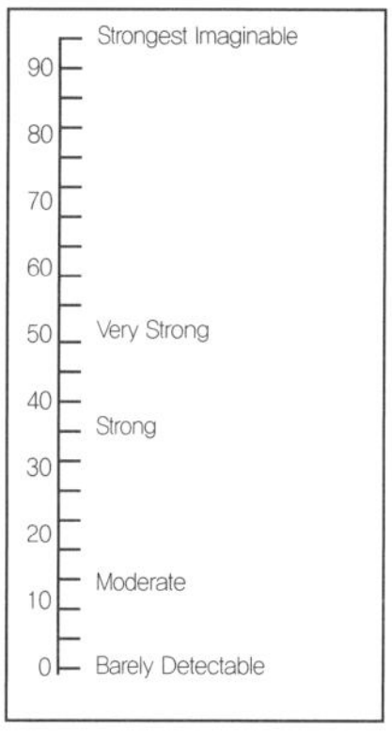

[그림 6-10] 감귤 오일 함유 마이크로캡슐 가공 직물의 향기감성 평가

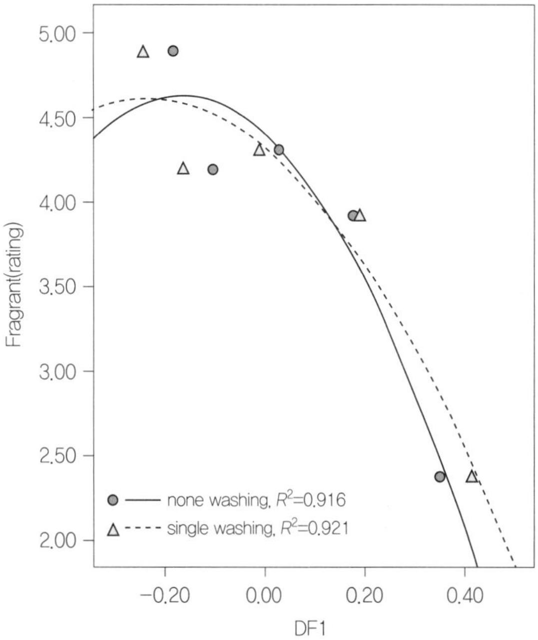

[그림 6-11] 온주밀감 정유를 함유한 마이크로캡슐로 가공한 섬유 소재의 향기에 대한 전자코의 판별함수와 주관적 감성 '향기롭다'의 상관관계

출처: 노봉수, 이은주(2016)

2016). [그림 6-10]에서 알 수 있듯이, 감귤 오일을 함유한 마이크로캡슐의 향기는 직물의 마찰과 압박에 의해 파괴되면서 오일이 방출되어 나오는 메커니즘을 가지므로, 직물 마찰기기를 이용하여 향기의 객관적 방출을 유도하였다. 캡슐이 파괴된 직후에 향기감성 평가의 참여자에게 그 향기를 맡도록 하고 준비된 향기감성 척도의 설문지로 다양한 감성의 정도를 응답하도록 하였다.

또한, 천연오일을 담지한 향기 마이크로캡슐로 가공한 섬유패션 소재의 감성에 대하여 향기 정유를 함유한 마이크로캡슐로 가공한 섬유 소재는 향기가 상대적으로 강하지 않으며, 마이크로캡슐에서 방출되는 향기의 미세한 휘발 성분 변화를 판별하기 위해서는 전자코를 이용한 분석이 유용할 것으로 기대되었다. 이에 질량분석기가 연결된 전자코를 이용하여 온주밀감 정유가 함유된 마이크로캡슐로 처리한 면직물의 방출 향기의 패턴을 전자코로 분석하고 이를 주관적 감각과의 상관성을 파악해 본 결과, [그림 6-11]과 같은 의미 있는 상관성을 얻었다. 즉, 전자코 분석의 판별함수와 '향기롭다'과 높은 상관성을 보임으로써, 온주밀감 정유의 마이크로캡슐로 가공한 직물의 마찰에 따른 향기감성을 객관적으로 예측할 수 있을 것으로 판단되었다.

향기감성은 색채와 연관성이 많음이 이미 알려져 있으며, 색채는 섬유와 패션 소재에서 매우 중요한 역할을 한다. 따라서 향기감성 평가에 이용한 직물의 색채를 흰색(White)과 연두색(Green Yellow), 보라색(Red Purple)의 세 가지로 달리함으로써, 직물 표면 색채가 주관적인 향기감성에 어떠한 영향을 미치는지를 고찰하였다(Lee et al., 2018). 흰색의 향기 직물은 다른 두 종류의 유채색 향기 직물에 비하여 '편안한(comfort)'과 '내추럴한(natural)'의 감성이 다소 높았으나, 통계적으로 유의한 차이는 없었다. 그러나 '달콤한(sweet)'과 '상쾌한(fresh)' '강한(strong)'의 향기감성에 대해서

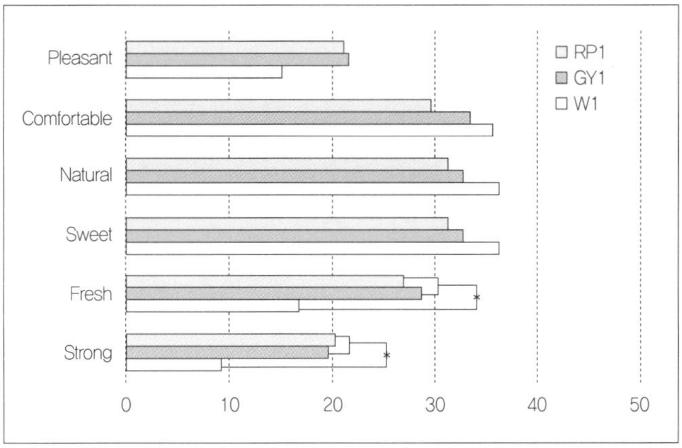

(a) 약한 강도의 향기(1회 마찰)

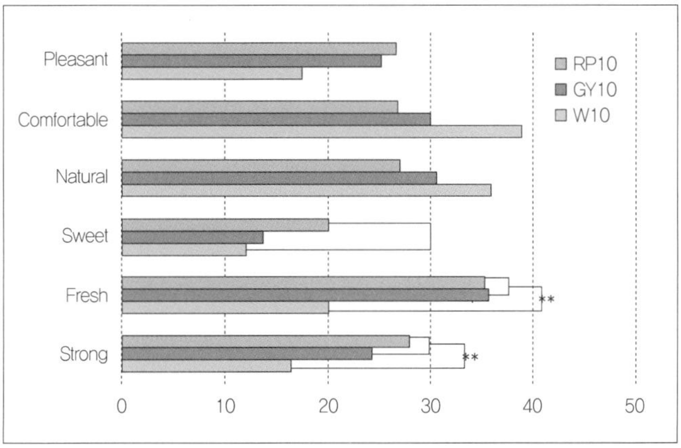

(b) 강한 강도의 향기(10회 마찰)

[그림 6-12] 감귤 오일 마이크로캡슐을 가공한 직물에 대한 주관적 향기감성

출처: Lee et al. (2018)

는 연두색과 보라색의 유채색 직물이 흰색의 직물보다 더 강하게 인지되는 것으로 나타났다. 따라서 직물의 색채는 에센셜 오일로부터 발생하는 향기에 대한 심리적 효과에 영향을 주고 있음이 확인되었다.

코스메틱 텍스타일은 피부생리활성 기능이 있는 천연 물질을 패션 소재에 적용함으로써 입는 화장품 기능을 기대하는 인체 친화적 의류의 대표적인 소재이다. 특히 이때 활용하는 천연 물질이 방향성 에센셜 오일인 경우에는 향기라는 심리적 감성도 함께 유발할 수 있으므로, 의류 착용자의 후각적 감성을 분석하고 이를 특성화함으로써 감성 지향 코스메틱 텍스타일의 디자인에 활용할 수 있을 것이다.

3. 인체 · 자연친화 의류의 생리적 감성

1) 제주 갈옷의 온열생리적 감성

의류의 온열생리적 감성은 의복 착용자의 열적 쾌적성과 관련되며, 착용자가 느끼는 온감 · 냉감과 습윤감, 접촉 온감 · 냉감에서 비롯된다. 온감 · 냉감은 일반적으로 덥다, 따뜻하다, 춥다, 뜨겁다, 차갑다 등의 감각을 말하는데, 온감 · 냉감은 인간이 나체일 때와 옷을 입었을 때 모두에서 열적인 쾌적성과 매우 높은 상관성이 있다고 알려져 있으며, 구체적으로 온감 · 냉감 척도에서 '덥지도 춥지도 않은' 중립 상태일 때에 열적 쾌적성은 가장 최적을 보인다. 습윤감은 의류 소재의 축축한 느낌을 말하는데, 무덥다, 끈적거린다, 축축하다, 건조하다 등의 표현을 사용한다. 습윤감은 특히 고온다습한 환경에서 소재의 특성에 따라 차이가 크게 나타나는데, 즉 체온의 상승으로 인체 피부에서 생성된 땀이 의류 소재를 통하여 원활하게 외부로 방출되거나 기류 등의 작용으로 증발되는 정도에 의해 영향을 받게 된다.

의복을 착용하였을 때에 사람이 느끼는 온감 · 냉감과 관련된 의복 소재의 열 전달 물성에는 함기성, 통기성, 보온성 등이 있다. 통기성은 가장 미세한 규모에서는 섬유 안의 작은 기공(pore)이나 섬유와 섬유 사이의 공간, 실과 실 사이의 공간, 그리고 직물 층 사이에 생길 수 있는 다양한 공간들을 통하여 공기가 이동하는 성질을 말하는데, 통기성이 우수할수록 더운 여름에 착용 시 바람이 불 때 시원하다고 느끼게 된다. 습윤감에 영향을 주는 소재의 수분 전달 물성에는 흡습성, 흡수성, 투습성, 발수성 등이 포함된다. 이들은 의복 소재가 전달하는 수분의 상태가 액체인지 기체인지에 따라 다시 나눌 수 있다. 기체 상태의 수분을 전달하는 성질에는 대표적으로 투습성이 있는데, 이는 직물을 사이에 두고 인체와 접한 공간과 바깥 환경과 접한 두 공간의 수증기압 차이로 인해 수증기압이 높은 쪽에서 낮은 쪽으로 수증기 이동이 이루어지는 성질이다. 역시 기체 상태의 수분과 관련하여서는 환경과 직물 사이의 수증기압 차이로 인하여 직물이 흡수한 수분을 평가할 수 있는 흡습성이 있다. 또한 전달되는 수분이 액체 상태일 경우에는 흡수량과 흡수 속도가 있는데, 땀을 많이 흘리는 조건에서는 액체 상태의 땀이 원활하게 의복 소재를 통해 외기로 방출되어야 쾌적감이 증진되어 온열생리적 감성이 개선될 수 있다. 특히 흡수 속도는 의복 소재에서 일어날 수 있는 여러 유형의 모세관 작용과 관련이 있는데, 이는 섬유의 종류와 직물의 표면 특성, 구조적 특성 등에 의해 영향을 받는다.

천연염색 의류는 사용하는 염료에 따라 기능성이 다양하게 발현되는데, 특히 감물과 숯, 황토를 염재로 사용한 의류는 착용자의 온열생리적 감성에도 영향을 줄 수 있다고 보고되고 있다. 제주에서 전통적으로 노동복으로서 사용되었던 갈옷은 땀이 많이 나는 여름철 작업 시에도 몸에 달라붙지 않아 일하기 좋고 땀이나 물이 묻은 것을 그냥 두어도 쉽게 썩지 않고 땀 냄새가 나지 않았다고 한다(안수민, 2014). 노동복은 어떤 의복보다도 온열생리적 착용 성능이 중요하므로 감물 염색한 갈옷의 온열생리적 감성은 갈옷의 가장 우선적인 장점이라 할 수 있다. 예를 들어, 감물 염색을 함으로써 감물이 인접한 섬유와 섬유, 실과 실을 잡아당겨서 일부 직물 표면의 공간을 확대시킴으로써 통기성이 향상되므로 여름철에 착용하면 시원함을 느낄 수 있다. 또한 감물로 염색하면 직물 표면 코팅의 효과가 있어서 비를 맞아도 비가 잘 스며들지 않는다고 전해진다. 또한 직물 소재가 다소 뻣뻣해지므로 땀이 나도 달라붙지 않아 착용감이 쾌적하다고 알려져 있다.

[그림 6-13] 전통 생활 노동복으로서의 제주 갈옷
출처: 윤철수(2008)

의복의 온열생리적 착용 성능은 착용 시 의복 내 온도 · 습도와 피부온, 그리고 온열감과 습윤감, 쾌적감 등 착용감을 관찰하여 평가할 수 있다. 또한, 더운 환경에서 착용하는 의복은 땀의 발생량과 의복의 땀 흡수량 등을 평가하는 것이 중요하다. 갈옷의 온열생리적 착용 성능을 평가한 연구 사례로서 면직물로 제작한 미염색 의복과 감물로 염색한 갈옷을 통기 및 환기의 차이를 두기 위해 의복 구성 측면에서 개방형과 패쇄형으로 각각 구분하고 온열생리적 착용 성능을 평가한 실험이 있으며, 스포츠 의류로서의 갈옷의 착용 성능을 탐색하기 위하여 감물 염색한 면 니트 티셔츠의 수분 전달 착용 성능을 평가한 실험이 있다.

첫 번째 연구(박순자, 손의교, 1999)는 인공기후실에서 미염색 의복과 갈옷을 피험자에게 착용시킨 후 트래드밀의 운동을 통해 직장온, 의복 내 온도 · 습도와 국소 발

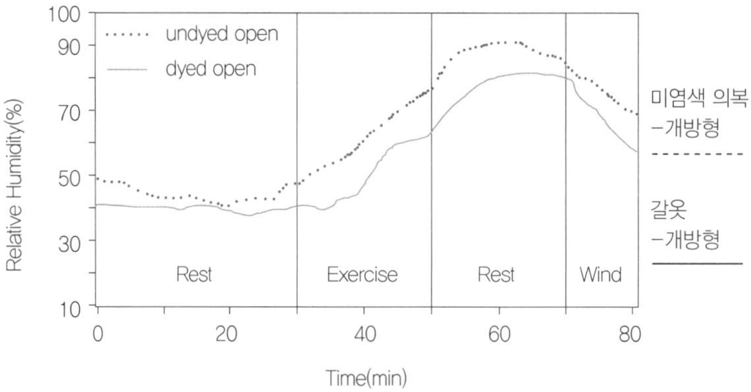

[그림 6-14] 갈옷과 미염색 의복 착용 시 의복 내 온도의 차이

출처: 박순자, 손의교(1999)

한량 및 주관적 착용감을 측정하였는데, 의복 내 온도를 측정하였더니 미염색 의복 착용 시보다 갈옷을 착용하였을 때 가슴과 등에서 낮은 경향이 나타났으나, 운동 단계별로 서로 다른 양상을 나타내어서 격렬한 운동으로 의복 내 온도가 높이 상승할 경우에는 감물 염색으로 인하여 의복 내 온도가 반드시 더 낮아진다고는 할 수 없었다. 한편, 의복 내 습도에 있어서는 전반적으로 갈옷을 착용하고 서열 환경에서 운동을 하는 경우, 의복 내 습도는 감물 염색으로 인한 통기성의 증가로 초기 안정 시와 운동 초기에 미염색 의복보다 낮게 됨을 알 수 있다. 그러나 운동의 심한 정도와 환경 조건에 따라 결과가 달라질 수 있으므로, 여러 가지 용도별 환경별로 갈옷의 의복 내 온도 · 습도를 고찰할 필요가 있다.

두 번째 연구 사례(Yi, Kim, & Park, 2007)에서는 감물 염색을 한 면 저지 티셔츠를 착용하고 격렬한 운동을 하였을 때에 착용자의 등 부위의 국소 발한량과 티셔츠에 흡수된 땀 흡수량을 측정한 결과를 제시하였다([그림 6-15] 참조). 미염색 티셔츠에 비하여 감물 염색 티셔츠를 착용하고 격렬한 운동을 하였을 때에 등 부위의 국소 발한량이 훨씬 적다는 것을 알 수 있다. 따라서 감물 염색 티셔츠를 착용하였을 때 미염색 티셔츠를 착용하였을 때보다 발한량이 감소하였다는 결과는 감물 염색 티셔츠를 착용하면 격렬한 운동 시에 체온 상승의 정도가 덜하여 체온 조절을 위한 발한의 양 또한 적었을 것으로 추측할 수 있다. 또한 미염색 티셔츠보다 감물 염색 티셔츠의 땀 흡수량이 더 많다는 결과가 나왔는데, 이는 감물 염색 티셔츠를 착용하였을 때 인체에서 발생하는 발한량은 더 적으나 감 즙의 친수성으로 인하여 흡수한 땀의 절대량은 더 많다는 해석이 가능하다.

2) 천연물 가공 의류의 피부건강 생리적 감성

최근 들어 인체 친화성이 우수한 천연고분자 및 천연 추출물을 이용한 건강 의류 소재에 대한 연구 개발이 활발히 진행되고 있다. 특히 의류는 피부와 직접 닿고 있으므로, 이러한 천연물질을 이용한 피부 보호와 상처 치료 기능성 소재가 소비자의 호응을 얻고 있다. 콜라겐, 키토산, 인지질 폴리머 등의 천연 고분자물질과 비타민 C, E의 비타민류, 스쿠알렌, 알로에, 쑥 추출물, 감 추출물 등의 천연 추출물 등이 주목받고 있으며, 알지네이트(alginate) 등은 상처 치료용 소재에 적용되고 있는 대표적인 천연물질이다. 전통 염색에 사용되어 온 천연물의 염색성과 항균성을 함께 고찰하는 연구들도 계속 보고되고 있는데, 천연염색 의류의 기능성으로 가장 활발히 부각되고 있는 것이 피부 건강 생리적 감성이라고 할 수 있다. 이는 천연염색에 쓰이는 염재 자체가 대부분 한의학에서 약재로 쓰여 왔던 것이 대부분이기 때문이다. 천연염색에 사용되는 염재들의 약리학적 성능들은 여러 가지가 있지만, 의복이 피부와 가장 밀접한 거리에 있다는 점을 고려하면, 천연염색 의류에서는 이러한 약재들의 피부 건강 쾌적성이 가장 중요하다고 하겠다. 예를 들어, 황색 염료로 대표적인 치자는 소염제로서 해독작용을 한다. 치자는 열독으로 피부가 헐었을 때, 또는 뼈가 삐거나 피부가 부었을 때, 밀가루와 반죽하여 붙여 왔다. 또 다른 황색 염료인 황벽은 방충성이 있어서 예로부터 서책의 종이를 염색하여 곰팡이나 좀 벌레의 해를 막아 왔는데, 이는 황벽에 있는 베르베린(berberine)이라는 화학물질이 살균작용을 하기 때문이다. 또한 전라도 지방에서는 피부에 부스럼이 생기면 쪽 염색한 옷을 입었으며, 상처에는 쪽 즙을 발라 왔다. 조선시대 의병들은 쪽 염색 속옷을 입어 피부

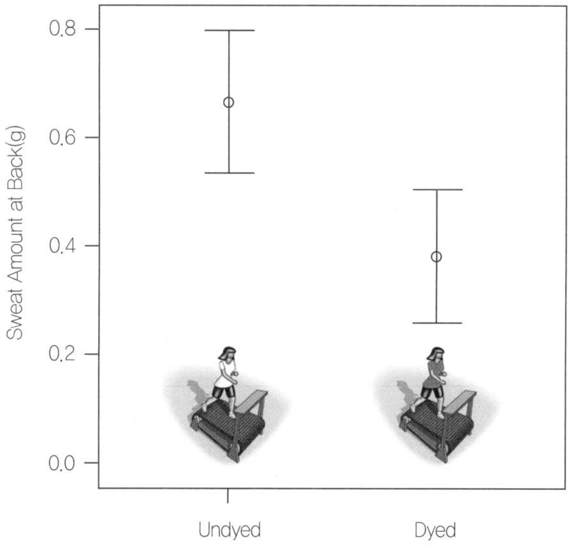

[그림 6-15] 감물 티셔츠와 미염색 티셔츠 착용 시 등 부위의 발한량
출처: Yi, Kim, & Park (2007)

염 예방과 부상 시 2차 감염을 방지하고자 하였다. 미국 서부 개척 시대에 데님 천에 천연 인디고를 염색한 블루진을 즐겨 입은 것도 거친 자연환경에서 인디고의 방충성이 뱀이나 독충의 침입을 막아 주고 말을 탈 때도 엉덩이가 짓무르지 않았기 때문이다. 이와 같이 한방이나 민간에서 전래되어 오는 천연염료 약재들의 피부 건강 생리적 쾌적성에 기초하여, 현재 천연염료로 염색한 각종 의류용 직물들의 항균성이나 피부질환 개선 기능성을 확인하는 연구와 제품 개발이 활발히 진행되고 있다. 이때 감성과학적 연구방법으로 착용자의 생리적 반응을 객관적으로 고찰하여 천연염료 의류의 피부 건강 생리적 감성을 규명하는 노력이 필요하다.

당유자는 제주에서 왕귤 또는 뎅유지라고 불리며, 인체에 기능성을 가진 여러 물질을 함유하고 있어 당유자 추출물을 이용한 실험에서 항바이러스 및 항산화 효과와 염증 억제 효과가 있음이 밝혀져서(이혜자 외, 2006), 여러 건강보호 기능성 제품에 적용할 수 있음을 시사하고 있다. 제주도에서 재배되고 있는 당유자 미숙과를 여름에 채집하여 추출한 염료를 면직물에 염색하고 이를 의복으로 제작하여 착용한 아토피 환자 아동의 아토피 개선 성능을 고찰한 보고가 있다(Yi et al., 2010). 당유자 미숙과 추출물로 염색한 면 편성물로 내의를 제작하고 아토피 피부염이 평균 중증도 이상인 만 4세의 남자 쌍생아를 대상으로 2개월에 걸친 착용 실험을 실시하였다. 처음 4주간은 염색 내의를 착용하지 않은 채 평소와 동일한 의복 습관과 약물 투여를 실시하였고, 다음 4주간은 염색 내의 3벌을 번갈아 24시간 착용하면서 기타 의복 습관과 생활환경 및 약물 치료 등의 여러 조건을 앞의 4주와 동일하게 설정하였다. 아토피 피부염의 완화 기능성은 1주일 간격으로 아토피 피부염 중증도 지수(Scoring Atopic Dermatitis: SCORAD)로 전문의의 소견을 바탕으로 평가하였다. SCORAD는 두피와 안면, 체간의 앞면 · 뒤면, 상지, 하지, 손, 음낭부위 등의 홍반과 부종, 삼출, 가피 찰상 등에 대한 객관적 육안 판정 점수와 평가 3일 전부터의

SCORAD = A/5 + 7(B/2) + C

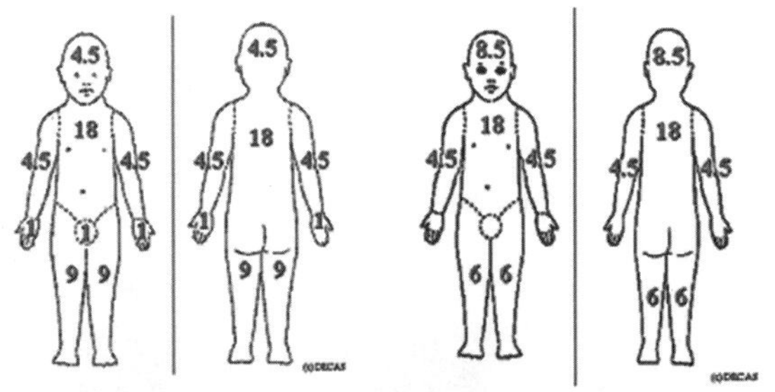

A = 'Rule of 9'에 의한 병변의 범위를 1~100%로 측정
B = 병변의 중증 점수를 홍반, 부종, 삼출, 혹은 가피찰상, 태선화 및 피부건조에 대하여 0~3점으로 평가
C = 소양감과 수면 장애에 대한 주관적 평가로 0~10점으로 평가

[그림 6-16] 아토피 중증도 평가 점수 SCORAD

수면 장애 등에 대한 주관적 평가 점수를 기초로 계산한다.

SCORAD는 염색 내의 착용전 4주간 평균 점수가 쌍생아 피험자 1과 2가 각각 52.37과 66.62였으나, 염색 내의를 착용하는 착용기로 들어서면서 두 피험자 모두 SCORAD가 급격히 감소하는 양상을 나타내어 두 피험자의 평균이 각각 35.89와 41.24로 미착용기와 비교하여 매우 낮게 나타났다. 이는 착용 전에 비하여 착용 후에 SCORAD의 평균 값이 두 명의 쌍생아 피험자 각각 31%와 38% 감소한 것으로 해석된다. 또한 육안 판정에 의한 착용 부위와 미착용 부위 간 피부 상태의 완화 정도가 명확히 차이 나서, 당유자 미숙과 추출물로 염색한 내의를 착용하면 아토피 피부염 완화의 효과를 기대할 수 있었다. 천연추출물을 활용한 의류는 천연물 자체의 피부 건강 기능성을 의복 착용 시에 발휘할 수 있는 생리적 감성 또한 주목할 만하며, 이를 인체 착용 시에 객관적으로 평가할 수 있는 감성과학 방법을 꾸준히 시도할 필요가 있다.

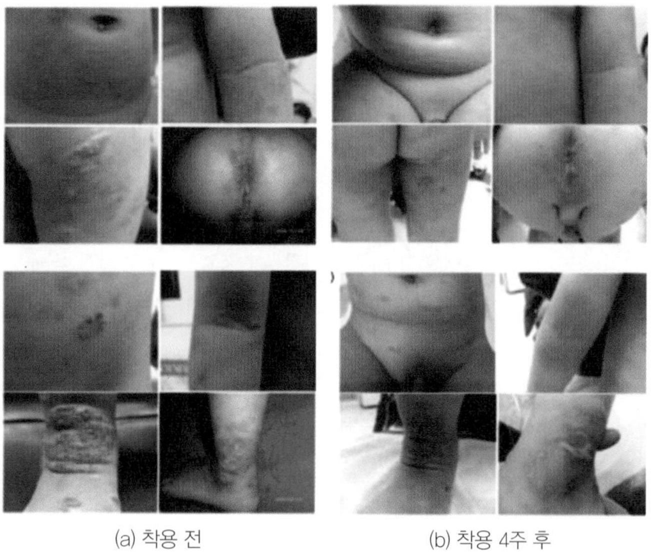

(a) 착용 전 (b) 착용 4주 후

[그림 6-17] 당유자 미숙과 추출물 염색 의복의 아토피피부염 완화 효과

요약하기

1. 인체친화 · 자연친화의류와 감성과학

21세기 메가트랜드는 웰니스(Wellness)와 친환경이다. 동시에 다양한 산업 분야에서는 하이테크와 감성이 결합되어 소비자의 고차원적 욕구에 부응하고자 하는 경향이다. 따라서 인간성과 개인의 느낌을 우선하면서 동시에 친환경적이고 편안함을 추구하는 사회의 흐름에 맞추어, 의류 및 섬유 산업계에서도 다양한 자연 친화적 테크놀러지를 적용한 기능성과 감성의 융합 제품 설계의 노력이 활발하다. 의류에서 다루어질 수 있는 감성의 차원은 어느 제품보다도 복잡하고 다양하다. 웰니스와 친환경을 추구하는 인체친화·자연친화의류에서 인지할 수 있는 감성 또한 의류의 구성요소 특성에 의해 영향을 받는 다양한 차원으로 구성된다.

2. 인체친화 · 자연친화 의류의 심리적 감성

천연염색 직물의 색채와 이로부터 발생하는 색채감성은 천연염색 패션 제품의 부가가치를 향상시키는 효과적인 수단으로 활용될 수 있을 것이다. 천연염색 직물의 색채 감성을 설명할 수 있는 색채 물리적 성질을 규명하고, 감성 어휘와 결합된 색채감성 이미지 척도를 제안하고 문화배경에 따른 색채 감성 차이를 비교함으로써, 천연염색 색채를 제품과 기획에 사용하고자 하는 디자이너들이 활용할 수 있다. 힐링 효과와 피부건강기능성을 동시에 지닌 방향성 천연 오일을 마이크로캡슐화하여 의류 소재에 가공함으로써, 생리활성 효과와 함께 후각적 만족을 얻을 수 있다. 향기감성의 객관적 평가를 위하여 전자코를 활용할 수 있으며, 향기는 색채와 연관성이 강하여 천연오일 함유 마이크로캡슐 가공 직물에 대한 향기감성은 직물의 색채에 따라 차이를 보일 수 있다. 우리나라 제주의 전통 염색 의류인 갈옷은 시각적 감성 인자인 색채와 생리적 감성 인자인 온열생리 쾌적성을 기반으로 대표적인 감성지향 인체친화·자연친화의류라고 할 수 있다. 또한 천연물로 염색한 의류는 피부건강 생리적 감성을 발휘할 수 있어서 실제로 당유자 추출물로 염색한 내의를 착용하였을 때에 아토피 중증도 점수가 낮아져서 피부질환 개선 성능이 확인되기도 하였다.

3. 인체친화 · 자연친화 의류의 생리적 감성

천연물을 활용한 인체친화 · 자연친화의류는 웰니스/로하스와 에콜로지, 전통문화기술, 지속가능성 등의 사회적 트렌드와 문화 감성을 배경으로 하여 힐링과 안락의 심리적 감성과 코스메틱 기능성 및 헬스케어 기능성의 생리적 감성을 발휘할 수 있다. 이를 객관적·주관적으로 평가할 수 있는 감성과학적 연구개발 방법론이 지속적으로 제안되고 있으며, 인체친화·자연친화 의류의 감성 차원을 강화할 수 있는 감성 융합 기술이 탐구되고 있다.

참고문헌

권오경, 김희은, 나영주(2000). 패션과 감성과학. 서울: 교문사.

김재필, 이정진(2003). 한국의 천연염료-전통염료와 천연염색기술-. 서울: 서울대학교출판부.

박순자, 손원교(1999). 갈옷과 흰옷 및 그 의복형태의 차가 착용감에 미치는 영향. 한국의류학회지, 23(1), 30-41.

신주동, 최종명(2017). 섬유종류와 염색조건에 따른 쪽 염색직물의 색채감성과 색채선호도. 감성과학, 20(3), 3-12.

안수민, 이혜주(2014). 제주 갈옷 상품의 현황 및 실태조사 연구. 한국의류산업학회지, 16(4), 2014.

양승무(1999). 사용자 인지능력 향상과 제품 사용성 확대를 위한 직관적 사용자 인터페이스 디자인 개발 및 실용화 방안 연구. 산업자원부 연구보고서, 17.

양영애, 이은주(2010). 천연염색 견직물의 색채감성 이미지. 감성과학, 13(2), 403-412.

이구형(1998). 감성과 감정의 이해를 통한 감성의 체계적 측정 평가, 감성과학, 1(1), 113-122.

이은주(2014). 감 분말 염색 면직물의 색채감성요인. 한국섬유공학회지, 51(6), 327-335.

이은주(2015). 제주 귤, 감 미숙과와 감태를 이용한 친환경 유아동복개발. 산학연협력 기술개발사업 최종보고서. 중소기업청.

이은주(2016). 청색과 녹색 계열 천연염색 견직물의 색채감성. 한국섬유공학회지, 53(2), 120-127.

이은주, 최종명(2009). 황색과 적색계열 천연염색 직물에 대한 사십대 중년층 소비자의 색채감성요인. 감성과학, 12(1), 109-120.

이혜자, 강경진, 윤원종, 강희경, 김영석, 김소미, 유은숙(2006). RAW 264.7 및 HaCaT Cell에서 당유자 미숙과의 염증억제 효과. 생약학회지, 37(2), 74-80.

조길수, 박혜준(2012). 감성의류과학. 서울: 동서문화원.

중소기업연구원(2016). 2016년 의류산업 경쟁력조사. 산업통상자원부.

지식경제부(2011). 섬유소재 · 직물 · 제품 업체 간 R&D협력 활성화-섬유산업스트림 기술개발 사례집 발간. 지식경제부 보도사례집.

최연주, 유효선, 권수애(2005). 황색계 천연염색 견직물의 색채 이미지 연구. 한국의류학회지, 29(6), 868-876.

Choo, S., & Kim, Y. (2003). Effect of color on fashion fabric image. *Color Research & Application*, *28*(3), 221-226.

Lee, M., Kim, C., Sarmandakh, B., Cho, G., & Yi, E. (2018). Electroencephalogram and Psychological Response to Fragrance and Color of Citrus unshiu Scent-Infused Fabrics. *Fibers and Polymers, 19*(7), 1548-1555.

Liu, Y., Tovia, F., & Pierce Jr, J. D. (2009). Consumer acceptability of scent-infused knitting scarves using functional melt-spun PP/PLA bicomponent fibers. *Textile Research Journal, 79*(6), 566-573.

Liu, Y., Tovia, F., Balasubramian, K., Pierce Jr., J. D., & Dugan, J. (2008). Scent infused textiles to enhance consumer experiences. *Journal of Industrial Textiles, 37*(3), 263-274.

Wang, C. X., & Chen, S. L. (2005). Aromachology and its application in the textile field. *Fibres & Textiles in Eastern Europe, 13*(6), 41-44.

West, A. J., & Carroll, K. E. (2014). A critical review of aroma therapeutic applications for textiles. Journal of Textile and Apparel. *Technology and Management, 9*(1).

Yi, E., & Shamey, R. (2015). Crosscultural comparison of color terms and preference of persimmon-dyed fabric, Galchon. *Color Research & Application, 40*(6), 592-604.

Yi, E., & Shamey, R. (2017). Visual Assessment of Fashion Images, Based on Persimmon-Dyed Cotton Fabric: Galchon, by Korean and American Observers. *The proceedings of AIC (International Color Association)*

Yi, E., Kim, Y. P., & Park, J. H. (2007). Comfort properties of T-shirts dyed with natural persimmon juice. *Journal of the Textile Institute, 98*(3), 195-200.

Yi, E., Hong, J. Y., & Yoo, E. S. (2010). A novel bioactive fabric dyed with unripe Citrus grandis Osbeck extract part 2: effects of the Citrus extract and dyed fabric on skin irritancy and atopic dermatitis. *Textile research journal, 80*(20), 2124-2131.

윤철수(2008. 03. 09). 제주특별자치도 10대 문화 상징물 선정. 미디어제주. http://www.mediajeju.com/news/articleView.html?idxno=40042 (2018. 6. 25.에 인출)

Brodde, K. (2017). What are microfibers and why are our clothes polluting the oceans?. https://blog.greenpeace.de/autor/kirsten-brodde (2018. 7. 15.에 인출)

Hyde, C. (2009). Secrets of persimmon-dyed cloth revealed; Fashion designer returned to Jeju, and traditional craft, The Jeju Weekly. http://www.jejuweekly.com/news/articleView.html?idxno=118 (2018.06.10.에 인출)

Kobayashi, S. (2009). Color image scale. http://www. ncd-ri.co.jp/english/main_0104.

html

Winterman, D. (2007). It's in the bag, darling. *BBC News Magazine*. http://news.bbc.co.uk/2/hi/uk_news/magazine/6587169.stm (2018. 12. 18.에 인출)

7장

감성과 의류: ICT 융합 의류

•

김춘정

● ● ● 들어가기

토요일 오전 7시. 운동화 끈을 단단히 묶고 라운드에 선다. 두 발을 어깨 너비로 벌리고 자세를 잡자 운동화가 알아서 발의 압력을 측정한다. 스윙을 시작하자 몸의 무게 중심이 얼마나 이동하는지 기록한다. 골퍼가 신고 있는 '스마트 골프화'가 하는 일이다. 골퍼는 이 똑똑한 골프화가 전달해 준 정보를 스마트폰 앱으로 보면서 스윙 자세를 교정한다. 이어지는 라운드, 스윙 자세가 달라지자 비거리가 눈에 띄게 길어진다. 굿 샷이다.

스포츠의류가 정보통신기술(ICT)을 입고 스마트의류로 변하고 있다. 운동하기 편한 옷에서 입었을 때 예쁜 옷으로 발전한 스포츠의류는 이제 운동 능력을 향상시키고 건강까지 지켜 주는 똑똑한 옷으로 진화한다. 글로벌 스포츠 브랜드들은 ICT 기술을 활용한 새로운 콘셉트 제품을 내놓고 스마트의류 시장에 발빠르게 뛰어들었다.

미국 스포츠 브랜드 '언더아머(underarmour)'의 케빈 플랭크 최고경영자(CEO)는 세계 최대 가전박람회(CES)의 기조연설에서 "우리는 기술 기업의 규모로 의류를 혁신하길 원한다."며 "만약 애플이나 삼성이 옷이나 신발을 만들기로 결정한다면 우리는 어떻게 할 것인지 엔지니어들에게 묻곤 한다."고 말했다. 언더아머는 옷이나 신발이 스스로 사용자의 몸 상태를 점검하고, 운동량을 측정하며, 나아가 운동 능력을 높이고 라이프 스타일까지 변하게 만드는 걸 목표로 하고 있다. 플랭크는 이날 기조연설과 함께 언더아머가 만든 '스마트 잠옷'과 '스마트 신발'을 소개했다. 자는 동안 운동 능력을 회복시켜 준다는 콘셉트의 이 잠옷은 수면 시 땀을 흡수하고 원적외선을 생성해 숙면과 세포 재생을 돕는다. 스마트폰 애플리케이션 UA 레코드를 통해 사용자에게 맞는 숙면 온도도 알려 준다. '스마트 신발'은 사용자의 몸 상태를 점수로 보여 준다. 운동을 하기 전 신발을 신고 점프를 6회 하면 그 기록을 바탕으로 운동을 하기에 몸 상태가 적당한지 알려 준다.

김보근 NH투자증권 연구원은 "스포츠, 피트니스 분야를 중심으로 한 스마트의류는 우리 일상 속에 점점 스며들고 있다."며 "편의성에 디자인을 갖추고 똑똑함까지 단 스마트의류는 간병, 육아 등 점점 더 많은 분야에 적용될 것"이라고 말했다.

출처: 전형진, 권민경(2017)

18세기 중반 영국에서 재봉틀이 개발되면서 섬유패션산업의 1차 산업혁명이 시작되기 시작하였고, 섬유패션산업과 기술의 융합은 지금도 현재진행형이다. 세계적으로 화두가 되고 있는 4차 산업혁명은 제조업과 정보통신기술(ICT)이 융합되는 단계를 의미한다. 사물인터넷(IoT), 빅데이터, 3D 프린터, 인공지능(AI) 등과 같은 기술들이 4차 산업혁명을 이끌며 의류패션산업과 ICT가 융합되면서 기존 의류패션산업의 패러다임을 바꾸고 있다.

특히, 감성 ICT는 인간의 감성을 자동으로 인지하여 사용자 환경에 맞게 감성정보를 처리하여 제품이나 서비스로 제공해 주는 기술로, 의류패션 제품이나 서비스에 인간의 감성을 융합함으로써 고부가가치를 창출할 수 있는 핵심 기술로 주목받고 있다. 이러한 핵심 기술을 기반으로 제품 혁신이 섬유패션산업에서 가장 빠르게 이루어질 전망이다. 이 장에서는 감성 ICT 융합 의류 중에서 스마트의류, 3D 프린팅 의류 및 빅데이터와 인공지능 기반의 디지털 의류패션을 중심으로 다루었다.

1. 스마트의류

1) 스마트의류의 개념 및 동향

스마트 소재는 물리적 힘, 온도, 전기, 화학성분 등 외부의 환경 조건과 자극 및 착용자의 상태를 감지하고 이에 적절하게 반응할 수 있는 소재로(Tao, 2001) 이러한 스마트 소재를 이용하여 만든 옷을 스마트의류라고 한다.

스마트의류는 주변 환경이나 상황 그리고 체온 등을 스스로 감지해 착용자의 몸을 안전하고 쾌적한 상태로 유지시켜 주기 위해 의복과 ICT가 융합된 똑똑한 옷을 말한다. 예를 들어, 기존 기능성의류 중 투습발수 기능의 윈드스토퍼는 체내의 땀을 배출하면서 외부로부터 비와 바람을 막아 주는 수동적 기능을 수행했다면, 스마트의류는 스스로 외부 기온 및 착용자의 체온을 감지하고 판단하여 의복 내 온도를 제어하는 등의 기능을 능동적으로 수행한다는 점에서 기능성 의류와는 차이가 있다.

스마트의류는 쾌적성, 안전성, 내구성, 심미성, 관리의 편의성, 세탁성 등 의류에

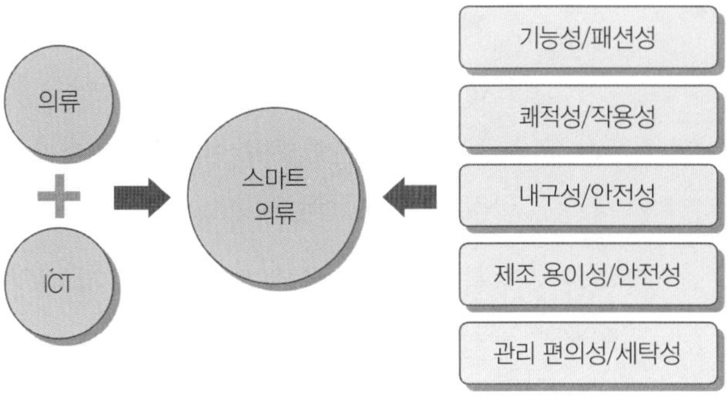

[그림 7-1] 스마트의류의 개념 및 요구 조건

서 요구되는 기본 요건을 갖추어야 하며, 의류에 부가된 ICT 제품에 대한 안전성과 내구성뿐만 아니라 전자장치의 사용성과 기능성 및 의류의 편안함과 패션성을 동시에 제공해야 한다(Cho, 2010). 이와 같이 스마트의류가 소비자 및 환경과 효과적으로 상호작용하려면 의류와 전자장치의 기능성뿐만 아니라 소비자의 감성적 측면 또한 고려해야 한다.

현재 운동이나 건강에 관심이 있는 특정한 소비자들이 헬스케어용 스마트의류에 대해 꽤 높은 관심을 보이고 있으나 다른 분야의 스마트의류에 대해서는 아직 대중적인 인지도가 높지는 않다. 그러나 미국의 IT 조사기관 IDC(2017)에 따르면 웨어러블 기기는 앞으로 연평균 약 18.2%의 성장률을 보일 것으로 전망되고 있으며, 이 중 스마트의류 시장은 2021년까지 7배로 성장할 것으로 예측되고 있다. 현재 스마트의류의 시장 점유율은 시계나 손목밴드형, 안경 등의 웨어러블 기기보다 적으나, 앞으로 다른 웨어러블 기기에 비해 스마트의류의 성장률이 매우 높을 것이라고 보고되고 있어 스마트의류 분야는 지속적으로 성장될 것으로 예측된다.

스마트의류에 대한 국내 특허 출원은 센서와 통신 기술의 비약적인 발전과 함

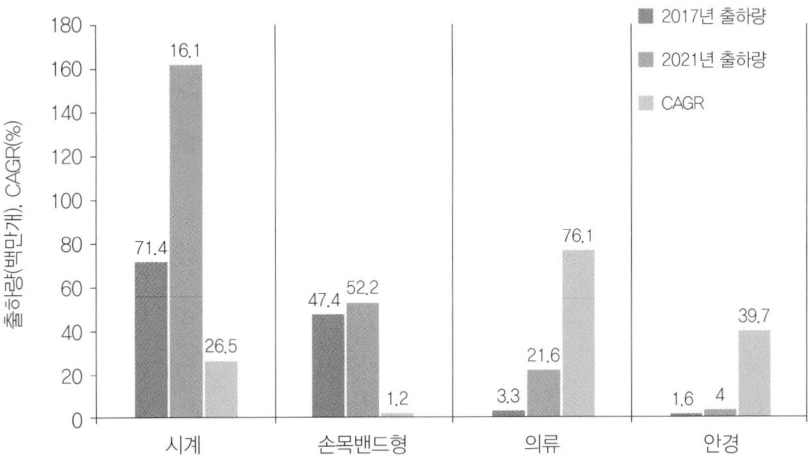

[그림 7-2] 웨어러블 품목별 출하량 예측 동향

출처: IDC(2017)에서 발췌하여 수정함

께 최근 3년간 급증하였다. 특히, 정보 전달과 오락성이 결합한 인포테인먼트(infotainment) 분야와 의료 분야의 특허출원이 증가하였다(특허청, 2018). 2000년대 들어 본격적인 개발이 시작된 스마트의류는 국내뿐만 아니라 독일, 미국 등 선진국은 물론 후발국까지 패션과 엔터테인먼트, 스포츠와 피트니스, 의료 및 헬스케어, 특수용도의 의복에 이르기까지 다양한 분야에서 연구개발을 가속화하며 제품화에 힘쓰고 있다.

2) 스마트의류의 핵심 기술, 전자섬유

스마트의류 소재는 기존의 의류 소재와 유사한 특성을 가진 전자섬유(electronic textile, e-textile)가 핵심 기술이라고 할 수 있다. 전자섬유는 섬유의 고유한 속성인 유연성과 강도를 유지하면서 각종 신호의 감지와 구동 기능을 수행할 수 있는 소재로(박홍원, 2014; Castano & Flatau, 2014), 스마트의류를 제작하기 위한 필수적인 전기전도성을 갖는 소재이다. 이러한 전자섬유는 인텔리전트 텍스타일(intelligent textile, i-textile), 디지털 텍스타일(digital textile), 스마트 텍스타일(smart textile) 등의 용어로도 사용되고 있다.

전자섬유를 만드는 방법으로는 섬유 방사 시 전기전도성 물질을 혼입하여 방사하거나, 스테인레스 스틸, 알루미늄, 니켈 등과 같은 금속을 가늘게 쪼개어 금속사

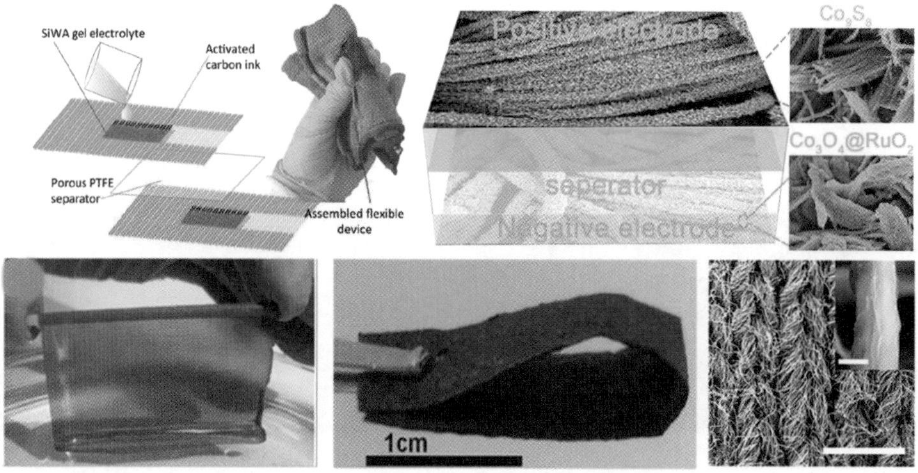

[그림 7-3] 전도성 잉크로 코팅한 유연한 전도성 직물

출처: Tao et al. (2014)

를 만들거나, 또는 전기전도성 물질을 섬유에 코팅하거나 직물 표면에 프린트하는 방법 등이 있다. 금속사는 우수한 강도와 전기전도성을 갖고 있으며 가격도 저렴하지만, 섬유보다 무거우며 유연하지 않은 단점이 있다(배진석, 2016). 그러므로 금속사 대신에 전기전도성을 가진 탄소나 금속 합성물을 섬유에 코팅하거나 직물에 프린트하는 것이 효율적이다. 전기전도성 물질이 직물의 겉면에 노출 시 발생하는 문제를 해결하기 위해, 폴리우레탄(polyurethane)으로 코팅된 전기전도성 섬유를 제조함으로써 인체에 전기적 자극을 주지 않으면서 다른 섬유와의 마찰도 피할 수 있게 되었다(김은애 외, 2013).

최근 우수한 전기전도성 성질을 가진 탄소나노튜브(carbon nonotube: CNT) 섬유를 이용하여 프린팅이나 직조 등의 방법으로 전도성 직물을 만들거나, 전도성사에 신축성을 부여한 전자섬유들이 개발되고 있다. 듀폰사의 신축성 전자잉크(Intexar^{TM})는 다양한 직물들과 결합할 수 있도록 얇으면서 직물에 피팅되는 전자회로의 제조가 가능하며, 세탁 내구성 또한 우수하다. 신축성 CNT 섬유를 이용한 전도성 발열직물이나(Liu, 2010) 신축성 전도사로 편직한 니트직물은 신장 시에도 전기전도성 성능이 저하하지 않으면서(Zhang et al., 2018) 편안함을 제공해 줄 수 있어 피트니스나 헬스케어용 스마트의류에 활용하기에 적합하다.

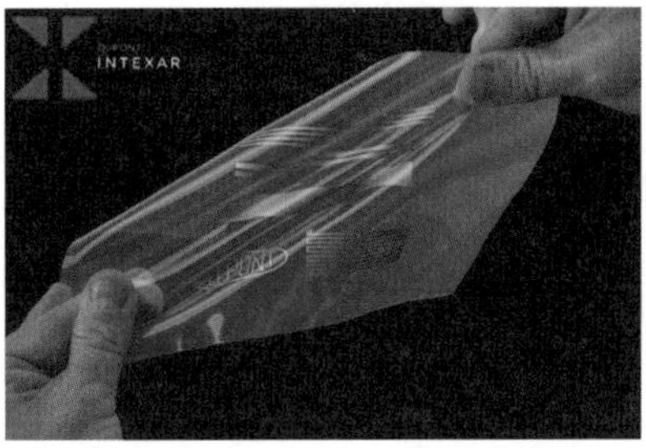

[그림 7-4] 듀폰의 신축성 전자잉크, Intexar^{TM}

출처: www.dupont.com

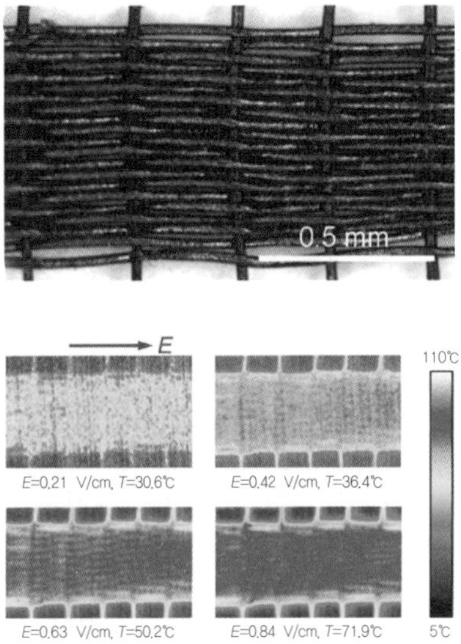

[그림 7-5] CNT 섬유를 이용하여 직조한 전도성 발열직물

출처: Liu (2010)

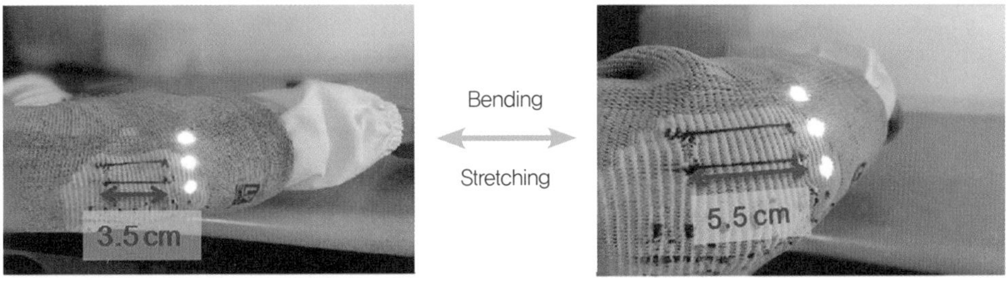

[그림 7-6] 신축성 있는 전도성사를 이용하여 편직한 니트직물

출처: Zhang et al. (2018)

전자섬유는 전도성 실 · 소재 · 직물(74%), 전도성 잉크(59%), 전도성 폴리머(32%)의 순으로 활용되고 있는 것으로 나타났다(IDTechEx, 2018). 전자섬유제품은 야외활동 시 체온을 유지하고 동시에 신체 변화를 모니터링하기 위해 생체신호를 감지하는 센서로 주로 사용되고 있으며, 그 외에도 빛을 발광하는 티셔츠, 패션의 디스플레이 또는 재킷의 컨트롤 등에도 사용될 수 있다. 또한 전자섬유는 자체적으로 스위치, 센서 및 트랜지스터와 안테나를 조작할 수 있는 신호 교환 역할을 함으로써 정보를 전달할 수 있다. 또한 의류 착용성을 확보하기 위해 센서, 엑추에이터 등을 원사 내에 삽입하거나 직물 내에서 회로 기능을 구현하고 있으며 부품 소재의 소형화, 유연화, 저전력화 및 성능 증대, 부품 간의 통합이 가속화될 전망이다. 이와 같이 전자섬유는 옷 자체가 스마트한 기능을 발휘하는 본격적인 스마트의류 시대를 열어 줄 것이다.

3) 스마트의류의 활용 사례

(1) 패션과 엔터테인먼트

패션 디자이너와 패션업체들이 첨단 ICT를 의류에 접목하면서 패션업체와 IT업체의 간의 경계가 무너지고 있다.

후세인 샬라얀(Hussein Chalayan)은 2000년에 에어플레인 드레스(airplane dress)를 선보이며 갈채를 받았다. 이 드레스는 비행기 동체와 같은 소재인 100% 유리섬유를 이용하였으며, 리모트 콘트롤로 스커트의 뒷자락을 비행기 날개처럼 원격조정이 가능하다. 또한 그는 2007년에 스와로브스키(Swarovski)와 컬래버레이션(collaboration)으로 크리스털과 15,600개의 LED 전구로 제작되어 프로그래밍에 따라 색이 변하는 '비디오 드레스'를 선보이는 등 패션에 있어 기술이 어떻게 적용될 수 있는 지를 다양하게 보여 주고 있다(이윤진, 2016; www.swarovskigroup.com).

큐트 서킷(Cute Circuit)은 2006년에는 원거리에서 포옹의 감각을 재현한 허그셔츠(hug shirts)를, 2016년에는 소리를 착용자의 몸 전체에 느껴지는 느낌으로 바꾸는 사운드셔츠(sound shirts)를 개발하였다. 이 사운드셔츠에는 16개의 마이크로 액추에이터가 내장되어 있어 오케스트라가 연주되는 동안 캡쳐된 데이터를 실시간 무선으로 수신하여 청각 장애인이 음악을 듣고 생생한 심포니 콘서트를 경험할 수 있게 해 준다(http://cutecircuit.com).

지난 2015년 구글과 리바이스가 자카드 프로젝트(Jacquard project)를 시작한 이후 2016년 리바이스 커뮤터(Levis Commuter) 컬렉션에서 첫 스마트 재킷을 선보였다. 섬유 조직 내에 움직임을 인지할 수 있는 센서를 내장해 만든 이 재킷을 입은 사람은 소매 부분을 터치해 스마트폰을 조작하거나 네비게이션을 작동시킬 수도 있다. 또한 내구성과 내세탁성을 지녀 구겨넣거나 세탁기에 돌릴 수도 있다(https://atap.google.com; 김들풀, 2017). CES 2016에서 선보인 삼성물산의 스마트슈트(smart suit)는 근접무선통신(Near Field Communication: NFC)칩을 창작하고 있으며, 손목 부위에 내장된 스마트 버튼을 통해 미팅 모드, 드라이빙 모드, 명함 전송 등 비즈니스에 적합한 서비스를 제공한다(www.samsungcnt.com).

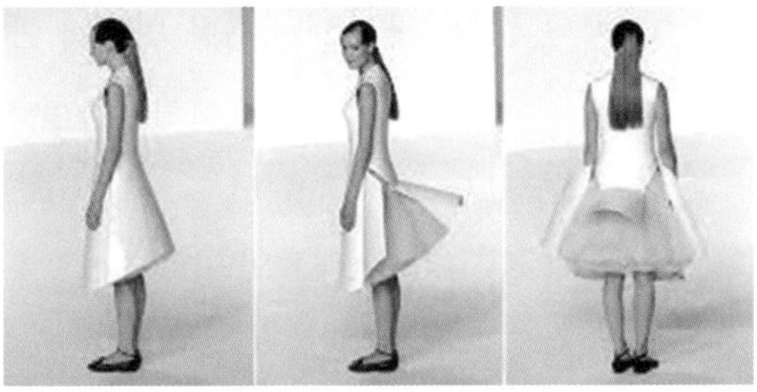

[그림 7-7] 에어플레인 드레스

출처: https://www.pinterest.ca

[그림 7-8] 비디오드레스

출처: https://www.swarovskigroup.com

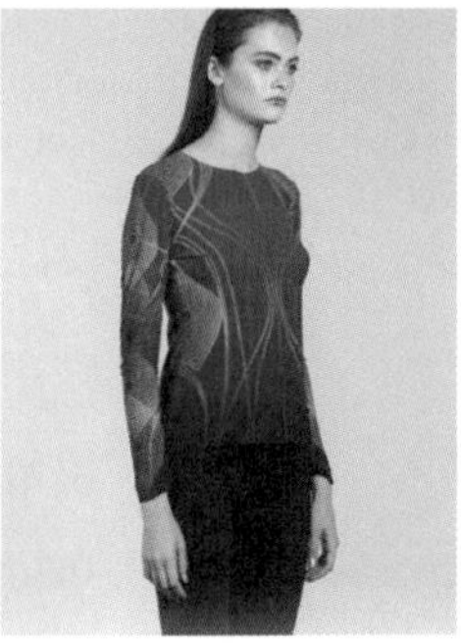

[그림 7-9] 사운드셔츠

출처: http://cutecircuit.com

이와 같이 2000년대에는 ICT 기능을 의복에 접목한 기술을 보여 주는 데 집중하였다면, 2015년 이후부터는 직물기반 전자섬유의 발달과 함께 ICT 기능이 일상복에 녹아들어 외관상으로는 일반 일상복과 차이가 없는 제품들을 선보이고 있다. 최첨단의 ICT가 융합된 스마트의류가 좀 더 넓은 소비층에게 다가가기 위해서는 기술

[그림 7-10] 스마트자켓(Google & Levi's)

출처: https://atap.google.com

[그림 7-11] 스마트슈트(삼성물산)

출처: http://www.samsungcnt.com

을 구현하기 위한 의류가 아니라 의류을 구현하기 위한 기술로서 소비자의 감성과 니즈를 반영한 패셔너블한 제품으로 접근해야 할 것이다.

(2) 스포츠와 피트니스

스포츠와 피트니스 분야도 스마트의류가 활발하게 개발되고 있는 분야이다. 핀란드 마이온텍(Myontec)사에서 개발한 스마트팬츠는 반바지 형태의 근전도 장비로, 바지 내부에 근육을 측정할 수 있는 전극이 형성되어 있어 실시간으로 근육에 걸리는 부하, 심장 박동 등의 생체정보를 수집하고, 스마트폰, PC와 연계하여 운동 내용에 대한 분석 및 코칭을 지원함으로써(www.myontec.com) 운동선수의 부상을 방지하고 운동 기술을 향상시키거나 부상 시 재활 프로그램에도 활용할 수 있다.

미국 랄프로렌(Ralph Lauren)은 웨어러블 기술을 지닌 캐나다의 옴시그널(OmSignal)과 함께 폴로 테크(polo tech) 셔츠를 개발했다. 이 셔츠는 폴로 마크 하단에 특수 섬유 소재로 제작한 생체 측정 센서 및 가속도계, 자이로스코프 등의 센서

[그림 7-12] 스포츠 & 피트니스용 스마트의류의 운동관리 시스템

출처: https://hexoskin.com

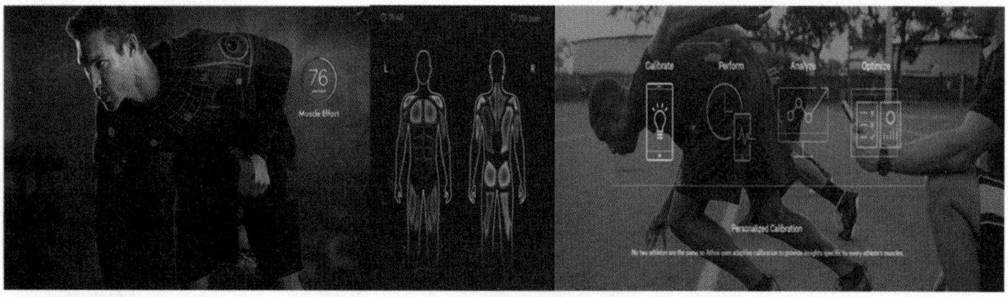

[그림 7-13] Athos의 스마트 컴프레션웨어

출처: www.liveathos.com

가 탑재된 밴드를 내장한 스마트의류이다. 이 의류에서 심박, 호흡, 스트레스 수준과 이동 거리, 운동 강도 등의 데이터를 측정해 실시간으로 착용자의 스마트폰으로 전송한다. 전송된 데이터는 클라우드로 보내져 운동량을 분석하고 스마트폰으로 결과를 시각화하여 보여 준다.

미국의 아토스(Athos)사의 스마트 컴프레션웨어는 12개의 근전도 센서와 2개의 심박 센서가 의류에 내장되어 실시간으로 근육 운동, 심장 박동, 칼로리 소모, 운동 시간, 휴식 시간 등을 모니터링한다. 실시간으로 전송된 생체신호 데이터들은 의학 기술을 기반으로 분석되어 효율적이고 안전하게 운동할 수 있는 정보를 제공해주며, 코치는 선수들의 움직임을 실시간으로 분석하여 최대의 운동효과를 발휘할 수 있도록 도움을 줄 수 있다(www.liveathos.com).

이 외에도 미국 맥심(Maxim)사의 핏셔츠(Fit Shirts), 캐나다 헥소스킨(Hexoskin)사의 스마트셔츠(Smart Shirts), 한국 ETRI의 바이오셔츠(Bio Shirts)는 대표적인 스포츠・피트니스용 스마트의류 제품으로, 기존 섬유에 전극 역할을 하는 전도성 섬유와 심박 수, 심전도, 혈압, 체온, 혈액산소 함량 등을 감지하는 다수의 센서로 건강 상태를 신속히 모니터링하거나 운동 시에 맞춤 운동량을 확인하는 목적으로 사용될 수 있다.

스포츠업계에서는 스마트의류를 활용하여 운동선수의 신체 및 생체 정보에 대한 데이터를 수집・분석하여 가장 효과적인 선발 선수는 누구인지, 부상 가능성이 가장 높은 선수는 누구인지, 누가 휴식이 필요한지를 파악하고 이를 바탕으로 경기 전략을 수립할 수 있다. 또한, 피트니스 분야에서도 스마트의류는 개인별 맞춤 운동을 제안하고 효과적인 운동을 할 수 있도록 도움을 줄 수 있다. 이와 같이 전문 스포츠 및 피트니스업계에서는 개개인의 운동 기량을 최대화하고 부상을 최소화하기 위해 스마트의류의 활용이 점점 증가할 것이다.

(3) 의료와 헬스케어

헬스케어는 기존 질병을 치료하는 의료 서비스에 질병 예방 및 관리 개념을 합친 전반적인 건강관리를 말한다. 의료 분야에서 스마트 헬스케어의 핵심 구성요소는 정확성과 신뢰성이 있어야 하고 환자의 일상생활에 통합될 수 있어야 하므로 스마트 워치와 같은 웨어러블 기기보다는 스마트의류가 이런 기능을 충실하게 수행해 줄 수 있다.

헬스케어용 스마트의류는 의류에 ICT 기술을 접목하여 착용자의 생체 정보를 의료기관에 전달함으로써, 착용자는 스마트의류를 통해서 언제 어디서나 자유롭게 질병의 치료 후 관리 및 예방뿐만 아니라 건강관리 의료 서비스를 이용할 수 있다. 예를 들어, 지속적인 관리가 필요한 고혈압이나 당뇨병 같은 만성질환의 경우, 스마트의류를 통해 실시간으로 체크된 혈압, 심박, 체온 등의 생체신호 데이터가 의사에게 전달되고 이상 징후가 발견될 시 실시간으로 환자에게 알려 주거나 원격으로 의사가 환자를 진단하고 치료하는 원격의료 서비스를 받을 수도 있다. 또한 헬스케어용 스마트의류는 정신 질환으로 고통받는 환자의 감정과 관련된 생리 데이터를 기반으로 감정치료를 제공할 수도 있다(Chen et al., 2017). 예를 들어, 나쁜 기분을 감지하면 음성 알림, 적절한 음악 튜닝 등으로 감정을 전환할 수 있는 감정적 피드백 또한 지원해 줄 수 있다. 이와 같이 헬스케어 분야에서 스마트의류는 활용도가 매우 높다. 세계적으로 고령층의 증가와 이에 따라 기하급수적으로 증가하는 의료비 지출에 대한 문제에 대응하기 위해 의료 기기 제조업체 및 의료 서비스 제공 업체는 ICT와 의류를 통합한 스마트의류 프로젝트 및 연구를 적극적으로 진행하고 있다(Sinha, 2017).

2015년 네덜란드 아인트호벤 공과 대학교에서는 노인재활운동용 스마트의류인

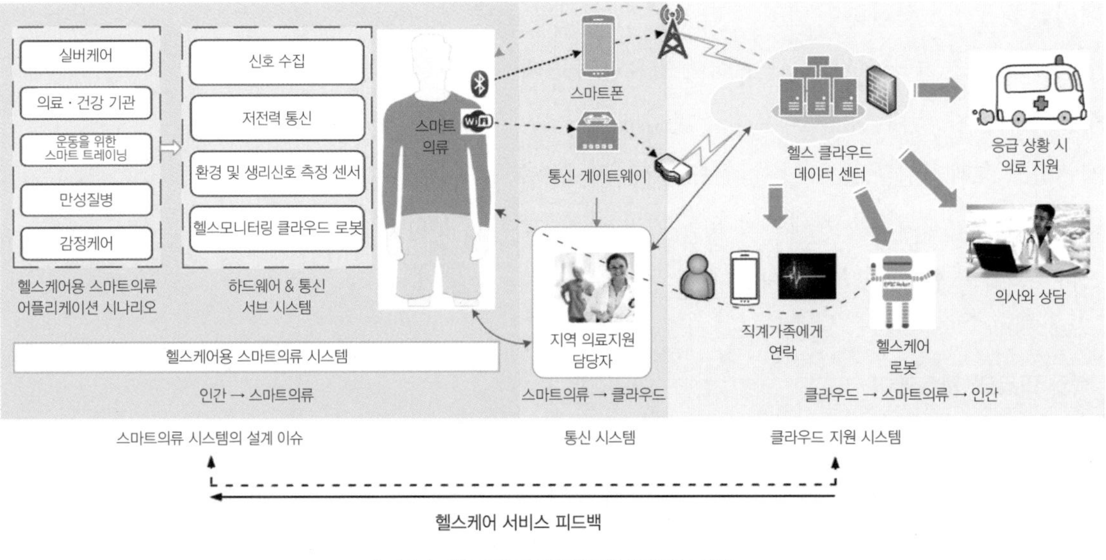

[그림 7-14] 스마트의류기반 헬스케어시스템

출처: Chen et al. (2017)

비거(Vigour)를 개발했다. 비거는 팽창과 수축을 측정하는 섬유센서가 내장된 부드러운 패브릭 소재로 된 패셔너블한 가디건 의류로서 착용자의 몸의 움직임을 측정하고 태블릿으로 손쉽게 운동량과 움직임, 형태, 강도, 습관 등의 현황을 알아볼 수 있고, 운동 강도를 조절하여 재활운동을 도울 수 있으며, 지속적인 생체 데이터를 수집하여 치료에 쓸 수 있다. 비거는 평상시에도 입을 수 있는 패션 아이템으로도 손색이 없는 스타일로 디자인되어 노인부터 재활 활동을 해야 하는 운동선수까지 부담 없이 입을 수 있으며 쓰임새가 다양하다(이나진, 2016; www.tue.nl). 또한 2016년 컬롬비아 대학교에서 개발한 유방암을 감지할 수 있는 적외선 센서가 장착된 브래지어인 퓨전(Fusion)은 유방 분비 세포가 변칙적이면 신체가 특정 부위에 혈액을 더 많이 보내므로 이상 부위의 온도가 높아지는 것을 감지해 유방암을 초기에 발견할 수 있다(www.telegraph.co.uk).

국내는 베이비붐 세대가 생산가능 인구에서 고령인구로 이동하는 2020년부터 고령인구가 급증하여 2036년에는 고령인구의 비중이 20%, 2037년에는 30%, 2058년에는 40%를 초과할 것으로 전망되고 있다(통계청, 2016). 이와 같이 인구의 급속한 고령화 및 이에 따른 만성질환의 증가로 개인 의료비가 증가하면서 신체 정보를 모니터링하고 경보 시스템을 사용하여 갑작스러운 질병이나 낙상 등과 같은 예기치 않은 사건에도 적절하게 대처할 수 있는 헬스케어용 스마트의류에 대한 수요는 앞으로 더욱더 증가할 것으로 예상된다.

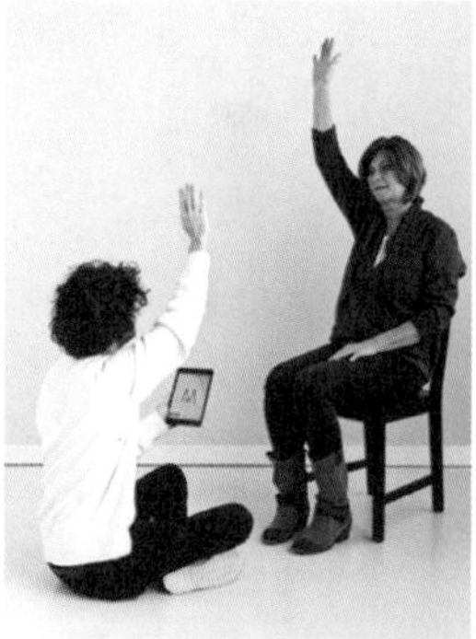

[그림 7-15] 노인재활운동용 스마트의류, 비거(아인트호벤 공과 대학교)

출처: https://www.tue.nl

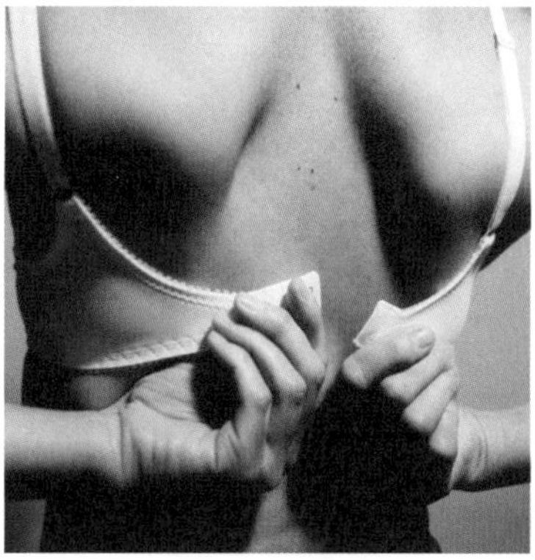

[그림 7-16] 스마트브라, 퓨전 (컬럼비아 대학교)

출처: https://www.telegraph.co.uk

2. 3D 프린팅 의류

1) 3D 프린팅 의류의 개념 및 동향

패션 컬렉션에서 3D 프린팅 의류들이 등장하면서 의류패션산업에서도 3D 프린

[그림 7-17] 3D 프린팅 의류 제작을 위한 프로세스

팅 의류에 대한 관심이 증가하고 있다. 3D 프린팅은 프린트하고자 하는 물체를 3차원 데이터로 설계하여 디지털화한 후 분말, 액체, 고체 형태의 특정 물질을 매우 얇은 단면(약 0.015~0.10mm)으로 한 층씩 쌓아올려 3차원 형태의 입체물을 제조하는 것이다(고재경, 2014). 3D 프린팅은 적층제조(Additive Manufacturing: AM)라고도 불리며, 이와 같은 3D 프린팅을 이용하여 만든 의류를 3D 프린팅 의류라고 한다.

일반적인 3D 프린팅 의류제작을 위한 프로세스는 다음과 같다. 우선 CAD 소프트웨어를 사용하여 의류제품을 3차원으로 모델링하여 STL(Stereolithography Language) 또는 AMF(Additive Manufacturing File) 형식의 디지털 데이터로 저장한다. 이 3D 모델링 파일을 슬라이서(slicer)를 사용하여 3D 프린터가 적층할 수 있도록 수많은 횡단면의 레이어로 나누어 3D 프린터로 출력 가능한 G-code 파일로 저장한다(정보통신산업진흥원, 2016). 그런 다음 G-code 파일을 이용하여 3D 프린터로 제품을 출력하고 필요에 따라 서포터를 제거한 후, 연마, 염색, 표면 재료 증착 등의 후처리 과정을 거쳐 최종 제품이 완성된다(김슬기, 김혜림, 2018).

3D 프린팅 시장은 전 세계적으로 2022년까지 약 263억 달러 규모로 고성장(CAGR 27.6%)이 전망되고 있으며, 국내에서도 2022년까지 1조 원 규모로 성장(CAGR (24.1%)할 것으로 전망되고 있다(강미영, 2018). 3D 프린팅 기술이 도입되면 그동안 대량생산(mass production)의 의류산업은 대량 맞춤(mass customization) 생산이 가능해지고 무엇보다 의류제작부터 유통까지 걸리는 공급 단계를 획기적으로 줄여 생산 단가를 낮출 수 있다. 또한, 의류의 디지털 이미지를 생산 전에 공개하여 주문에 따라 바로 생산할 수 있어 재고 부담을 줄일 수 있기 때문에 '대량생산'에 따

른 비용 문제를 해소할 수 있게 될 것이다.

앞으로 3D 프린팅 기술을 도입하는 의류업체들이 늘어나면서 누구나 쉽게 자신의 체형 및 취향에 맞는 맞춤형 의상을 제작할 수 있고 소규모의 생산이 가능해져 1인 제조기업이 증가할 것이다(김효진, 장은지, 2017). 이처럼 머지않은 미래에는 3D 프린터가 일반화되어 일반 소비자도 집에서 자신만의 맞춤형 의류를 출력할 수 있을 것으로 기대된다.

2) 3D 프린팅의 방식 및 특징

3D 프린터는 그 작동원리에 따라 SLS(Selective Laser Sintering), SLA(Stero lithography apparatus), FDM(Fused Deposition Modeling) 혹은 FFF(Fused Filament Fabrication), Polyjet(Multijet Modeling), LOM(Laminated Object Manufacturing), 3DP(Three Dimensional Printing) 등 매우 다양한 종류가 있다(Bernier et al., 2014). 그 중 섬유·의류산업에서 주로 이용되는 3D 프린팅 방식인 SLS, SLA 그리고 FDM의 특징은 다음과 같다.

SLS 방식은 선택적 레이저 소결 적층 방식으로 분말 기반의 나일론, 폴리스티렌, 폴리카보네이트, 모래, 금속 등 파우더 형태의 재료를 고강도 레이저 빔으로 녹인 뒤 응고시키며 한 층씩을 쌓아 입체적인 모양을 만드는 기술이다. 이 방식은 녹지 않은 파우더가 지지대 역할을 하므로 별도의 지지대가 필요하지 않아 제작 속도가 빠르고 대량생산이 가능하기에 다품종 소량생산이 가능하지만 제품의 생산 가능 크기가 제한되고(김승현, 최영림, 2016), 가격이 다른 방식에 비해 매우 비싸다. 하지만 2014년에 특허가 만료되었기 때문에 앞으로 더 발전하여 대중화가 기대되는 3D 프린팅 방식이다.

SLA는 레이저빔을 사용하는 광경화 적층 방식으로 빛에 따라 민감하게 반응하는 광경화성 액체 수지가 담긴 수조에 자외선 레이저를 투사하여 레이저가 닿는 부분을 한 층씩 경화시켜 형태를 만드는 액체 기반의 제조 방식이다(김승현, 최영림, 2016). 이 방식은 정밀도가 높아 표면을 매끄럽고 정교하게 만들 수 있어 대부분 디테일이 중요한 미세한 형상 작업에 사용된다. 하지만 제작 특성상 내구성과 내열성이 약하고 제작 단가가 FDM 방식의 프린터에 비해 비싸다.

FDM 방식은 수지압출 적층 방식으로, 고체 기반의 필라멘트를 열로 녹여 연속적으로 압출하면서 원하는 형태를 밑에서부터 쌓아올려 입체적으로 프린팅하는 방식으로, 주로 쓰이는 필라멘트 재질에는 ABS, PLA, TPU, 브론즈, 우드, 나일론, 석재 등이 있다. 이 중 의류제작에 주로 이용되는 필라멘트는 열가소성 폴리우레탄(Thermoplastic Polyurethane: TPU) 계열의 수지로, 유연감과 촉감이 우수하며 내구성과 복원력이 좋은 플렉시블(flexible)한 필라멘트이다(전재훈, 2017). FDM 방식은 높은 강도와 내열성을 가지고 있으며 가격도 저렴하여 대중적으로 가장 많이 사용되고 있으나, 완성도와 섬세함이 부족하고 조형물의 표면이 비교적 거칠고 시간 또한 많이 소요된다(김효진, 장은지, 2017; 김승현, 최영림, 2016).

이와 같은 SLS, SLA, FDM 방식의 3D 프린팅을 활용하여 예술성이나 기능성이 강조된 패션 프로토타입 사례들이 제시되고 있으나, 일반 의류용 소재만큼 유연하지 못해 일상생활에서 착용하기에는 아직 한계가 있다. 그러므로 의류소재와 유사한 기능을 발휘하면서 인체 친화적인 3D 프린팅용 소재의 개발이 요구된다.

3) 3D 프린팅의 활용 사례

(1) 패션 컬렉션에 나타난 3D 프린팅 의류

패션 컬렉션에서 3D 프린팅 의류를 꾸준히 선보이고 있는 디자이너로 아이리스 반 헤르펜(Iris Van Herpen), 다니트 펠레그(Danit Peleg)가 있으며, 샤넬(Chanel)에서도 전통적인 3D 프린팅을 접목한 샤넬슈트를 선보였다.

[그림 7-18] 아이리스 반 헤르펜의 3D 프린팅 의류

출처: www.irisvanherpen.com

[그림 7-19] 3D 프린팅을 사용한 샤넬슈트(2015 F/W)
출처: http://www.racked.com, https://gigazine.net

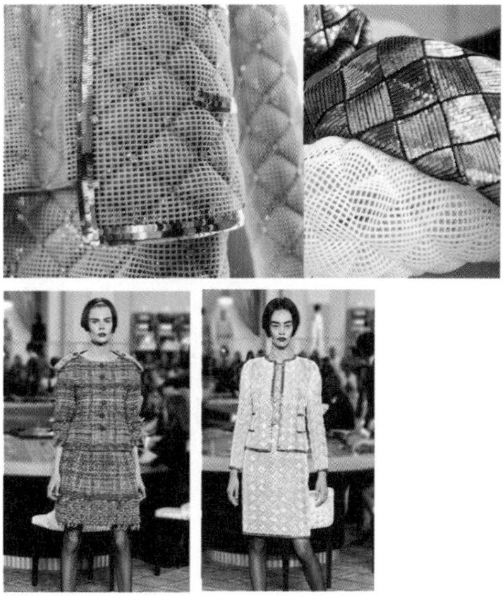

2011년 네덜란드 출신의 디자이너 아이리스 반 헤르펜은 SLA 방식의 3D 프린터를 사용하여 인체의 골격을 형상화한 파격적인 의상디자인을 발표하였다. 「타임즈(Times)」은 디자인과 3D 기술이 결합된 환상적인 패션이라며 이것을 '올해의 50대 발명'에 선정하였다. 이 드레스는 3차원 스캔 데이터를 기본 모델로 앞판과 뒤판을 따로 만들어 붙였는데 출력에만 80시간이 넘게 소요되었고, 8시간 정도 수작업으로 마무리하여 완성하였다(www.irisvanherpen.com).

샤넬은 2015년 F/W 컬렉션에서 SLS 방식의 3D 프린터로 출력한 그물망 형태의 조각과 직물을 기존 재킷 위에 덧대어 재봉한 뒤 손바느질로 마무리한 방식을 사용하여 클래식한 샤넬슈트의 현대판 버전을 선보였다(Blandy & Mondesert, 2015; 전재훈, 2018).

2014년 다니트 펠레그는 FDM 방식의 3D 프린터로 의복을 제작하여 대학졸업 패션쇼에서 선보였다. 필라플렉스(FilaFlex)라는 부드럽지만 강하고 유연한 필라멘트를 사용하여 총 5벌의 의복 제작에 약 2,000시간 정도가 걸렸지만, 2016년 리오 패럴림픽(Rio Paralympics) 오프닝 행사에서 에이미 퍼디(Amy Purdy)가 입은 댄스 의상

[그림 7-20] 플렉시블 필라멘트를 사용한 FDM 방식의 3D 프린팅 의류
출처: https://danitpeleg.com

을 제작할때는 이전보다 출력 속도가 3배 향상된 3D 프린터를 사용하여 부품 전체를 출력하는 데 총 100시간 정도밖에 소요되지 않았다(https://danitpeleg.com). 가장 인체에 부드럽게 안착될 수 있는 소재를 사용하되, 일반적인 의복에 가까운 형태로 개발된 펠레그의 제품들은 패션 분야에 있어서 3D 프린터의 적극적인 활용이 가능함을 보여 주었다.

(2) 3D 프린팅 직물

일반 의류와 유사한 3D 프린팅 의류를 제작하기 위해서 직물이나 니트직물과 유사한 형태의 3D 프린팅 직물을 개발하기 위한 연구가 진행되고 있다.

독일에서 개발한 3D 프린팅으로 제작한 위편의 니트직물은 실제로 착용 가능한 옷과 굉장히 흡사한 구조를 가지고 있는 것이 특징이다. SLS 방식의 프린터로 출력한 위편은 스티치 간의 최소 간격이 0.4mm이며 소재의 굵기는 0.8mm로 실제 위편성물과 유사하게 나왔지만, 신축성 및 유연성 부족으로 인해 의류직물용으로는 부적합하였다. 반면, soft PLA소재와 FDM 방식의 3D 프린터로 출력한 위편 구조는 표현하는 과정에서 서포터가 사용되어 서포터 제거 시 완전히 깔끔하게 처리되지는 않았지만 스티치끼리 거의 분리되고 유연하여 3D 프린팅을 통한 텍스타일 제조의 미래를 보여 주었다(김효진, 김성달, 2018; Melnikova et al., 2014)

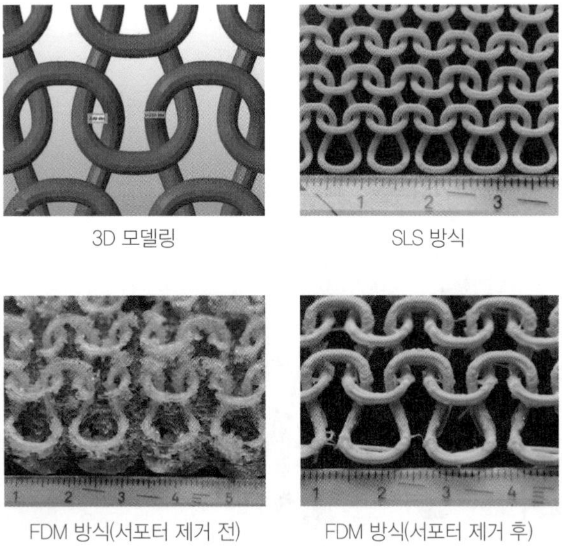

[그림 7-21] 3D 프린터로 출력한 니트직물
출처: Melnikova et al. (2014)

영국의 허트포드셔(Hertfordshire) 대학교는 전통 재봉기술과 3D 프린팅 기술을 융합하는 모드클릭스(modeclix) 프로젝트를 진행하였다(www.herts.ac.uk). 이 프로젝트는 3D 프린터를 사용하여 고객 개인이 요구하는 디자인, 사이즈, 컬러로 주문 제작할 수 있는 시스템 개발을 목표로 하고 있다. 그들은 SLS 방식의 3D 프린터를 사용하여 8벌의 드레스와 2개의 헤드피스를 제작하였으며, 한 벌당 제작 시간은 약 62시간 정도가 소요되었다(Marfil, 2016). 이 드레스의 사슬 고리들로 이루어진 3D 스트럭쳐는

[그림 7-22] 3D 프린팅 직물

출처: http://www.modeclix.com, http://www.lboro.ac.uk

3D 프린팅이 되고 나서 수작업으로 빼거나 확장시킬 수 있기 때문에 사이즈와 형태가 체형에 맞게 변형이 가능하다(김효진, 김성달, 2018). 또한 영국의 러프버러(Loughborough) 대학교와 예프 그룹(Yeh Group)은 3D 스캔과 3D 프린터를 이용해서 사용자에게 24시간 이내로 폴리머 기반의 의류 및 잡화를 제공하는 연구를 진행하고 있다(Wood, 2016).

3. 디지털 의류패션

1) 디지털 의류패션의 개념 및 동향

디지털 의류패션은 의류, 생활용 섬유소재 및 섬유제품의 기획 · 디자인 · 설계(패턴) · 생산 · 유통 등의 전 공정에 사용되는 하드웨어와 소프트웨어의 모든 디지털 기술의 총칭을 말한다(우종범 외, 2017). 즉, 3D 스캐너, 3D CAD, DTP(Digital Textile Printing), 맞춤생산 시스템, 빅데이터, 인공지능(AI), 증강현실(AR), 가상현실(VR), 플랫폼 등의 기술이 의류패션 분야에 적용되면서 나타나는 디지털 의류를 말한다.

패션산업은 창의적이고 개성적인 분야이기 때문에 인공지능이 패션산업에서 활용되기 어렵다고 인식되어 왔다. 그러나 최근 데이터의 빅뱅과 머신러닝 기술의 발달로 인공지능은 패션 디자인, 패션 트렌드 예측, 개인 맞춤 생산 등 여러 패션산업 분야에서 적용되고 있다. 구글, 아마존 등 글로벌 기업들도 인공지능 기술을 활용한 패션 디자인 알고리즘 개발을 시작하였으며, 지속적인 연구 개발을 진행하고 있다. 데이터 콘텐츠 조사기업인 CB Insights(2018)에 따르면, 패션 스타일 및 트렌드를 예측하는 인공지능 알고리즘에서 증강현실을 이용한 드레싱룸에 이르기까지 기술은 패션의 모든 측면을 자동화하고 개인에게 최적화되고 있으며, 이런 속도는 앞으로 더욱 가속화될 것이라고 하였다.

세계 의류패션 시장규모는 연평균 약 4%씩 성장하고 있으며, 온라인 의류패션 시장은 국내뿐만 아니라 전 세계적으로 급격하게 성장하면서 전자상거래 시장에서 의류패션 분야가 1위를 차지하고 있다(한국섬유산업연합회, 2017). 최근 4차 산업혁명의 발달로 많은 산업분야에서 ICT의 도입이 활발하게 진행되고 있으나, 패션산업에서는 ICT의 활용 수준은 아직 매우 낮은 수준이며, 2025년에 계획 단계를 거쳐 2030년에 이르러서야 실행 초기 단계에 진입할 것으로 예측되고 있다(정은미 외, 2017). 이처럼 전통적으로 노동집약적 산업인 패션산업에서 ICT와의 융합은 다른 분야보다 서서히 나타나고 있지만, 패션은 이러한 기술과 융합이 가장 적합한 분야라고 할 수 있다. 앞으로 ICT는 그 어느 때 보다도 빠른 속도로 패션을 변화시킬 것이며, 특히 빅데이터와 인공지능, 증강현실/가상현실의 발달로 인해 의류 추천 서비스, 가상 의류 피팅룸, 개인 맞춤형 의류 등이 앞으로 크게 발전할 것으로 전망된다.

2) 디지털 의류패션의 주요기술, 빅데이터와 인공지능

패션산업에서 트렌드 예측이나 소비자의 감성을 파악하고 빅데이터와 인공지능을 활용하여 소비자의 구매 정보, 니즈, 감성 등 정보를 수집 · 분석하여 보다 신속하고 정확한 패션 트렌드 예측, 개인맞춤형 의류제작 등이 가능해지고 있다.

빅데이터란 인터넷과 각종 센서의 발달로 이전에는 결코 측정 · 저장 · 분석할 수 없었던 수많은 것들이 데이터화되면서, 기존 데이터에 비해 생성의 양과 주기, 형식 등이 너무 커져 기존의 컴퓨팅 능력으로는 관리 및 분석이 어려운 대규모의 데이터를 말한다. 최근에는 빅데이터를 3V(volume, variety, velocity)의 성격을 지니는 데이터를 처리하여 큰 가치(value)를 이끌어내도록 하는 데이터 관리, 분석 방법 및 그 도구로 보는 견해가 우세하다(권오병 외, 2017). 빅데이터는 규모의 측면에서는 디지털 정보량의 기하급수적 폭증을 의미하며, 다양성의 측면에서 이전과는 다른 구조화되지 않은 텍스트, 사진, 동영상 등의 비정형 데이터의 증가를 의미한다. 또한, 속도의 측면에서는 데이터가 실시간으로 산출됨을 의미한다.

인공지능은 인간의 학습 · 추론 · 지각 능력, 자연어의 이해 능력 등의 지적활동을 모방하기 위한 기술로, 인간의 지능과 같이 복합적인 문제를 해결하고 판단할 뿐 아니라 예측까지 가능한 기술을 말한다(Beak et al., 2016; 김지은, 이진화, 2018). 빅데이터의 등장은 지금까지 기계가 이해할 수 없었던 텍스트, 이미지 등의 비정형 정보를 분석할 수 있게 했고, 인공지능을 통해 비정형 정보를 이해하고, 의미 있는 정보를 추출할 수 있게 되는 등 인공지능의 발전으로 인하여 빅데이터의 활용 범위가 넓어지고 있으며 상호 보완적인 관계로 공생하고 있다(유성민, 2016).

이와 같은 인공지능을 활용하여 정형 데이터뿐만 아니라 방대한 텍스트와 이미지 등 비정형 데이터를 분석하여 소비자의 패션 트렌드 정보, 패션 상품의 종류, 상품의 판매량, 판매 속도 등을 조사하여 패션 트렌드 등을 예측하고 소비자의 관심제품, 선호하는 색상과 디자인 등의 개인 감성과 니즈를 파악하여 개인 맞춤형 패션제품 생산이 가능해지게 될 것이다.

3) 디지털 의류패션의 활용 사례

(1) 의류 추천 서비스

인공지능은 모든 소비자의 행동을 수집하고 분석함으로써 개개인의 감성과 취향이 정확히 반영된 패션제품을 추천하고 완벽하게 개인적인 서비스를 제공해줄 수 있다. 2000년대 들어 온라인이 활성화되면서 고객과의 대면이 줄어들어 개인화 서비스를 고심하던 패션기업들은 이제 빅데이터와 인공지능을 이용하여 온라인상에서 개인화 서비스를 구현할 수 있게 되었다. 미국의 스티치픽스(Stitch Fix), 아마존(Amazon), 타미힐피거(Tommy Hilfiger) 등은 빅데이터와 인공지능을 활용하는 대표적인 패션업체들이다.

[그림 7-23] Stitch Fix의 빅데이터와 인공지능 기반 의류 추천 시스템
출처: https://hbr.org에서 발췌하여 이미지를 재편집함

2011년에 창업한 미국의 스티치픽스는 빅데이터를 활용한 인공지능과 전문 스타일리스트를 활용하여 고객에게 맞는 옷을 추천해 주는 서비스를 제공하고 있다. 고객은 본인의 신체 치수, 선호 스타일, 라이프 스타일, 선호하는 샘플 등을 선택하여 프로파일을 등록하면 이를 기반으로 인공지능이 스타일을 추천하고 전문 스타일리스트가 그 중 고객에게 적합한 5가지를 골라 고객에게 배송한다. 고객이 배송받은 옷들 중에서 마음에 드는 옷만을 구매하고 나머지를 반품하면, 반품 이유를 인공지능이 학습하도록 하여 다음 추천에 이를 활용한다(김효진, 장은지, 2017; Lake, 2018). 인공지능은 고객의 구매 횟수가 증가할수록 고객의 패션 스타일을 좀 더 정확하게 학습할 수 있게 되고 점점 더 고객의 취향에 맞는 옷들을 추천하게 된다.

글로벌 온라인 쇼핑몰인 아마존은 2017년 대량의 이미지를 분석해 스타일을 카피 후 새로운 제품으로 디자인할 수 있는 인공지능과 전문 스타일리스트가 코디에 대한 조언을 해 주는 인공지능 카메라 에코룩(Echo Look)을 출시하였다(Larson, 2017). 에코룩은 사용자의 모습을 360도 모든 방향으로 3D 스캔하고 기계학습을 통해 사용자에게 맞는 패션 스타일과 쇼핑 어드바이저를 제공해 준다. 입은 옷이 얼마나 잘 어울리는지 수치로 보여 주고, 날씨에 따라 어떤 옷을 입어야 할지 조언해 주며 아마존에서 판매하고 있는 옷을 추천해 주기도 한다.

타미힐피거는 2018년 초에 IT 기업인 IBM, 패션스쿨인 FIT(Fashion Institute of Technology)와 협업으로 인공지능 활용 프로젝트를 시행하였다(Arthur, 2018). 인공지능 시스템은 딥러닝을 통해 15,000개 이상의 타미힐피거 제품 이미지, 60,000장의 다양한 패션쇼 사진, 약 100,000개의 직물패턴 등을 학습하였다. 그리고 고객이 선호하는 실루엣, 색상, 인터넷 기록 등을 가져와 시스템으로 분석한 결과는 소비자 심리분석, 유행하는 패턴, 실루엣, 색상, 스타일로 디자인 테마를 선정하는 등에 활용하거나 디자이너에게 전달되어 다음 컬렉션 디자인을 위한 의사결정에 사용된다.

이처럼 빅데이터와 인공지능을 활용하면 수많은 패션 상품 속에서 자신의 취향과 감성을 반영한 제품을 선택해 주므로 소비자는 자신의 개성에 맞는 의류제품을 가능한 한 쉽고 빠르게 선택할 수 있으며, 고객의 구입 정보가 누적되면서 점점 더 고객의 감성을 정확하게 예측할 수 있어 소비자 중심의 개인화된 서비스를 제공할 수 있다.

(2) 가상 의류 피팅룸

최근 패션산업에서는 3D 스캐너와 증강현실의 기술을 바탕으로 모션 트래킹 기술을 접목시킨 가상 의류 피팅룸 개발을 활발히 진행하고 있다. 가상 피팅룸은 거울 앞에 서 있는 사용자의 신체 사이즈를 파악해 3D로 제작된 의상을 가상으로 착용해 볼 수가 있어, 이 서비스를 사용하면 고객이 번거롭게 의상을 갈아입을 필요가 없어 쇼핑 시간을 단축시켜 준다(오동현, 2017). 이러한 가상 피팅 서비스를 제공하는 대표 프로그램으로는 한국의 i-Fashion, DC Suit, CLO 3D, 미국의 Optitex 등이 있다. 실제 오프라인 매장에서 가상피팅 서비스를 제공하고 있는 패션업체로는 릭비 앤 펠러(Rigby & Peller), 타미힐피거 등이 있다.

영국 여왕의 속옷 제조업체로 알려진 릭비 앤 펠러 매장에서는 매직미러를 사용하여 가장 적합한 속옷 사이즈를 확인할 수 있다. 디지털 바디 스캐너가 신체 140곳의 사이즈를 측정하여 신체 유형을 결정하고 모니터에 이미지를 표시하여 고객이 각 제품을 즉시 비교하여 선호하는 스타일을 선택할 수 있다(www.ribyandpeller.com).

타미힐피거는 일부 매장에 VR 헤드셋을 도입하여 쇼핑객이 마치 패션쇼 현장의 런웨이를 보는 듯한 느낌을 경험할 수 있게 제공하고 있다. VR 서비스를 제공하는 스타트업인 위메이크VR(WeMakeVR)과의 제휴를 통해 매장에 방문한 고객이 360도의 3D 가상현실을 경험할 수 있다(우종범 외, 2017).

이러한 3D 가상 착의 서비스가 활성화된다면 직접 입어 보지 않고도 착용 시뮬레이션을 통해 착의된 외관을 시각적으로 판단하여 의류 구매와 직접 연결할 수 있을 것이다.

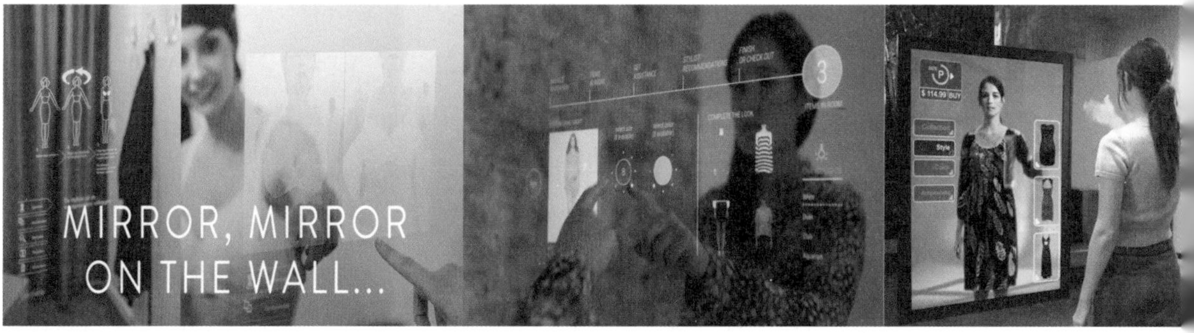

[그림 7-24] 스마트 미러

출처: https://www.rigbyandpeller.com, https://www.bloomberg.com, http://www.quytech.com/

(3) 개인 맞춤형 의류

최근 소비자들이 좋은 것보다는 남과는 다른 나만의 개성적인 제품을 추구하게 되면서 개인 맞춤에 대한 수요가 급속히 증가하고 있는 추세이다. 이에 따라 패션산업도 기성품(ready to wear)에서 대량맞춤, 더 나아가 개인맞춤(personalization)으로 패러다임이 전환되고 있다. 개인 맞춤형 의류란 기성복처럼 만들어진 의류를 사는 것이 아니라 개인이 색상, 소재, 스타일 등을 직접 선택하여 주문한 대로 만들어진 의류를 말한다. 최근 패션과 ICT가 융합되면서 미니스트리 오브 서플라이(Ministry of Supply)에서는 개인 맞춤형 의류를 생산하기 시작하였으며, 아이패션비즈센터(i-fashion Biz Center), 아마존 등도 개인 맞춤형 의류의 개발을 시도하고 있다.

미니스트리 오브 서플라이는 일본 제품의 3D 편직기계를 이용해 고객 몸에 딱 맞는 맞춤형 재킷을 90분 안에 제작할 수 있다. 소비자가 자신이 원하는 색, 소재, 버튼 방식을 정하면 컴퓨터 프로그래밍을 통해 재킷 제작에 들어간다. 이러한 방식은 옷을 개인의 취향이나 체형에 맞춘 대량 맞춤을 가능하게 해 주는 것으로 현재까지 미국 의류 업계에 있는 제작 과정을 변화시키는 혁신 트렌드가 될 가능성이 굉장히 높다고 「LA Times」가 보도하였다(Halzack, 2017).

아이패션비즈센터는 3D 바디스캔, 3D 아바타, 3D 피팅 등 가상현실기술과 디지털 염색(DTP) 등을 통해 대량 맞춤 시스템을 개발하여 주문형 맞춤의류 생산의 구현이 가능하게 되었다. 산업통상자원부는 2017년 이 시스템을 적용한 미래패션공작소를 선보였다(산업통상자원부, 2017). 미래패션공작소에서 소비자가 3D 바디스캔을 이용하여 생성한 자신의 아바타에 직접 디자인한 의상을 3D 피팅을 통해 입혀 보면서 의상을 고른다. 디자인이 확정되면 디지털 염색, 재단, 봉제 과정을 거쳐 1시간 내에 나만의 옷을 제작할 수 있게 된다.

[그림 7-25] 3D 니팅 기계로 제작되고 있는 자켓 (미니스트리 오브 서플라이)

출처: www.nytimes.com

아마존은 2017년 고객 맞춤형 의류제작 기술(On-demand apparel manufacturing system)에 대해 특허를 받았다(Wingfield & Couturier, 2017). 이 시스템은 컴퓨팅 시스템을 통해 고객이 의류를 주문하면 바로 의류 생산에 착수하여 주문 후 5일 이내에 고객에게 배송이 가능하도록 전 의류제조의 과정을 하나의 시스템으로 통합한 것이다. 아마존이 이 시스템을 실제 비즈니

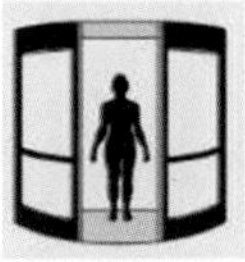	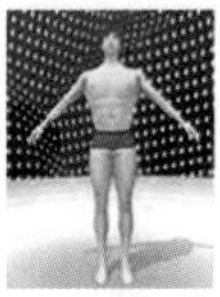			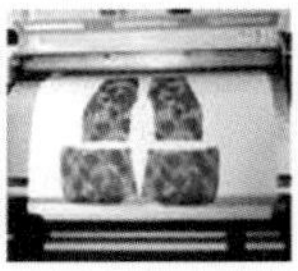		
치수 측정 (3D 바디스캔)	아바타 제작	디자인 선택 · 수정 및 3D 가상 착용	2D 패턴 (옷본) 생성	디지털 염색 (DTP)	재단	봉제
3~5분		5~10분		7~10분	15~25분	

*디지털 염색까지의 공정은 자동화로 구축/재단 · 봉제는 수작업(→ 총 소요시간 30~50+α분)

[그림 7-26] 주문형 맞춤의류 생산 시스템(아이패션비즈센터)

출처: http://www.motie.go.kr

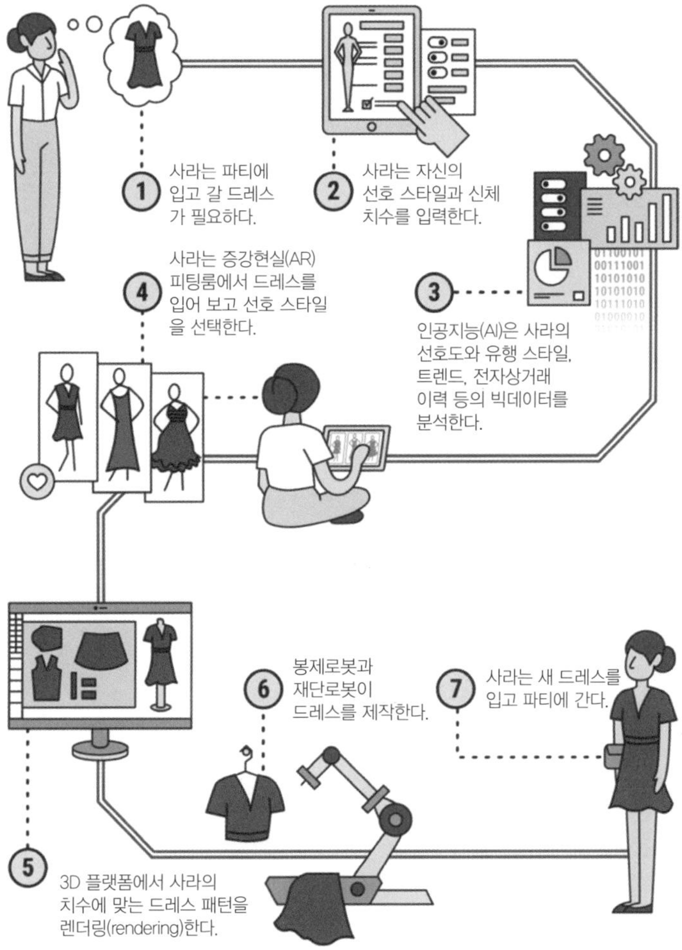

[그림 7-27] 미래의 개인 맞춤형 의류 제작 과정

출처: www.cbinsights.com

스에 적용하고 대규모의 생산과 연결시키게 된다면 패션업계에 강력한 파급효과를 미칠 것이다.

머지않은 미래에는 인공지능이 개인의 니즈 및 감성, 선호 스타일을 파악·분석하여 개인의 취향에 맞는 옷을 디자인해 주면, 고객은 증강현실/가상현실을 이용한 가상 피팅룸에서 의복을 착의해 보고 마음에 들면 생산을 주문하는 개인 맞춤 생산이 가능해질 전망이다.

요약하기

1. 스마트의류

- 스마트의류: 의복과 ICT가 융합된 의류로 전기전도성 섬유, 초소형 IC 등을 사용해 센서, 네트워크, 제어, 저장, 신호처리 등의 기능을 보유하면서도 의류 고유의 감성적, 기능적 속성을 유지한 의류
- 전자섬유: 스마트의류의 핵심 기술로 섬유의 고유한 속성인 유연성을 유지하면서 각종 신호의 감지와 구동 기능을 수행할 수 있는 섬유 소재
- 스마트의류는 주로 패션·엔터테인먼트, 스포츠·피트니스, 의료·헬스케어 등에서 활발하게 개발되고 있음

2. 3D 프린팅 의류

- 3D 프린팅 의류: 3D 프린터를 이용하여 3차원으로 디자인된 정보를 입력받아 입체적인 형태로 출력하는 장치인 3D 프린터로 출력된 의류
- 3D 프린팅 의류를 출력하기 위한 3D 프린터는 선택적 레이저 소결 적층(SLS) 방식과 수지압출 적층(FDM) 방식이 주로 사용된다.
- 의류패션산업에서 3D 프린터의 도입으로 대량맞춤 생산이 가능해지고 1인 제조업의 시대의 도래하게 될 것이다.

3. 디지털 의류패션

- 디지털 의류패션: 의류, 생활용 섬유소재 및 섬유제품의 기획·디자인·설계(패턴)·생산·유통 등의 전 공정에 사용되는 하드웨어와 소프트웨어의 모든 디지털 기술의 총칭
- 인공지능, 빅데이터, 모바일을 활용한 온·오프라인의 소비자 구매 정보, 트렌드 정보 등의 융합을 통한 의류추천 서비스, 가상 의류 피팅룸, 개인 맞춤형 의류제작 시스템 등이 크게 발전될 것으로 예측된다.
- 패션산업과 ICT가 융합되면서 패션산업은 새로운 패러다임으로 전환되고 있으며, 가까운 미래에는 대량맞춤을 넘어 개인 맞춤 생산이 가능해질 전망이다.

참고문헌

강미영(2018). 3D 패션 기술이 가져올 변화와 시사점. NIPA 이슈리포트, 26. Retrieved from https://www.seri.org/kz/kzBndbV.html?ucgb=KZBNDB&no=167292&cateno (2018. 08. 14.에 인출)

고재경(2014). 3D프린팅 기술 현황-소재산업을 중심으로. KDB 산업은행 미래전략연구소. Retrieved from https://rd.kdb.co.kr/er/wcms.do?actionId=ADERERERWCE03&contentPage=/er/er/er/ERER27I00012_01RS.jsp&menuId=ERERER0013&cid=17627 (2016. 05. 17.에 인출)

권오병, 진윤선, 남수현(2017). 섬유산업에서의 빅데이터 활용 전략. 섬유기술과 산업, 21(4), 224-232.

김들풀(2017. 9. 27.). 구글-리바이스 스마트의류 출시와 동향분석. ITN뉴스. Retrieved from http://www.itnews.or.kr/?p=23623 (2017. 12. 02.에 인출)

김성준 (2018. 1. 24.). 11시간 열 지속되는 막강 美 배터리 단복. ITN뉴스. Retrieved from http://tinnews.co.kr/sub_read.html?uid=14576&section=sc18 (2018. 08. 10에 인출)

김슬기, 김혜림(2018). 3D프린팅을 이용한 텍스타일 제조 기술동향. 한국의류산업학회지, 20(2), 117-127.

김승현, 최영림(2016). 3D프린팅 기술의 패션 산업에의 도입. 패션정보와 기술, 13(0), 60-65.

김은애, 김혜경, 나영주, 신윤숙, 오경화, 임은혁, 전양진(2013). 패션 텍스타일. 파주: 교문사.

김지은, 이진화(2018). 빅데이터와 인공지능을 중심으로 한 패션산업의 동향. 한국의류학회지, 42(1), 148-158.

김효진, 김성달(2018). 텍스타일 스트럭처 원리와 연계된 3D 프린팅 개발 유형 분석. 패션비즈니스, 22(2), 1-13.

김효진, 장은지(2017). 섬유패션산업의 4차 산업혁명: 3D 프린팅. 섬유기술과 산업, 21(4), 256-262.

박홍원(2014). 전자섬유(E-textile) 기술개발 동향. 패션정보와 기술, 11, 1119.

박훈(2014). 패션디자인과 ICT 융복합 활성화를 통한 패션의류산업의 신성장 전략. KIET ISSUE PAPER, 357. Retrieved from http://www.kiet.re.kr/kiet_web/?sub_num=8&state=view&idx=47793 (2018. 08. 07.에 인출)

배진석(2016). 스마트 코팅/라미네이팅. DYETEC 심층보고서. Retrieved from http://www.dyetec.or.kr/info/report.php (2017. 05. 10.에 인출)

산업통상자원부(2017. 8. 25.), 산업부, 현장에서 디자인, 즉석 생산하는 '미래패션공작소'

공개. 산업통상자원부 보도자료. Retrieved from http://www.motie.go.kr/common/download.do?fid=bbs&bbs_cd_n=81&bbs_seq_n=159560&file_seq_n=1 (2018. 01. 12.에 인출)

오동현(2017. 8. 29). 'VR · AR' 생태계 확장–패션업계 '가상코디' 열풍. 중앙일보. Retrieved from https://news.joins.com/article/21883432 (2018. 01. 15에 인출)

우종범, 박창규, 김민균, 하지태(2017). 디지털 의류패션 동향과 전망. KEIT PD Issue Report, 17(9). Retrieved from https://itech.keit.re.kr/index.do#03040100 (2018. 05. 11.에 인출)

유성민(2016). 빅데이터가 인공지능에 미친 영향. 한국정보기술학회지, 14(1), 29-34.

이나진(2016). 미래유망산업과 디자인 소재에 집중하라. KIDP ISSU REPORT. Retrieved from http://www.designdb.com/?menuno=785&bbsno=23419&act=view&ztag=rO0ABXQANDxjYWxsIHR5cGU9ImJvYXJkIiBubz0iNTg3IiBza2luPSJwaG90b19iYnMiPjwvY2FsbD4%3D (2017. 04. 21.에 인출)

이윤진(2016). 패션테크의 글로벌 트렌드 분석. 코카포커스, 16. Retrieved from http://www.kocca.kr/cop/bbs/view/B0000141/1831636.do?menuNo=200898 (2017. 04. 25.에 인출)

전재훈(2017). 보급형 3D 프린터를 활용한 착용형 패션 프로토타입 개발. 한국의류학회지, 41(3), 468-486.

전형진, 권민경(2017. 1. 8.). IT 입은 스포츠의류, 스마트의류 변신. 한국경제. Retrieved from http://news.hankyung.com/article/201701047550H (2017. 09. 05.에 인출)

정보통신산업진흥원(2016). 2016년 3D프린팅 산업 실태조사 결과보고서. Retrieved from http://www.nipa.kr/board/boardView.it (2017. 09. 15.에 인출)

정은미, 장석인, 조철, 서동혁, 최윤희, 정만태, 박광순, 이경숙, 김경유, 홍성인, 김종기, 이준, 이임자, 모정윤, 이상현, 박상수, 조용원, 윤자영, 심우중, 김양팽, 이자연(2017). 제4차 산업혁명이 주력산업에 미치는 영향과 주요 과제. KIET 연구보고서. Retrieved from http://www.kiet.re.kr/kiet_web/index.jsp?sub_num=8&pageNo=3&state=view&tab=list&idx=54172 (2018. 05. 20.에 인출)

통계청(2016). 장래인구추계(2015–2065). Retrieved from http://kostat.go.kr/portal/korea/kor_nw/2/2/6/index.board?bmode=read&bSeq=&aSeq=357935&pageNo=1&rowNum=10&navCount=10&currPg=&sTarget=title&sTxt= (2017. 05. 12.에 인출)

특허청(2018). 4차 산업혁명으로 날개 단 스마트의류. 특허청 보도자료. http://www.kipo.go.kr/kpo/user.tdf?seq=16873&c=1003&a=user.news.press1.BoardApp&board_

id=press&catmenu=m03_01_02 (2018.08.15.에 인출)

한국섬유산업연합회(2017). 섬유패션산업동향. Retrieved from http://www.kofoti.or.kr/OpBoard/View.asp?Code=IPB&Uid=156 (2018. 05. 20.에 인출)

Arthur, R. (2018. 1. 15.). Artificial intelligence empowers designers in IBM, Tommy Hilfiger and FIT collaboration. Forbes. Retrieved from https://www.forbes.com/sites/rachelarthur/2018/01/15/ai-ibm-tommy-hilfiger/#6ba0bacf78ac

Beak, A. I., Lim, G. G., & Yu, D. S. (2016). Exploring social impact of AI. *Information Policy, 23*(4), 3-23

Bernier, S. Luyt, B., & Reinhard, T. (2014). *Design for 3D printing: scanning, creating, editing, remixing, and making in tree dimensions*. San Francisco: Maker Media, Inc.

Blandy, F., & Mondesert, A. L. (2015. 7. 7.). Lagerfeld gambles with 3D-printed suit in Chanel casino. *Business Insider*. Retrieved from https://www.businessinsider.com/afp-lagerfeld-gambles-with-3d-printed-suit-in-chanel-casino-2015-7

Castano, L. M., & Flatau, A. B. (2014), Smart fabric sensors and e-textile technologies: a review. *Smart Materials and Structures, 23*, 1-27. Retrieved from http://iopscience.iop.org/article/10.1088/0964-1726/23/5/053001/meta

CB Insights (2018. 2. 27.). *The future of fashion: from design to merchandising, how tech is reshaping the industry*. Retrieved from https://www.cbinsights.com/research/fashion-tech-future-trends/

Chen, M., Ma, Y., Li, Y., Wu, D., Zhang, Y., & Youn, C. (2017). Wearable 2.0: Enabling human-cloud integration in next generation healthcare systems. *IEEE Communications Magazine, 55*(1), 54-61. doi:10.1109/MCOM.2017.1600410CM

Cho, G. (2010). *Smart clothing-technology and application*. London: CRC Press.

Hartmans, A. (2017. 2. 18.). Google helped build and app that designs you a personalized dress based on your lifestyle. *Business Insider*. Retrieved from https://www.businessinsider.com/google-data-dress-coded-couture-ivyrevel-photos-2017-2

Halzack, S. (2017. 5. 29.). This machine can knit a custom blazer in 90 minutes-and may herald a colthing revolution. *LA Times*. Retrieved from http://www.latimes.com/business/technology/la-fi-tn-custom-clothing-20170529-story.html

Hayward, J. (2018). E-textiles 2018-2028: technologies, markets and players. *IDTechEx*. Retrieved from https://www.idtechex.com/research/reports/e-textiles-2018-2028-

technologies-markets-and-players-000613.asp?viewopt=showall

IDC (2017. 6. 21.). Worldwide Wearables Market to Nearly Double by 2021. Retrieved from https://www.idc.com/getdoc.jsp?containerId=prUS42818517

Larson, S. (2017. 4. 26.). Amazon's $200 Echo Look will judge your outfits. *CNN*. Retrieved from https://money.cnn.com/2017/04/26/technology/amazon-echo-look/index.html

Liu, K., Sun, Y., Wang, J., Sun, Y., Lin, X., Zhou, R., Wang, J., Fan, S., & Jiang, K. (2010). Scratch-resistant, highly conductive, and high-strength carbon nanotube-based composite yarns. *ACS NANO, 4*(10), 5827-5834.

Marfil, L. (2016. 3. 3.). University of hertfordshire creates a clothing collection on a 3-D printer. *WWD*. Retrieved from https://wwd.com/fashion-news/fashion-scoops/university-of-hertfordshire-3-d-printer-modeclix-10400330/

Melnikova, R., Ehrmann, A., & Finsterbusch, K. (2014). 3D printing of textile-based structures by fused deposition modelling(FDM) with different polymer materials. *IOP Conference Series: Materials Science and Engineering*.

Lake, K. (2018). Stitch Fix's CEO on selling personal style to the mass market. *Harvard Business Review*. Retrieved from https://hbr.org/2018/05/stitch-fixs-ceo-on-selling-personal-style-to-the-mass-market

Sinha, S. (2017. 8. 31.). Smart clothing industry defining the future of wearables, fashion-technology fusion to characterize the industry landscape. *Global Market Insights*. Retrieved from https://www.gminsights.com/blogs/Smart-clothing-industry-trends-and-growth-forecast

Tao, X. (2001). *Smart Fibres, Fabrics and Clothing*. Cambridge: CRC Woodhead Publishing Ltd.

Tao, X., Zeng, W., Shu, L., Li, Q., Chen, S., Wang, F., & Tao, X.-M. (2014). Fiber-based wearable electronics: A review of materials, fabrication, devices, and applications. *Advanced Materials, 26*(31), 5310-5336.

Wingfield, L., & Couturier, K. (2017. 5. 1.). Detailing Amazon's Custom-Clothing Patent. NY Times. Retrieved from https://www.nytimes.com/2017/04/30/technology/detailing-amazons-custom-clothing-patent.html

Wood, C. (2016. 6. 20.). 3D Fashion project set to revolutionize clothing industry. *New Atlas*. Retrieved from https://newatlas.com/loughborough-university-yeh-group-3d-printed-fashion/42890/

Zhang, B., Lei, J., Qi, D., Lui, Z., Wang, Y., Xiao, G., Wu, J., Zhang, W., Huo, F., & Chen, X. (2018). Stretchable conductive fibers based on a cracking control strategy for wearable electronics. *Advanced Functional Materials, 28*(29).

8장

감성과 제품디자인

정상훈

●●● 들어가기

사용자가 제품을 사용하면서 느끼는 만족이나 감성을 사용자 경험(User Experience: UX)이라고 한다면, 이러한 사용자 경험이 제품 사용 후 해당 제품에 대한 만족도에는 어떤 영향을 미칠 것인가? 제품 사용 중 표출된 감성 중에서 어떤 감성이 해당 제품에 대한 사용자의 만족도에 가장 큰 영향을 미치는 지를 논의해 보는 것이 이 장의 궁극적인 목적이다. 품질의 정의가 '규격 적합성'에서 '고객 요구의 충족'으로 바뀜에 따라 품질의 대상은 유형적 제품뿐 아니라 무형적 서비스까지 포괄하는 것으로 자연스럽게 인식되고 있으며, 더 나아가 인간의 감성적 영역까지도 '매력품질' 또는 '감성품질'이라고 하여 날로 그 범위가 확장되고 있다.

디자이너가 의도한 감성을 사용자에게 전달하는 정도를 '감성품질'이라고 한다면, 이 장에서는 사용자가 제품을 사용하면서 느꼈던 감성과 해당 제품에 대한 만족도와의 관계를 알아봄으로써 제품의 감성품질을 높이기 위한 요소들은 어떤 것들이 있는지 알아보고자 한다. 아울러 감성을 고려한 제품, 서비스, 콘텐츠, 리더십의 경쟁력을 강화함으로써 감성품질을 향상하기 위하여 2014년부터 한국감성과학회에서 제정하여 운영하고 있는 한국감성과학대상에 대해서도 소개하고자 한다.

출처: 뉴로스카이(2014)

1. 제품 사용 중 표출되는 사용자의 감성

컴퓨터 기반 기술이 제품에 응용되어 제품의 본질이 변해 감에 따라 제품의 외관보다는 제품을 쉽고(easily) 효과적으로(effectively) 사용할 수 있게 하는 사용성(usability)이 제품 성공의 매우 중요한 요인이 되었다(Shackel, 1991). 디지털 시대가 도래하여 제품에 대한 사용자들의 기능적 요구 사항이 다양해짐에 따라 많은 기능을 수행할 수 있는 제품들이 시장에 등장하고 있으나, 실질적으로는 실패하는 경우가 종종 발생하고 있다. 사용자의 기능적인 요구 사항을 충분히 반영한 제품이 시장에서 실패하는 이유는 사용자의 또 다른 요구 사항, 즉 제품의 사용성 측면을 충분히 고려하지 않은 데서 기인하는 것으로 볼 수 있다. 하지만 지금까지의 사용성에 대한 개념이나 연구들을 살펴보면 주로 태스크(task) 수행에 따른 소요 시간, 에러(error) 등 사용자의 수행도(performance)로 직결되는 객관적인 측면만이 강조되어 왔음을 발견할 수 있다. 이제 사용자는 제품의 기능 수행도 측면뿐만 아니라 제품을 사용하면서 느끼는 감성적인 만족까지 가져다주기를 원하고 있다.

지금까지 인간의 감성에 대한 연구는 감성공학 분야에서 많이 진행되었지만 기존의 감성공학 관련 연구들을 살펴보면, 사용자에게 좋은 감성을 유발할 수 있는 제품을 어떻게 디자인할 것인가에 초점을 맞추어 제품의 외관과 감성에 관련된 것이 많다. 그리고 감성과 제품의 사용성에 대한 연구들은 인간의 감성이 제품의 사용성에 영향을 미친다는 것을 보여 주고 있는 정도이다. 이와 관련하여 노먼(Norman, 2004)은 감성이 인간의 행동에 어떻게 영향을 미칠 수 있는가를 설명하기 위하여 'affect'라는 용어를 사용하고 있다. 그는 부정적인 감정(negative affect)은 쉬운 과업을 어렵게 만들 수 있고, 긍정적인 감정(positive affect)은 어려운 과업을 쉽게 만들 수 있다고 주장하였다(Norman, 2004). 하지만 제품을 사용하면서 표출되는 인간의 감성에 관련된 연구, 즉 제품의 사용성이 인간의 감성에 어떤 영향을 미치는 지에 대한 연구는 아직 많이 이루어지고 있지 않는 실정이다. 제품의 사용성이 좋으면 사용자가 제품을 사용하면서 좋은 감성을 표출하는지, 반대로 제품의 사용성이 나쁘면 사용자가 나쁜 감성을 표출하는지에 대한 의문에 명확한 해답을 제시해 주지 못하고 있다. 따라서 이 절에서는 제품 사용 중 표출되는 사용자 감성에 대한 정의와 이를 효과적으로 측정하기 위한 방법에 대하여 알아보고, 제품의 사용성과 사용자의 감성 간에 어떤 관계가 있는지 밝혀 보고자 한다.

1) 제품 사용 중 표출되는 사용자의 감성 정의

비록 인간의 감성이 명시적으로 표현하기 어려운 특성이 있지만, 일상생활 속에서 우리는 항상 어떤 자극에 대해 언어나 암묵적인 행동, 표정 등으로 감성을 표현한다. 어휘는 이 중에서 가장 대표적인 감성 표현 수단이라고 할 수 있다. 따라서 감성을 나타내는 어휘들을 분석하는 것은 인간의 감성 이해에 중요한 도구를 제공할 수 있을 것이다. 인간의 감성은 그 감정이나 기분을 형용하는 형용사로서 거의 대부분 표현할 수 있기 때문에 감성어휘는 주로 형용사로 표현된다. 하지만 감성어휘가 반드시 형용사일 필요는 없고, 명사로 표현되어도 상관없다. 감성어휘는 연상법 또는 인터뷰 등 다양한 방법을 통해 수집할 수 있다. 제품 사용 중 표출되는 사용자의 감성을 정의하기 위하여 제품의 외관에서 느끼는 인간의 감성이나 제품의 외관 자체를 감성적으로 표현하는 어휘가 아니라 사용자가 제품을 사용하는 도중에 유발되는 인간의 감성 변화를 나타낼 수 있는 감성어휘들과 대표감성들을 추출해 보고자 한다.

(1) 감성어휘 추출

제품 사용 중 표출되는 사용자의 감성 변화를 나타낼 수 있는 감성어휘를 추출하기 위하여 우선 심리학(김영아 외, 1998; 박미자 외, 1998), 언어학(김향숙, 2003; 장세경, 장경희, 1994), 감성공학(김철중 외, 1993; 한성호 외, 1998), 인지언어학(임지룡, 1999) 등의 분야에서 수집된 기존의 감성어휘들을 조사하여 통합하는 과정을 거쳤다. 또한 쇼핑몰 사이트 및 마니아(mania)들을 대상으로 하는 전문 사이트 등에서 사용자들이 남긴 제품 사용후기를 통해 감성어휘를 수집하였다. 마지막으로 소리내어 생각하기(think-aloud) 기법을 활용하여 실험실에서 사용자들로 하여금 일련의 태스크를 수행하게끔 하고 제품을 사용하면서 느끼는 자신의 감성을 말로 표출하게 하였다.

이 세 가지 방법을 통해 추출한 감성어휘들 중에서 중복되거나 유사한 개념을 가

[그림 8-1] 제품 사용 중 표출되는 감성어휘 추출 과정
출처: 정상훈, 이건표(2006a)

진 어휘를 삭제하여 최종적으로 축약된 363개의 어휘로 제품을 사용하는 도중에 표출될 수 있는 감성 파악을 위한 1차 적합성 평정의 설문조사에 활용하였다. 사용자 인터페이스를 공부하고 있는 대학원학생 및 기업에서 인터페이스 관련 업무를 담당하고 있는 디자이너를 대상으로 웹서베이를 통해 단순히 제품의 외관에서 느낄 수 있는 감성어휘나 제품을 사용하는 도중에 유발될 수 있는 감성이 아니라는 것이 명백한 어휘, 그리고 의미를 이해하기 어려운 어휘를 삭제하였다. 1차 적합성 평가를 통해 축약된 231개 감성어휘로 2차 적합성 평가를 실시하였다. 2차 적합성 평가는 실생활에서 제품을 직접 사용하고 있는 사용자를 대상으로 각각의 감성어휘가 제품을 사용하는 도중에 유발될 수 있는 인간의 감성 변화와 어느 정도 관련이 있는지 7점 리커트(Likert) 척도를 이용하여 평가하였다. 7점 리커트 척도에서 '약간 관련 있다'에 해당하는 5점 이상의 점수를 기록한 어휘를 선택하여 최종 선별한 감성어휘는 모두 88개로 축약할 수 있었다([그림 8-1] 참조).

(2) 대표감성 추출

제품 사용 중 표출되는 감성어휘의 카테고리를 추출하기 위하여 2차 적합성 평가를 통해 최종 선택된 88개의 감성어휘들에 대해서 7점 리커트 척도에 의해 측정된 1에서 7까지의 점수를 입력 데이터로 통계 프로그램을 이용하여 요인분석(factor analysis)을 실시하였다. 요인분석의 기본 개념은 변수들의 근본적인 성질을 보존하여 정보 손실을 최소화하면서 많은 수의 변수들을 적은 수의 요인(factors)으로 재정의 하는 것이다. 따라서 요인분석을 통해 88개의 감성어휘들 간의 상관관계를 이용하여 어휘들을 서로 동질적인 몇 개의 요인으로 묶어 줌으로써 어휘들 내에 존재하는 상호 독립적인 차원을 파악할 수 있었다.

제1요인에는 예쁜, 세련된, 고급스러운, 깨끗한, 귀여운, 깜찍한, 아기자기한, 어울리는, 가벼운, 튀는, 매력 있는, 멋있는, 튼튼한, 깔끔한, 최고인 등 15개의 감성어휘가 포함되었다. 제1요인에 포함된 어휘들은 제품을 사용하면서 제품의 외관에서 느끼는 감성이거나 다양한 시각정보에 의해 표출된 감성이라는 공통적 특성을 가지고 있어 '심미성'이라는 명칭을 부여하였다. 제2요인에는 흡족한, 세심한, 자연스러운, 신뢰할 만한, 효율적인, 유용한, 쓸 만한, 편한, 적합한, 완벽한, 정교한, 취향에 맞는, 신선한, 편리한 등 14개의 감성어휘가 포함되었는데, 이것들은 대부분 제품의 사용성이나 실용적인 측면에서의 만족스러운 감성이라고 볼 수 있기에 '사용적 만족성'이라고 명명하였다. 제3요인에는 독특한, 참신한, 기발한, 특이한, 신기한, 굉장한, 갖고 싶은, 단순한, 마음에 드는, 간단한, 특별한, 우수한 등 12개의 감성어휘가 포함되었다. 제3요인에 포함된 어휘들은 사용자가 지금까지 경험해 보지 못한 참신하고 새로운 것에 의해 표출된 감성이라는 공통적 성격을 가지고 있어 '신규성'이라는 명칭을 부여하였다. 제4요인에는 불편한, 답답함, 어려운, 짜증남, 당황, 실망, 쉬운, 복잡한, 후회 등 9개의 감성어휘가 포함되었는데, 이것들은 대부분 제품을 사용하면서 느끼는 불편하거나 불쾌한 감성이라고 볼 수 있기에 '불편성'이라고 명명하였다. 반면, 제5요인에는 기쁨, 기분 좋음, 좋아함, 즐거움, 뛰어난, 좋은, 재미있는 등 제품을 사용하면서 느끼는 쾌한 감성이라고 할 수 있는 7개의 감성어

[그림 8-2] 제품 사용 중 표출되는 대표감성

출처: 정상훈, 이건표(2005a)

휘가 포함되었다. 따라서 제 5요인은 '유쾌성'이라는 명칭을 부여하였다. 마지막 제 6요인에는 탁월한, 최상의, 근사한, 돋보이는, 인상적인, 감각적인, 알맞은, 간편한, 필요한 등 9개의 감성어휘가 포함되었다. 제 6요인에 포함된 어휘들은 대부분 눈에 돋보이게 우수한 것에 의해 표출된 감성이라는 공통적 특성을 가지고 있어 '우수성'이라고 명명하였다.

결론적으로 7점 리커트 척도에 의해 5점 이상의 점수로 평가된 88개 감성어휘 중에서 요인분석을 통해 추출된 6개의 요인에 적재된 66개의 감성어휘들은 각 요인에 적재된 감성어휘들의 공통적 특성에 따라 '심미성' '사용적 만족성' '신규성' '불편성' '유쾌성' '우수성' 등 6개 감성 카테고리로 구분할 수 있었다([그림 8-2] 참조).

- **심미성**: 제품을 사용하면서 제품의 외관에서 느끼는 감성이거나 다양한 시각정보에 의해 표출된 감성
- **사용적 만족성**: 제품의 사용성이나 실용적인 측면에서의 만족스러운 감성
- **신규성**: 사용자가 지금까지 경험해 보지 못한 참신하고 새로운 것에 의해 표출된 감성
- **불편성**: 제품을 사용 중 느끼는 불편하거나 불쾌한 감성
- **유쾌성**: 제품을 사용하면서 느끼는 쾌한 감성
- **우수성**: 눈에 돋보이게 우수한 것에 의해 표출된 감성

요인분석을 통해 추출한 6개의 감성 카테고리는 사용자들이 제품을 사용하면서 표출하는 대표감성이라고 할 수 있다.

2) 제품 사용 중 표출되는 사용자의 감성 측정방법

인간의 감성은 외부로부터의 감각정보에 대하여 개인이 생활경험을 통하여 직관적(intuitive)이고 순간적(반사적, reflective)으로 갖게 되는 느낌이라고 설명할 수 있다. 또한 감성은 복합적이고 종합적인 느낌으로 명확한 표현이 어려운(ambiguous) 동시에, 개인과 환경변화에 따라 다양하게 변화하는(personal and dynamic) 특성이 있다(이구형, 1998). 이처럼 인간의 감성은 주관적이고 개인적이며, 직관적이고 모

호한 것이어서 정의하기도 힘들고, 따라서 측정하기는 더욱 어려운 과제이다. 카치오포와 가드너(Cacioppo & Gardner, 1999)는 '감성의 측정은 아주 혼잡한 연구 분야(bustling research area)'라고 결론짓기도 하였다. 일반적으로 감성의 측정방법은 크게 사용자의 주관적인 평가를 토대로 하는 심리적 측정방법과 생리신호를 이용하는 생리적 측정방법으로 나눌 수 있다. 주관적인 평가를 토대로 하는 심리적 측정방법은 감성을 경험한 이후에 평가를 해야 하는 한계를 가지고 있다. 따라서 감성을 보다 객관적으로 측정하기 위해 인간의 생리적 반응을 측정하여 감성의 객관적인 지표로 사용하고자 하는 생리적 측정방법에 대한 시도가 있어 왔다. 하지만 대부분 생리신호를 측정하여 감성을 파악하는 장비들은 고가일 뿐만 아니라 매우 거추장스럽고, 실험을 통해 산출된 데이터의 해석이 상당히 어렵기 때문에 디자인 분야에서 접근하기가 쉽지 않다.

따라서 디자인 분야에서 접근이 용이하고 자연스러운 환경하에서 사용자의 감성을 측정할 수 있는 방법, 또한 제품을 사용하면서 자연스럽게 표출되는 사용자의 감성을 효과적으로 측정하기 위한 방법에 대한 연구가 절실히 요구되는 실정이다. 이에 여기서는 기존의 감성 측정방법인 심리적 측정방법과 생리적 측정방법을 비교해 보고, 제품을 사용하면서 표출되는 사용자의 감성을 측정할 수 있는 가장 적절한 방법을 제안하고자 한다.

(1) 심리적 측정방법

상대적으로 쉽게 접근할 수 있기 때문에 전통적으로 감성의 측정은 주로 심리적 측정방법에 의존하였다. 심리적 측정방법은 사용자들로 하여금 자신이 어떠한 감성을 느끼는 지를 직접 물어보아서 이야기하게 하거나 일정한 척도(7점 척도, 5점 척도 등)를 사용하여 표시하게 하는 방법이다. 이는 주로 자기보고(self-report)나 인터뷰(interview) 등과 같은 방법으로 감성을 측정한다.

이러한 주관적인 평가를 토대로 하는 심리적 측정방법은 다음과 같은 몇 가지 제한점을 가지고 있다. 첫째, 사람들이 상호작용하면서 자신들의 감성 상태에 대해 말하는 것을 관찰해 보면 감성이 시간에 따라 다르게 경험된다. 둘째, 자신의 감성을 말로 정확하게 표현한다는 것이 그다지 쉽지 않다. 셋째, 사용자가 의식적으로든 무의식적으로든 자신의 감성을 교묘하게 조작할 수도 있다. 무엇보다도 주관적 보고는 감성을 경험한 이후에 평가되기 때문에 평가 전에 경험한 감성이 평가 이후에는 다르게 표현될 수 있다. 이와 관련하여 로젠버그와 에크만(Rosenberg & Ekman, 1994)은 회고식 자기보고는 최근 효과(recent effects)에 의해 영향을 받음을 보여 주었다. 쉐러(Scherer, 1986)는 사용자의 기억용량에 한계가 있기 때문에 감성을 경험한 시점과 자기보고를 하는 시점 사이에는 항상 시간감률(time-lapse)이 존재한다고 주장하였다. 그에 따르면, 시간감률이 클수록 감성에 대한 측정 결과는 더 많이 왜곡된다(Sherer, 1986).

(2) 생리적 측정방법

생리적 측정방법은 감성을 보다 객관적으로 측정하기 위해 인간의 생리적 반응을 측정하여 감성의 객관적인 지표로 사용하는 방법이다. 이때 이용하는 생리신호에서 자율신경계에 의해 나타나는 것은 혈압(blood pressure), 심전도(electrocardiogram: ECG), 맥박(pulse), 피부 온도(skin temperature: SKT), 피부전기활동(electrodermal activity: EDA), 근전도(electromyogram: EMG) 등이 있고, 중추신경계에 의한 것은 뇌파(electroencephalogram: EEG)가 있다. 인간의 감정(emotion)을 연구할 때에는 자율신경계에 의한 신호보다는 뇌파를 많이 이용하고 있는데, 이는 뇌파가 두뇌 활동에 대한 정보를 가장 많이 포함하고 있을 것으로 기대하고 있기 때문이다(김동준 외, 2002).

이러한 생리신호를 이용하여 감성을 측정하는 방법에도 많은 문제점이 있다. 첫째, 현재의 기술로 생리신호를 측정하여 감성을 파악하는 방법은 매우 거추장스럽고 부자연스럽다. 예컨대, 맥박과 피부전기활동을 모니터링하기 위해 손가락에 감지기까지 부착해야 하고, 후두 · 중심 · 두정엽 등에서 발생하는 뇌파를 측정하는 장치까지 머리에 씌워야 한다. 둘째, 사용자로 하여금 감성을 표출하게 하는 자극물의 제시에 한계가 있다. 생리신호를 측정하는 도중에 사용자는 움직이지 않아야 하기 때문에 시각물이나 청각물 등 피검자가 움직이지 않아도 되는 자극물로 제한된다. 특히 뇌파를 측정하기 위해서는 잡파에 대한 제어를 철저하게 해야 하는데 눈깜박임이나 약간의 움직임으로 인해 상당히 많은 잡파가 발생하기 때문에 감성에 의해 발생한 순수한 뇌파를 검출해 내기가 어려운 실정이다. 따라서 제품을 사용하면서 표출되는 감성을 측정하기에는 한계가 있다. 셋째, 경제적인 문제를 들 수 있다.

생리신호를 측정하기 위해서는 고가의 장비가 필요할 뿐만 아니라 실험실 환경을 구축하는 데에도 많은 어려움이 있다. 넷째, 생리신호를 측정하여 감성을 연구하는 학자들의 결과에 일관성이 부족하다. 심전도 및 피부전기활동 등에서는 다소 일관된 결과들이 나타나지만 그 외 신호들에 있어서는 아직까지 객관적인 지표가 마련되지 못한 실정이다. 많은 연구자들이 사용하거나 조작하는 감성유발자극도 연구마다 다르고, 감성의 측정을 위하여 사용하는 생리변수들도 다르기 때문에 생리적 측정방법에 따른 연구결과들이 일관되지 않다(Cacioppo et al., 1993). 이러한 연구방법론상의 문제는 정서와 자율신경계 반응간의 관계, 정서-특정적 반응 패턴에 대한 틀을 마련하는 데 많은 어려움으로 작용하고 있다(Prkachin et al., 1999). 따라서 생리신호만으로는 인간의 감성을 파악하기가 쉽지 않다고 할 수 있다. 다섯째, 실험을 통해 산출된 데이터의 해석이 상당히 어렵다. 산출된 데이터를 해석하기 위해서는 인간의 생리신호에 대한 해박한 지식이 필요하기 때문에 디자인 분야에서 접근하기가 쉽지 않다.

(3) 제품 사용 중 표출되는 사용자 감성 측정방법

제품을 사용하기 위해 사용자가 계속 움직여야 하는 상황과 자극의 크기가 그다지 크지 않다는 점을 고려해 본다면 제품 사용 중 표출되는 사용자의 감성을 측정하기 위해서는 생리적 측정방법보다는 심리적 측정방법이 더 효과적임을 알 수 있다. 심리적 측정방법 중에서 사용자가 느끼는 감성을 형용사와 같은 어휘를 통해 간접적으로 측정하는 방법, 즉 감성어휘를 추출하여 사용자의 감성을 측정하는 방법이 가장 보편화되어 있는 방법이다. 사용자가 제품을 사용하는 도중에 유발되는 인간의 감성 변화를 나타낼 수 있는 감성어휘를 추출하여 제품을 사용하는 도중에 표출되는 사용자의 감성을 측정하기에 적합한 주관적 평가척도와 자기보고 질문지형 척도를 개발하였다.

① 주관적 평가척도

요인분석에서 요인적재량은 각 변수와 요인간의 상관관계의 정도를 나타내 주는 것으로 각 요인에 적재된 해당 변수의 요인적재량이 높을수록 그 요인과의 상관관계가 높다고 해석할 수 있다. 보통 요인적재량이 0.3 이하이면 유의성이 낮다고 보

[그림 8-3] 주관적 평가척도 작성을 위한 감성어휘

주: [ ]는 각 감성어휘의 요인적재량을 나타냄
출처: 정상훈, 이건표(2006a)

며, 0.4 이하이면 중간 정도의 유의성이 있다고 보며, 0.5 이상이면 유의성이 높다고 본다(김충련, 2003).

따라서 대표감성 추출 시 진행한 요인분석 결과 각 대표감성에 속한 감성어휘 중에서 요인적재량이 0.55 이상이면서 다른 요인에 대한 요인적재량이 0.40 미만인 어휘 32개를 최종적으로 선택하여 제품을 사용하는 도중에 표출되는 인간의 감성을 측정하기 위한 주관적 평가척도에 사용할 감성어휘로 결정하였다([그림 8-3] 참조). 각 대표감성별 선택한 감성어휘의 개수는 각 대표감성의 고유값과 설명력(%분산)을 반영한 결과라고 할 수 있다.

최종 선별한 감성어휘와 대표감성으로 주관적 평가척도를 작성하였다([그림 8-4]). 주관적 평가척도를 작성할 때 심미성에 속한 감성어휘만을 먼저 나열하고 그 다음에 사용적 만족성에 속한 감성어휘를 나열하는 것보다는 각 대표감성별 감성

어휘들을 무작위하게 배열하는 것이 중요하다.

아래 어휘들은 제품을 사용하는 도중에 유발되는 인간의 심리 상태나 느낌을 표현할 수 있는 감성어휘들입니다. 실험 수행 도중 유발된 귀하의 감성(감정, 정서, 심리 상태나 느낌) 상태를 아래에 있는 감성어휘들 중에서 모두 골라 선택하고(복수 선택 가능), 그 정도를 5단계(1. 아주 약간 그렇다, 2. 약간 그렇다, 3. 그렇다, 4. 매우 그렇다, 5. 극도로 그렇다) 중에서 하나를 골라 체크해 주시기 바랍니다.

No.	감성어휘	아주 약간 그렇다	약간 그렇다	그렇다	매우 그렇다	극도로 그렇다
1	예쁜					
2	흡족한					
3	독특한					
4	불편한					
5	기쁨					
6	탁월한					
7	세심한					
8	참신한					
9	답답함					
10	기분 좋음					
11	최상의					
12	세련된					
13	기발한					
14	어려운					
15	좋아함					
16	돋보이는					
17	고급스러운					
18	자연스러운					
19	짜증남					
20	즐거움					
21	깨끗한					
22	신뢰할 만한					
23	특이한					
24	귀여운					
25	효율적인					
26	신기한					
27	당황					
28	유용한					
29	실망					
30	깜찍한					
31	아기자기한					
32	어울리는					

[그림 8-4] 제품 사용 중 표출되는 사용자 감성을 측정하기 위한 주관적 평가척도

출처: 정상훈, 이건표(2006a)

우선, 사용성을 평가할 수 있는 객관적인 사용성 평가 결과 자료를 분석하여 수행할 태스크를 결정하고, 평가할 제품을 가지고 몇 가지 태스크를 수행하면서 각 태스크 완료 후 주관적 평가척도를 통해 감성의 변화를 평가한다. 태스크는 사용성에 별 문제점이 없어서 비교적 쉽게 수행할 수 있는 태스크와 사용성에 문제가 있어서 다소 수행하기 어려운 태스크를 선택하고, 이들을 번갈아 가며 수행하게끔 한다. 감성평가는 해당 태스크를 수행하는 도중 유발된 사용자의 감성(감정, 정서, 심리 상태나 느낌) 상태를 주관적 평가척도에 있는 감성어휘들 중에서 모두 골라 선택하고(복수 선택 가능), 그 감성의 정도를 5단계(1. 아주 약간 그렇다, 2. 약간 그렇다, 3. 그렇다, 4. 매우 그렇다, 5. 극도로 그렇다) 중에서 하나를 골라 체크하는 것이다. 태스크의 난이도에 따른 감성평가 자료 분석과 태스크 수행 시간과 감성평가 자료 분석, 에러 발생 횟수에 따른 감성평가 자료 분석 등 사용성 평가 결과와 감성평가 결과 간의 상관관계를 분석할 수 있을 것이라 기대한다. 이처럼 도출된 주관적 평가척도는 제품 사용 중 표출되는 사용자 감성을 측정하기 위해 다양한 방법으로 활용할 수 있을 것이다.

② 자기보고 질문지형 척도

앞에서 도출한 주관적 평가척도를 이용하여 제품 사용 중 표출되는 사용자의 감성을 측정하기 위한 실험을 몇 차례 진행해 본 결과, 대부분의 실험 참여자들의 반응이 자신의 감성을 32개의 감성어휘 중에서 정확하게 선택하기가 그다지 쉽지 않다는 것이었다. 이는 평가척도로 사용하기에는 32개의 어휘도 많기 때문이라고 할 수 있다. 이러한 어려움을 다소나마 보완하기 위해 32개의 감성어휘가 아니라 6개의 대표감성을 이용하여 제품을 사용하는 도중에 표출되는 사용자의 감성을 효과적으로 측정할 수 있는 자기보고 질문지형 척도를 제안하였다([그림 8-5] 참조). 개발한 척도는 다음과 같이 6개의 질문으로 구성되어 있다. 각 질문은 사용자들이 제품을 사용하면서 표출된 대표감성의 정도를 사용자가 자기보고 형식으로 평가할 수 있도록 하였다.

- **심미성에 대한 평가**: 나는 본 제품을 사용하면서 제품의 외관이나 다양한 시각정보에 의해 표출되는 감성(예쁜, 세련된, 고급스러운, 깨끗한, 귀여운, 깜찍한, 아기자기한, 어울리는 등)을 느꼈다.

- **사용적 만족성에 대한 평가:** 나는 본 제품을 사용하면서 제품의 사용성이나 실용적인 측면에서의 만족스러운 감성(흡족한, 세심한, 자연스러운, 신뢰할 만한, 효율적인, 유용한 등)을 느꼈다.
- **신규성에 대한 평가:** 나는 본 제품을 사용하면서 지금까지 경험해 보지 못한 참신하고 새로운 것에 의해 표출되는 감성(독특한, 참신한, 기발한, 특이한, 신기한 등)을 느꼈다.
- **불편성에 대한 평가:** 나는 본 제품을 사용하면서 불편하거나 불쾌한 감성(불편한, 답답함, 어려운, 짜증남, 당황, 실망 등)을 느꼈다.
- **유쾌성에 대한 평가:** 나는 본 제품을 사용하면서 유쾌한 감성(기쁨, 기분 좋음, 좋아함, 즐거움)을 느꼈다.
- **우수성에 대한 평가:** 나는 본 제품을 사용하면서 눈에 돋보이게 우수한 것에 의해 표출되는 감성(탁월한, 최상의, 돋보이는 등)을 느꼈다.

귀하께서 본 제품을 사용하는 도중에 유발된 귀하의 감성(감정, 정서, 심리 상태나 느낌) 상태 정도를 각 질문에 대하여 6단계(1. 그렇지 않다, 2. 아주 약간 그렇다, 3. 약간 그렇다, 4. 그렇다, 5. 매우 그렇다, 6. 극도로 그렇다) 중에서 하나를 골라 체크해 주시기 바랍니다.

No.	질문	그렇지 않다	아주 약간 그렇다	약간 그렇다	그렇다	매우 그렇다	극도로 그렇다
1	**심미성**: 나는 본 제품을 사용하면서 제품의 외관이나 다양한 시각정보에 의해 표출되는 감성(예쁜, 세련된, 고급스러운, 깨끗한, 귀여운, 깜찍한, 아기자기한, 어울리는 등)을 느꼈다.						
2	**사용적 만족성**: 나는 본 제품을 사용하면서 제품의 사용성이나 실용적인 측면에서의 만족스러운 감성(흡족한, 세심한, 자연스러운, 신뢰할 만한, 효율적인, 유용한 등)을 느꼈다.						
3	**신규성**: 나는 본 제품을 사용하면서 지금까지 경험해 보지 못한 참신하고 새로운 것에 의해 표출되는 감성(독특한, 참신한, 기발한, 특이한, 신기한 등)을 느꼈다.						
4	**불편성**: 나는 본 제품을 사용하면서 불편하거나 불쾌한 감성(불편한, 답답함, 어려운, 짜증남, 당황, 실망 등)을 느꼈다.						
5	**유쾌성**: 나는 본 제품을 사용하면서 유쾌한 감성(기쁨, 기분 좋음, 좋아함, 즐거움)을 느꼈다.						
6	**우수성**: 나는 본 제품을 사용하면서 눈에 돋보이게 우수한 것에 의해 표출되는 감성(탁월한, 최상의, 돋보이는 등)을 느꼈다.						

[그림 8-5] 제품 사용 중 표출되는 사용자 감성을 측정하기 위한 자기보고 질문지형 척도

출처: 정상훈(2007b), 정상훈(2008)

실험에 참여한 사용자에게 특정 태스크를 지정하여 수행하게끔 하는 것보다는 자신이 자주 사용하는 기능을 중심으로 일정 시간 동안 해당 제품을 자연스럽게 사용한 후에 자기보고 질문지형 척도를 활용하여 전체적인 제품 사용에 대한 감성을 평가할 수 있도록 한다. 각 대표감성에 대한 정도를 6단계(1. 그렇지 않다, 2. 아주 약간 그렇다, 3. 약간 그렇다, 4. 그렇다, 5. 매우 그렇다, 6. 극도로 그렇다) 중에서 하나를 골라 체크하는 것이다.

일반적으로 가장 많이 쓰이는 내적 일관성에 의한 척도의 신뢰도 평가방법은 크론바흐 알파 계수(Cronbach's coefficient alpha: Cronbach's α)를 이용하는 것이다. Cronbach's α는 0에서 1 사이의 값을 가지며, 높을수록 바람직하나 반드시 몇 점 이상이어야 한다는 기준은 없다. 흔히 0.8~0.9 이상이면 바람직하고, 0.6~0.7이면 수용할 만한 것으로 여겨진다. 그러나 0.6보다 작으면 내적 일관성이 결여된 것으로 받아들여진다(이학식, 김영, 2001). 개발한 자기보고 질문지형 척도를 이용하여 동일한 방법으로 진행한 두 집단의 감성평가 점수를 바탕으로 자기보고 질문지형 척도의 신뢰도 분석 결과 Cronbach's α가 각각 0.7과 0.8로 나타났다. 이는 개발한 자기보고 질문지형 척도의 신뢰도는 수용할 만한 것으로 해석할 수 있다. 따라서 제시한 자기보고 질문지형 척도는 제품을 사용하면서 자연스럽게 표출되는 사용자의 감성을 효과적으로 측정하기 위한 척도로 활용할 수 있을 것이다.

2. 제품의 감성품질

최근 들어 사용자 경험(UX)에 대한 관심과 중요성이 많이 부각되면서 이와 관련된 많은 연구들이 진행되고 있다. 사용자 경험은 사용자가 어떤 시스템, 제품 및 서비스를 직간접적으로 이용하면서 느끼고 생각하게 되는 지각과 반응, 행동 등의 총체적 경험을 말한다. 이 개념은 현재에 와서는 컴퓨터 제품뿐만 아니라 산업을 통해 제공되는 서비스, 상품, 프로세스, 사회와 문화에 이르기까지 널리 응용되고 있다(신동희, 2012). 사용자 경험의 기본 개념은 기술을 단지 효용성 측면에서만 보는 것이 아니라 사용자의 삶의 질을 향상시키는 방향으로 이해하려는 접근법으로, 긍정적인 사용자 경험의 창출은 사용자 니즈의 만족, 브랜드 충성도 향상 등에 기여한다. 이러한 개념은 기업, 특히 고객 서비스와 관련된 산업분야에서도 이미 오래전부터 고객만족이라는 개념을 도입하여 기업의 핵심 마케팅 전략 중의 하나로 활용하고 있다.

사용자가 제품을 사용하면서 느끼는 만족이나 감성을 사용자 경험이라고 한다면, 이러한 사용자 경험이 제품 사용 후 해당 제품에 대한 만족도에는 어떤 영향을 미칠 것인가? 고객만족에 관련된 연구들은 다양한 분야에서 폭넓게 진행되고 있지만, 제품의 속성과 소비자 만족도에 관련된 연구들이 대부분이다. 그러므로 제품이 가지고 있는 속성이 아니라 제품을 경험하는 사용자의 입장에서 제품을 사용하면서 사용자가 느꼈던 감성이 제품의 만족도와 어떤 관계가 있는지 알아보는 것은 의미 있는 일이라 할 수 있다. 톰슨과 로비테일(Thompson & Robitaille, 1992)은 디자이너가 의도한 감성을 사용자에게 전달하는 정도를 '감성품질'이라고 정의하였다. 제품 사용 중 표출된 감성 중에서 어떤 감성이 해당 제품에 대한 사용자의 만족도에 가장 큰 영향을 미치는 지를 알아보고, 더 나아가 향후 제품 구매 시 현재 사용 중인 제품의 제조사와 같은 회사의 제품을 구매하고 싶은지 여부와의 관계도 함께 검토하는 것이다. 이를 통해 제품 디자인 시 사용자의 감성에 영향을 미치는 속성 중 어떤 것에 더 중점을 두어야 하는지에 대한 시사점을 제공할 수 있으리라 기대한다.

1) 제품 만족도 및 재구매 의도

(1) 고객만족

올리버(Oliver, 1980b)는 일반적으로 만족은 재화나 서비스에 대한 소비자의 전반적인 반응으로 정의하였으며, 만족은 태도변화, 재구매, 긍정적인 구전, 충성도, 불평행위 등 구매 후의 행위에 영향을 주기 때문에 마케팅 활동에서 매우 중요한 개념이라 할 수 있다고 하였다. 따라서 고객만족은 기업의 핵심 마케팅 전략 중의 하나로 고객 서비스와 관련되는 산업 분야에서 특히 많이 연구되어 왔다(최연희, 2013). 데이(Day, 1977)는 소비자가 특정한 제품에 대한 소비 경험과 관련하여 사전 기대와 인지된 실제 성과 간의 차이에 대한 평가에서 보이는 반응이라고 주장하고 있으며, 올리버(1981)는 소비자가 구매 전 기대에 대해 불일치를 경험하게 될 때의 감정과 제품 경험에 대해 소비자가 사전적으로 가지고 있던 감정이 복합적으로 결합하여 발생된 종합적인 심리적 상태라고 정의하였다. 비어든(Bearden, 1983)은 소비자 만족을 소비자가 제품을 소유하거나 사용하면서 느끼는 주관적인 쾌감의 정도라고 하여 소비자의 감성적인 면을 고려하였다.

(2) 제품 만족도

소비자의 제품에 대한 만족 · 불만족은 제품을 구매, 사용하는 과정에서의 경험에 대한 소비자 평가의 좋고 나쁜 정도라고 정의할 수 있으며, 소비자 행동 모형에서 중요한 변수로 다루어져 왔다(이상곤, 2003). 제품에 대한 만족도는 소비자의 기대수준에 따라서 차이가 발생하는데, 기대수준은 과거의 경험 등에 의해 형성된다(김송이, 2010). 체피엘과 길모어(Czepiel & Gilmore, 1987)는 제품과 관련된 만족에는 원가, 견고 · 내구성, 품질, 성능, 미관적 질 등에 따라 달라진다고 하였다. 이 외에도 제품의 속성과 소비자 만족도에 관련된 연구들은 다양한 분야에서 폭넓게 진행되어 왔다(채형준, 2005; LaTour & Peat, 1979; Wilkie & Pessemier, 1973).

(3) 재구매 의도

비트너(Bitner, 1990)는 소비자의 재구매 의도에 관한 연구에서 가장 많은 영향을 미치는 요인은 소비자의 만족 · 불만족이라고 주장하였다. 이와 같이 전반적인 고객만족은 미래의 구매 의도 형성에 많은 영향을 주는 것으로 폭넓게 인식되어 왔다(Taylor & Baker, 1994). 재구매 의도는 고객이 과거의 경험과 미래에 대한 기대에 기초하여 현재 기업의 제품, 서비스를 다음번에도 다시 이용하고자 하는 의도로 정의할 수 있다(Czepiel & Gilmore, 1987). 한편, 최재봉(2010)은 재구매 의도를 특정 기업의 제품 혹은 서비스를 사용한 경험이 있는 소비자가 자신 혹은 주변인에게 향후 구매가 필요한 상황이 도래했을 때 동일한 기업의 제품 혹은 서비스를 계속 구매하거나 추천하고자 하는 심리적 상태라고 정의하였다. 올리버와 스완(Oliver & Swan, 1989)은 고객만족과 구매 후 태도가 재구매 의도에 영향을 미친다는 것을 실증적으로 연구하였고, 파라수라만 등(Parasuraman et al., 1996)은 고객만족과 만족 후의 행동의도와의 인과관계 연구를 통해서 만족한 고객은 재구매, 추천, 로열티 상승, 추가 비용 지불 등의 행동 의도가 나타남을 밝혔다(이장로, 김미옥, 2010). 이처럼 고객만족은 구매 후 태도에 영향을 미치며, 이러한 태도는 계속해서 재구매 의도에 영향을 미친다는 것이 대체적인 기존 연구의 결론이다(권기대 외, 2004; 이장로, 김미옥, 2010; Bearden, 1983; Eggert & Ulaga, 2002; Geva & Goldman, 1990; Oliver, 1980a; Reichheld, 1996).

2) 제품의 감성품질

디자이너가 의도한 감성을 사용자에게 전달하는 정도를 감성품질이라고 설명한 톰슨과 로비테일(1992)의 정의를 재해석하여 디자이너가 의도한 감성을 사용자에게 잘 전달하여 사용자가 제품을 사용한 후 느끼는 사용자의 만족도를 해당 제품의 감성품질이라고 정의할 수 있을 것이다. 여기서는 제품 사용 중 표출된 감성 중에서 어떤 감성이 해당 제품에 대한 사용자의 만족도에 가장 큰 영향을 미치는 지를 알아보고, 더 나아가 향후 제품 구매 시 현재 사용 중인 제품의 제조사와 동일한 회사의 제품을 구매하고 싶은지 여부와의 관계도 함께 검토하기 위한 실증적인 실험을 진행해 봄으로써 제품의 감성품질에 대하여 보다 구체적으로 알아보고자 한다.

(1) 실험 개요

실험 대상 제품은 현재 소비자들, 특히 이 실험의 주요 피실험자인 대학생들이 가장 보편적으로 소유하고 있는 휴대폰으로 결정하였다. 실험에 참여한 피실험자는 휴대폰 소비시장의 주역이라고 할 수 있는 대학생이었다. 우선 우리나라 대학생을 대상으로 실험을 먼저 진행하였고, 동일한 실험을 미국의 대학생을 대상으로 진행하였다. 이 실험은 우리나라와 미국의 실험결과를 서로 비교하기보다는 우리나라에서 진행한 실험결과에 대한 일반화를 위하여 피실험자를 확대하여 미국에서 동일한 실험을 진행하였다.

(2) 실험 진행방법

우선 마음의 안정을 취할 수 있도록 피실험자에게 실험 진행에 대한 전반적인 내용을 설명하였다. 특히, 사용자의 감성을 나타내는 6개의 질문에 대해 설명해 줌으로써 실험을 원활히 진행할 수 있도록 하였다. 첫 번째로 실험참여자들이 현재 사용하고 있는 휴대폰을 사용하면서 느꼈던 감성을 평가해 보았다. 감성 평가는 정상훈(2007b)이 개발한 제품 사용 중 사용자의 감성 측정을 위한 자기보고 질문지형 척도를 이용하였다([그림 8-5] 참조). 피실험자의 감성평가는 현재 사용 중인 휴대폰을 사용하면서 느꼈던 각 대표감성에 대한 정도를 6단계(1. 그렇지 않다, 2. 아주 약간 그렇다, 3. 약간 그렇다, 4. 그렇다, 5. 매우 그렇다, 6. 극도로 그렇다) 중에서 하나를 골라 체크하게 하였다. 두 번째로, 현재 사용 중인 휴대폰에 대한 만족도에 대한 정도를 5단계(1. 아주 만족하지 않는다, 2. 만족하지 않는다, 3. 보통이다, 4. 만족한다, 5. 매우 만족한다) 중에서 하나를 골라 체크하게 하였다. 세 번째로, 향후 휴대폰 구매 시 현재 사용 중인 휴대폰 제조사와 동일한 회사의 휴대폰을 구매하고 싶은지에 대하여 질문하였다.

먼저, 사용자가 자신의 휴대폰을 사용하면서 느꼈던 감성과 해당 휴대폰에 대한 만족도와의 관계를 알아보기 위하여 자기보고 질문지형 척도에 의해 측정된 1에서 6까지의 감성 평가 점수를 독립변수로 하고, 1에서 5까지의 만족도 평가 점수를 종속변수로 하여 통계 프로그램을 이용하여 다중회귀분석을 진행하였다. 다음으로, 동일한 방법으로 사용자가 자신의 휴대폰을 사용하면서 느꼈던 감성과 향후 휴대폰 구매 시 현재 사용 중인 휴대폰 제조사와 동일한 회사의 휴대폰을 구매하고 싶은지 여부와의 관계를 알아보기 위해서 6가지 대표감성을 독립변수로 하고, 구매 여부를 종속변수로 하여 다중회귀분석을 진행하였다. 마지막으로, 현재 사용 중인 휴대폰에 대한 만족도와 향후 휴대폰 구매 시 현재 사용 중인 휴대폰 제조사와 동일한 회사의 휴대폰을 구매하고 싶은 지 여부와의 관계를 알아보기 위하여 피어슨 상관관계분석(Pearson's correlation analysis)을 실시하였다.

(3) 실험 1: 한국

실험 1은 우리나라 대학생을 대상으로 수행하였다. 실험에 참여한 피실험자는 2012년 당시, 목원대학교에 재학 중인 대학생(평균나이 21.15세, 표준편차 1.61) 157명(남 38명, 여 119명)이었다.

실험 1의 결과를 종합해 보면, 우리나라 대학생의 경우 사용자가 자신의 휴대폰을 사용하면서 느꼈던 감성과 해당 휴대폰에 대한 만족도와의 관계에 대한 실험 결과, 사용적 만족성(제품의 사용성이나 실용적인 측면에서의 만족스러운 감성)과 우수성(눈에 돋보이게 우수한 것에 의해 표출된 감성)이 높은 상관계수 값을 나타내었고, 제품 만족도에 대한 영향력이 큰 대표감성도 사용적 만족성(제품의 사용성이나 실용적인 측면에서의 만족스러운 감성)과 불편성(제품을 사용 중 느끼는 불편하거나 불쾌한 감성)으로 나타났다.

또한, 사용자가 자신의 휴대폰을 사용하면서 느꼈던 감성과 향후 휴대폰 구매 시 현재 사용 중인 휴대폰 제조사와 동일한 회사의 휴대폰을 구매하고 싶은지 여부와의 관계에 대한 실험 결과, 사용적 만족성(제품의 사용성이나 실용적인 측면에서의 만족스러운 감성)과 유쾌성(제품을 사용하면서 느끼는 쾌한 감성)이 높은 상관계수 값을 나타내었고, 구매 여부에 대한 영향력이 큰 대표감성은 사용적 만족성(제품의 사용성이나 실용적인 측면에서의 만족스러운 감성)으로 나타났다.

그리고 만족도와 구매 여부 간에는 정(正, positive, +)의 관계가 있다고 나타났다. 즉, 현재 사용 중인 휴대폰에 대한 만족도가 높을수록 향후 휴대폰 구매 시 현재 사용 중인 휴대폰 제조사와 동일한 회사의 휴대폰을 구매할 가능성이 높다는 의미로 해석할 수 있었다.

(4) 실험 2: 미국

실험 2는 실험 1과 같은 내용을 영어로 번역하여 미국인 대학생을 대상으로 수행하였다([그림 8-6] 참조). 실험에 참여한 피실험자는 2013년 당시, 신시내티 대학교(University of Cincinnati)에 재학 중인 대학생(평균나이 20.31세, 표준편차 2.30) 113명(남 70명, 여 43명)이었다.

실험 2의 결과를 종합해 보면, 미국 대학생의 경우 사용자가 자신의 휴대폰을 사용하면서 느꼈던 감성과 해당 휴대폰에·대한 만족도와의 관계에 대한 실험 결과, 사용적 만족성(제품의 사용성이나 실용적인 측면에서의 만족스러운 감성)과 우수성(눈에 돋보이게 우수한 것에 의해 표출된 감성)이 높은 상관계수 값을 나타내었고, 불편성(제품을 사용 중 느끼는 불편하거나 불쾌한 감성)은 부(−)의 상관관계를 나타내었다. 제품 만족도에 대한 영향력이 큰 대표감성은 불편성(제품을 사용 중 느끼는 불편하거나 불쾌한 감성)과 우수성(눈에 돋보이게 우수한 것에 의해 표출된 감성), 사용적 만족성(제품의 사용성이나 실용적인 측면에서의 만족스러운 감성)으로 나타났다.

또한, 사용자가 자신의 휴대폰을 사용하면서 느꼈던 감성과 향후 휴대폰 구매 시 현재 사용 중인 휴대폰 제조사와 동일한 회사의 휴대폰을 구매하고 싶은지 여부와

[Self-report Questionnaire-type Scale]

"***Aesthetics***", "***Satisfaction in Usability***", "***Novelty***", "***Discomfort or Displeasure***", "***Pleasure***", and "***Excellence***" are the representative emotions expressed while using products. Based on your current cell phone usage experience, please check one of the following (1. not true, 2. slightly true, 3. somewhat true, 4. true, 5. very true, 6. extremely true) based on your emotional response (emotions, affects, psychological state, feelings).

1. I have feelings of "**Aesthetics**" while using my cell phone. (*"**Aesthetics**" is the emotions aroused by the product's appearance and by visual information pertaining to the product. Related emotional words are: pretty, refined, elegant, clean, lovable, cute, charming, and well-matched.*)
( )not true ( )slightly true ( )somewhat true ( )true ( )very true ( )extremely true

2. I have feelings of "**Satisfaction in Usability**" while using my cell phone. (*"**Satisfaction in Usability**" is the emotions aroused by satisfaction with or the practicality of the product. Related emotional words are: satisfactory, sensitive, natural, reliable, efficient, and useful.*)
( )not true ( )slightly true ( )somewhat true ( )true ( )very true ( )extremely true

3. I have feelings of "**Novelty**" while using my cell phone. (*"**Novelty**" is the emotions expressed by something that is novel that has never been experienced. Related emotional words are: unusual, original, ingenious, unique, and marvelous.*)
( )not true ( )slightly true ( )somewhat true ( )true ( )very true ( )extremely true

4. I have feelings of "**Discomfort or Displeasure**" while using my cell phone. (*"**Discomfort or Displeasure**" is uncomfortable or unpleasant emotions expressed while using a product. Related emotional words are: discomfort, frustrated, difficult, annoying, confused, and disappointed.*)
( )not true ( )slightly true ( )somewhat true ( )true ( )very true ( )extremely true

5. I have feelings of "**Pleasure**" while using my cell phone. (*"**Pleasure**" is pleasant emotions expressed while using a product. Related emotional words are: pleased, glad, enjoyment, and pleasure.*)
( )not true ( )slightly true ( )somewhat true ( )true ( )very true ( )extremely true

6. I have feelings of "**Excellence**" while using my cell phone. (*"**Excellence**" is the emotions evoked by something notably excellent. Related emotional words are: excellent, the best, and look better.*)
( )not true ( )slightly true ( )somewhat true ( )true ( )very true ( )extremely true

[Questions pertaining to your current cell phone]

1. Manufacturer: 2. Model name:
3. Date of purchase (month/year):
4. How satisfied are you with your current cell phone?
( )very unsatisfied ( )unsatisfied ( )neutral ( )satisfied ( )very satisfied

[Personal information]

1. Sex: ( )Male ( )Female 2. Age: 3. Nationality

[그림 8-6] Self-report Questionnaire-type Scale

출처: 정상훈(2015)

의 관계에 대한 실험 결과, 우수성(눈에 돋보이게 우수한 것에 의해 표출된 감성)과 사용적 만족성(제품의 사용성이나 실용적인 측면에서의 만족스러운 감성)이 높은 상관계수 값을 나타내었고, 심미성(제품을 사용하면서 제품의 외관에서 느끼는 감성이거나 다양한 시각정보에 의해 표출된 감성)과 유쾌성(제품을 사용하면서 느끼는 쾌한 감성)은 구매 여부와의 상관관계가 유의미하지 않은 것으로 나타났다. 구매 여부에 대한 영향력이 큰 대표감성은 우수성(눈에 돋보이게 우수한 것에 의해 표출된 감성)과 사용적 만족성(제품의 사용성이나 실용적인 측면에서의 만족스러운 감성)으로 나타났다.

미국의 경우에도 만족도와 구매 여부 간에는 정(+)의 관계가 있다고 나타났다.

즉, 현재 사용 중인 휴대폰에 대한 만족도가 높을수록 향후 휴대폰 구매 시 현재 사용 중인 휴대폰 제조사와 동일한 회사의 휴대폰을 구매할 가능성이 높다는 의미로 해석할 수 있다.

(5) 실험 결과 종합

사용자가 자신의 휴대폰을 사용하면서 느꼈던 감성과 해당 휴대폰에 대한 만족도와의 관계에 대하여 우리나라와 미국에서 270명의 대학생을 대상으로 진행한 실험 결과를 종합해 보면, 사용적 만족성(제품의 사용성이나 실용적인 측면에서의 만족스러운 감성)과 우수성(눈에 돋보이게 우수한 것에 의해 표출된 감성)이 높은 상관계수 값을 나타내었고, 불편성(제품을 사용 중 느끼는 불편하거나 불쾌한 감성)은 부(−)의 상관관계를 나타내었다. 제품 만족도에 대한 영향력이 큰 대표감성도 사용적 만족성(제품의 사용성이나 실용적인 측면에서의 만족스러운 감성)과 불편성(제품을 사용 중 느끼는 불편하거나 불쾌한 감성), 우수성(눈에 돋보이게 우수한 것에 의해 표출된 감성)의 순으로 나타났다. 즉, 제품의 사용성이나 실용적인 측면에서의 만족스러운 감성(사용적 만족성)과 해당 제품을 사용하면서 느끼는 불편하거나 불쾌한 감성(불편성), 그리고 해당 제품의 속성 중 눈에 돋보이게 우수한 것에 의해 표출된 감성(우수성)이 제품의 만족도와 많은 상관관계를 가지고 있을 뿐만 아니라 제품의 만족도에 대한 영향력이 크다는 결과를 도출할 수 있었다. 이는 노먼(Norman)이 언급한 세 가지 디자인의 속성 중 행동적 레벨(behavioral level), 즉 제품의 사용에 대한 것으로 제품을 사용함으로 얻어지는 즐거움과 효용성(Norman, 2004)의 중요성을 시사해 준다고 할 수 있다.

제품 디자인 시 제품의 외관, 즉 겉모양에서 느끼는 매력에 관한 본능적 레벨(visceral level)에만 집중할 것이 아니라 제품을 쉽고 효과적으로 사용할 수 있게 하는 사용성(Shackel, 1991), 즉 사용자로 하여금 제품의 기능을 얼마나 잘 사용할 수 있게 하느냐에 대한 문제(Nielson, 1993) 또한 신중하게 고려해야 함을 시사한다.

결론적으로, 제품을 사용함으로써 얻어지는 실용적인 측면에서의 효용성이 제품의 감성품질에서 중요한 요소임을 시사해 준다고 할 수 있다. 특히, 사용자 경험의 중요성, 즉 긍정적인 사용자 경험의 창출은 사용자 니즈의 만족, 브랜드 충성도 향상 등에 기여한다는 사실을 확인하였다.

3. 한국감성과학대상

감성시대가 도래함으로써 소비자의 감성을 고려한 제품과 서비스는 기업 및 국가 경쟁력의 원천이라고 할 수 있다. 한국감성과학대상(Korea Gamsung Awards)은 소비자의 감성적 만족을 위하여 기업이 소비자의 니즈, 선호도 등을 포함하는 감성을 어떻게, 얼마나 개발 과정에 잘 반영하였는지, 개인이 감성 리더십 활동을 얼마나 체계적으로 하였는지를 평가하고, 이를 시상하기 위해 2014년부터 제정해 시행하고 있다.

한국감성과학대상은 매년 제품/서비스/콘텐츠/리더십에 있어서 소비자의 감성을 파악해 이를 제품과 서비스 등에 체계적으로 반영해 소비자의 감성적 만족을 가져온 기업 및 개인에 대해 한국감성과학회가 심사하고 선정하여 수상하는 상이다. 국내 기업들의 경쟁력 향상은 물론 소비자에게 양질의 감성적 제품과 서비스를 향유할 수 있도록 기여하는 것이 한국감성과학대상 제정의 가장 큰 목적이라고 할 수 있다. 이 절에서는 한국감성과학대상의 시상 부문 및 선정 방법 등에 대해 알아보고, 3회째인 2016년까지 한국감성과학대상으로 선정된 수상작들을 소개하고자 한다.

1) 한국감성과학대상 운영

(1) 명칭 및 엠블럼

상의 국문 명칭은 한국감성과학회 한국감성과학대상 운영에 대한 규정에 의거 '한국감성과학대상'으로 결정하였다. 영문 명칭은 처음에는 'Korea Emotion & Sensibility Award'로 하였다가, 2015년 11월 규정 개정을 통해 'Korea Gamsung Award'로 변경 하였다.

한국감성과학대상 엠블럼(emblem) 은 보석 안에 'e(emotion)'와 's(sensibility)'의 조합으로 행복(happiness)을 나타내는 클로버의 형상을 표현하고 있다([그림 8-7] 참조). 이는 제품과 서비스에 감성을 구현해 소비자에게 행복감을 준 기업에 주는 영광스러운 상을 의미한다.

[그림 8-7] 한국감성과학대상 엠블럼
출처: 한국감성과학회(http://koses.or.kr/html/sub04_01.asp)

한국감성과학대상 시상과 운영을 위해 한국감성과학회 내에 한국감성과학대상 운영위원회를 두고 있다. 운영위원회는 한국감성과학대상과 관련된 규정과 평가 방법, 연간 일정 계획 등을 논의하는 기구로 5~10인 이내의 회원으로 구성되며, 위원장은 호선으로 선출한다.

(2) 시상 부문

한국감성과학대상의 시상대상은 접수 마감일 기준 개발이 완료되어 시판 중이거나 당해 연도 내 개발이 완료될 예정인 제품과 콘텐츠, 서비스 그리고 리더십을 대상으로 한다. 구체적인 시상은 응모 분야별로 대상과 금상을 수여한다. 한국감성과학대상 시행 2차 연도인 2015년부터는 제품, 서비스, 콘텐츠 부문 수상대상 업체의 직원 중 수상 상품 개발에 공헌이 큰 직원 1인을, 수상 기관으로부터 추천받아 감성디자인경영상, 감성디자이너상, 감성엔지니어상을 제정하여 개인상으로 시상하고 있다. 한국감성과학대상 시상 부문을 정리하면 다음과 같다.

- **감성 제품 부문**: 소비자의 감성을 과학적으로 반영한 제품
- **감성 서비스 부문**: 소비자의 감성을 고려해 제공하는 서비스
- **감성 콘텐츠 부문**: 소비자의 감성을 자극하는 콘텐츠(광고, 음악, 영화 등)
- **감성 리더십 부문**: 조직원에 대한 배려와 소통의 리더십을 발휘한 리더
- **개인 부문**: 수상 상품 개발에 공헌이 큰 직원(감성디자인경영상, 감성디자이너상, 감성엔지니어상)

(3) 심사 방법

한국감성과학회에서는 감성품질(emotional quality)을 '소비자의 느낌과 반응 및 욕구를 만족시키는 제품 및 서비스의 특성' 이라고 정의하고, 이를 기준으로 해마다 한국감성과학대상을 심사하여 선정하고 있다. 한국감성과학대상 심사는 제출 서류를 위주로 한 예비 평가와 발표를 수반한 본선 평가로 나눈다. 구체적인 평가 방법과 배점 등 세부적인 내용은 한국감성과학회 한국감성과학대상 심사 평가 시행세칙에서 별도로 정하고 있다. 당해 연도의 한국감성과학대상을 심사하기 위해 한국감성과학대상 운영위원회에서 위촉한 5~10인의 감성 분야 전문가로 심사위원회를 구성하여 진행한다. 각 부문별 심사항목은 〈표 8-1〉, 〈표 8-2〉와 같다.

〈표 8-1〉 감성 제품/서비스/콘텐츠 부문 심사 항목

구분	심사 항목	배점
기업의 감성품질 전략 (10%)	최고경영자의 감성품질에 대한 마인드와 기업의 감성품질 비전 및 전략	5
	기업의 감성품질 개선 시스템 및 관리 체계	5
제품/서비스/콘텐츠의 감성품질 (70%)	제품/서비스/콘텐츠의 사용성이나 실용적인 측면에서의 만족스러운 감성품질(사용성, 기능성, 쾌적성, 안전성)	25
	제품/서비스/콘텐츠의 외관에서 느끼는 감성이거나 다양한 시각정보에 의해 표출된 감성품질 (심미성)	25
	소비자가 지금까지 경험해 보지 못한 참신하고 새로운 것에 의해 표출된 감성품질(독창성, 신규성, 차별성)	20
소비자의 감성품질 만족도 (20%)	감성품질에 대한 소비자의 감성적 만족도	20
합계		100

〈표 8-2〉 감성 리더십 부문 심사 항목

구분	심사 항목	배점
감성 리더십에 대한 철학 및 마인드	응모 대상자의 감성리더십에 대한 철학과 마인드	30
감성 리더십 활동 사례 및 성과	응모 대상자의 감성리더십이 발휘된 활동 사례와 성과	40
리더십에 대한 조직 내 혹은 사회적 평판	응모 대상자에 대한 조직과 사회적 평판	30
합계		100

2) 역대 한국감성과학대상 수상작

한국감성과학대상은 2014년에 제정되어 해마다 질적 · 양적으로 지속적인 성장을 이루고 있다. 3회째인 2016년까지 한국감성과학대상으로 선정된 수상작들 중 감성 리더십 부문과 개인 부문을 제외한 감성 제품/서비스/콘텐츠 부문 수상작을 소개하면 다음과 같다.

(1) 2014 제1회 한국감성과학대상 수상작

① 감성 제품 부문 대상: (주)퍼시스 ICT 스마트 헬스 베드

(주)퍼시스는 창립 당시부터 인간을 고려한 사무용 가구 생산을 모토로 내걸은 기업으로, ICT 융합 헬스케어 스마트 침대인 퍼시스 ICT 스마트 헬스 베드로 한국감성과학대상을 수상하였다. ICT 스마트 헬스 베드는 병원만을 연구 · 분석하는 병원환경 연구팀과 제품 개발팀 간의 협업을 통해 사람 중심의 치유 환경을 제안하였다. 비접촉식 무자각 센서 기반의 ICT 스마트 헬스 베드는 환자의 호흡, 심박, 움직임, 온도, 습도 등 생체신호 · 환경 정보 및 뒤척임 등을 디지털기기로 수집해 수면 품질, 침대 이탈, 응급 상황 등을 실시간으로 판단한다. 응급상황 발생 시 간호사 호출 및 보호자에게 알려주거나, 조명, 침대 자세 등을 제어함으로써 환자의 쾌적한 휴식 · 수면 · 치유 환경을 조성할 수 있는 헬스케어 침대라는 평가를 받았다.

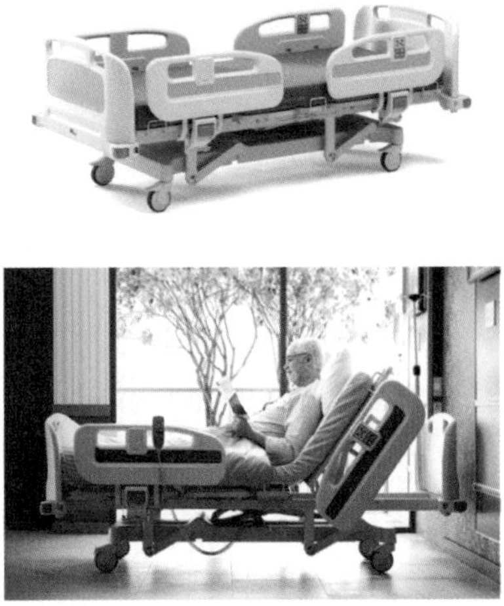

[그림 8-8] (주)퍼시스 ICT 스마트 헬스 베드

출처: 퍼시스(2014)

② 감성 제품 부문 대상: 뉴로스카이 Mind Wave Mobile

뉴로스카이는 2004년 미국 실리콘밸리에 설립됐으며, 뇌파 및 생체신호를 이용한 세계 최고 BCI(Brain Computer Interface) 전문기업으로 초소형 심박모니터링 기술칩을 개발해 각종 웨어러블 디바이스에 적용하고 있다. 세계 최초로 개발한 초소형 심박모니터링 기술칩은 2006년 CNN 주관 '세계를 바꿀 5대 기술', 2005년 포브스 주관 '세계 10대 기술'에 선정되었다. 뉴로스카이 Mind Wave Mobile은 인간의

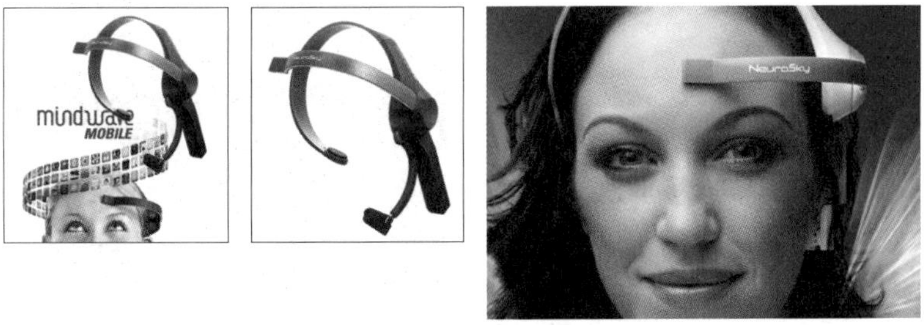

[그림 8-9] 뉴로스카이 Mind Wave Mobile

출처: 뉴로스카이(2014)

뇌파를 기존의 센서에 비해 획기적인 방법을 활용하여 간편한 방식으로 측정하고 1채널만으로도 비교적 정확한 측정을 할 수 있으며, 이를 활용해 다양한 게임, 의료 치료 등에 활용하고 있는 제품이다. 뉴로스카이 Mind Wave Mobile은 사용자가 지금까지 경험해 보지 못한 참신성, 독창성, 신규성, 차별성을 가지고 있는 제품으로 감성 측정은 물론 기타 감성 관련 분야에 다양하게 활용할 수 있다는 평가를 받았다.

③ 감성 서비스 부문 대상: 교촌 에프앤비(주) 교촌치킨

교촌 에프앤비(주)는 국내 외식산업을 이끌어 온 치킨 전문 프랜차이즈로 현재 국내는 물론 중국과 미국에 진출하여 글로벌 치킨 브랜드로 도약하고 있다. 교촌 에프앤비(주)는 끊임없는 제품의 개발과 이를 바탕으로 한 차별화된 제품, 고객만족 서비스를 위한 치킨 전문 프랜차이즈로 치킨의 고급화를 실현하고 있으며, 치킨업계 전반을 성장시키는 데 큰 기여를 한 것으로 인정받고 있다.

교촌 에프앤비(주)의 교촌치킨은 타사와 비교하여 독창적이고 차별화된 제품 및 고객 서비스를 바탕으로 소비자 입장에서 생각하는 고객 중심 서비스를 추구했다는 점에서 높은 평가를 받았다. 특히 업계 최초 플라스틱 무 용기, 쇼핑백 도입 등 고객의 입장에서 바라본 아이디어와 에코 패키지, 자연친화적 인테리어 등 고객 지향 서비스 품목들이 소비자 감성과 잘 맞아 떨어진다고 평가받았다. 교촌치킨은 최고경영자의 감성품질에 대한 마인드와 기업의 감성품질 비전 및 전략이 명확하며, 특히 3무(無)정책으로 제품에 감성을 접목하고 있다. 3무정책은 무 빙초산, 무 사카린나트륨의 치킨 무, 무 MSG 교촌소스를 말하며, 교촌이 내세우는 대표적 가치다.

[그림 8-10] 교촌 에프앤비(주) 교촌치킨

출처: 교촌에프앤비(2014)

(2) 2015 제2회 한국감성과학대상 수상작

① 감성 제품(자동차) 부문 대상: 현대자동차(주) AD 아반떼

현대자동차(주)는 2005년에 글로벌 브랜드 경영을 선포한 이후 브랜드 경영에 박차를 가하고자 2011년 브랜드 방향성으로 '모던 프리미엄(Modern Premium)'을 선포하였다. 이는 '이 시대의 고객이 기대하는 것 이상의 새로운 경험과 가치를 현대자동차만의 방법으로 더 많은 고객들에게 제공하고, 시대와 고객이 원하는 기대를 뛰어넘는 현대자동차만의 프리미엄과 경험을 전달하여 고객이 자부심과 감동을 느끼도록 하는 것'이라는 의미를 함축하고 있다. 현대자동차(주)는 모던 프리미엄을 고객에게 전달하기 위해 'Simple' 'Creative' 'Caring'이라는 키워드로 고객에게 현대자동차만의 가치를 전달하고 있다.

[그림 8-11] 현대자동차(주) AD 아반떼
출처: 현대자동차(2015)

현대자동차(주)의 2015년 신형 아반떼는 수평형 디자인을 통한 안정감 있는 실내 공간을 구현했고, 운전석 쪽으로 기울어진 센터페시아(center fascia)와 기능별로 그룹화된 스위치 배열 등 사용자의 편의를 최우선으로 고려한 인간공학적 설계, 그리고 고급 소재 적용 및 완성도 높은 디테일 등을 통해 고객에게 차별화된 감동을 제공하도록 디자인했다는 평가를 받았다. 정제된 역동성의 외관 디자인과 실버 컬러의 포인트 라인을 사용하여 아반떼만의 개성을 살린 것뿐만 아니라 사용자에 대한 세심한 배려가 느껴지는 인테리어 디자인, 그리고 3개의 유닛이 빛나는 후미등 및 아이덴티티를 살린 그릴 등으로 사용자의 감성을 자극하고 있다.

② 감성 제품(전자) 부문 대상: LG전자(주) LG G4

LG전자(주)는 인간에게 친절한 제품, 인간에게 더 가까운 제품을 만들기 위해 사내에 감성품질을 담당하는 부서를 두어 소리 및 빛에 대한 소비자의 인지를 연구함과 더불어, 감촉 및 느낌의 강도 등에 관련된 감성어휘를 물리적 수치로 변환하는 연구를 진행하였다. 이러한 활동을 통해 제품의 초기 콘셉트 발굴 및 개발 과정 전반에서 감성품질의 중요성을 인식

[그림 8-12] LG전자(주) LG G4
출처: LG전자(2015)

하고 있다.

LG G4는 G 시리즈의 아이덴티티인 사용자 편의성을 극대화하는 동시에, 정교한 기술력과 아날로그 감성의 조합을 적절하게 반영하여 소비자에게 편안함과 의미 있는 새로운 경험을 제공하고 있다. 장인의 손을 거쳐 정교함과 아날로그 감성을 극대화하기 위해 배터리 커버 전체에 가죽(genuine leather), 세라믹(ceramic), 메탈릭(metallic)의 다양한 소재를 적용함으로써 디지털 제품에서 느끼는 딱딱하고 차가운 감성이 아니라 따뜻하고 편안한 네오 아날로그적인 감성을 자극하는 제품이라는 평가를 받았다. LG G4의 가죽은 오가닉만이 가질 수 있는 미세한 모공과 주름까지 살아있기 때문에 각 제품이 모두 독립적이고, 독창적인 가죽 본연의 패턴을 가지게 된다. 이렇게 만들어진 천연 가죽은 시간이 지날수록 가죽 고유의 태닝으로 소비자 개개인의 개성이 담긴 스마트폰으로 새로운 경험을 제공하게 된다.

[그림 8-13] (주)시몬스 뷰티레스트 플로럴

출처: 시몬스(2015)

③ 감성 제품(가구) 부문 대상: (주)시몬스 뷰티레스트 플로럴

(주)시몬스는 국내 최초로 침대의 편안함에 대한 사람의 감성을 정성적 · 정량적으로 수치화해 이에 대한 연구 결과를 제품에 적용하고 있다. 특히 동일한 제품일지라도 개개인의 체형과 취향에 따라 스프링의 배열, 내장재 레이어링, 원단 선택 등을 다양하게 조합해 소비자의 만족도를 높이고 있다. 시몬스 침대는 인체 구조에 따라 5종의 포켓스프링을 기능별로 조합 및 배치해 하나의 매트리스 안에서 사용자 체형에 맞춰 서로 다른 경도를 유지하는 기술력을 구현했다. 뿐만 아니라 40여 종 이상의 최고급 내장재를 최적으로 레이어링하는 기법을 적용해 소비자들을 만족시키고 있다.

(주)시몬스의 뷰티레스트 플로럴(Beautyrest Floral) 매트리스는 완벽한 위생과 부드러운 감촉을 느낄 수 있도록 개발하여 사용자에게 쾌적하고 편리한 수면 환경을 제공하는 것을 최우선으로 하는 감성 철학을 실천하고 있다. '아름다운 휴식'을 의미하는 '뷰티레스트'라는 제품명 또한 소비자의 감성에 호소하기 위한 전략이다. 향기를 머금은 듯한 수면의 순간을 전달하기 위하여 다채로운 향기 콘셉트로 개발된 뷰티레스트 플로럴 매트리스는 소비자에게 최상의 휴식과 감성

적 만족을 제공하고 있다는 평가를 받았다.

④ 감성 제품(의자/시트) 부문 대상: (주)파트라 제미니

(주)파트라는 '다른 의자에서는 체험할 수 없는 경험을 선사하자.' 라는 비전을 가지고 의자를 생산하는 의자 전문 브랜드이다. 따라서 초기 제품기획, 디자인/개발 단계에서 기능적인 콘셉트와 더불어 실제 사용성 측면에서 다양한 감성품질에 대한 검증을 기울이고 있다. 체계화된 레이아웃, 높은 품질과 더불어 최종적으로 검토하는 부문은 바로 사용자의 감성적인 측면이다. (주)파트라의 기업부설연구소에서는 제품 디자인과 개발에 있어서 다양한 샘플과 목업(mock-up)을 통해 기능적 콘셉트와 실사용성 측면의 감성품질을 다양한 소재와 마감, 컬러를 통해 반복된 검증을 거쳐서 의자를 개발하고 있다.

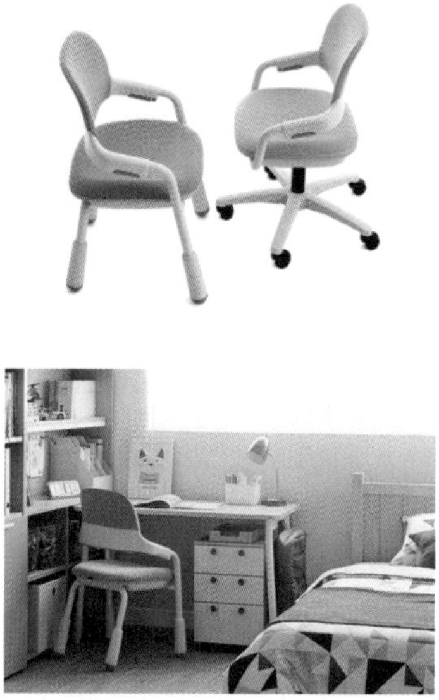

[그림 8-14] (주)파트라 제미니
출처: 파트라(2015)

(주)파트라의 아동용 의자 '제미니'는 별자리 중 쌍둥이자리를 의미하며, 닮은 두 가지 형태의 디자인은 귀여운 어감과 함께 제미니의 이름과 제품이 서로 일맥상통하고 있음을 보여 주고 있다. 제미니의 전체적인 이미지는 조약돌과 같은 부드러운 형태로 디자인되어 아동용 의자의 콘셉트에 어울리는 귀여운 외관을 가지고 있으며, 모든 파트의 마감에 본드나 타카와 같은 인체에 유해한 요소나 차후 재활용을 어렵게 하는 부분을 차단한 디자인을 진행하여 친환경적인 특성을 가지고 있다. 높이 조절 기능, 학습의 집중력을 향상시킬 수 있는 포워드 기능, 탈부착형 발받침 등 실제 사용자의 니즈를 반영한 감성디자인을 추구하였다는 평가를 받았다. 주요 사용자인 성장기 아동의 신체와 감성에 맞춰 디자인한 제미니는 부드러운 곡선과 화사한 컬러가 돋보이는 제품으로 아동의 유연한 사고와 밝은 웃음을 표현하였다. 귀엽고 사랑스러운 아동의 '감성'에 바른 자세를 유도하고 성장기 아동의 체형을 맞출 수 있는 '과학'까지 더해진 제품이라는 평가를 받았다.

⑤ 감성 제품(식품) 부문 대상: (주)파리크라상 코팡

(주)파리크라상의 파리바게뜨는 우리나라에 유럽풍 베이커리 문화의 감성을 소

[그림 8-15] (주)파리크라상 코팡

출처: 파리크라상(2015)

개 · 발전시킴으로써 베이커리 시장을 선도해 온 대표적인 브랜드이다. 파리바게뜨는 트렌드를 앞서가는 제품 출시와 차별화된 마케팅, 안전한 먹거리를 위한 위생 관리와 함께, 단순히 빵과 케이크에 국한된 베이커리 매장이 아니라 시대의 감성에 맞게 진화하며 다양한 프리미엄 디저트와 핫샌드위치, 커피 및 음료 메뉴를 강화했다. 그리고 알레산드로 멘디니, 스테파노 지오반노니와 함께 베이커리 디자인을 선도하는 제품을 출시하여 소비자의 감성을 공략하고 있다.

(주)파리크라상의 대표 브랜드 파리바게뜨가 프랑스 파리 현지에서 파리지앵을 사로잡은 제품인 '단팥크림 코팡(KOPAN)'을 국내에서도 출시하였다. 코팡은 파리바게뜨가 파리 매장에서 '브리오슈 크렘 드 레 레드 빈(BRIOCHE CREAM DE LAIT RED BEANS)'이라는 제품명으로 선보인 제품이다. 코팡은 브리오슈에 한국식으로 만든 단팥 앙금과 부드러운 크림을 넣어 파리지앵들의 까다로운 입맛을 사로잡으며, 프랑스 파리바게뜨 샤틀레점과 오페라점에서 연일 매진 사례를 기록할 만큼 인기 제품으로 자리매김했다. 특히, '한국의 빵(Korean Pan)'이라는 의미를 지닌 코팡은 프랑스어로 '친구'인 '코팽(copain)'과 발음이 비슷해 프랑스 현지인에게 더욱 친숙한 이미지를 전하고 있다. 코팡이 프랑스 현지에서 인정받아 국내로 역출시된 것은 국내 제빵업계에서는 첫 사례이며, 한국 빵의 기술력과 감성이 글로벌 시장에서도 통한다는 것을 보여 준 것이라는 평가를 받았다. 파리바게뜨에서는 코팡이 프랑스의 맛과 한국의 맛이 잘 어우러져 프랑스와 우리나라 소비자 모두의 감성을 사로잡고 있다고 판단하여 앞으로도 프랑스와 우리나라 등 국경을 뛰어넘어 세계인의 감성을 사로잡은 코팡을 한류빵으로 자리매김할 수 있도록 할 계획이라고 밝혔다.

⑥ 감성 서비스 부문 대상: (주)LG CNS IoT 적용 스페이스 마케팅 솔루션

(주)LG CNS에서는 'LG CNS 품질'을 '고객의 만족과 성공실현을 위하여 고객의 요구 사항에 부응하고, 고객의 기대치를 능가하는 제품과 서비스를 통하여 가치를 제공하는 과정'이라고 정의하고 있다. 이는 (주)LG CNS가 회사 창립 초기부터 모든 구

성원들에게 품질 활동의 목적과 목표를 명확히 인식시켜서 고객 서비스를 수행하도록 하기 위함이다. (주)LG CNS 방법론 'WAY4U'는 고객과 사용자(You-U)를 위한(for-4) 시스템 개발의 방법/절차/지침(way)을 뜻하는 LG CNS만의 독특한 방법론이다. 이를 통해 고객감동을 이끄는 감성요인을 분석하여 이행하기까지 'Beyond Promise'를 실현하고 있다.

(주)LG CNS의 IoT를 적용한 스페이스 마케팅 솔루션인 EBC(Executive Briefing Center)는 인간의 감성과 IT기술을 공간에 융합하여 B2B 마케팅의 새로운 형태를 디자인한 것이다. EBC는 UI/UX의 효율적인 기획과 디자인을 통해 방문객의 몰입도를 증대하기 위한 매체 및 인터페이스를 강화하였고, 방문객과의 인터랙션을 통한 소통을 적극적으로 유도한 신개념의 스마트 브리핑 시스템이라는 평가를 받았다. EBC의 매체로는 몰입형 와이드 디스플레이 시스템, 방문객용 테블릿(tablet) 그리고 웹 연계형 투명 터치 컨트롤러가 있으며, 컨트롤러의 UI/UX 디자인은 스마트폰을 사용하는 사람이라면 누구나 사용하기 쉽도록 설계되었다.

[그림 8-16] (주)LG CNS IoT 적용 스페이스 마케팅 솔루션

출처: LG CNS(2015)

EBC를 통한 마케팅적 기대효과를 극대화할 수 있게 하는 또 다른 요인은, 전달하고자 하는 사업적 메시지가 가장 안정적으로 전달될 수 있도록 최적화된 동선으로 설계한 공간 구성 및 소품의 디자인과 배치이다. 방문한 고객의 감성 변화를 예측함은 물론 감성을 의도하고 유도할 수 있도록 동선을 설계하고, 방문 시간 및 목적, 방문객의 국적 및 종교 등에 따라 미팅 형태와 진행순서가 맞춤식으로 적용 가능한 공간으로 디자인하였다. 참여하는 사람의 손과 발, 시선이 한 순간도 어색하거나 불편하지 않도록 소품을 제작하고 적절한 위치에 배치함으로써 방문객의 생각과 감성을 고려한 최적의 상태에서 소통이 이루어질 수 있도록 하였다.

(3) 2016 제3회 한국감성과학대상 수상작

① 감성 제품(전자) 부문 대상: LG전자(주) LG 시그니처 냉장고

LG 시그니처 냉장고는 '시장의 기준을 초월한, 제품이 도달할 수 있는 최고의 경지

에 오른 초프리미엄 브랜드'라는 목표로 LG전자(주)가 2016년 선보인 'LG SIGNATURE' 브랜드를 대표하는 제품으로 투명 도어를 적용한 신개념의 스마트 냉장고다. 수납 공간인 '매직스페이스'를 노크하면 냉장고 속 내용물을 볼 수 있고, 가까이 다가가면 자동으로 문이 열린다. 미니멀한 디자인이 보여 주는 절제된 조형과 고급스러운 재질의 조화, 그리고 본질에 충실한 기능을 최대화된 사용성을 구현함으로써 소비자에게 초프리미엄의 감성을 선사하고 있다는 평가를 받았다.

[그림 8-17] LG전자(주) LG 시그니처 냉장고
출처: LG전자(2016)

LG 시그니처 냉장고는 고유의 '노크 온' 기능을 적용하여 가볍게 노크하면 창을 통해 내부를 확인할 수 있도록 해 주어, 냉장고를 사용하면서 한 번쯤은 궁금해해 본 적이 있는 냉장고 내부의 내용을 쉽게 그리고 불필요한 도어 오픈 없이도 알게 해 준다. 아울러 양손에 물건을 들고 있어 문을 열기 어려운 상황에서도 하단 센서 적용을 통해서 냉장실 문을 자동으로 열 수 있도록 하고, 냉동실 문을 열면 3단 구조로 된 서랍이 자동으로 나와 허리의 굽힘을 최소로 해 주고 있다. 이처럼 LG 시그니처 냉장고는 소비자가 당연한 것으로 인지하고 있던 어려움까지 고려한 똑똑한 제품이자, 소비자에게 기대 이상의 만족으로 친절하고 친근한 감성을 느끼게 해 주는 제품이다.

LG시그니처 냉장고가 소비자에게 제공하는 혁신적 가치 중 심미적인 가치는 이미 해외의 유수 디자인 어워드를 통해 인증받았다. 독일 레드닷 디자인 어워드에서의 레드닷 인증을 받았으며, 독일 iF 디자인 어워드에서 Gold 어워드를 수상했으며, 일본 굿 디자인 선정제에서 Top 100으로 선정되었다. 외관에서 보이는 장식과 선을 최소화하고, 난반사 후가공을 적용한 소재 고급화를 통해 오래 봐도 질리지 않는 Timeless한 고급스러운 감성을 느껴지게 하였다. 또한, 주방과의 매칭을 생각한 플랫 도어와 새로운 스테인레스 소재, 미러 글라스의 적용은 주방 인테리어를 좀 더 고급스럽게 연출할 수 있도록 하였다. 냉장고 내부는 좀 더 넓어 보일 수 있도록 공간을 정리하였으며, 내부 전체에 적용한 스테인레스와 간접조명을 통해 위생적이고 고급스러운 실내의 느낌을 연출하였다.

② 감성 제품(가구) 부문 대상: (주)시몬스 뷰티레스트 재스민

1992년에 독자 법인을 설립한 한국 시몬스는 수면 전문 브랜드로서 '기본에 충실하자.'는 브랜드 원칙을 기반으로 글로벌 침대 시장에서도 최고로 인정받는 자체 생산 시스템에서 제작된 모든 매트리스에 국가 공인 친환경 인증을 받아 안정성 면에서 신뢰도가 높다. 특히, 2007년에 개관한 한국 시몬스의 수면연구 R&D센터는 한국인의 체형과 수면 습관 및 라이프 스타일에 적합한 제품 개발을 위해 끊임없는 연구를 진행 중에 있다. 대표적인 것이 바로 원자재와 제품 내구성 등에 '한국 시몬스만의 1,936가지 품질 관리 항목'을 적용하여 국가 공인 기준보다 훨씬 더 까다로운 검증 절차라고 할 수 있다. 이 1,936가지 항목은 목재류, 원단, 내장재 등의 자재뿐만 아니라 시몬스를 대표하는 포켓스프링까지 매트리스 생산 과정에 대한 모든 것을 검사하는 품질 검증 체크리스트다.

[그림 8-18] (주)시몬스 뷰티레스트 재스민
출처: 시몬스(2016)

뷰티레스트 컬렉션 재스민(JASMINE)은 포켓스프링 속 또 하나의 포켓스프링이 신체의 움직임에 단계적으로 반응하여 뛰어난 지지력을 실현하는 '더블-포켓스프링'을 비롯해 ABS Hard Five Zone 폼과 더블 엣지 시스템 등의 신기술이 적용되어 최고의 편안함을 제공하는 신개념 매트리스이다. 시몬스 침대의 대표 컬렉션인 뷰티레스트 전 제품은 '디자인을 입은 매트리스(designed mattress)'를 콘셉트로 제품의 감성적인 디자인을 추구했다는 평가를 받았다. 뷰티레스트 재스민은 하중을 1차적으로 흡수 및 분산시켜 편안하고 안락한 수면을 위한 신개념 매트리스로 사용자에게 감성적으로 만족감을 제공하는 제품이다. 매트리스 가장자리가 지퍼 형식으로 헬스스마트라는 깔개를 덧씌울 수 있는 구조로 되어 있고, 이 깔개는 세탁하여 사용할 수 있게 함으로써 매트리스를 세탁하여 소비자의 위생적인 측면을 고려한 새로운 접근을 시도하였다.

③ 감성 제품(Health care 제품) 부문 대상: (주)불스원 밸런스 시트

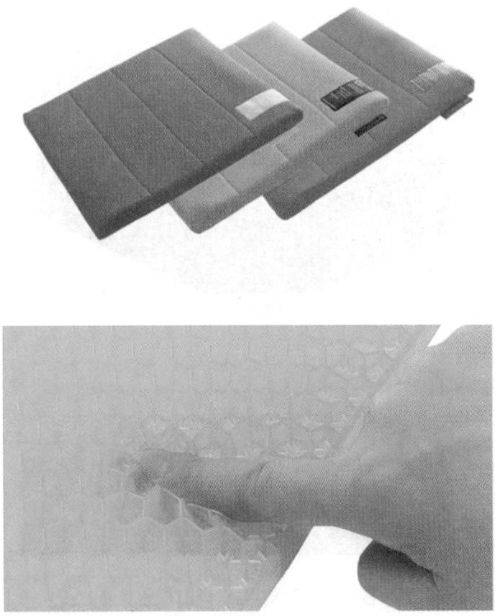

[그림 8-19] (주)불스원 밸런스 시트
출처: 불스원(2016)

프리미엄 기능성 방석인 밸런스 시트(balance seat)는 건축공학 기술을 모티브로 한 멀티레이어 허니컴 구조로 디자인하여 하루 평균 8시간 앉아서 생활하는 현대인을 위해 오래 앉아도 편안하고 바른 자세를 유지하기 위한 소비자의 니즈를 과학적으로 반영한 제품을 탄생시켰다는 점에서 높은 평가를 받았다. 이 제품은 엉덩이와 허벅지에 가중되는 압력을 최적으로 분산하여 미세한 진동이나 충격을 흡수하고, 한국인의 체형에 꼭 맞게 인체공학적 설계로 최상의 착석감을 느낄 수 있어 오래 앉아도 편안하고 바른 자세를 유지하게 도와준다. 제품 출시 전 다양한 소비자 조사를 통해 소비자의 의견을 대폭 반영하였고, 특히 통기성을 고려한 메시(mesh) 소재와 미끄럼 방지용 논슬립 소재로 커버를 제작하였다. 베이스 컬러와 라벨의 포인트 컬러 매치로 전체적인 완성도를 높여 제품의 심미적 니즈를 충족하는 등 소비자 감성과 통했다는 평가를 받았다.

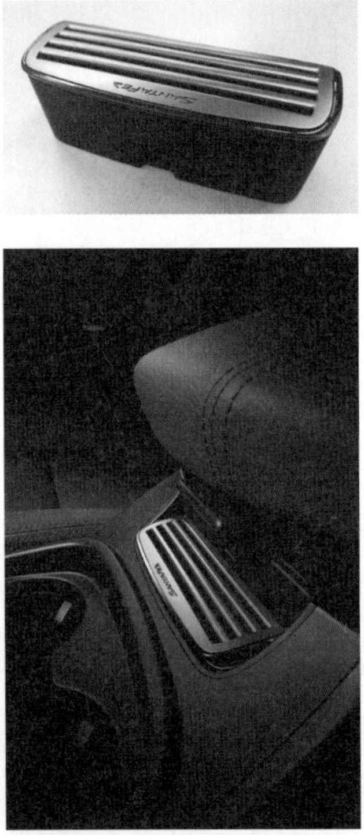

[그림 8-20] 현대자동차(주) 에어소프트너
출처: 현대자동차(2016)

④ 감성 제품(생활용품) 부문 금상: 현대자동차(주) 에어소프트너

현대자동차(주) 에어소프트너는 현대자동차(주)의 라인업에 최초로 적용한 차량 전용 퍼퓸(향수) 제품이다. 신차 구매 고객에게 최적의 실내공간을 제공하기 위해 현대자동차(주)의 대표적인 SUV인 싼타페의 부드럽고 젠틀한 남성상 이미지를 후각적으로 표현한 제품이며, 고품격 원료를 사용하여 고급스러운 향을 구현한 것이 특징이다. 싼타페용 에어소프트는 주행 중 사용자가 감성적으로 편안함을 느끼고 심리적으로 안정감을 느낄 수 있도록 공기의 흐름 속 향기를 통해 후각 감성을 극대화한 제품이다. 사용자에게 프리미엄 감성을 제공한다는 기업의 마인드에 걸맞게 고급스러운 향을 통해 사용자에게 특별함을 제공하였다는 평가를 받았다.

싼타페 에어소프트너의 향은 싼타페 고유의 이미지(날렵한, 세련된, 고급스러운, 스포티)를 표현하기 위하여 특별히 만들어졌다. 싼타페만의 향을 창조하기 위해, 단순히 좋은 차량용 향수가 아닌 싼타페 고유의 아이덴티티를 담은 '부드럽고 젊은 카리스마(gentle masculinity)'를 완성하였다. 제품의 사용 시점부터 종료 시점까지 향이 지속적으로 유지되는 특징을 가질 수 있도록 엄선된 고급 향료만을 사용하였다. 싼타페 차종 중앙 콘솔부에 있는 미니트레이에 딱 맞는 사이즈로 제작되어 주행 중 흔들림에도 안정적일 뿐만 아니라 블랙과 잘 어울리는 메탈 컬러의 도장과 세련미를 더해 주는 블랙크롬 테두리로 장착 시 싼타페의 고급스러운 인테리어 디자인과 잘 어우러지게 하였다.

⑤ 감성 제품(전자) 부문 금상: (주)지오엠씨 엠씨스퀘어 뉴에브리데이

(주)지오엠씨의 엠씨스퀘어 뉴에브리데이는 빛과 소리의 뇌파 동조화 기술을 이용한 뇌 과학 시스템으로, 짧은 시간에 사용자의 감성적 만족과 인지능력을 향상시켜 줄 수 있는 감성품질 우수제품이라는 평가를 받았다. 한 사람만이 사용하는 기존의 시스템에서 벗어나 스테레오 스피커를 내장함으로써 가정, 사무, 교육, 작업 공간 등에서 여러 사람이 함께 사용할 수 있게 하여 그 효용성을 높인 공간형 제품이다. (주)지오엠씨는 임상실험을 통해 엠씨스퀘어 사용 집단이 분노, 우울감과 같은 부정정서를 억제하는 데 효과가 있다는 사실을 검증받았다. 이처럼 엠씨스퀘어 뉴에브리데이는 사용자의 부정정서를 억제하는 데 효과가 있어서 사회적으로 문제가 되고 있는 스트레스 및 분노조절장애 극복에 상당한 도움을 줄 수 있어 현대 사회에 의미 있는 제품이라고 할 수 있다. 또한, 현대 가정의 생활공간을 고려하여 인테리어 소품의 효과도 줄 수 있는 형태와 색상으로 디자인되었다. 제품의 전면부에 위치한 라이팅은 프로그램의 남은 재생 시간을 사용자가 한눈에 파악할 수 있도록 배치하였으며, 프로그램 시작 시 프로그램에 대한 간단한 음성 안내를 통해 처음 사용하는 사용자도 어려움 없이 사용할 수 있도록 사용성을 높인 제품이다.

[그림 8-21] (주)지오엠씨 엠씨스퀘어 뉴에브리데이

출처: 지오엠씨(2016)

요약하기

1. 제품 사용 중 표출되는 사용자의 감성

제품의 외관에서 느끼는 인간의 감성이나 제품의 외관 자체를 감성적으로 표현하는 어휘가 아니라 사용자가 제품을 사용하는 도중에 유발되는 인간의 감성 변화를 나타낼 수 있는 감성어휘들과 대표감성들을 추출하였다. 이를 통해 심미성, 사용적 만족성, 신규성, 불편성, 유쾌성, 우수성 등 6개 대표감성을 제품 사용 중 표출되는 사용자의 감성이라고 정의하였다.

2. 제품의 감성품질

디자이너가 의도한 감성을 사용자에게 잘 전달하여 사용자가 제품을 사용한 후 느끼는 사용자의 만족도를 해당 제품의 감성품질이라고 정의하였다. 제품 사용 중 표출된 감성 중에서 어떤 감성이 해당 제품에 대한 사용자의 만족도에 가장 큰 영향을 미치는지를 검토하기 위한 실증적인 실험을 진행한 결과, 제품을 사용함으로써 얻어지는 실용적인 측면에서의 효용성이 제품의 감성품질에서 중요한 요소임을 발견할 수 있었다. 이를 통해 사용자 경험의 중요성, 즉 긍정적인 사용자 경험의 창출은 사용자 니즈의 만족, 브랜드 충성도 향상 등에 기여한다는 사실을 확인하였다.

3. 한국감성과학대상

한국감성과학대상(Korea Gamsung Awards)은 매년 제품/서비스/콘텐츠/리더십에 있어서 소비자의 감성 을 파악해 이를 제품과 서비스 등에 체계적으로 반영해 소비자의 감성적 만족을 가져온 기업 및 개인에 대해 한국감성과학회가 심사하고 선정하여 수상하는 상이다. 한국감성과학대상은 소비자의 감성적 만족을 위하여 기업이 소비자의 니즈, 선호도 등을 포함하는 감성을 어떻게, 얼마나 개발 과정에 잘 반영하였는지, 개인이 감성 리더십 활동을 얼마나 체계적으로 하였는지를 평가하고 시상하기 위해 2014년부터 제정해 시행하고 있다.

참고문헌

권기대, 이상환, 허원현(2004). 자동차 평가 속성에 대한 중요도-성과 분석과 전반적인 만족도, 재구매 의도 및 추천 의도 간의 구조연구. 대한경영학회지, 45(4), 1795-1821.

김동준, 강동기, 김흥환, 이상한, 고한우, 박세진(2002). 4가지 감정의 뇌파를 이용한 감성평가 기술에 관한 연구. 전기학회논문지(KIEE), 51D(11), 528-534.

김송이(2010). 기혼여성의 윤리적 제품의 구매동기와 만족도에 관한 연구. 동국대학교 석사학위논문.

김영아, 김진관, 박수경, 오경자, 정찬섭(1998). 정서관련 어휘 분석을 통한 내적 상태의 차원 연구. 한국감성과학회지, 1(1), 145-152.

김철중, 이남식, 박세진, 박재희, 박수찬, 이순요, 권규식, 박경수, 정광태(1993). 인간 감성파악 및 측정기술개발. 제1차년도 연차보고서. 한국표준과학연구원, 과학기술처, 8-20.

김충련(2003). 마케팅조사 및 통계분석을 위한 SAS 통계분석. 서울: DR&C.

김향숙(2003). 한국어 감정표현 관용어 연구. 서울: 한국문화사.

박미자, 신수길, 한광희, 황상민(1998). 감성 측정을 위한 우리말 형용사의 의미구조. 한국감성과학회지, 1(2), 1-11.

신동희(2012). 휴머니타스 테크놀로지. 서울: 커뮤니케이션북스.

이구형(1998). 감성과 감정의 이해를 통한 감성의 체계적 측정 평가. 한국감성과학회지, 1(1), 113-122.

이상곤(2003). 소비자 배송 만족도, 제품 만족도가 점포 충성도에 미치는 영향에 관한 연구. 국민대학교 석사학위논문.

이장로, 김미옥(2010). 자동차의 제품속성이 만족도, 재구매 의도, 추천 의도에 미치는 영향에 관한 연구: 중국 소비자를 중심으로. 국제경영리뷰, 14(1), 19-54.

이학식, 김영(2001). SPSS 10.0 매뉴얼-통계분석방법 및 해설. 법문사.

임지룡(1999). 감정의 생리적 반응에 대한 언어화 양상. 담화와 인지, 6(2), 89-117.

장세경, 장경희(1994). 국어 관용어에 관한 연구-정서 표현을 중심으로-. 한국학논집 제25집, 한양대학교 한국학연구소, 295-318.

정상훈(2007a). The effects of the usability of products on user's emotions-with emphasis on suggestion of methods for measuring user's emotions expressed while using a product. *Journal of KSDS, 20*(2), 5-16.

정상훈 (2007b). 제품 사용 중 사용자의 감성 측정을 위한 자기-보고 질문지형 척도 개발. 감성과학, 10(3), 403-410.

정상훈(2008). 휴대폰 사용 중 표출되는 사용자의 감성 평가. 감성과학, 11(2), 215-226.

정상훈(2009). 제품 유형별 표출되는 감성어휘 비교. 감성과학, 12(2), 217-226.

정상훈(2010a). 국내 휴대폰 브랜드의 감성 이미지 비교. 감성과학, 13(3), 493-500.

정상훈(2010b). 제품 사용 전후의 사용자 감성 비교. 감성과학, 13(4), 761-768.

정상훈(2013). 제품 만족도에 영향을 주는 사용자 감성 분석. DID 논문집, 12(3), 83-93.

정상훈(2014). 제품 사용 중 표출되는 사용자의 감성과 제품 만족도. 감성과학, 17(3), 65-74.

정상훈(2015). 사용자의 감성과 제품에 대한 만족도 간의 관계. 감성과학, 18(4), 47-58.

정상훈, 이건표(2005a). 제품 사용중 표출되는 사용자의 대표감성 추출에 관한 연구. 디자인학연구, 18(1), 69-80.

정상훈, 이건표(2005b). 제품 사용성과 감성에 관한 개념적 연구. 감성과학, 8(1), 17-28.

정상훈, 이건표(2006a). 제품 사용중 표출되는 사용자의 감성 측정 도구 개발에 관한 연구. 디자인학연구, 19(2), 343-354.

정상훈, 이건표(2006b). 감성어휘 로깅 소프트웨어를 이용한 제품 사용중 사용자의 감성변화 연구. 감성과학, 9(3), 167-177.

정상훈, 이건표(2006c). 제품의 사용성이 사용자의 감성에 미치는 영향에 관한 연구. 디자인학연구, 19(5), 373-382.

채형준(2005). 제품속성, 가격, 서비스 수준, 광고와 고객만족 및 재구매 의도간의 관계. 계명대학교 박사학위논문.

최연희(2013). 패밀리레스토랑의 브랜드이미지 서비스품질과 행동의도間 연구. 경기대학교 박사학위논문.

최재봉(2010). 승용차 고객의 구매성향과 고객만족과의 관계–자동차 영업사원의 능력과 제품속성의 조절효과–. 영남대학교 석사학위논문.

한성호, 윤명환, 김광재, 조성준, 외(1998). 사용편의성 평가 기술 개발. 포항공과대학교 산업공학과, 과학기술부, 9-48.

Bearden, W. O. (1983). Selected Determinants of Customer Satisfaction and Complaint Reports. *Journal of Marketing Research, 20*(1), 21-29.

Bitner, M. J. (1990). Evaluating Service Encounters: The Effects of Physical Surrounding and Employee Response. *Journal of Marketing, 54*(4), 69-82.

Cacioppo, J. T., & Gardner, W. L. (1999). Emotion. *Annual Review of Psychology, 50*, 191-214.

Cacioppo, J. T., Klein, D. J., Berntson, G. G., & Hatfield, E. (1993). The psychophysiology of Emotion. In M. Lewis, J. M. Haviland (Eds), *Handbook of Emotions*(pp. 119-142). New York: The Guilford Press.

Czepiel, J. A., & Gilmore, R. (1987). *The Service Challenge; Integrating for Competitive Advantage*. Chicago: American Marketing Association.

Day, R. (1977). Toward the Process Model of Consumer Satisfaction. In K. Hunt (Eds), *Conceptualization and Measurement of Consumer Satisfaction and Dissatisfaction*(p.

153). Cambridge: Marketing Science Institute.

Eggert, A., & Ulaga, W. (2002). Customer Perceived Value: A Substitute for Satisfaction in Business Market?. *Journal of Business and Industrial Marketing, 17*(2/3), 107-118.

Geva, A., & Goldman, A. (1990). Satisfaction Measurement in Guided Tours. *Annals of Tourism Research, 18*(2), 177-185.

Jeong, S. H., & Lee, K. P. (2007). Measurement of User's Emotions (Kansei) expressed while Interacting with a Product: with Emphasis on Development of a Tool for Measuring User's Emotions (Kansei). *Kansei Engineering International, 6*(4), 19-30.

LaTour, S. A., & Peat, N. A. (1979). Conceptual and Methodological Issues in Consumer Satisfaction Research. *Advances in Consumer Research, 6*(1), 431-437.

Nielson, J. (1993). *Usability Engineering*. Academic Press, Inc.

Norman, D. A. (2004). *Emotional Design-Why we love (or hate) everyday things*. New York: Basic Books.

Oliver, R. L. (1980a). A Cognitive Model of the Antecedents and Consequences of Satisfaction Decision, Involvement, and Product Performance. *Behavioral Science, 40*(April), 104-132.

Oliver, R. L. (1980b). A Cognitive Model of the Antecedents and Consequences of Satisfaction Response. *Journal of Consumer Research, 17*(September), 460-469.

Oliver, R. L. (1981). Measurement and Evaluation of Satisfaction Process in Retail Setting. *Journal of Retailing, 57*, 25-48.

Oliver, R. L., & Swan, J. E. (1989). Consumer Perceptions of Interpersonal Equity and Satisfaction in Transaction: A Field Survey Approach. *Journal of Marketing, 53*(April), 21-35.

Parasuraman, A., Zeithaml, V. A., & Berry, L. (1996). The Behavioral Consequences of Service Quality. *Journal of Marketing(April)*, 31-46.

Prkachin, K. M., Williams-Avery, R. M., Zwaal, C., & Mills, D. E. (1999). Cardiovascular changes during induced emotion: an application of lang's theory of emotional imagery. *Journal of Psychosomatic Research, 47*(3), 255-267.

Reichheld, F. F. (1996). Learning from Customer Defection. *Harvard Business Review, 74*(2), 56-69.

Rosenberg, E. L., & Ekman, P. (1994). Coherence between expressive and experimental systems in emotion. *Cognition and Emotion, 8*, 201-229.

Scherer, K. R. (1986). Studying emotion empirically: issues and a paradigm for research. In K. R. Scherer, H. G. Wallbott, A. B. Summerfield (Eds), *Experiencing emotion: a cross-cultural study*(pp. 3-27). Cambridge: Cambridge University Press.

Shackel, B. (1991). Usability-Context, Framework, Design, and Evaluation. In B. Shackel, S. Richardson (Eds), *Human Factors for Informatics Usability*. Cambridge: Cambridge University Press.

Taylor, S., & Baker, T. (1994). An Assessment of the Relationship between Service Quality and Customer Satisfaction in the Formation of Consumers' Perceptions of Quality. *Journal of Retailing, 70*(2), 163-178.

Thompson, W., & Robitaille, B. (1992). Can composers express emotions through music?. *Empirical Studies of the Arts, 10*(1), 79-89.

Wilkie, W. L., & Pessemier, E. A. (1973). Issues in Marketing's Use of Multi-attribute Attitude Models. *Journal of Marketing Research, 10*(November), 428-441.

퍼시스 (2014). 제 1회 2014년 한국감성과학대상(The 1st Korea Emotion & Sensibility Award) 제품, 서비스, 콘텐츠 부문 신청서.

뉴로스카이 (2014). 제 1회 2014년 한국감성과학대상(The 1st Korea Emotion & Sensibility Award) 제품, 서비스, 콘텐츠 부문 신청서.

교촌에프앤비 (2014). 제 1회 2014년 한국감성과학대상(The 1st Korea Emotion & Sensibility Award) 제품, 서비스, 콘텐츠 부문 신청서.

현대자동차 (2015). 2015년 한국감성과학대상(Korea Emotion & Sensibility Awards) 제품, 서비스, 콘텐츠 부문 신청서.

LG전자 (2015). 2015년 한국감성과학대상(Korea Emotion & Sensibility Awards) 제품, 서비스, 콘텐츠 부문 신청서.

시몬스 (2015). 2015년 한국감성과학대상(Korea Emotion & Sensibility Awards) 제품, 서비스, 콘텐츠 부문 신청서.

파트라 (2015). 2015년 한국감성과학대상(Korea Emotion & Sensibility Awards) 제품, 서비스, 콘텐츠 부문 신청서.

파리크라상 (2015). 2015년 한국감성과학대상(Korea Emotion & Sensibility Awards) 제품, 서비스, 콘텐츠 부문 신청서.

LG CNS (2015). 2015년 한국감성과학대상(Korea Emotion & Sensibility Awards) 제품, 서비스, 콘텐츠 부문 신청서.

LG전자 (2016). 2016년 한국감성과학대상(Korea Emotion & Sensibility Awards) 제품, 서비스, 콘텐츠 부문 신청서.

시몬스 (2016). 2016년 한국감성과학대상(Korea Emotion & Sensibility Awards) 제품, 서비스, 콘텐츠 부문 신청서.

불스원 (2016). 2016년 한국감성과학대상(Korea Emotion & Sensibility Awards) 제품, 서비스, 콘텐츠 부문 신청서.

현대자동차 (2016). 2016년 한국감성과학대상(Korea Emotion & Sensibility Awards) 제품, 서비스, 콘텐츠 부문 신청서.

지오엠씨 (2016). 2016년 한국감성과학대상(Korea Emotion & Sensibility Awards) 제품, 서비스, 콘텐츠 부문 신청서.

한국감성과학회. http://koses.or.kr/html/sub04_01.asp

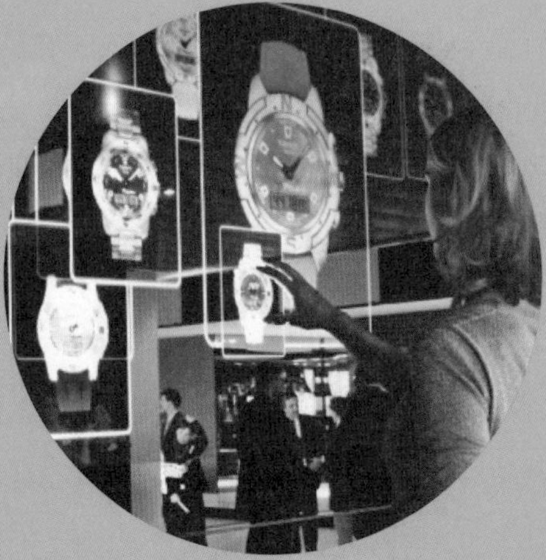

9장

감성과 UX

나대열

●●● 들어가기

최근 사용자는 매장에서 상품의 외관부터 사용하면서 경험하는 세부적인 디테일까지 총체적으로 느껴지는 종합적 감성적 판단을 근거로 제품을 구매한다. 따라서 상품이란 다음 그림과 같이 제품(물리적), 서비스(구매 전/후), 시스템(소프트웨어를 포함하는 온/오프 라인) 및 그 주변 환경(에코 시스템)을 포함하는 개념으로 재정의되고 있다.

〈테슬라의 내부(센터페시아 중심)〉

〈테슬라의 내비게이션 서비스〉

〈주유 방식과 유사한 전기차 충전〉

〈테슬라의 자율 주행 경험〉

출처: http://www.bloter.net/archives/170469

특히, UX 디자인은 고객의 사용경험에 맞추어 자연스러운 소통 방식을 제공함으로써 새로운 상품을 편안하고 즐겁게 상품을 사용할 수 있도록 하는 분야이다. 편안함과 즐거움은 사용자의 주관적이며 정성적인 감성으로서 시장에서의 상품 성공의 기장 기본적 · 핵심적 요인 중에 하나이다.

2007년 등장한 애플사의 '아이폰'부터 인공지능 '알렉사(Alexa)'를 탑재한 '아마존 에코(Amazon Echo)'는 UX 관점에서 사용자에게 감성적 즐거움과 기능적 편리성을 제공해 주고 있다. 그림에서 보여 주고 있는 '테슬라'는 태블릿 PC를 닮은 디스플레이를 내장시켜 소프트웨어 플랫폼의 역할을 주었고, 화석 연료의 주유 방식과 닮아 있는 전기차 충전 방식, 자율 주행차임에도 핸들이 있어 사용자가 불안해하지 않도록 배려하고 있다.

세부적으로 UX는 콘셉트 단계부터 디자인 요소를 개발하는 단계에서 상품과 사용자와의 인터랙션이 감성에 큰 영향을 미치는데, 애플사의 부사장이자 UX의 창시자 · 전파자였던 심리학자 노먼(Norman)이 참여한 인터랙션 재단(interaction.org)에서는 외관(look)+감성(feel)+사용성(usability)의 조합이 UX라고 표현하였다. 이 장에서는 이러한 UX가 어떻게 만들어지는지 UX의 개념부터 감성과의 연관관계 및 UX 디자인 방법에 대해서 자세히 살펴보고자 한다.

1. UX의 개요

1) UX의 정의

[그림 9-1] 인터랙션재단의 UX의 정의 구성도
출처: www.interaction.org

(1) 사전적 의미

UX는 사용자라는 'User'와 경험이라는 'eXperience'의 조합으로 만든 합성어이다. 초기에는 각 단어의 첫 글자인 U와 E가 합해진 UE가 함께 사용이 되었으나, 지금은 UX로 정착이 된 용어이다. UX의 정의는 사람, 분야, 회사마다 각양각색이지만, 필자는 [그림 9-1]과 같은 인터랙션재단의 정의가 가장 이해하기 쉽다고 생각한다.

즉, 외관(look)과 전반적인 분위기로부터 시각적으로 얻어지는 감성적 경험(feel), 그리고 사용하면서 느끼는 사용성(usability)을 포함하는 것이 UX이다. 위키백과에서는 UX는 "인간과 컴퓨터 혹은 이를 매개한 인간과 인간 간의 복잡한 상호작용을 통해서 체감되는 것으로서 제품, 시스템, 서비스를 사용하는 사람의 행동, 태도, 감정을 일컫는다."고 언급하고 있다.

'ISO9241-210'의 정의에 따르면, UX는 "사람이 제품, 시스템, 서비스를 사용하거나 사용을 기대하는 결과로서 지각하거나 습득되는 경험"으로 정의하고 있으며, UX는 "사용 전, 사용 중, 사용 후에 발생하는 사용자의 감성, 신념, 참고사항, 지각, 물리적 그리고 심리적으로 습득하는 것, 행동, 수행 결과를 포함하고 있다."고 말하고 있다.

(2) UX 용어의 간단사

UX라는 용어는 처음에 에드워드(E. C. Edwards)와 카시크(D. J. Kasik)가 'User Experience With the CYBER Graphics Terminal'로 처음으로 사용하였으며, HCI(Human Computer Interaction) 분야에 포용되고, UCD(User Centered Design)에 도입되어 1993년 애플컴퓨터의 부사장이었던 도널드 노먼(Donald A. Norman)이 자

신을 'user experience architect'로 부르면서 세상에 널리 알려졌다.

최근에는 UX가 HCI의 범주를 넘어서서 온라인/오프라인까지의 경험으로 확장되면서 면대면 고객 서비스(customer service)분야, 즉 사람과 사람까지의 상호작용 분야에까지 확장되면서, CX(Customer eXperience)라는 별칭으로 불리고, 특히 유럽에서는 고객의 상품 사용 전, 사용 이후까지의 고객 여정 맵(customer journey map)으로 확장되면서 서비스 디자인(service design)이라는 카피캣이 탄생하였다.

[그림 9-2] 통합적 UX 제공의 사례/ 유니버설 스튜디오의 트랜스포머 3D라이드

출처: http://transformers.fandom.com/wiki/Main_Page

한마디로 UX는 [그림 9-2]와 같이 사용자가 경험하는 모든 것을 의미하는 것으로 사용전의 과거, 사용 중인 현재, 사용 후의 미래의 경험까지를 모두 포함하는 용어이다. 이를 디자인의 분야, 조직의 명칭 또는 결과물을 지칭하는 말로 혼동하여 사용하지 않아야 한다.

2) UX의 구성요소

(1) UI

UI는 'User Interface'의 약자로서 제품, 시스템, 서비스(이하 상품) 상품을 사용함에 있어 사용자가 상품의 상황을 지각하거나 조작하거나 응답을 얻는 장치 혹은 장치의 표면에 배치된 버튼, LED, 손잡이 및 화면상에 보이는 모든 그래픽 요소를 통칭한다. 한편으로는 본체에 연결해서 사용하는 보조장치(device)인 키보드, 마우스, 모니터 등을 의미하기도 한다. 이러한 요소들이 제공하는 그래픽적 혹은 물리적 모든 요소에 더하여 빛, 소리, 음성, 터치 반응 등 오감을 이용한 감성적 인터랙션이 더해지면 사용자는 보다 나은 UX(사용경험)를 얻을 수 있다.

[그림 9-3] 휴대전화의 UI 구성요소들

출처: http://designmodo.com

[그림 9-3]의 휴대전화를 대입하여 비교해 보면, 볼륨 조정, 전원 켜기 등의 제품 외관 버튼들, 터치스크린상의 조작가능한 아이콘, 버튼, 텍스트 등 모든 요소를 의미한다.

(2) HCI

HCI(Human Computer Interaction)는 인간과 컴퓨터 간의 상호작용을 의미하는 용어이다. 이 분야는 전산학, 심리학, 산업공학 등의 서로 다른 연구 분야가 공동으로 연구를 진행하는 경우가 많다. 여기서의 상호작용은 [그림 9-4]와 같이 사용자와 컴퓨터 사이에 있는 사용자 인터페이스를 통한 일련의 연속적 작동을 의미하며, 사용자 인터페이스는 하드웨어와 소프트웨어를 모두 포함하고 있다. 주요 분야를 구분해 보면 다음과 같이 다양한 연구 분야가 있다.

- 인터페이스를 설계하는 방법론이나 절차의 개발(예: 주어진 사용자 군이나 주어진 조건에 부합하여 최적화된 인터페이스를 설계하는 것)
- 인터페이스를 구현하는 방법론(예: 소프트웨어 툴킷이나 라이브러리, 보다 나은 알고리즘의 개발)
- 인터페이스를 비교 · 평가하는 방법
- 새로운 인터페이스나 상호 작용 기술의 개발
- 상호작용을 설명 · 예측하는 모델이나 이론의 개발

[그림 9-4] 영화 〈아이언맨(Iron Man)〉에서 주인공과 인공지능 자비스의 인터랙션 장면
출처: https://www.linkedin.com/pulse

HCI에서의 컴퓨터란 인터랙션 능력을 지닌 모든 것이라 지칭할 수 있으며, 이를 기반으로 하는 상호작용에 대한 연구를 하는 분야라 말할 수 있다. 이와 같은 내용은 위키백과의 정의이다.

(3) GUI

GUI는 'Graphic User Interface'의 약자로서 [그림 9-5]의 오른쪽의 과거 MS-DOS와 같이 CLI(Command Line Interface) 형식에서 Text에 그래픽 형식을 다소 차용한 TUI(Text User Interface)를 기반으로 한 인터페이스가 초기의 모습이며, TUI는 GUI에 포함시키기도 한다. 본격적 GUI는 애플이 제록스 컴퓨터가 개발한 마우스와 그래픽을 이용한 인터페이스가 상업화에 성공함으로써 세상에 널리 알려졌다. 즉, 마우스와 같은 포인팅 디바이스의 기술력의 성장과 GUI의 성공은 밀접한 관련이 있다.

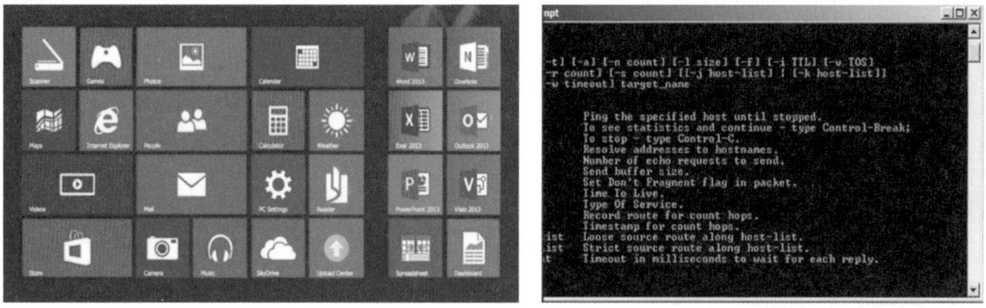

[그림 9-5] GUI(좌측)와 CLI(우측)

출처: https://www.youtube.com/watch?v=oDSWFsAw1Zw

(4) 인터페이스

본래 인터페이스(Interface)는 화학에서 출발한 용어로서 밀도가 다른 두 액체가 서로의 계면을 형성할 때 해당하는 면을 지칭하는 용어였으나, 지금은 HCI 분야에서 연구되고 있는 하드웨어적 인터페이스 장치 및 소프트웨어의 인터페이스 부분을 지칭하는 말로 개념이 확대되었다. [그림 9-6]은 자동차의 인터페이스 장치들이다. 기존의 핸들과 기어시프트 외에도 디스플레이와 다양한 가상 인터페이스 장치들이 사용되고 있다.

[그림 9-6] 사용자와 자동차의 인터페이스 장치들

출처: http://global-autonews.com/

(5) 인터랙션

인터랙션(Interaction)은 우리말로는 상호작용으로 번역되어 사용되는데, 마치 네트를 사이에 두고 두 사람이 공을 주고받는 구기 종목처럼 경기 방식과 부가 규칙에 따른 경기를 수행하듯이, 상호작용 규칙에 따라 사용자와 컴퓨터가 제시된 인터페이스를 활용하여 정보와 데이터를 주고받는 행위를 포괄적으로 정의한다.

2) UX, UI, GUI의 혼란기

[그림 9-7] 영화 〈마이너리티 리포트(Minority Report)〉에서의 인터랙션 장면

출처: http://blogs.discovermagazine.com/

현재 여기서는 UX, UI, GUI를 앞서 정의한 기준에 따르나, 조직의 역할에 대한 명칭 그리고 용어의 이해도에 따라서 UX/UI와 같은 혼동스러운 조합이 사용되기도 한다. 또한, 중국은 UI를 GUI를 대신하는 용어로 사용하기도 하므로 해외 프로젝트를 추진할 때에는 더욱 주의를 요한다. UI에 리서치 기능이 강해지면 UX이고, 둘을 다같이 수행하면 UX/UI의 경우도 있으며, GUI 팀이 그래픽디자인 범주를 넘어서서 인터랙션 자체를 설계하는 경우에는 GUI 팀의 명칭을 UI/GUI 팀 혹은 합해서 UX팀이라고 정의하기도 한다. UX 팀이 고객 지향의 선행 기술과 선행 디자인을 수행하는 경우는 이 팀을 선행 UX 팀이라고 부르기도 하며, [그림 9-7]은 선행 UX 팀이 수행하는 프로젝트 사례에 해당된다. 따라서 참고문헌이나 외부 자료를 사용할 때 유의해서 사용해야 한다.

2. UX 디자인

1) UX 디자인의 정의

UX 디자인은 상품과 상호작용을 하는 동안 사용자가 느끼는 사용성, 접근성, 만족도를 향상시키기 위해서 수행하는 일련의 과정을 말한다. 사용자 경험 디자인을 위해서는 사용자 조사 및 기획 작업, 디자인 작업, 인터페이스 및 상호작용 기술 개발 등 다양한 활동이 선행적으로 준비되어야 하고, 순차적이고 진행되며, 기대 수준 이상의 완성도를 위해서 반복을 통해서 디자인되어야 한다.

또한, UX 디자인은 사용성(usability), 접근성(accessibility), 즐거움(pleasure)를 강화함으로써 고객만족도를 향상시키는 과정이며, 이는 약자로 UED, UXD 등으로 표현된다. 그리고 전통적인 HCI를 기반으로, 사용자에 의해서 인식되고 경험되는 모든 제품, 서비스까지로 확대된 개념이다.

(1) UX 디자인이란

사용자가 경험하고자 하거나, 기업이 제시하고자 하는 가치 있는 UX(사용자 경험)를 제공하기 위해 [그림 9-8]과 같이 다양한 인문학(사회과학), 공학(인간공학 및 HCI, 전자공학, 로보틱스 등), 디자인 등의 방법론을 도입하거나, 디자이너의 창의적인 설계 및 디자인 과정을 거친 상품(제품, 서비스, 에코 시스템, 시스템 환경을 포함)의 일부 인터페이스 요소 또는 전체를 디자인하는 행위 및 그 결과물을 말한다.

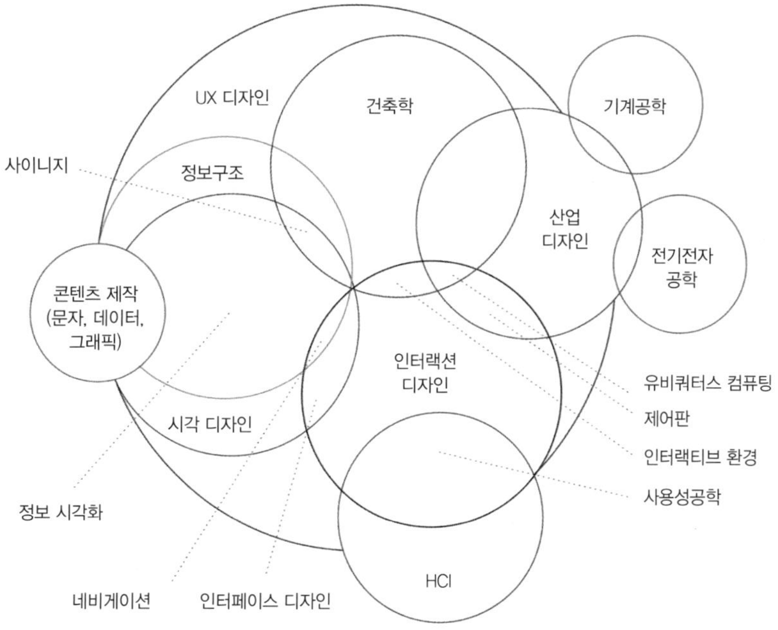

[그림 9-8] UX 디자인과 타 분야의 관계

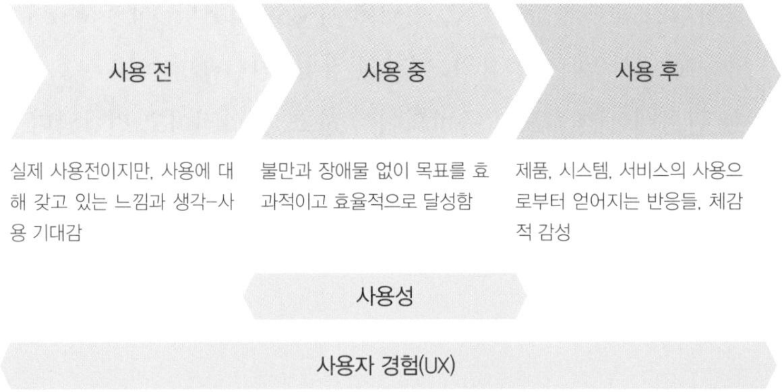

[그림 9-9] 사용 전/중/후의 경험과 UX의 관계

이때의 결과물로 탄생하는 상품은 고객이 지불 가치를 충분히 느끼도록 해야 하는데, 이 역할을 위해서 [그림 9-9]와 같이 사용자와 제품 간의 인터페이스 및 상호작용상의 사전 경험적, 과정적, 결과적인 모든 부분에서 실질적인 가치 및 감성적인 공감을 얻어내야 한다.

2) UX 디자인 결과물

[그림 9-10] UX 프로젝트의 다양한 산출물

출처: http://semanticstudios.com

통상적인 UX 디자인의 결과물은 [그림 9-10]과 같이 보통 현재 현상에 대한 분석 리포트, 프로젝트 목표 및 범위를 정의하는 프로젝트 기획서, 프로젝트를 진행하면서 중간 산출물로 얻어지는 UI 설계서, GUI 디자인 가이드, 제품설계 시방서, 최종 디자인이 탑재된 상품(서비스 및 제품)으로서 정의할 수 있으며, 특히 감성에 대한 요구 수준이 높은 경우는 이에 맞는 결과물의 재정의 및 보완이 필요하다.

2) UX 디자인 이론

(1) 피츠의 법칙

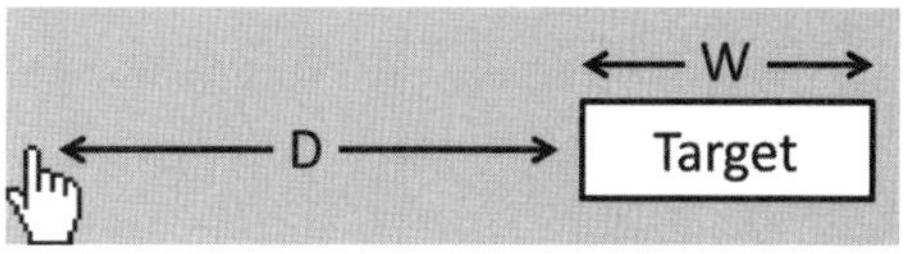

[그림 9-11] 피츠의 법칙

출처: http://ko.wikipedia.org

[그림 9-11]의 피츠(Paul Morris Fitts Jr.)의 법칙(Fitts' Law)은 사용성 분야에서 인간의 행동에서 대해 속도와 정확성 간의 관계를 설명하는 기본적인 법칙이다. 대상 물체의 폭(W)이 넓을수록 쉽게 클릭할 수 있으며, 거리(D)가 멀수록 클릭하기 어렵다는 법칙이다. 물리적 공간에서 주요 태스크 간 이동 경로를 고려한 설계를 할 때 활용한다.

(2) 밀러의 법칙

인지심리학자 밀러(George A. Miller)가 연구한 것으로 인간이 작업기억으로 기억할 수 있는 청크(기억의 가장 작은 단위)가 7개 정도라고 정의한 법칙이다. 최근 이 숫자에 대해서 다른 의견들이 많이 제시되고 있으나, 기억을 요하는 태스크를 부여하는 경우에 참고 정보로 활용되고 있다. 예를 들어, 메뉴의 개수나 기능의 개수 등 선택지의 개수를 정의할 때 활용한다.

(3) 몰입 이론

칙센트미하이(Mihaly Csikszentmihalyi)가 정의한 이론이다. 몰입은 주위의 모든 잡념, 방해물을 차단하고 원하는 어느 한곳에 자신의 모든 정신을 집중하는 일이다. 이론에 따르면, 일단 몰입을 하면 몇 시간이 한순간처럼 짧게 느껴지는 현상이 일어나고, 자신이 몰입하는 대상이 더 자세하고 뚜렷하게 보인다. 몰입 대상과 하나가 된 듯한 일체감을 가지며, 자아에 대한 의식이 사라진다. 이때를 '몰입(flow)' 혹은 '존(zone)'에 들어섰다고 표현한다. 몰입 현상은 [그림 9-12]의 2채널과 [그림 9-13]의 8채널으로 표현하며, 이를 '몰입 경험(flow experience)'라 부르며, 학습과 노력을 통하여 도달할 수 있기에 학습성(learnability)이라는 UX 요소들에 대한 고려가 필요하다. 몰입의 수준에 따라서 인간이 느끼는 감성도 다양하며, 부정적 감성이 나타나지 않도록 적절히 변수들을 통제하는 것이 필요하다. 사용성 평가 시에도 난이도의 조절 및 목표감성의 모습을 정의할 때 활용한다.

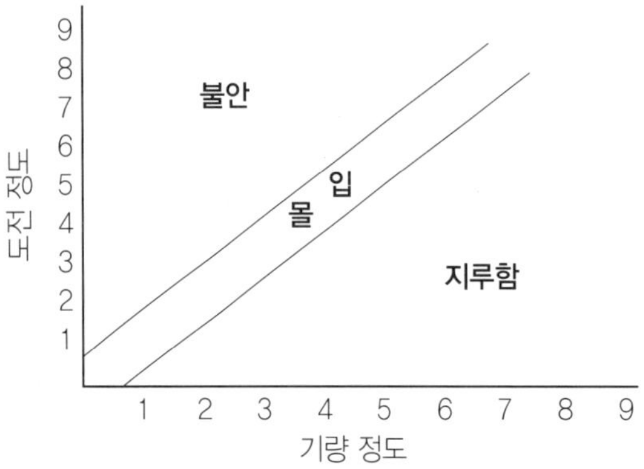

[그림 9-12] 몰입 2채널 모델

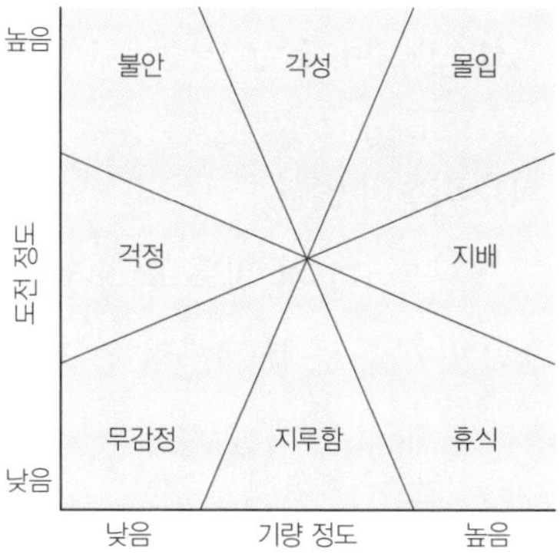

[그림 9-13] 몰입 8채널 모델

(4) 플루치크의 감성의 바퀴

플루치크(Robert Plutchik)는 인간의 감성을 [그림 9-14]와 같이 크게 8개의 주요 감성으로 구분지을 수 있다고 정의하였다. 이 감성 바퀴를 곧바로 적용하기는 힘들겠지만, 감성을 시각화하여 컬러를 맵핑하였다는 측면에서 디자인의 시작점으로서의 의미가 있는 접근으로 보여 많은 디자이너들이 참고하고 있다.

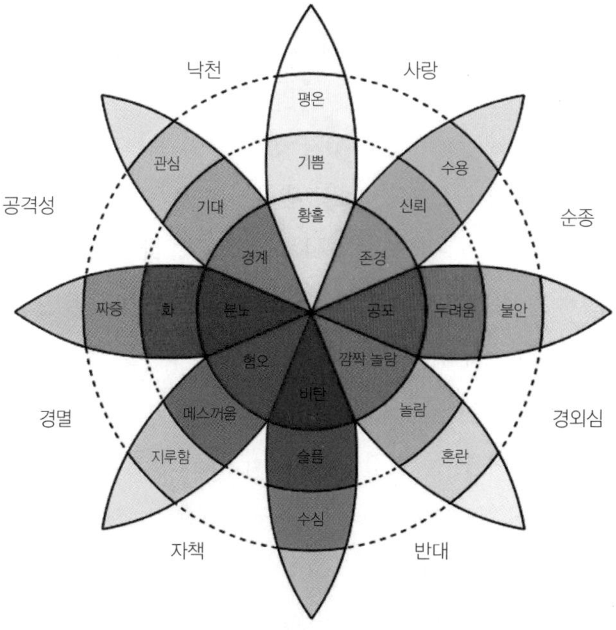

[그림 9-14] 플루치크의 '감성의 바퀴'모델

[그림 9-15]의 영화 〈인사이드 아웃〉의 캐릭터들은 이러한 플루치크의 감성의 바퀴에서 기본 색상을 따서 캐릭터 디자인을 개발하여 감성의 전달에 의미 있는 역할을 수행한 것이다.

[그림 9-15] 영화 〈인사이드 아웃(Inside Out)〉 캐릭터
출처: http://movies.disney.com

3. UX 디자인 방법론

UX 디자인의 분야가 융복합적인 만큼 방법론 또한 조사, 기획, 디자인, 개발에 이르기까지 다양한 학문적 분야에서 차용하여 디자인 분야에 적용함으로써 효율적인 방법들이 지속적으로 발굴 · 적용되고 있다.

1) 발견적 평가법

발견적 평가법은 디자인 조사 및 결과를 평가하는 방법론 중 대표적인 방법론이다. 휴리스틱 평가(heuristic evaluation)라고도 하며, 오랫동안 전문가에서 전문가로 암묵적으로 통용되어 왔던 평가 기준인데 닐슨(Jacob Nielson)이 집대성하여 [그림 9-16]과 같이 '10가지 발견적 평가법(10 Usability Heuristics)'로 정리를 하면서 널리 알려지게 되었다. 휴리스틱 평가가 유명해진 것은 사용성 평가를 수행함에 있어 장시간과 고비용이 들었기에 저비용으로 수행이 가능한 방법을 제시하고, 이를 닐슨이 이론적으로 증명해 냈기 때문이다.

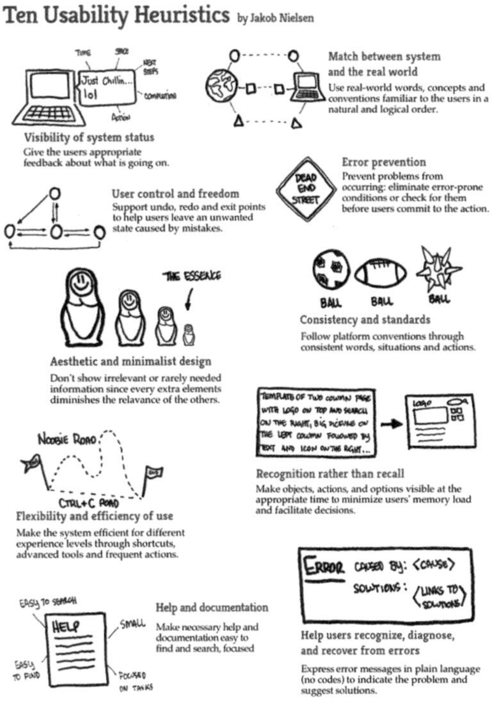

[그림 9-16] 10가지 발견적 평가법
출처: http://xd-i.com/

발견적 평가법은 사용성을 전문가를 통해서 측정하는 방법이지만, 디자이너의 입장에서는 이 과정 속에서 디자인의 방향성을 위한 단서들을 얻어낼 수 있는 중요한 과정이기도 하다. 이 과정에서

참가한 전문가들이 제공하는 특정 감성이나 그 감성을 불러일으키는 UX 디자인 요소를 기록하여 추후 디자인 과정에 활용한다면 이후 과정 속에서 목표감성과의 차이(gap)을 측정하고 이를 줄이는 데 활용이 가능하다.

[그림 9-17] 사용성 테스트 장면

출처: https://www.experiencedynamics.com

2) 사용성 테스트

사용성 테스트는 상품(제품 혹은 서비스를 시스템으로 정의)의 목적에 맞는 주요 수행 과제를 정성적 · 정량적 평가를 통해 [그림 9-17]과 같은 실험실에서 직접 수행함으로써 수행도와 에러율을 측정하여 문제점을 해결하는 방법론이다. 1명의 진행자가 배석하고 나머지 인력은 관찰실에서 진행 및 측정을 실시한다.

개인적인 성향에 관한 질문 해당되는 칸에 ○표시하십시오.

번호	질문	전혀 아니다 ←→ 매우 그렇다				
1	스마트폰을 어려움 없이 잘 사용한다.					
2	일은 주로 한 장소에서 이루어진다.					
3	잠시도 쉬지 않고 무엇인가를 읽는다.					
4	새로운 정보를 접하면 다른 사람에게 알려 주고 싶다.					
5	의자에 앉아서 무엇인가 하는 것을 좋아한다.					
7	처음 접하는 기기나 소프트웨어를 쉽게 익히고 쓸 수 있다.					
8	최근 허리나 목, 척추 등의 질환을 겪은 적이 있다.					
9	허리나 목, 척추 등에 대한 자신의 건강 상태를 잘 알고 있다.					

의자 사용 소비 태도에 관한 질문 해당되는 칸에 ○표시하십시오.

번호	질문	전혀 아니다 ←→ 매우 그렇다				
1	쉬는 시간에 주로 앉아서 휴식을 취한다.					
2	책상에 엎드려서 낮잠을 자는 경우가 많다.					
3	창의적인 구상이나 생각할 때에도 의자에 앉아서 하는 편이다.					
4	의자를 구매할 때 직접 앉아 보고 구매하는 편이다.					
5	마음에 드는 의자를 구매할 때 최대 소비할 수 있는 가격은?					
6	하루에 의자에 앉는 시간은 어느 정도인가?(주관식: 예: 하루 평균 6시간)					

[그림 9-18] 설문조사 설문 내용 및 결과 평가지

출처: http://nezin.tistory.com

3) 설문조사법

설문조사법은 [그림 9-18]과 같이 사전에 객관적으로 정의된 질의서를 사용자가 직접 답지를 작성하는 정량화에 유리한 대중적인 방법론이다. 설문조사는 피험자의 인적사항, 이전 사용 경험에 대한 조사 또는 사용성 테스트 및 발견적 평가법 이후 사용자의 주관적 의견을 듣는 등 기존 방법과의 조합을 통해서 자유로운 구성이 가능하며, 짧은 시간 다수의 사용자로부터 정량적 숫자를 쉽게 얻을 수 있는 장점이 있다.

4) 조사기법의 종류 및 감성 디자인 응용

UX 조사기법은 관찰과 행동의 기록을 위한 정성적 데이터를 얻기 위한 조사기법과 정량적 데이터를 얻기 위한 조사기법이 있다. 또한, 행동을 관찰하는 방법과 전반적인 의견을 묻는 조사가 있을 수 있다. [그림 9-19]는 이러한 방법론들을 사용 정황에 맞게 구분해 놓은 도표이다.

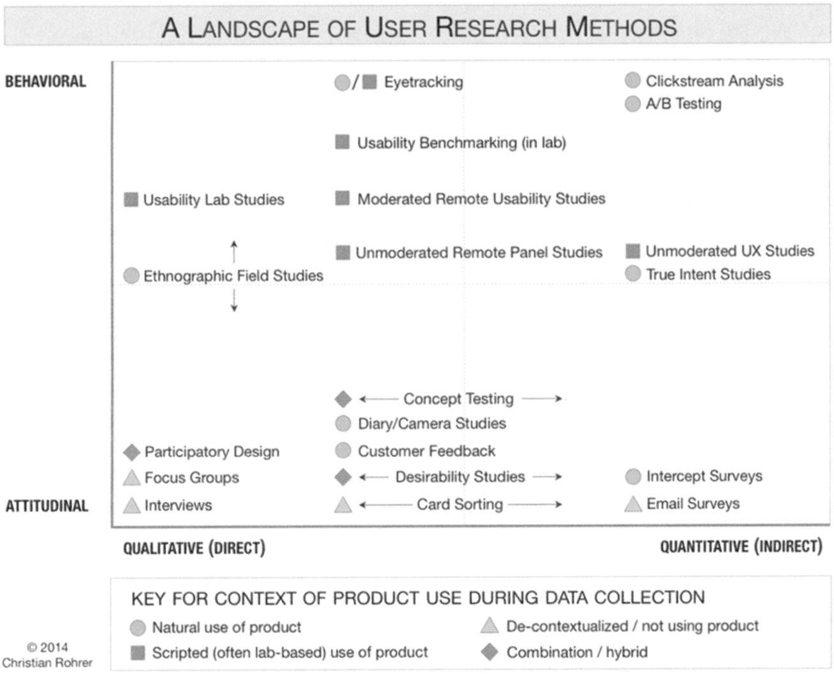

[그림 9-19] 데이터 출처, 접근 방식, 상품 사용 정황에 따른 조사기법 분류표

출처: https://www.nngroup.com

프로젝트에 상황에 맞는 목표 데이터를 얻어 내기에 가장 적합한 방법을 하나 혹은 몇 가지 방법의 조합으로 수행이 가능하다. 특히 정성적 데이터를 얻기 힘든 경우는 정량적인 방법을 통해서 보강이 가능하다. 예를 들어, '사용성 테스트' 중 '설문조사법'을 결합하면 사용성 테스트 과정에서의 사용자가 느끼는 주관적 감성을 얻어낼 수 있다. 예를 들면, "현재 써 보시니 어떠세요?" "어떤 부분에서 그런 느낌이 드셨나요?" 등을 설문조사법으로 사전-사후 설문지를 제공하고 면대면 인터뷰를 사용해서 현재 만들어진 UX 디자인이 목표하는 고객감성과의 차이점을 얻어 낼 수 있다.

4. 감성 중심 UX 디자인 프로세스

'감성 중심 UX 디자인 프로세스'와 같이 새로운 감성적 경험의 제공을 목적으로 하는 경우는 사내외의 다수의 분야별 전문가 혹은 전문회사들이 협업하여 프로젝트를 수행한다. 특히 프로젝트의 성공을 위해서는 목표 감성을 정교하고 섬세하게 관리하여 최종 결과물을 사용하는 사용자가 이를 성공적으로 체험할 수 있도록 체계적인 관리법이 필요한데, 이를 [그림 9-20]과 같은 프로세스와 방법론의 정의로 해결할 수 있다.

이 프로세스는 프로젝트 내에서의 시간, 효율 그리고 진행 내용에 맞도록 최적의 관리를 위한 나침판과 같은 역할을 한다. 또한, 프로젝트를 올바로 설계하기 위한 적합한 방법론의 선택 및 적용 수준과 적용 범위를 잘 정의하는 것이 중요하다. 여기서는 감성 중심 UX 디자인을 위해서 최근 추세에 맞게 알려진 방법론을 변형하여 제안하고 있으나, 사례는 기존 사진 및 그림 예제를 활용하고 있다. 따라서 참고문헌상의 원문과 그림의 제작 의도는 다소 상이할 수 있음을 밝힌다.

1) 감성적 UX 목적/목표 정의

고객 및 사용자에게 제공하고자 하는 목표 경험은 무엇인가? 이 단계는 고객이 기대하는 상품 혹은 고객이 알고 있는 특정 상품에 대한 기대 경험을 인문학, 디자인, 기술 분야의 다양한 조사 및 가능성을 토대로 가치 있는 경험을 정의하는 단계

단계	UX 감성 목표/목적 정의	UX 감성 가설 설정	사용자 기반 감성 콘셉트 구체화	사용자 UX 감성 분석	UX 감성 콘셉트 디자인	UX 콘셉트 프로토타이핑 및 디자인 확정	UX 디자인 최적화 개발 및 출시	UX 디자인 감성 평가 /검증/보완
목적	상품 UX의 감성적 정량/정성 목표 정의	사용 가설 기반 UX 디자인 초벌 제작 및 가설적 시나리오 정의 및 조사	목표 감성 체감 여부 체크 및 사용자 조사 기반 콘셉트 구체화	사용자 사용 테스트를 통한 대표 콘셉트 및 시나리오수정 방향 분석	분석 데이터 적용을 통한 디자인 콘셉트 및 화면설계안 확정	감성부합 정적/동적 스타일 정의 및 정밀 상품 프로토타입 제작	제품, 소프트웨어, 하드웨어, 실부품 고려 디자인 개발 및 출시	상용 출시 후 고객 평가 및 목표감성 갭 분석 소프트웨어 러닝체인지
이미지	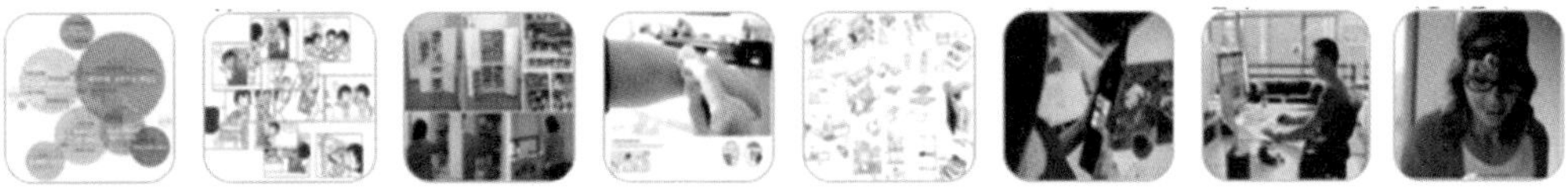							
산출물	UX 목표/목적 정의서	UX 감성 디자인 초벌	디자인 감성 콘셉트 및 프리토타입	사용자 UX 분석 및 수정사항 정의서	감성 UX 기반 UI 화면설계서	감성 GUI 디자인 가이드	감성 UX 디자인 상품 개발	UX 디자인 감성평가 및 보완 검토서

[그림 9-20] 감성 중심 UX 디자인 프로세스

출처: http://story.pxd.co.kr/4

이다. 이 단계에서 목표 경험을 명확히 정의한다면 프로젝트는 한층 쉬워진다. 하지만 반대의 경우는 일정이 계속 소진되면서 경험의 정의와 프로젝트 진행을 동시에 수행해야 하므로 수행의 부담이 크다.

프로젝트 팀원의 수준이 높지 않아 상품에 대한 고객 및 사용자에 대한 지식이 부족한 경우는 '사용자 기반 감성 콘셉트 구체화' 단계 내에 포함된 '사용자 조사'를 수행하여 충분한 정보분석을 먼저 진행한다면 훨씬 손쉬운 진행이 가능하다. [그림 9-21]의 UX 감성 목적/목표 사례는 사용자가 희망하는 경험을 다수의 콘셉트의 조합으로 정의한 것이다.

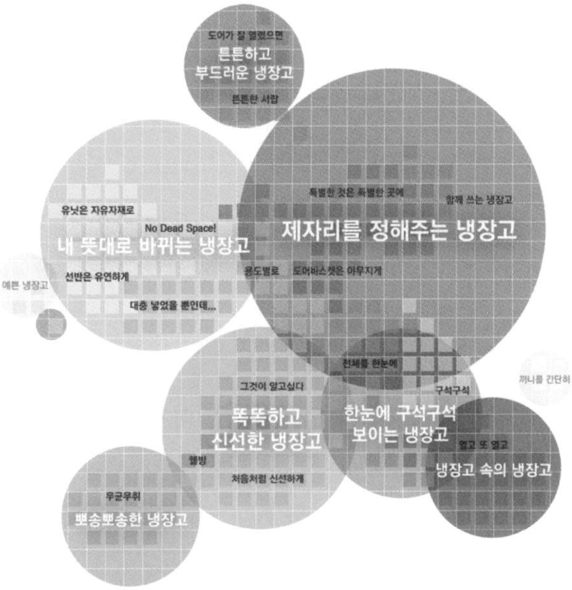

[그림 9-21] UX 감성 목적/목표(콘셉트) 사례

출처: http://mimlab.net

2) UX 감성 가설 설정

목표를 정하고 나면 사용자 인터페이스를 포함하는 상품의 형태나 사용 상황 및 인터랙션을 정의하는 것이 필요하다. 이때 [그림 9-22]와 같이 삽화를 이용하는 것이 효과적이다.

이 단계에서 목표/목적으로 정했던 콘셉트를 사용자의 행동으로 구체적으로 정의할 수 있으며, 워플(Warfel, 2011)은 필요하다면 목적에 가장 근접한 디자인 안을 종이나 이미지 등으로 빠른 프로토타입(rapid prototyping)으로 간단히 가시화할 수 있다고 하였다. 이 과정 속에서 애들린과 프루이프(Adlin & Pruiff, 2014)는 전형적인 행동을 하는 사용자 퍼소나(persona, 페르소나라고도 함)를 가설적으로 정의할 수 있다고 말한다.

또한, 정황(context)에 적합한 가설적 해답을 정의해 보고 실현 가능성을 고려하여 시나리오와 디자인 요소를 구체화하여 UX 감성디자인 초벌(UX emotional design draft)을 제작해 두어야 한다. 이 단계에서 목표 상품의 초기 형태, 즉 제품 형상 및 제품/서비스 화면이 나타날 수 있으며, 어떤 사용자의 정황과 해당 시점별 제품이 제공하는 가치를 포함한 초기 시나리오가 담긴 가설이 만들어진다. 결과적으로 콘셉트 사전 평가를 위한 콘셉트 원형 및 시나리오가 담긴 UX 감성디자인 초벌은 다음 단계인 사용자 조사 단계를 통해 다듬는 과정을 거쳐 완성이 된다.

3) 사용자 기반 감성 콘셉트 구체화

사용자 조사는 디자인의 중간 평가나 최종 검증 등 다양한 목적으로 사용될 수 있지만, 이 단계에서는 가설의 고객 수용도 및 구현 가능성을 확인하고 구체화를 위한 사용자 조사이다. 이 과정에서 이미 출시된 비슷한 상품과의 비교 분석이 병행된다면 성공 가능성이 높아질 수 있다.

이 조사를 사용자 조사([그림 9-23])라고 하고 내용적으로는 UX 리서치라고도 하는데, 앞서 가설 설정 단계에서 만들어진 UX 디자인 초벌이 사용 상황 및 제한 요건상에서 기대 경험에 부합하도록 설계되었는지를 검증하게 된다. 또한, 인터페이스 및 인터랙션을 중심으로 검토하여 개선점에 관한 데이터를 얻는 과정이다. 이 단계

[그림 9-22] UX 가설의 초기 모습 사례

출처: http://mimlab.net/

에서 각 감성요소 평가기준 별로 '서비스 블루프린트'나 '전략캔버스' 등을 사용하여 단계별로 사용자의 반응과 목표치와의 차이를 정의하여 정량적/정성적 디자인 해결안을 만들고 문제점도 정의한다.

[그림 9-23] 사용자 조사 사례

출처: http://mimlab.net

4) 사용자 UX 감성 분석

'사용자 기반 감성콘셉트 구체화'의 결과를 토대로 영(Young, 2009)은 사용자의 심성모형(mental model)과 디자인 중인 설계 상품과의 차이(gab)를 최소화하도록 하였다. 이 과정에서 문제점을 도출하고 해결 과정을 반영하여 제안한다. 이 단계에서 퍼소나 정의 및 아이디어로 정의된 여러 가지 시나리오 중 대표 시나리오를 정의 및 구체화할 수 있으며, [그림 9-24]와 같이 간단한 프로토타입 제작을 통해서 구체적 의사소통이 가능할 수 있다.

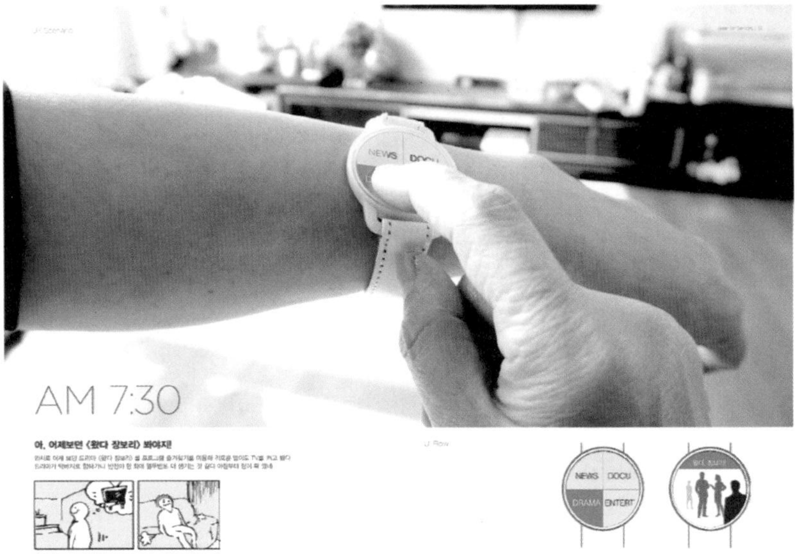

[그림 9-24] UX 프로토타입 사례

출처: http://mimlab.net

5) UX 감성 콘셉트 디자인

이 단계에서는 문제점 정의 및 해결안 도출을 완료하고 실제 개발 환경 및 상품의 사업적 요건에 맞도록 [그림 9-25]와 같이 감성 콘셉트 디자인을 진행한다. 이 경우 상품과의 연계성을 고려하여 제품에 적용 시에 문제점을 사전 예측하거나, 기존 서비스가 존재하는 경우에는 이와의 호환성도 정의하여 제품의 결과물이 성공적으로 출시될 수 있도록 한다.

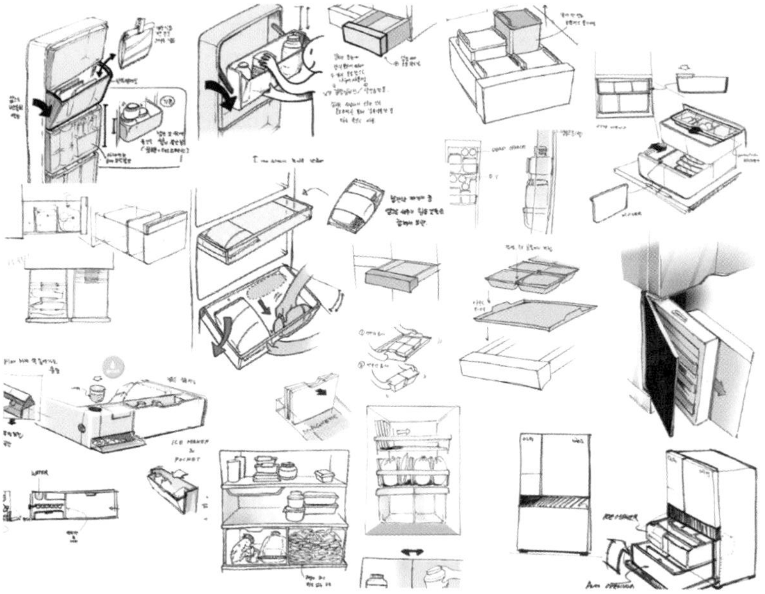

[그림 9-25] UX 감성 콘셉트 디자인 사례

출처: http://mimlab.net/

6) UX 콘셉트 프로토타이핑 및 디자인 확정

프로토타이핑은 디자인된 UX를 동작이 가능하도록 사용자 환경에 맞도록 프로토타이핑 도구를 사용하여 [그림 9-26], [그림 9-27]과 같이 제작하면서 문제점을 수정하면서 디자인 콘셉트를 확정 단계에 가깝게 만들어 목표 감성을 구현하는 단계이다. 이 과정에서 말하는 프로토타입은 UX 감성분석 단계에서 만드는 Low-Fidelity 프로로타입이 아니라 High Fidelity 프로토타입이며, 여기에 추가해서 상품의 외관 목업(mock-up)을 함께 제작하면 경험 관점에서 보다 완결성 높은 제품을 가시화할 수 있다.

[그림 9-26] UX 콘셉트 프로토타입 제품사례 (스마트냉장고)

출처: http://mimlab.net

[그림 9-27] UX 콘셉트 프로토타입 소프트웨어 기반 인터페이스 사례(스마트와인병)

출처: http://www.newsweek.com

[그림 9-28] GUI 디자인 작업

출처: https://cdn-images-1.medium.com

[그림 9-29] SW, HW 개발작업

출처: http://ux-designmastery.tumblr.com

7) UX 디자인 최적화 개발 및 출시

이 단계는 [그림 9-28], [그림 9-29]와 같이 실제 제품에 탑재될 소프트웨어와 하드웨어 그리고 제품 외관의 부품 요소들도 정의하여 대량생산이 가능한 최종 결과물을 만드는 과정이다. 물론 난이도와 기간을 고려하여 콘셉트 구체화 단계에서부터 착수하는 경우도 많다. 이 단계는 디자이너에서 엔지니어의 손으로 넘어간 상황이기에 원안의 콘셉트에 맞도록 제작되도록 상시 진행 상황을 모니터링하고 구동 상태를 평가하고 세부 단계별 발생 문제를 해결하며 제품 출시를 준비한다. 실제 디자이너의 감성이 엔지니어의 감성과 일치하도록 수시로 협의한다.

8) UX 디자인 감성 평가 · 검증 · 보완

상품이 출시 준비를 완료하게 되면 해당 제품이 실생활 속에서 목적했던 경험이 잘 이해되고 적응되며 문제점이 없는지를 [그림 9-30]과 같이 평가하고 부족한 점을 보완하는 작업이 필요하다. 이 경우 실제 사용자가 사용 환경에 거의 똑같이 만들어서 평가하기도 하고, 때에 따라서는 아예 사용자의 집으로 방문하여 평가를 하기도 한다. 이 단계에서 후속 상품의 정의 및 개선 방향을 함께 도출할 수 있다.

[그림 9-30] 디자인 평가 작업

출처: https://blog.prototypr.io

5. 감성 중심 UX 디자인 산출물 예시

1) UI 화면설계서

PXD(2017)의 조사에 따르면, [그림 9-31]과 같은 화면설계서는 지역, 회사, 조직마다 UI 문서, 화면설계서, 와이어프레임(wireframe), 워크플로우(work flow), 플립북(flipbook), MMI 문서, MMI 규격서, 시나리오, 사용 시나리오, UI 시방서, UI 스펙 정의서(spec, specification), UI 가이드(UI guideline), UI 요건정의서(UI requirement), UI 규격서 등 조금씩 다른 정보를 담은 다양한 명칭으로 사용되지만, 화면의 각 주요 화면정의 및 사용에 따른 흐름(flow)를 정의해 놓은 문서이다. 즉, 문서상의 모든 요소 및 요소들의 인터랙션 방식, 메타포의 콘셉트 등을 간단한 글과 그림으로 표현해 놓은 문서이다.

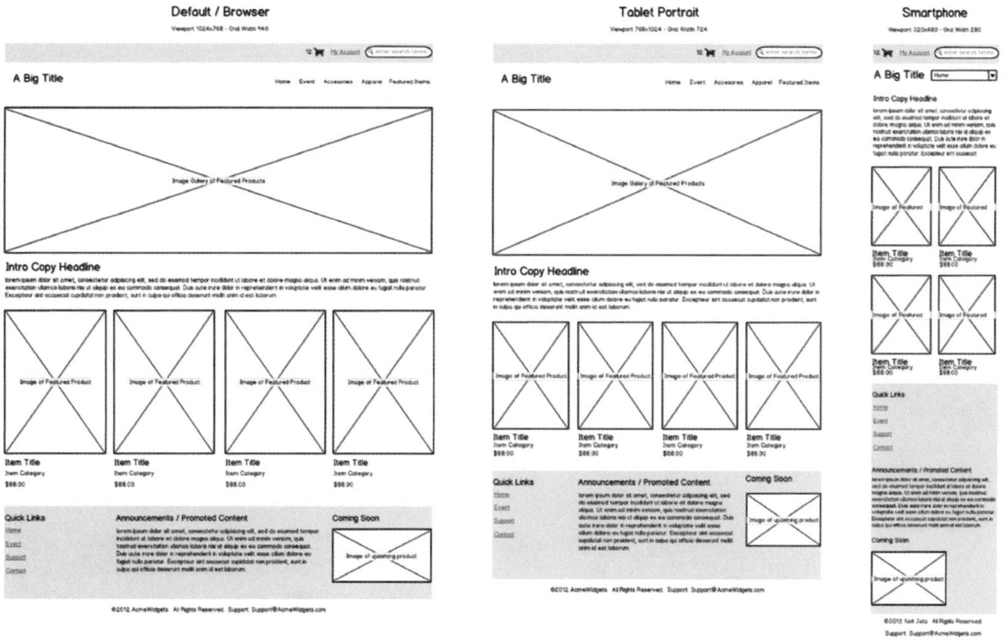

[그림 9-31] 감성 UX 기반 UI 화면설계서 사례

출처: https://support.balsamiq.com/

이러한 문서작업을 하는 과정에서 'UX 디자인이론'을 고려하면서 '퍼소나'와 '목표 감성'을 함께 고려하면서 디자인해야 한다. 메뉴 내비게이션 요소 및 콘텐츠 요소를 포함한 페이지 내 구성요소를 화면 단위로, 그리고 변화 요소가 큰 경우는 페이지별로 구성을 해야 한다. 또한, 이 상품이 단일 플랫폼(사용 환경, 즉 PC, 웹, 앱, TV 등 중에서 하나)에 사용될 경우와 여러 플랫폼에 사용될 경우에 따라서 멀티플랫폼적인 설계가 필요할 수 있으며, 멀티플랫폼의 경우 브라우저 기반으로 동작을 하면 응답형 디자인(responsive design)을 고려한 설계 또한 필요하다.

2) 감성 GUI 디자인 가이드

UI 설계가 끝나면 [그림 9-32]와 같은 GUI 디자인 작업이 착수가 된다. 물론 GUI는 UI 요소와 독립적으로 작업이 진행되어도 좋지만, UI의 기본 개념이 이해된 상태에서 디자인이 진행되어야 이질감이 사라진다. UI에서 정의하지 않은 스타일 요소는 주요 색상, 배색, 폰트, 아이콘 등 정적인 요소와 UI 요소 및 화면의 전환 효과

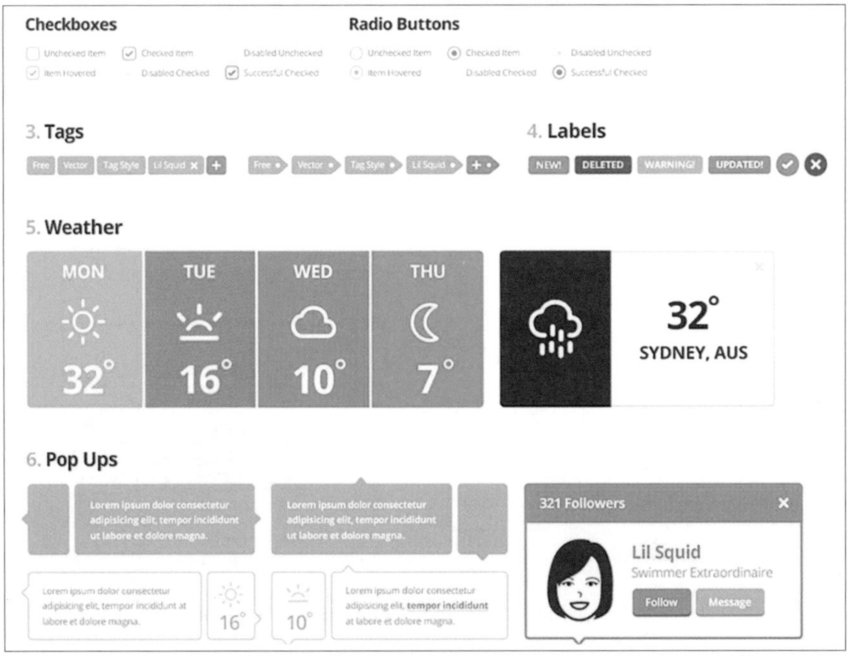

[그림 9-32] GUI 디자인 가이드 사례

출처: https://www.webdesignerdepot.com

(transition effect), 요소들의 동작 애니메이션(animation) 등 동적 요소에 대한 디자인 스케치 및 구현이 구체화된다.

이 과정에서도 '퍼소나'와 '목표 감성'을 늘 염두하면서 제작해야 한다. 이 과정을 마치면 최종적으로 프로그래밍에 사용이 될 GUI 이미지 소스를 폴더별로 담아서 프로그래밍 개발팀에 전달하며 된다.

3) 제품디자인 시방서

최근 융복화된 상품을 개발할 경우 제품의 개발이 동반되는 경우가 많다. 이 경우 제품제작자 및 공장에서 관련한 대량생산 작업이 가능하도록 재질, 제작 공법, 형태 등을 초기 콘셉트에서 실제 테스트를 통해서 완전한 형태와 물리적 품질검증까지 마친 도면을 제공해야 한다. [그림 9-33]은 약식으로 만든 제품디자인 시방서의 예시이다.

[그림 9-33] 제품디자인 시방서 사례(약식)

출처: http://www.jafa.or.kr

4) UX 평가서

[그림 9-34]의 UX 평가서는 사용자 평가가 가능한 수준에서는 사용자를 대상으로 평가를 하지만, 사용자 평가가 불가한 상황에서는 사내외 전문가를 통해서 진행한다.

평가의 목적은 상품이 고객에게 전달되어 고객이 체험하기에 기대 경험, 즉 목표감성이 고객 및 사용자의 요구 사항을 만족시켰는지에 평가이다. 이 과정에서 [그림 9-19]에 언급된 다양한 방법론 중에 객관적 · 주관적 평가를 병행하여 사용자의 기대수준에서 얼마나 더 디자이너가 노력해야 하는지를 보고서, 동영상, 진술, 데이터를 통해서 전달하게 된다.

특히 평가의 객관성을 위해서 디자이너가 직접 평가를 수행하지 못하는 경우에는 정량지표를 통해서 현재 상태를 파악하는 것이 중요하다. 하지만 구체적인 결과

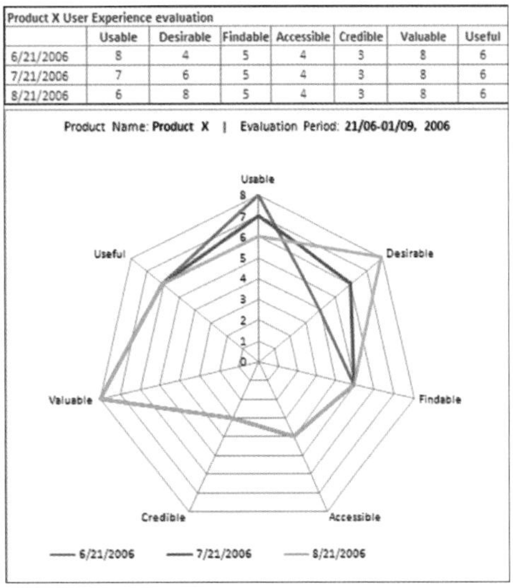

Product X User Experience evaluation							
	Usable	Desirable	Findable	Accessible	Credible	Valuable	Useful
6/21/2006	8	4	5	4	3	8	6
7/21/2006	7	6	5	4	3	8	6
8/21/2006	6	8	5	4	3	8	6

[그림 9-34] UX 평가서의 사례

출처: http://www.tiltool.com/

는 인터뷰나 조사 업체 및 조사원을 통해서 의견을 전달받고, 일부 고객이나 사용자는 별도로 미팅을 통해서 인터뷰를 실시하면 현장의 목소리를 현실적으로 들을 수 있다.

하지만 가장 좋은 방법은 디자이너를 포함한 프로젝트 인원 전체가 직접 보고 느낄 때에 가장 효과적이므로 모든 기능 조직별 대표가 참석하도록 관리해야 한다.

6. 맺음말

지금까지 '감성 중심 UX 디자인' 프로젝트 수행을 위한 방법론, 프로세스, 산출물 등을 알아보았다. 감성 UX 디자인 방법은 지금까지 많이 시도되었으나 집대성한 경우는 흔치 않다. 이 장에서 살펴본 것이 감성 디자인을 진행함에 있어 충분하다고 보기는 힘들지만, 필요한 골격은 갖추었다고 본다. 이 골격을 중심으로 많은 공학자, 디자이너, 개발실무자들이 함께 부족한 부분을 채워 간다면 4차 산업혁명시대에 우리나라의 산업의 핵심적인 감성 상품들을 만들어 가는 데 조금이나마 도움이 될 수 있을 것으로 기대한다.

요약하기

1. UX의 개요

- UX는 외관(look)과 감성적 경험(feel)과 사용하면서 느끼는 사용성(usability)을 포함하는 개념이다.
- UI, GUI, UX, HCI, 인터페이스, 인터랙션의 개념을 혼동해서 사용하면 조직, 산출물, 커뮤니케이션의 문제가 생길 수 있으므로 본문의 내용을 숙지하도록 한다.

2. UX 디자인

- UX 디자인은 창의적인 사고를 중심으로 이론과 방법론을 활용해서 목표로 하는 디자인 결과

물을 만들어 내는 과정이다.

- UX 디자인 이론은 많은 이론이 있지만, 가장 간단하면서 널리 쓰이는 밀러와 피츠의 법칙에 따른 정량화 이론과 몰입과 플루치크의 이론을 토대로 감성적 목표의 달성을 위한 정성적 이론을 통합해서 최적의 결과물을 내는 과정이다.

3. UX 디자인 방법론

- 발견적 평가법, 사용성 테스트 및 설문조사법은 목표하는 UX에 대한 고객의 생각을 분석하기도 하고, 그 중간 결과물도 올바른 방향으로 가고 있는지를 적절하게 확인할 수 있는 방법이기도 하다.
- 항상 프로젝트별로 적절한 방법을 선정하기 위해서는 다양한 방법론의 장단점을 정확히 파악하고 비용 · 기간 · 품질을 고려하여 적용해 보도록 한다.

4. 감성 중심 UX 디자인 프로세스

- 감성 중심 UX 디자인 프로세스는 기존의 UX 디자인 프로세스 중에서 정성적 목표를 중심으로 방법론을 재정립한 것이다.
- 감성적 UX 목적 · 목표를 정의하기 위해서는 고객조사를 통해서 고객의 기대감성을 정성적 · 정량적으로 명확히 정의하는 것이 중요하다.
- UX 감성 가설 설정 단계에서는 목표 감성에 맞는 디자인 방향성을 디자이너 입장에서 최적의 방향을 잡는다.
- 사용자 기반 감성 콘셉트 구체화 단계에서는 UX 리서치를 중심으로 필요한 부분에 고객의 의견을 집중적으로 수집하여 개선 및 구체화 작업을 진행한다.
- 사용자 UX 감성 분석 단계에서는 최종 고객이 지향하는 디자인 결과물과의 차이를 점검하고 이를 교정하고 필요한 부분을 보강한다.
- UX 감성 콘셉트 디자인 단계에서는 비로소 구체적인 디자인을 가시화하고 이를 생산 관점까지 고려하면서 디자인의 완성도를 올린다.
- UX 콘셉트 프로토타이핑 및 디자인 확정 단계에서는 디자인의 최종안이 확정적으로 정의되어야 하며, 실제 사용자가 사용하는 제품과 거의 비슷한 수준까지 완성도를 올려야 한다.
- UX 디자인 최적화 개발 및 출시 단계에서는 제품, 소프트웨어, 하드웨어, GUI까지 모두 합하여 동작 가능한 상품으로 테스트를 진행한다.
- UX 디자인 감성 평가 · 검증 · 보완 단계에서는 테스트가 가능한 상품을 사용자 검증을 통해서 목표 감성과의 차이를 줄이는 활동을 진행한다.

5. 감성 중심 UX 디자인 산출물 예시

- UI 화면설계서는 뼈대를 만드는 문서로서 목표 감성을 달성하기 위한 인터랙션을 위한 방안을 담는 문서이다.
- 감성 GUI 디자인 가이드는 컬러, 아이콘, 배색 등의 조합과 애니메이션, 전환 효과를 조합하여 디자인 결과물을 만들기 위한 가이드 문서이다. 이 가이드 제작과 동시에 소프트웨어 개발에 필요한 소스파일을 만들어서 개발팀과 조율하면서 전체적인 동작 상태를 조율해야 한다.
- 제품디자인 시방서는 결과물이 물리적인 제품의 형태로 나오는 경우 제품 생산 및 대량생산을 위한 외관 디자인을 기술한 문서이며, 이는 공장에서 작업을 수행하는 작업지시서이다.
- UX 평가서도 모든 소스의 조합을 통해서 고객의 감성을 만족시키는 목표 감성과의 차이를 평가하는 과정이다.

참고문헌

김진우(2012). Human Computer Interaction 개론. 서울: 안그라픽스.

Cooper, A., Reimann, R. & Cronin, D. (2010). 퍼소나로 완성하는 인터랙션 디자인 About Face 3. (고태호, 유지선, 김나영 역). 서울: 에이콘출판사. (원전은 2007년에 출판)

Pruitt, J., Adlin, T. (2014). 퍼소나. (홍철순, 장종균 역). 서울: 내하출판사. (원전은 2006년에 출판)

Stickdorn, M., Schneider, J. (2012). 서비스 디자인 교과서. (이봉원, 정민주 역). 서울: 안그라픽스. (원전은 2012년에 출판)

W. Chan Kim, Mauborgne, R. (2015). 블루오션 전략 확장판. (김현정, 이수경 역). 서울: 교보문고. (원전은 2015년에 출판)

Warfel, T. Z. (2011). 프로토타이핑. (이예나, 이재명 역), 서울: 인사이트. (원전은 2011년에 출판)

Young, I. (2009). 멘탈모델. (정승녕 역). 서울: 인사이트. (원전은 2008년에 발행)

JoAnn T. Hackos, Janice C. Redish. (2003). 인터페이스 디자인을 위한 사용자와 태스크 분석. (방수원 역). 서울: 한솜미디어. [원전은 1998에 출판]

PXD 블로그 (2017.10.13.) http://story.pxd.co.kr/4

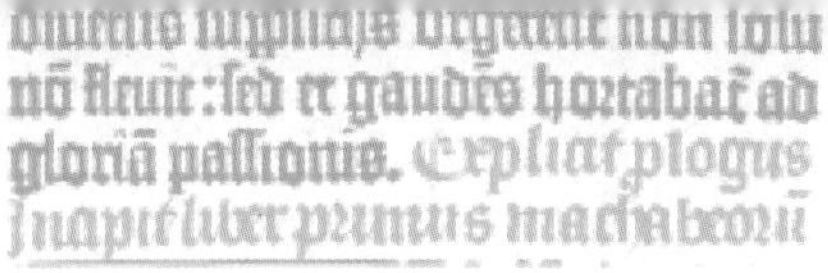
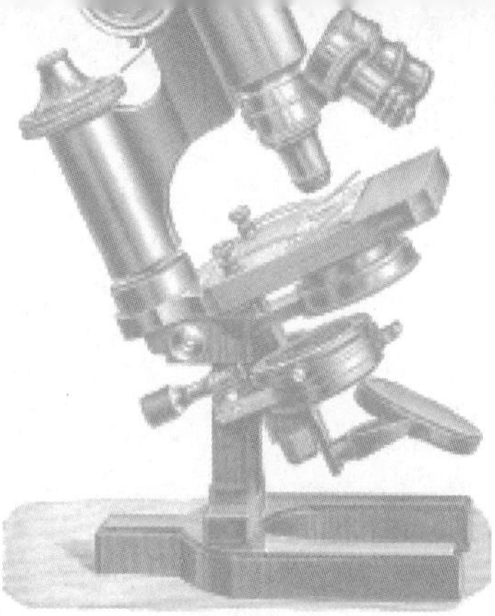

Science of Emotion & Sensibility

Application and Practice

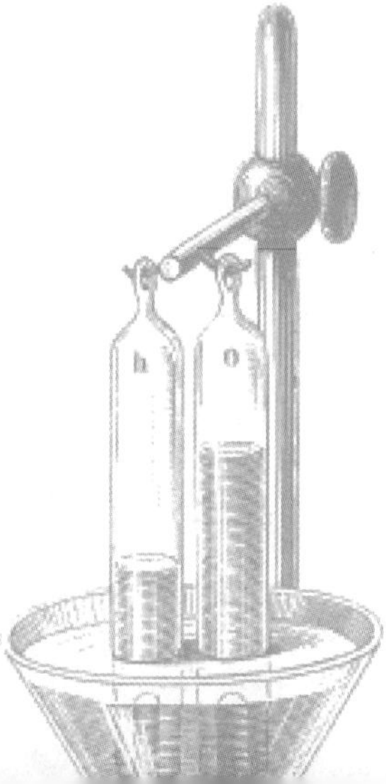

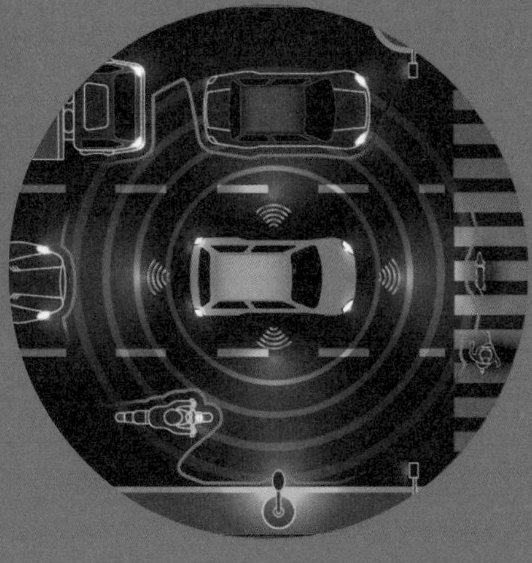

10장

감성과 미래 자동차

주다영

●●● 들어가기

한 자동차 회사의 자율 주행 차량 콘셉트는 '사람과 자동차의 소통'이다. 이는 기존 자동차의 정의와 역할이 '운송'에 집중되어 있던 것에 비교하면 매우 큰 변화이다. 미래 차량에 탑재된 인공지능 비서는 탑승자의 마음을 이해하고, 미처 생각하지 못했던 스마트한 제안을 해 주는 등 사람과 자동차를 더 가까이 연결해 주는 역할을 할 것으로 기대된다. 자동차가 단순히 목적지에 데려다주는 것에 그치지 않고, '감성적으로' 공감해 준다면 어떨까. 차가 탑승자의 감성을 이해하고, 그에게 최적화된 공간을 조성해 준다면, 자동차는 더 이상 단순한 운송 수단이 아닌, 나를 가장 잘 아는 '친구 같은' 존재가 될 것이다.

자동차의 역사는 최초의 내연기관 자동차가 개발된 이래로 130여년에 이른다. 자율주행자동차, 공유자동차, 다기능자동차, 수소전기차, 비행 자동차 등 현재 등장하는 새로운 개념의 자동차들은 130년간 일어난 가장 새롭고 혁신적인 사건들이라 하겠다. 지금 우리는 자동차 역사상 가장 큰 변화의 기로에 서 있고, 우리가 앞으로 만날 미래자동차의 핵심에 '감성'이 있다.

〈기아자동차 '감성주행의 공간' 전시〉

출처: 미국 CES(2019)

1. 자동차의 변화와 감성

1) 미래 자동차의 발전 동향

미래를 표현한 영화나 드라마 등의 영상물에서 보던 미래 자동차가 현실에서 등장하고 있다. 석유 연료 없이 전기와 수소로 달리는 친환경 자동차와 스스로 운전하는 자율 주행 자동차는 더 이상 먼 미래가 아니다. 이렇듯 미래 자동차 관련 기술과 산업은 빠른 속도로 발전해 나가고 있다. 아직 완전한 자율 주행자동차 혹은 스마트카의 수준이 상용화까지 이르지 못했다고 하더라도, 구상으로 존재하던 대부분의 미래형 자동차들에 대한 시나리오들은 시범 운행이 가능한 정도로 구현되었다.

미래 자동차의 발전은 크게 '친환경'과 '지능형 자동차'라는 두 맥락에서 볼 수 있다. 친환경 미래 자동차는 전기 · 수소 연료 자동차를, 지능형 자동차는 자율 주행자동차와 커넥티드 카, 인공지능(AI)을 기반으로 한 지능형 차량 등을 중점적으로 개발하고 있다. 이러한 미래 자동차의 발전은 그동안 '이동 수단'으로 한정 지어 생각해왔던 자동차의 개념을 확장하고, 인간의 생활 전반에도 커다란 변화를 가져올 것으로 예상되고 있다.

2) 미래 자동차와 감성

변화하고 있는 자동차 산업에서 변하지 않는 중요한 요소가 있다. 발전하는 기술 속에서도 자동차 개발에 있어 빼놓지 않고 고려해야 하는 것은 바로 '감성'이다. 자동차 산업이 고도로 발전함에 따라 기본적인 주행 성능은 제조사별로 큰 차이가 나지 않게 되었다. 따라서 주행 성능을 구매 기준으로 보는 비중이 이전보다 낮아졌고, 그 대신 다른 요소들이 중요하게 대두되고 있다. 이처럼 성능이 상향 평준화된 자동차 시장에서 '경험'과 '감성'이 소비자를 사로잡기 위한 차별화 방법으로 주목받고 있다.

(1) 미래 자동차 실내 공간의 변화와 감성

자동차 산업에서 소비자의 감성을 고려하기 시작한 것은 꽤 오래되었지만, 과거와는 달리 현재 여러 자동차 제조사들에서 개발하는 차세대 자동차 혹은 미래형 자동차에서는 신기술과 결합하여 더 새로운 방식으로 감성을 표현할 수 있게 되었다. 이는 자동차의 실내 공간이 변화하는 것과 관련이 있다. 지금까지의 자동차 역시 새로운 기술의 도입에 따라 끊임없이 발전해 왔지만, 실내 공간의 변화는 크지 않았다. 주행에 필요한 엔진룸이 차지하는 공간이 크기 때문에 자유로운 공간 활용이 어려웠고, 고정된 스티어링 휠과 기어 등의 조작 기기들은 자동차 내부의 디자인을 바꾸더라도 그 존재만으로 '실내'라는 안락한 느낌을 주지는 못했기 때문이다.

그러나 전기 및 수소 자동차의 등장으로 내연기관 자동차에 필수적이었던 엔진룸이 사라지고, 차량의 자율 주행이 가능해지면서 스티어링 휠과 가속 · 감속 페달 등이 선택적인 요소가 되었다. 엔진룸이 있던 공간이 확보되고, 필수적이었던 요소들은 사라지게 되면서—심지어 차량 내에 시트를 제외하고 아무것도 남기지 않은 시험모델이 있을 정도로—자동차 실내 공간의 활용은 더욱 자유롭게 되었다.

이처럼 실내 공간에 큰 변화가 생기면서 자동차의 실내 공간은 새로운 디자인을 요구하고 있다. 이전까지 자동차는 이동을 위한 수단으로 인식되었고, 내부 공간은 운전과 탑승 중심의 구조로 디자인되었다. 감성을 줄 수 있는 요소 역시 운전과 탑승이라는 한계 속에서만 구현될 수 있었다. 하지만 혁신적인 기술의 도입은 자동차를 '공간'으로 인식하게 하였고, 결국 '움직이는 공간'에서의 기능과 더불어 감성적 경험이 중요해졌다. 이제 자동차는 업무를 위한 공간이나 휴식을 취할 수 있는 공간으로 활용이 가능해졌고, 감성요소 또한 공간의 역할에 맞춰 다양하게 구현할 수 있게 되었다.

(2) 미래 자동차의 신기술과 감성

미래 자동차에는 탑승자의 다양한 경험을 위해 신기술을 도입하고 있다. 신기술을 도입하는 데에는 여러 가지 목적이 있는데, 탑승자의 안전을 위하는 것 외에도 감성적인 만족감을 주는 것 또한 신기술 도입의 목적에 포함된다. 이전부터 제조사들은 자동차의 감성 품질을 높이기 위해 인간의 오감을 바탕으로 실내 디자인, 시트의 촉감, 향기 등을 연구하여 적용하거나, 운전자의 시선을 분석한 결과를 기반으로

클러스터 및 센터페시아 등에서 시각적 요소를 배치하는 것과 같은 기술적인 노력을 해 왔다. 현재에는 이러한 기본적인 감성 품질을 넘어 신기술의 적용을 통한 직관적 경험확대와 감성 품질 향상을 시도하고 있다.

그 예로, 탑승자에게 새로운 형식의 입력방식을 제시함으로써 감성을 이끌어내는 신기술이 있는데, '햅틱 피드백(haptic feedback)'과 '에어 제스처(air gesture)' 기술 등이 이에 해당한다. 이러한 신기술은 기존의 차량에서는 경험하지 못했던 것으로 차량이 단순한 기계 이상의 존재로서 탑승자 혹은 사용자에게 즉각적으로 반응한다는 느낌을 받게 한다. 또 다른 예로는 탑승자의 현재 신체 상태나 감정 상태를 파악하여 오디오 볼륨이나 에어컨 온도를 조절하고, 대시보드의 조명 색상을 바꿔 주는 등 사용자의 상태에 따라 인터랙션(interaction)하는 상태 기반 기술들이 있다. 이 외에도 셰이프 프리(shape-free), 스트레처블(stretchable) 디스플레이와 같은 다양한 형태의 미래형 디스플레이를 활용한 기술이나 대화형 인공지능(AI) 비서를 탑재하여 사용자와 감성 교류가 가능하도록 한 신기술이 상용화를 위한 연구 중에 있다.

이 장에서는 미래 자동차의 감성에 대해서 자동차와 감성의 과거와 현재, 미래를 살펴보고자 한다. 자동차와 감성이 발전해 온 과정을 짚어 보면서 차량에서 느끼는 감성을 어떤 방식으로 극대화할 수 있는지, 앞으로의 미래 자동차에서는 어떠한 방향으로 감성 경험을 확장해 나갈 수 있을지 고민해 보고자 한다.

2. 자동차에서의 감성적 경험

자동차의 감성요소에 대한 인식은 이전부터 있었다. 그러나 전반적인 기술 향상으로 인해 자동차의 성능 차이가 줄어들면서, 제조사들은 자동차 성능 이외에 소비자의 구매욕을 자극할 수 있는 '감성'에 집중하기 시작했다. 이러한 양상은 빠르게 발전하는 신기술과 더불어 미래 자동차의 감성요소를 새롭게 디자인하고 있다. 덕분에 오감을 자극하는 감각적인 경험부터 다양한 기술을 활용한 감성적 경험까지, 탑승자가 자동차에서 느낄 수 있는 감성적 경험의 폭은 넓어지고 있다.

1) 오감 자극을 통한 감성 경험

과거부터 현재까지 자동차 회사들은 소비자가 자동차의 기존 구조에서 느낄 수 있는 감성 경험을 극대화하기 위해 노력하고 있다. 차량에서 느낄 수 없는 미각을 제외하고, 오감 중 나머지 시각, 촉각, 청각, 후각 영역에서 소비자가 감각적 경험을 할 수 있는 요소를 강화하는 데 주력하고 있다. 많은 자동차 제조사 및 관련 산업에서 감성공학을 바탕으로 인간이 가장 만족할 수 있는 감성 품질을 달성하기 위해 생체정보에 맞는 감성 경험을 디자인하고 있다.

감성공학을 가장 먼저 적용한 자동차 회사는 일본의 마쓰다로, 1990년대 초 마쓰다는 요코하마의 기술연구소에 감성연구실을 신설하여 세계 최초로 감성공학을 활용한 로드스터 MX-5를 출시했다. MX-5는 세계에서 가장 많이 판매된 2시트 스포츠카로 기네스북에 오르며 감성공학의 중요성을 실감하게 했다. 현대에 이르러서는 독일의 자동차 회사들이 다소 앞서나가고 있다. 그중 아우디는 1985년부터 후각 팀을 신설했고, 이후 2002년에는 감성과 관련된 부서를 더 확장하여 촉각 팀과 소음 팀을 추가한 인간감성센터를 설립하여 운영하고 있다. 국내 자동차 제조사들도 감성 품질 향상에 심혈을 기울이고 있는데, 다양한 주행모드를 제공하는것부터 향기와 조명까지 해외 제조사들에도 뒤처지지 않는 감성 기술을 갖추고 있다.

여기서는 현재 자동차 제조사들이 각각의 감성 영역에서 어떤 노력을 하고 있는지, 소비자 감성 만족을 위해 어떠한 기술을 개발 및 활용하고 있는지를 살펴본다.

(1) 시각 감성 자극

제품에서 느껴지는 시각적 감성 자극을 고르라고 한다면, 제품의 색상이 큰 비중을 차지할 것이다. 기본적이면서도 가장 새로운 느낌을 줄 수 있는 색은 자동차에서도 마찬가지로 중요하게 여겨진다. 이러한 점에 착안하여 제조사들은 더욱 고급스러운 느낌을 주기 위해 기존의 색상에서 벗어나 새로운 색상을 찾고 있다. 2017년 르노삼성에서는 국내 차량에서는 최초로 보라색 계열의 '아메시스트 블랙' 색상을 선보였고, 이 색상을 추가하면서 많은 소비자들의 관심을 받았다.

외부의 색상도 중요하지만, 최근에는 차량의 실내외에 적용되는 조명에 관심이 커지고 있다. 사람이 조명의 색상에 따라 각각 다른 감성을 느낀다는 다수의 연구

결과에 따라, 자동차 실내의 LED 조명의 색상이나 차량 외부의 조명을 활용하는 것이 새로운 감성 포인트로 떠오르고 있다. 내부 조명은 이미 자동차의 중요한 감성요소로 자리 잡고 있는데, 클러스터(cluster)와 센터페시아(center fascia) 등의 LED 조명의 색상을 바꾸는 것 외에도 시트 가장자리와 천장 및 바닥(floor)의 장식적 요소 등 다양하게 채용하고 있다. 대체로 편안한 분위기를 조성하는 색상을 선택하여 적용하는 것이 이전 실내조명의 일반적 적용 방식이었다면, 현재는 운전자의 감성적 경험을 도출하는 매개로 활용하거나, 더 나아가 탑승자의 기분(mood)에 따라 직접 혹은 자동으로 자동차 실내조명 색상을 변경할 수 있도록 하는 방향으로 나아가고 있다. 예를 들어, 롤스로이스는 시각적 감성을 자극하기 위해 천장에 마치 별을 보는 듯한 느낌을 주는 '스타라이트 헤드라이너(starlight headliner)'를 선보였는데, 이는 1,300개가 넘는 광섬유를 수작업으로 만든 것으로, 별자리 모양은 사용자가 원하는 대로 디자인할 수 있다. 이와 같은 감성요소는 차량 소유자에게 자신만의 자동차를 디자인한다는 기쁨과 함께 완성된 차량의 고급스러움과 차별성을 더욱 강조하게 된다.

[그림 10-1] 롤스로이스 팬텀 스타라이트 헤드라이너
출처: http://m.post.naver.com/viewer/postView.nhn?volumeNo=9690638&memberNo=12179716&vType=VERTICAL

내부 조명 활용 외에도 차량의 외부 조명을 사용하여 운전자의 감성을 자극하는 방법도 있다. 차량 외부 조명 활용의 대표적인 예로는 '웰컴 라이트'가 있다. 웰컴 라이트는 운전자가 자동차에 다가오는 것을 인식하고 외부의 조명을 켜는 기술인데, 이러한 웰컴 라이트 기능은 운전자에게 자동차가 자신을 반겨 주는 것 같은 느낌을 받게 한다. 이 외에 살아 움직이는 듯한 헤드램프 등 또한 자동차 소유주의 시각적 감성을 자극하는 외부 조명 기술이다.

(2) 촉각 감성 자극

어쩌면 당연하게 느꼈을지도 모르는 시트와 버튼의 촉감, 승차감도 감성요소로서 정교하게 설계된 것이다. 운전석 시트에서 느껴지는 촉감과 각종 기능을 조작하는 버튼도 운전자의 감성을 충족시켜 줄 수 있는 감성요소들이다.

기본적으로 소비자가 시트 소재와 색상을 고를 수 있는 옵션을 제공하는 것도 감성적 만족을 위한 것이다. 그러나 시트는 승차감을 결정짓는 요소이기도 하므로, 탑승 시 시트를 통해 느끼는 감성 품질도 중요하게 고려해야 한다. 운전자가 자신에게 편한 자세에 맞춰 전동 시트를 상하, 좌우로 조정할 수 있도록 한 것도 시트의 감성 품질을 고려한 예이다. 최근에는 인체공학적으로 사람에게 가장 편한 자세를 찾아 설계하는 것은 기본이고, 더 나아가 자신에게 맞는 시트 위치와 각도를 설정해 두면 탑승 시에 간단히 버튼을 눌러 설정했던 시트의 상태로 돌아갈 수 있는 '메모리 시트'와 같이 운전자에게 편안함을 주는 시트가 개발되고 있다. 촉각은 직접적인 신체 접촉을 통해 느껴지는 감각 외에도 간접적으로 느껴지는 주변부의 느낌 혹은 기분까지 포함한다고 볼 수 있는데, 이러한 관점에서 최근의 시트는 재질 외 자동차의 촉각적 감성을 크게 자극할 수 있는 요소이다.

닛산은 NASA의 중립자세 연구를 참고하여 주행 중에 느끼는 운전자의 피로를 최소화하기 위해 '저중력 시트'를 선보이기도 했다. 컨버터블카의 경우에는 운전자가 추위를 느끼지 않도록 헤드 레스트에서 따뜻한 바람이 나오는 '에어스카프' 기능을 탑재하고 있다. 이러한 기능들은 자동차가 가진 주행이나 안전과 같은 기본 기능은 아니지만, 탑승자가 체감하는 감성 품질을 높이는 데에는 중요한 역할을 한다.

대중화된 시트의 예로는 추운 날 따뜻하게 운전할 수 있도록 돕는 히팅 시트와 더운 날 시트에 땀이 차지 않도록 돕는 통풍 시트가 있는데, 이는 좀 더 쾌적한 주행을 가능하게 하고 승차감 또한 높여 준다. 많은 종류의 시트 중에서도 운전자의 안락함에 주력한 것은 역시 '마사지 시트'이다. 고급 차종에 적용되던 마사지 시트는 이제 대중적인 차량에서도 찾아볼 수 있게 되었다. 마사지 시트는 장거리 운전 시 운전자의 피로를 풀어 주고, 기분을 전환하여 졸음운전을 예방해 주기도 하며, 운전자가 주행에 편안함을 느끼도록 돕는다. 또한, 자동차의 실내 공간을 차량보다 거주 공간으로 느껴지게 하는 장점이 있다.

시트 외에도 운전자의 감성을 위한 촉각 자극은 각종 버튼이나 스위치와 같은 곳에서 이루어지기도 한다. 음량이나 냉방 · 난방 온도와 바람의 세기 등은 좌우로 돌리는 입력 방식을 쓰고, 특정 기능 on/off에는 누르는 형태의 입력 방식을 쓰는 것 또한 사용성을 높이는 목적과 함께 촉감도 고려하는 것이다. 이와 같은 이유에서, 자동차 제조사들은 손에 닿는 재질과 조작 버튼의 사용감 등을 고급화하는 데 많은 노력을 기울이고 있다.

[그림 10-2] 미니 쿠퍼의 토글스위치

출처: https://www.pinterest.co.kr/pin/571042427725980133

최근에는 디스플레이의 발달로 터치 형식의 입력 방식이 늘고 있지만, 반대로 아날로그 감성을 자극하기 위해 옛날식의 입력 방식을 사용하는 경우도 있다. 미니 쿠퍼가 가장 대표적인데, 미니 쿠퍼는 스위치를 올리거나 내려서 조작하는 아날로그 형식의 토글스위치를 사용하여 감성과 촉각 자극을 동시에 얻고 있다. 이처럼 차량 내에서 느끼는 촉각적 감성요소들은 운전자가 다양한 감성을 느끼도록 디자인되고 있다.

(3) 청각 감성 자극

청각적 자극 역시 운전자의 감성에 많은 영향을 준다. 특히 제조사들은 자동차의 엔진음 디자인에 많은 노력을 기울이고 있다. 최근에는 전기 자동차와 하이브리드 차량이 많이 보급되면서 엔진음을 디자인하는 것 외에 차량에서 경험할 수 있는 다양한 음향의 디자인을 고려하게 되었다. 이전의 내연기관 자동차에서 운전자는 엔진음으로 속도를 가늠하거나 달리는 기분을 즐겼던 반면, 현재의 전기차나 하이브리드 차량에서는 기존 자동차에서 익숙하게 들을 수 있던 엔진음과 각종 차량 소음이 감소하거나 사라져 보행자와 운전자 모두 차량의 속도를 인지하기 어려워지고, 이로 인한 교통사고의 위험이 증가하거나 차량이 제대로 작동하고 있는지와 같은 차량의 상태를 느끼는 데 어려움이 있기 때문이다.

이러한 안전 문제와 더불어 엔진음은 운전자의 주행 감각과 무드를 느낄 수 있는 중요한 감성요소이기에 제조사들은 엔진룸을 없애며 자연스럽게 사라진 엔진음을 인공적으로 만들어 냈다. 그러나 이전의 엔진음을 그대로 재현하기보다는, 운전자의 주행 감성에 만족감을 더해 주기 위해 엔진 사운드를 디자인하고 있다.

최근 국내외 자동차 제조사들은 다양한 주행모드를 제공하는데, 이는 차량의 주행모드에 따라 운전자가 동일한 차량에서도 다양한 주행 감성을 느낄 수 있게 하기 위함이다. 이때, 주행모드에 따른 감성의 차이를 주는 중요한 요소가 바로 '엔진 사운드'이다. 커스텀 엔진 사운드는 기본적으로 발생하는 엔진음 이외에 선택한 주행모드에 따라 스피커에서 해당 모드에 맞게 디자인된 사운드가 나오는 기능이다. 예를 들어, 운전자가 스포츠 모드를 선택할 경우에는 스포츠카 특유의 바리톤 엔진 사운드가 들리는 것이다. 이러한 엔진 사운드는 운전자에게 마치 다른 차를 주행하는 것 같은 느낌을 준다.

반면에 차량 고유의 감성을 살리기 위한 노력도 계속되고 있다. 이탈리아 자동차 회사인 마세라티는 마세라티만의 엔진 사운드를 제작하기 위해 해당 작업에 엔진 튜닝 전문가부터 피아니스트, 작곡가까지 섭외한다. BMW에서는 심리학자를 통해 운전자가 어떤 사운드를 들을 때 심리적으로 가장 편안하다고 느끼는지에 대한 전문적인 조언을 얻기도 한다. 현대자동차의 경우에는 자동차에 빗방울이 떨어질 때 나는 소리인 '우타음'까지 디자인하는 등, 현대의 자동차 회사들은 운전자가 차 안에서 느낄 수 있는 청각적 감성에 심혈을 기울이고 있다.

(4) 후각 감성 자극

차 안에서 불쾌한 냄새가 나거나 공기 질이 나쁘다면 차의 디자인과 기능이 마음에 든다고 하더라도 그 차를 선택하기는 쉽지 않을 것이다. 그만큼 자동차 실내의 냄새나 공기 질 같은 후각적 요소 역시 운전자의 감성에 큰 영향을 미치고 있다.

실내 공기질의 경우에는 유해물질이 실내에 유입될 가능성이 있어 국가 차원에서 자동차 실내공기질 권고 기준치에 따라 관리가 이루어지고 있다. 국가 기준이 필요한 공기질 외에 자동차 냄새 및 향기는 제조사별로 운전자가 쾌적함을 느낄 수 있도록 끊임없이 연구하고 있다. 특히 독일 자동차 회사인 아우디는 1985년부터 '후각팀'을 운영하고 있다. 이는 차량의 불쾌한 냄새를 없애고 쾌적한 실내 환경을 만들기 위한 부서로서, 1992년부터는 독일 자동차산업협회에 속한 자동차 업체들이 아우디의 후각 팀에서 만든 냄새 테스트 표준을 따를 정도로 그 명성이 높다.

이 외에도 메르세데스 벤츠 역시 '에어 밸런스 패키지'를 탑재하여 향수, 음이온, 공기 청정 기능을 제공한다. 인피니트는 송풍구에서 숲의 풀냄새를 재현한 향을 퍼뜨리는 '아로마 디퓨저'를 설치했고, 르노 삼성의 경우에는 향수 원액을 담은 카트리지를 끼워 실내에 향기가 퍼지게 했다. 이 향수 카트리지는 옵션 사항이지만 장착률이 70%에 가까울 정도로 소비자들에게 긍정적인 호응을 얻고 있다.

2) NUI를 통한 감성 경험

지금까지 살펴본 오감 자극은 새로운 감성요소를 개발했다고 하기보다는, 이미 존재하던 차량의 감성요소들에서 소비자가 감성적으로 만족할 수 있도록 노력했다고 볼 수 있다. 그러나 소비자들은 기존에 익숙한 것에서 오는 감성 외에도 새로운 경험을 느끼고 싶어 했고, 이에 제조사들은 감성의 영역을 확장하기 위해 기존에 있던 것들 이외의 새로운 감성적 자극을 줄 수 있는 감성요소를 찾기 시작했다.

특히 운전자가 주행에 집중하면서 쉽고 자연스럽게 인포테인먼트를 이용할 수 있도록 돕는 새로운 형태의 입력 방식과 사용자 환경 유저 인터페이스(User Interface: UI)를 통해 소비자의 감성 만족을 시도하고 있다. 운전자의 시선을 분석하여 시선이 가장 오래 머무르는 곳의 순서대로 자주 사용하는 기능을 배치할 수 있도록 하거나, 음성인식을 통해 운전자가 주행 중에 직접 화면을 보면서 조작할 필요 없이 손쉽게 기능을 조작할 수 있도록 하는 등이 그것이다.

그중 공개된 것이 '에어 제스처(air gesture)' 기술이다. 이 방식은 운전자가 화면을 확인하여 직접 버튼을 누르거나 디스플레이를 터치할 필요 없이, 사전에 설정된 손동작을 하는 것만으로도 원하는 기능을 조작할 수 있기 때문에 운전자가 계속하여 정면을 응시할 수 있고, 버튼을 누르거나 터치하기 위해 시선이 정면에서 이탈하는 것을 방지할 수 있다. 결국, 시선 이탈에 의한 사고 확률도 낮아지게 되는 것이다.

에어 제스처 기술은 독일의 BMW가 선도하고 있다. BMW는 7시리즈에 에어 제스처 기술인 '제스처 컨트롤(gesture control)'을 도입한 데에 이어 2017 CES에서는 보다 발전된 형태의 에어 터치 기술인 '홀로액티브 터치(holoactive touch)'를 선보였다.

기존의 제스처 컨트롤은 차량 내에서 간단한 손동작으로 음량을 조절하거나, 전화 받기, 3D 리모트 뷰 등을 실행할 수 있고, 천장에 내장된 센서가 운전자의 손동작을 인식하는 원리로 작동된다. 이에 비해 2017 CES에서 선보인 에어 터치 기술 '홀로액티브 터치'는 특정 손동작으로 명령하는 것이 아니라, 손을 마우스처럼 사용하여 메뉴를 선택할 수 있다. 홀로그램 가상 터치스크린을 이용하여 입력하는 방식인데, 물리적인 디스플레이 없이 공중에 나타나는 홀로그램 디스플레이(프리 플로팅 디스플레이, free floating display)를 손동작을 통해 조작하는 것이 차이점이다. 이 방식이 가지는 문제는 운전자 스스로 의도한 것을 눌렀는지 확인이 어렵다는 것인데, BMW는 이 부분을 '햅틱(haptic)'으로 해결했다. 햅틱은 가상의 느낌을 전달하는 것으로서, 에어터치 기술에서는 햅틱을 활용하여 사용자가 제스처를 활용했을 때 손끝에 진동 피드백을 느낄 수 있게 하였다. 이러한 촉각적 피드백은 스티어링 휠 옆의 카메라가 손동작을 인식한 후, 센터페시아 스크린 밑의 패널이 초음파를 쏘아 사용자의 손에 진동을 전달하는 원리로 가능하다.

음성인식과 제스처 컨트롤에 이어 에어 터치 기술은 혁신적인 인터페이스로 주목받고 있다. 이러한 새로운 형태의 입력 방식은 운전자가 차 안에서 색다른 경험을 할 수 있게 하고, 그에 따른 새로운 감성 또한 느끼게 한다.

[그림 10-3] BMW사의 홀로액티브 터치 기술
출처: http://www.autoguide.com/auto-news/2016/12/bmw-to-show-hologram-touchscreen-concept-at-ces

3) 감성 인식 기반 UX

새롭고 혁신적인 형태의 입력 방식이 개발되고 있는 반면, 혁신적인 피드백 방식도 끊임없이 연구되고 있다. 운전자에게 있어 운전은 감정적으로 스트레스를 받는 경험일 수 있기 때문에, 이를 컨트롤하는 것이 상당히 중요하다. 적당한 정도의 스트레스는 긴장감을 주어 운전을 주의할 수 있도록 돕지만, 너무 높거나 낮은 정도의 스트레스는 운전에 부정적인 영향을 줄 수 있기 때문이다. 따라서 자동차는 운전자가 감성적으로 적정한 수준의 스트레스를 유지할 수 있도록 하는 역할을 수행할 필요가 있다.

운전자의 감성에 영향을 미치는 요소는 공기, 온도, 습도, 조명 등으로 다양하다. 이들은 인간의 생체 리듬과 감성에 직간접적인 영향을 미칠 수 있기 때문에, 다양한 감성요소들을 활용한 연구들이 활발하게 진행되고 있다. 최근에는 탑승자가 편안한 감성을 느끼게 하는 감성요소를 찾아 일률적으로 적용하는 것에서 더 나아가서, 운전자의 상태를 파악한 후 상황에 맞는 감성 피드백을 주는 것에 초점이 맞춰지고 있다.

'운전자 상태에 기반한 감성 피드백'과 관련된 연구 중에서는 매사추세츠 공과대학교(MIT)와 아우디의 연구가 눈여겨볼 만하다. 먼저, MIT의 경우에는 운전자의 스트레스 측정을 위해 웨어러블 기기를 활용하여 심박 수와 피부 전도 등의 생체신호를 파악했다. 더욱 정확한 상태 파악을 위해 스티어링 휠에 카메라를 설치하여 원격으로 심박 수, 심장박동 변이도, 호흡 수를 관찰했다. 운전자와 자동차 사이에 발생하는 인터랙션—상호작용—으로도 스트레스를 측정했는데, 이는 스트레스의 정도에 따른 손의 압력 변화와 휴대폰, GPS 등을 사용할 때 수집되는 목소리의 특징을 분석하는 등은 방법으로 이루어졌다. 이 외에도 평균 속도와 가속도 등의 데이터도 유의미하게 활용되었다.

MIT는 이와 같은 방법으로 얻은 데이터를 종합하여 운전자의 상태를 파악하고, 이를 바탕으로 운전자가 비정상적인 스트레스를 받는 경우에 이를 자동으로 자동차에 반영하여 운전자의 스트레스를 컨트롤할 수 있도록 했다. 스트레스를 제어하기 위해 이들 연구에서는 여러 가지의 운전자–자동차 간 인터랙션 방법을 제안했다.

첫째, 운전자 상태를 파악하여 음악의 볼륨을 조절하거나 안정적인 음악을 추천하는 방법이다. 둘째, 운전자의 감정 상태에 따라 GPS의 목소리를 변경하는 것이다. 이러한 방법이 청각적 피드백에 해당한다면, 셋째 방법은 스트레스 데이터를 바탕으로 실내 온도를 조절하는 것으로, 넓은 범위에서의 촉각적 피드백에 해당한다. 넷째, 헤드라이트의 시야 범위를 자동으로 조정하는 것이고, 다섯째, 신체의 변화에 따라 대시보드의 색상을 바꾸는 것이다. 마지막으로 여섯째는 보행자를 위해 운전자의 상태를 차량 외부의 LED 색상으로 표시하는 것이다.

여기까지가 운전자 한 명의 데이터를 활용하는 피드백이었다면, 다수 운전자의 스트레스 데이터를 활용한 방법도 있다. 지금까지 내비게이션은 목적지에 도달하기 위한 최단거리를 보여 주거나, 실시간 교통정보를 이용해 가장 빨리 도착할 수 있는 길을 알려 주었다. 그러나 현재의 틀에서 벗어나서, MIT 연구에서는 운전자가 도로를 주행하는 데에서 받는 스트레스에 주목하여 '운전자가 받는 스트레스가 적은경로'를 탐색하는 서비스를 제안했다. 다수 운전자의 데이터를 분석한 후, 최단 경로의 스트레스 지수가 높게 나타난다면 때에 따라서 빠른 경로가 아니더라도 스트레스를 적게 받는 경로를 추천하는 것이다.

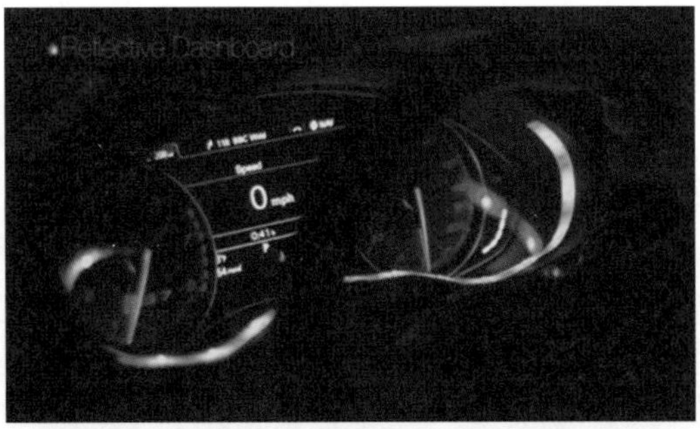

[그림 10-4] MIT의 신체 데이터에 기반한 차량에서의 실시간 시각화 적용 예시

출처: https://www.youtube.com/watch?v=CQGrH7ANmO4

다른 예시로는 아우디(Audi)의 자율 주행 환경 실험이 있다. 이 실험은 실내에 모의 자율 주행 차량 환경을 조성해 두고 집중 모드(focused mode)와 일반적인 드라이빙 모드(normal driving mode), 인지 과부하 설정(cognitive overload setting) 등으로 세 가지 구간을 나눠 탑승자가 각 구간에서 받는 스트레스를 측정하는 방법으로 진행되었다. 이 실험에서 아우디는 탑승자의 스트레스 측정을 위한 방법으로 뇌파와 피부 전도를 활용했다. 테스트에서는 빛과 소리, 정보의 밀도와 빈도로 구성된 세 가지 주요 자극이 주어졌고, 실험을 진행하는 동안 탑승자에게는 일련의 과제를 수행하게 하였다.

집중 모드에서는 스크린이 외부를 최소화할 수 있도록 불투명해지고, 외부의 방해를 최소화하는 환경이 조성되었다. 이때 운전자는 굉장히 편안함을 느끼는 것으로 나타났다. 일반적인 드라이빙 모드에서는 스크린에 여러 가지 옵션 등이 등장했다. 탑승자는 이 모드에서 다양한 디지털 정보가 제공되는 택시에 탑승한 것처럼 느꼈다. 마지막으로, 인지과부하 설정에서는 수많은 정보와 광고들이 끊임없이 화면에 등장하도록 세팅되었고, 이는 탑승자로 하여금 핸드폰의 모든 알람이 울리는 것 같은 혼란을 일으켰다. 이들은 미래 자율 주행자동차에서 차량 내에서 광고를 보는 것이 불가피할 것이 예상하고, 피부전도를 통해 광고에 대한 탑승자의 반응도 살펴보았다. 광고를 본 후의 탑승자 피부전도 그래프는 광고를 보기 전보다 상승한 것으로 나타났다. 차량 내에서 상업광고가 나타날 것을 대비하여, 제조사들이 어떠한 형태로 광고를 할 것인지에 대한 고민이 필요하다는 것을 보여 주는 결과이다.

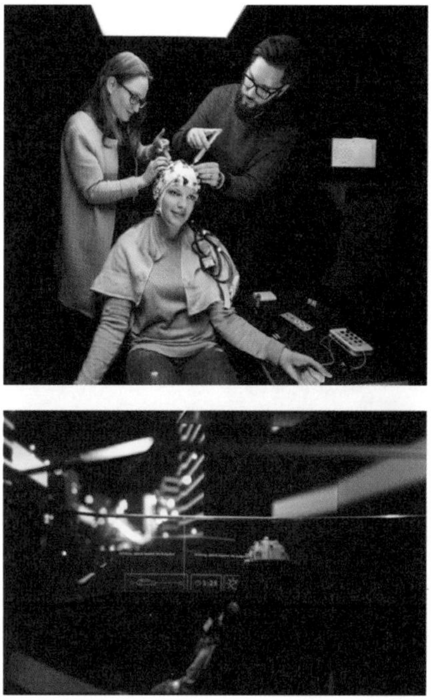

[그림 10-5] 아우디의 실험환경

출처: https://www.theverge.com/2017/7/10/15947784/audi-25th-hour-autonomous-car-driving-work-time

이와 같이 탑승자의 감성을 파악하기 위해 다양한 측면에서의 노력이 이루어지고 있다. 탑승자의 감성을 바탕으로 이루어지는 피드백과 인터랙션은 탑승자의 감성적 만족감을 높이는 것과 더불어 탑승자와 보행자의 안전과도 높은 관련성을 가지고 있으므로, 미래 자동차 연구에 있어서 탑승자의 감성 측정과 활용 방법은 앞으로도 계속해서 주목해야 할 주제이다.

4) 미래 디스플레이 적용을 통한 감성 경험의 확장

최근에는 '인포테인먼트(infotainment: 인포메이션과 엔터테인먼트의 합성어)'에 대한 수요 증가와 더불어 신기술을 활용한 사용자 경험(UX)에 대한 기대가 높아짐에 따라 차량에도 디지털 요소가 증가하고 있다. 이러한 경향을 보여 주는 대표적인 예로, 테슬라(미래 지향적인 자동차로 잘 알려진 미국의 자동차 회사)는 자사의 센터페시아를 17inch 디스플레이로 만들고, 모든 조작을 디지털로 바꾸었다.

실제로 글로벌 시장조사업체인 IHS Markit이 발표한 '자동차 디스플레이 사이즈별 비중 변화 및 전망'에서도 디스플레이가 없거나, 작은 사이즈의 디스플레이의 비중은 감소하고, 7~8inch 크기의 디스플레이의 비중이 증가할 것으로 예측되었다. 이외에도 IHS의 전망에 따르면, 후방 미러에 풀 디스플레이를 장착하는 비중이 늘고, 곡선 디스플레이(curved display)와 증강현실(AR) 디스플레이의 도입 역시 증가할 예정이다.

이처럼 미래 자동차에 있어서 디스플레이는 점점 더 중요해지고 있다. 따라서 우리는 미래 디스플레이가 자동차에서 어떤 위치에 적용되며, 어떻게 활용할 수 있는지에 대해 알아볼 필요가 있다. 먼저, 간단한 미래 디스플레이 발전 방향과 종류를 소개하고, 현재 연구개발 중인 미래 자동차 디스플레이 활용 방안을 살펴보고자 한다.

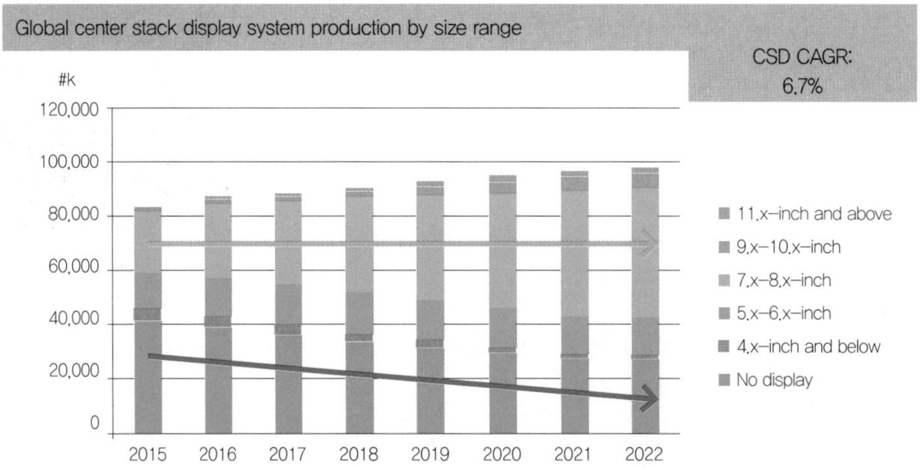

[그림 10-6] 글로벌 신차 탑재용 디스플레이 사이즈별 비중 변화 및 전망

출처: http://news.kotra.or.kr/user/globalAllBbs/kotranews/album/2/globalBbsDataAllView.do?dataIdx=154137&searchNationCd=101001

(1) 미래 디스플레이 발전 동향

1960년대 초 최초로 흑백 브라운관이 등장한 이후로 디스플레이는 빠르게 발전하고 있다. 평면 디스플레이 LCD를 거쳐 현재에는 OLED까지 상용화된 상태다. 이처럼 디스플레이 기술이 발전함에 따라 디스플레이의 손상 없이 구부리거나 휠 수 있는 플렉서블 디스플레이(flexible display)의 구현이 가능해졌다. 플렉서블 디스플레이는 크게 두 가지의 의미가 있는데, 첫째는 TV 등에서 볼 수 있는 커브드 디스플레이(curved display), 둘째는 형태 변형이 가능한 디스플레이 전체를 의미한다. 여기에서는 편의상 형태 변형이 가능한 디스플레이를 플렉서블 디스플레이라고 칭한다.

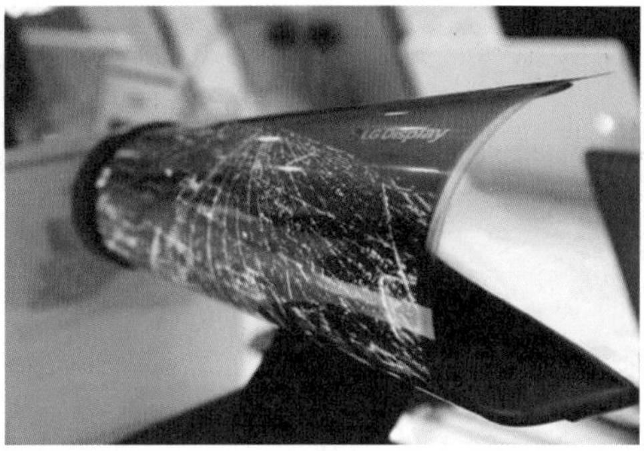

[그림 10-7] LG의 롤러블 디스플레이

출처: http://news.naver.com/main/read.nhn?mode=LSD&mid=sec&sid1=105&oid=011&aid=0002783749

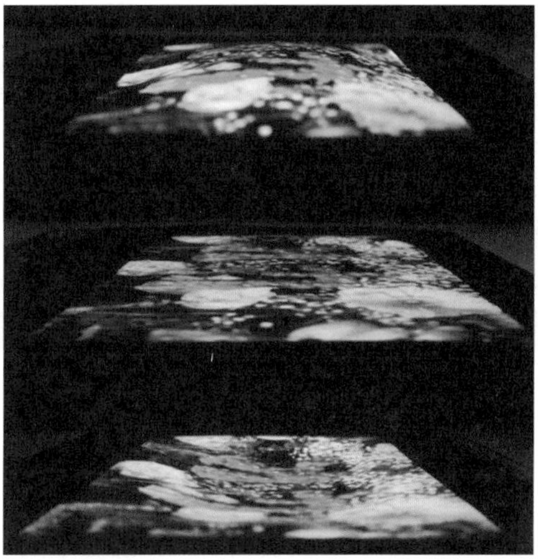

[그림 10-8] 삼성의 스트레처블 디스플레이

출처: http://www.olednet.com/en/sid-2017-samsung-display-unveil-worlds-first/

이러한 플렉서블 디스플레이는 ① 휘어지고 구부러지는 벤더블 디스플레이(bendable display), ② 두루마리 형태로 돌돌 말 수 있는 롤러블 디스플레이(rollable display), ③ 종이처럼 접을 수 있는 폴더블 디스플레이(foldable display), ④ 디스플레이 크기를 자유롭게 조절할 수 있는 스트레처블 디스플레이(stretchable display) 등으로 다양하게 개발되고 있다. 우리나라는 세계적으로 디스플레이 기술 및 제조 분야에서 선두를 차지하고 있는 국가로, LG와 삼성에서는 이미 롤러블, 폴더블 디스플레이를 구현한 바 있다. 또한, 삼성디스플레이는 세계 최대 디스플레이 학회인 SID(The Society for Information Display) 2017에서 스트레처블 디스플레이를 선보이기도 하였다.

다른 형태의 미래 디스플레이로는 셰이프 프리 디스플레이(shape free display)와 투명디스플레이 등이 있다. 셰이프 프리 디스플레이는 주로 평면에 사각형인 디스플레이의 한계를 넘어 보다 큰 곡률을 가진 입체로 구현한 것으로, 디스플레이를 원하는 3차원 형태로 제작할 수 있기 때문에 앞으로 많은 가능성을 가지고 있다.

[그림 10-9] SHARP의 셰이프 프리 폼 디스플레이(FFD)
출처: https://www.engadget.com/2015/01/06/sharp-s-free-form-displays-are-coming-to-cars-and-a-whole-lot-mo/

[그림 10-10] 자동차 투명 디스플레이의 가상 적용
출처: http://news.samsungdisplay.com/7008

투명 디스플레이는 투명한 유리처럼 보이는 디스플레이에 다양한 정보를 나타낼 수 있는 디스플레이다. 투명 디스플레이는 여러 가지 구성요소로 이루어진 액정을 투과하며 빛을 조절하는 원리인 '투과형'과 빔프로젝터에서 쏘는 빛을 유리나 안구에 투사하는 원리인 '투시형'으로 나누어 볼 수 있다. 투과형 디스플레이는 LCD(Liquid Crystal Display)와 투명 OLED(Organic Light-Emitting Diode)로 구분되며, 투시형 디스플레이에는 항공기용으로 개발 및 사용되고 있는 HUD(Head Up Display)와 안경처럼 머리에 착용하여 영상을 볼 수 있는 형태의 HMD(Head Mounted Display)가 있다.

(2) 자동차에서의 미래 디스플레이 활용 방안

자동차 회사들은 디스플레이를 통해 탑승자가 다양한 감성을 경험할 수 있도록 여러 가지 활용 방안을 연구하고 있다. 기본적으로는 다양한 정보를 표시하거나 디자인 등을 자유롭게 변경할 수 있다는 점에 착안하여 차량 내부 및 외부의 인테리어에 적용하는 일반적이다. 일본 자동차 제조사인 도요타는 2011년에 차량의 옆면과 내부에 디스플레이를 장착하여 이를 스마트폰으로 조작할 수 있도록 한 콘셉트카 'Fun-Vii'를 선보였다. Fun-Vii는 차량 옆면과 내부에 장착된 디스플레이를 활용하여 차체 디자인으로 사용하거나,

[그림 10-11] 2011 도요타 콘셉트 카 'Fun-Vii'
출처: http://www.edaily.co.kr/news/NewsRead.edy?SCD=JH41&newsid=02056566596450640&DCD=A00804&OutLnkChk=Y

메시지나 전기 충전 상태를 표시할 수도 있다. 차량 내부에서는 증강현실(AR)을 활용해 내비게이션 정보를 이용하기도 한다.

또 다른 예로, 닛산은 2015년 도쿄모터쇼에서 '떼아뜨로 포 데이즈(Teatro for Dayz)'를 선보였다. 닛산은 미래 자동차를 SNS의 확장된 수단으로 보고, 차량에 IT와 디스플레이 신기술을 적용했다. 떼아뜨로 포 데이즈에는 시트와 대시보드, 스티어링 휠에 디스플레이가 장착되었으며, 인테리어 코디네이터 기능을 갖추고 있어 운전자가 자신의 취향에 따라 수시로 실내 디자인을 바꿀 수 있다.

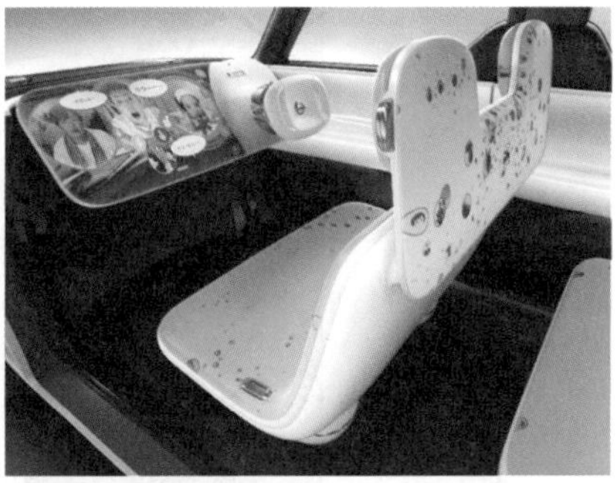

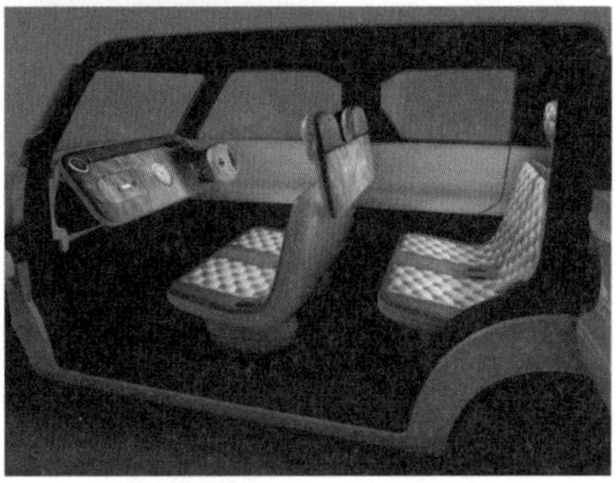

[그림 10-12] 2015 닛산 콘셉트 카 '떼아뜨로 포 데이즈'

출처: https://paultan.org/2015/10/06/nissan-teatro-for-dayz-to-debut-at-tokyo-motor-show/nissan-teatro-for-dayz-22/

이처럼 디스플레이는 디자인적인 면에서 활용되기도 하지만, 동시에 차량의 인포테인먼트를 더욱 효과적으로 이용하기 위한 수단으로서 적용되기도 한다. 최근에는 고급차량에서만 볼 수 있었던 HUD도 대중화되고 있다. 이에 더하여 미래에는 투명 디스플레이와 증강현실(AR) 디스플레이 기술을 전면 유리에 사용하여 내비게이션에 활용할 예정이다. 증강현실 디스플레이를 내비게이션에 활용할 경우, 실제 도로 위에 3차원의 가상 정보를 접목해 보여 주는 형태로서 운전자는 내비게이션 정보를 보다 쉽게 인지할 수 있게 된다.

이러한 시도는 자동차의 창문에도 적용되는데, 대표적인 것이 2012년 GM사가 발표한 '기회의 창(Windows of Opportunity)'이다. 이 기술은 스마트폰 앱을 구동하여 자동차의 유리에 터치스크린 형식으로 띄워서 사용하는 방식이다. GM은 다음과 같이 총 4개의 앱을 개발하여 적용했다. 첫째, Otto로, 애니메이션 캐릭터가 외부의 기후와 지형에 반응하여 상황에 따라 점프하거나 달리면서 차량과 같은 속도로 가는 것 같은 느낌을 준다. 터치하여 캐릭터를

[그림 10-13] 알리바바(Alibaba)의 차량용 AR 내비게이션

출처: http://m.post.naver.com/viewer/postView.nhn?volumeNo=6814616&memberNo=11959051

[그림 10-14] GM사의 '기회의 창'의 4가지 앱

출처: http://blog.gm-korea.co.kr/2538

조정하는 것도 가능하다. 둘째, Foofu로, 창문에 그림을 그리거나 글자를 쓸 수 있으며, 다양한 색깔을 적용할 수 있다. 셋째, Spindow로, 현재 지나가고 있는 풍경이 아닌, 자신이 원하는 장소를 설정하여 해당 장소의 풍경을 볼 수 있다. 넷째, Pond로, 다른 사용자와 소통할 수 있는 앱으로, 다른 차량의 운전자와 음악을 공유하거나, 운전자 혹은 보행자가 볼 수 있도록 창문에 메시지를 표시할 수 있다.

자동차에 적용되는 디스플레이는 영상 콘텐츠 시청의 수단으로도 사용할 수 있다. 일련의 연구에서는 피험자들을 대상으로 자동차 전면 유리에 스크린을 설치하고 자연 테마, 여행 테마, 증강현실 테마 등에 해당하는 영상을 시청하게 한 결과, 피험자들이 정서적으로 긍정적인 효과를 확인했다. 이러한 연구 결과를 본다면, 자동차에 활용된 디스플레이가 영화, 게임, 교육 콘텐츠 등의 다양한 분야에 활용될 가능성이 큰 것으로 보인다.

5) 인공지능 도입을 통한 자동차의 감성화(의인화)

2005년 도요타는 감정을 표현하는 자동차를 발명하여 특허를 냈다. 이들이 발명한 '감성 자동차'는 자동차의 전조등, 와이퍼 등을 사용하여 다양한 감정을 표현할 수 있다. 끼어드는 다른 자동차를 노려보거나, 잠을 자거나 깨어 있는 상태를 표현할 수 있고, 울고 웃고 윙크하는 등의 사람 혹은 동물처럼 감정을 드러낼 수 있다.

도요타의 특허와 같은 감성 자동차는 아니지만, 자동차가 친구 혹은 애완동물처럼 여겨지는 것은 그리 오래 걸리지 않을 것으로 보인다. 인공지능(AI) 기술이 빠르게 성장하면서 인공지능 비서가 모바일 기기에 적용되거나 가정 내에 음성인식 기기의 형태로 자리 잡은 것에 이어 자동차에도 적용되고 있기 때문이다.

(1) 해외 자동차-AI 사례

다수의 자동차 회사들이 AI 기술에 뛰어들고 있는 가운데, 도요타는 자체적으로 개발한 AI 로봇 '키로보 미니(Kirobo Mini)를 선보였다. 키로보 미니는 약 10cm 정도의 미니 로봇으로, 먼저 말을 걸거나 권유를 하는 등 간단한 몸짓을 하며 사람과 대화할 수 있다. 특히 키로보는 대화를 통해 상대방의 취향까지 기억할 수 있다는 것이 인상적인데, 도요타는 이 로봇을 운전자의 커뮤니케이션 파트너로서 보급해 나갈 계획이다.

[그림 10-15] 도요타의 키로보 미니
출처: http://www.autodaily.co.kr/news/articleView.html?idxno=334545

도요타는 이어서 CES 2017에 인공지능 기술을 탑재한 콘셉트카 'Concept-I'를 소개했다. Concept-I는 운전자의 감정과 피로도를 파악하여 상황에 맞는 운전자의 행동을 유도함으로써 안전하게 운전할 수 있도록 돕는다. 또한 운전자의 감정을 모니터링하면서 운전자가 위험에 빠진 상황에서는 자율 주행으로 전환한다. 이 밖에도 '이모션 맵(Emotion Map)'을 통해 운전자의 감정과 주행데이터를 집적하여 빅데이터로 활용할 수 있다.

미국 자동차 제조회사 포드(Ford) 역시 AI 개발에 지원을 아끼지 않고 있다. 포드는 인공지능 스타트업 회사인 '아르고AI'가 확보하고 있는 기술에 10억 달러를 투자한 것으로 알려졌다. 이들은 연구 분야에서 협력하여 '가상 드라이빙 시스템(virtual driver system)'을 개발하고 있다. 이는 완전 자율 주행차용 머신러닝 시스템으로, 포드는 2021년 상용화될 자사의 완전 자율 주행자동차에 해당 시스템을 적용할 예정이다.

아우디는 AI 컴퓨팅 회사인 엔비디아(NVIDIA)와 함께 2020년 AI 컴퓨터를 탑재한 완전자율 주행 SUV를 출시하겠다고 발표했다. 엔비디아는 인공지능 컴퓨터인 '사비어(Xavier)'를 공개했는데, 사비어는 운전자의 얼굴인식, 시선 및 동작 인식뿐만 아니라 입술 모양까지 감지할 수 있기 때문에, 운전자가 전방 주의 의무를 지키지 않을 경우에 경고 메시지를 보내는 것도 가능하다.

혼다(HONDA)는 AI 기반의 감성적 운전 경험에 주목하는 또 다른 회사로, CES2017에서 인공지능 콘셉트카 '뉴브이(NeuV)'를 공개했다. 뉴브이는 HANA (Honda's Automated Network Assistant)를 탑재한 전기자동차이다. HANA는 운전자의 표정과 기분을 인식하고, 반응과 패턴을 학습하여 시간이 지남에 따라 운전자에 대한 이해도가 높아진다. 운전자뿐만 아니라 동승자까지 학습할 수 있고, 학습한 내용에 근거해 운전자에게 도움을 줄 수 있는 정보를 제공하거나 제안을 한다. HANA를 통해서 운전자는 보다 개인에게 맞춰진 운전을 경험할 수 있다.

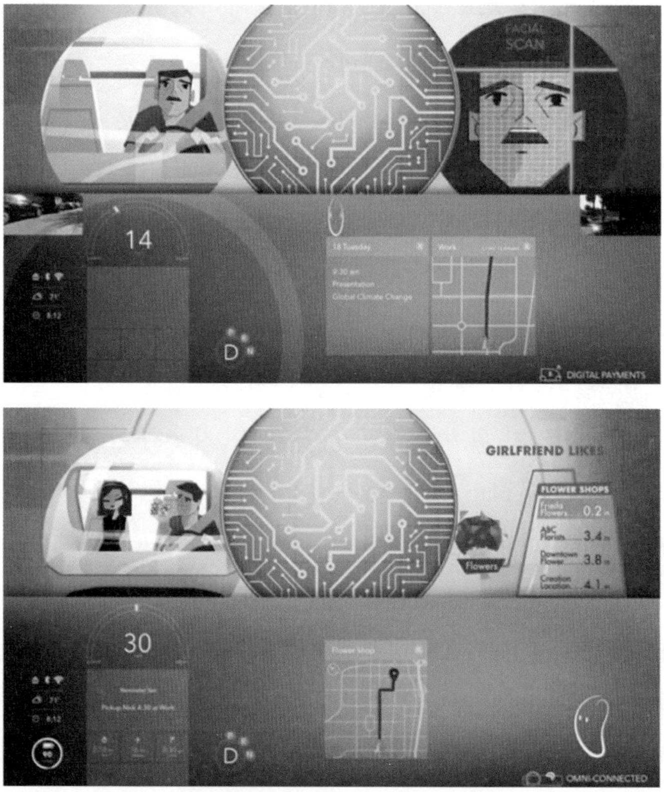

[그림 10-16] 혼다의 AI 시스템 'HANA'

출처: https://www.youtube.com/watch?v=Q1Br7meYrS4

(2) 국내 자동차-AI 사례

국내 자동차 회사들도 마찬가지로 AI 서비스 개발에 박차를 가하고 있다. 현대 · 기아자동차는 카카오와 손잡고 카카오의 AI 기반 서비스 플랫폼인 '카카오아이(I)'를 활용한 서버형 음성인식 기술을 개발하고, 제네시스 G70 모델에 적용했다. 이 기술은 간단한 상호나 주소, 추천 맛집 등의 키워드만 말해도 추가적인 과정 없이 최적화된 결과를 내비게이션에 보여 준다는 특징을 가지고 있다.

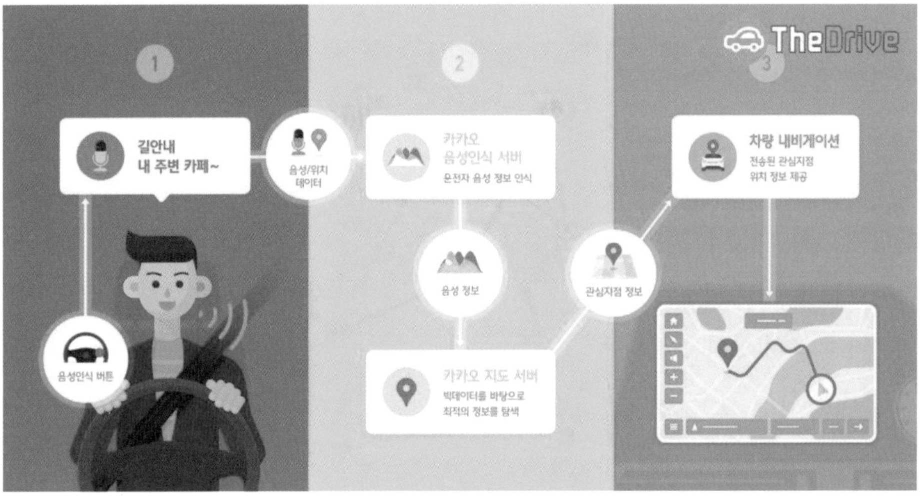

[그림 10-17] 현대 · 기아자동차-카카오의 차량용 AI

출처: http://www.yonhapnews.co.kr/bulletin/2017/07/24/0200000000AKR20170724082651003

이 밖에도 현대 · 기아자동차는 독자적인 기술로 음성인식 기반의 AI 비서를 개발하여 차량에 탑재할 계획도 밝혔는데, 이미 2016년 하반기부터 구글, 아마존과 제휴하여 운전자가 집 안에 있는 AI 비서를 이용하여 음성으로 차량의 시동을 켜고 에어컨을 작동하는 서비스를 제공하기도 했다. 여기에서 더 나아가 현대 · 기아자동차는 한국어를 기반으로 한 AI를 직접 개발하고 있다. 이러한 차량 인공지능은 운전 중에 내비게이션과 음악 감상 등의 인포테인먼트를 사용하는 중에도 동시에 실행할 수 있도록 한 것이 특징이다. 이를 구현하기 위해서는 차량 내의 소음 및 잡음을 제거하고, 운전자의 음성을 명확하게 인식하는 기술력이 요구된다. 이러한 점에서 현대 · 기아자동차의 인공지능은 한국판 스마트카의 새로운 기준 중 하나가 될 것이라는 기대를 모으고 있으며, 현대 · 기아자동차가 제시한 AI가 상용화된다면, 국산 차에서도 가까운 시일 내에 음성 명령만으로 차량 내비게이션을 작동하거나 냉난방 및 온도 등의 공조 장치를 조작할 수 있는 AI 시스템을 만날 수 있을 것으로 보인다.

3. '사람'을 생각하는 미래 감성자동차

앞서 언급한 바와 같이, 자율 주행 자동차나 전기자동차의 등장에 따라 자동차는 점차 단순한 이동 수단의 개념이 아닌 새로운 실내 공간의 하나로서 인식되고 있다. 이러한 공간 변화에 따라 앞으로의 미래 자동차의 실내 공간은 소비자의 요구에 따라 놀이, 업무, 휴식 등으로 다양하게 사용될 수 있을 것이다.

이러한 변화에서 주목받는 키워드는 '개인화(personalization)'다. 이미 소비자의 취향에 따라 다양한 옵션을 제공하는 형태로 개인화가 진행되고 있지만, 미래 자동차에서는 공간 자체를 개인의 취향과 요구에 맞춰 디자인하거나, 차량이 탑승자를 인식하고 그의 상태를 모니터링하는 형태의 개인화가 가능해질 것이다. 이는 곧 집의 실내 공간이 거주자의 취향에 따라 꾸며지듯, 자동차의 실내 공간 역시 개인의 삶에 맞춰 맞춤형으로 디자인될 수 있다는 의미이다. 완전 자율 주행 차량이 상용화될 경우 예상되는 가장 큰 변화 중 하나는 차량을 여러 사람과 공유하는 '셰어링 카(sharing car)'의 대중화다. 이는 하나의 차량을 여러 사람이 사용하게 되는 것을 의미하는데, 이 경우에도 앞서 언급한 개인화에 의해 공유 차량임에도 각 개인에게 최적의 탑승 경험과 사용 환경을 제공할 수 있을 것으로 보인다. 이처럼 차량 내에서 이루어지는 개인화 서비스가 중요한 이유는 탑승자가 자신에게 맞춰진 실내 환경과 인포테인먼트 시스템 및 서비스를 경험함으로써 차량에서 감성적인 만족감을 얻게 되기 때문이다.

이와 같은 개인화를 위해 AI는 필수적인 기술로 여겨지고 있다. AI의 활용처는 매우 다양한데, 차량의 개인화 서비스도 AI의 활용처 중 하나다. AI가 차량에 탑재된다면, 탑승자의 대화 상대가 되어 줄 뿐만 아니라, 탑승자의 감정과 기분을 인지하고 상황에 적절한 해결책을 제안해 줄 수 있는 개인 비서 혹은 개인 집사(butler)로서의 역할 수행이 가능하다. 그 예시로, 혼다는 자사의 인공지능 HANA가 동승자인 여자친구의 기분이 좋지 않은 것을 확인한 다음, 여자친구가 꽃을 좋아하는 것을 기억하고 가까운 꽃집을 추천한 후 내비게이션에 경로를 띄워 주는 방식으로 상황을 해결하는 시나리오를 제시하기도 하였다.

이처럼 AI는 운전자의 상태를 파악하고 효율적인 제안을 함으로써 운전자의 주행을 더욱 안전하게 도와주는 수단으로 작용할 수 있다. 한 연구에서 운전자가 차량 내의 소프트웨어 에이전트와 인터랙션을 한 결과, 이는 운전자의 정신적 상태와 도로 안전에 긍정적인 영향을 주는 것을 확인하였다. 언어 기반의 에이전트가 운전자의 상황 인지력과 운전에 긍정적인 영향을 미치고, 분노의 정도와 인지부하를 낮춰 줄 수 있다는 것이다.

앞서 언급한 연구들과 같이 차량에 설치된 AI는 탑승자에 대해 학습한 것을 기반으로 탑승자에게 최적의 옵션을 제안 혹은 제공함으로써 안전과 함께 감성적인 만족감까지 충족시키는 데 훌륭한 도구로 작용할 수 있다. 또한, 완전 자율 주행차를 지향하는 미래 자동차의 경우 대량의 데이터를 처리하고 판단하는 데 AI가 필수적이기도 하다. 그렇기에 많은 자동차 제조사들이 차량 AI의 잠재력을 높게 평가하고, AI 개발에 뛰어들고 있는 것이다. 머지않은 미래에는 자동차에서의 경험이 차량 AI로 인해 크게 달라질 것으로 예견할 수 있겠다.

이와 더불어 자동차 제조사들은 새로운 개념의 이동 공간인 미래 자동차에서 탑승자들이 어떤 활동을 할 것인지에 대해 고심하고 있으며, 계속적인 노력이 필요한 상황이다. 지금까지 제조사들이 자동차의 외형과 기술 중심의 발전을 해 왔다면 이제는 탑승자의 경험과 공감에서의 감성적인 만족에 집중할 필요가 있음을 강조하고자 한다. 지금 우리는 18세기 자동차의 시초가 세상에 나타난 이래 가장 큰 변혁을 앞두고 있다. 어떻게 하면 잘 달릴 수 있는가에서 어떻게 하면 운전하기에 즐거운가를 지나, 어떻게 하면 더 안전하고 편리한가를 고민하였다면 이제는 무엇이 자동차인가, 차와 사람은 어떻게 상호작용할 것인가, 그리고 이 새로운 공간과 감성적 경험을 어떻게 정의할 것인가를 고심할 때가 되었다. 이것이 자동차를 타는 '사람'에 대한 이해가 어느 때보다 강조되는 이유이다.

요약하기

1. 서론

자율 주행 자동차, 전기·수소 자동차와 같은 미래 자동차의 등장으로 자동차가 단순한 이동 수단이 아닌 생활공간으로 인식되기 시작했다. 동시에 다양한 신기술이 차량에 적용되면서 운전자의 경험이 확대되고 있는 가운데, 상향 평준화된 자동차 시장에서 소비자의 선택을 받기 위한 차별화 방안으로써 사용자 경험 중심의 '감성 품질'이 떠오르고 있다.

2. 본론

자동차 제조사는 운전자의 감성 품질을 높이기 위해 오감을 만족시키는 방법부터 새로운 형태의 입력 방식 도입, 운전자 상태 기반의 피드백 적용, 미래 디스플레이와 인공지능(AI) 서비스를 통한 사용자 경험 확장까지 끊임없이 노력하고 있다.

3. 결론

미래 자동차에서는 탑승자의 감성 만족을 위해 개인화와 AI를 통한 맞춤형 경험을 확대하고자 한다. 그러나 기술적인 노력에서 더 나아가 자동차 제조사들은 사람을 이해하고, 앞으로 탑승자가 차량에서 할 수 있는 경험에 대해 고찰하는 것이 필요하다.

참고문헌

곽인애, 강동병, 박창우, 정구민(2012). XC 2000과 OSEK/VDX를 이용한 자동차 LED 감성 조명 시스템에 대한 연구. 한국자동차공학회 추계학술대회 및 전시회, 1269-1274.

국제미래학회(2015). 대한민국 미래보고서. 경기: 교보문고, p. 177

권주영, 주다영(2018). 완전 자율 주행 자동차에서의 사용자 행위 지원을 위한 실내공간 설계. 한국HCI학회 학술대회, pp. 921-924.

권주영, 주다영(2018). 완전 자율 주행 자동차의 실내공간 설계를 위한 문헌연구 기반의 실내 행위 분석 및 유형화. 한국HCI학회 논문지, 13(2), 5-20.

김여민, 김선철(2014). 자동차 무인화에 따른 실내 공간의 변화에 관한 연구. 한국디지털디자인협의회 Conference, pp. 79-80.

김지현, 이가현, 최준호(2018). 자동차 음성인식 인터랙션의 안전감과 만족도 인식 영향 요인. 한국콘텐츠학회논문지, 18(8), 573-585.

김현정(2014). 제스처 인터랙션 사례 분석을 통한 하향식 제스처 디자인 방안 연구. 디지털디자인학연구, 14(2), 439-449.

남두희(2016). 자율 주행자동차와 사회 변화. 월간교통, 66-69.

박기철, 정의철(2017). 2030년 자율 주행차 환경에서 운전자 경험디자인 방향 고찰. 한국HCI학회 학술대회 발표논문집. 한국HCI학회, pp. 376-379.

박형근(2017). 새로운 모빌리티 패러다임과 자동차 디자인: CES를 통해 본 자동차 미래. 포스코경영연구원 POSRI 이슈리포트.

박희준(2016). 공유형 자율 주행 차량을 위한 UI/UX 디자인 제안. 서울대학교 대학원 디자인학부 시각디자인전공.

정수영, 최종훈(2014). 자동차 윈도우를 활용한 감성 영상콘텐츠 적용 방안. 한국콘텐츠학회논문지, 14(4), 37-46.

Javier Hernandez, Daniel McDuff, Xavier Benavides, Judith Amores, Pattie Maes, & Rosalind W. Picard(2014). *AutoEmotive: Bringing Empathy to the Driving Experience to Manage Stress*. ACM 978-1-4503-2903-3/14/06

Myounghoon Jeon, Bruce N. Walker, & Thomas M. Gable(2015). The effects of social interactions with in-vehicle agents on a driver's anger level, driving performance, situation awareness, and perceived workload. *Applied Ergonomics, 50*, 185-199.

Navalpakkam, V., & Churchill, E. F. (2014). *Eye tracking: a brief introduction*. In Ways of Knowing in HCI (pp. 323-348). New York, NY: Springer.

Ohn-Bar, E., &Trivedi, M. M. (2014). Hand gesture recognition in real time for automotive interfaces: A multimodal vision-based approach and evaluations. *IEEE transactions on intelligent transportation systems, 15*(6), 2368-2377.

Pavlovic, V. I., Sharma, R., &Huang, T. S. (1997). Visual interpretation of hand gestures for human-computer interaction: A review. *IEEE Transactions on pattern analysis and machine intelligence, 19*(7), 677-695.

Riener, A., Ferscha, A., Bachmair, F., Hagmuller, P., Lemme, A., Muttenthaler, D., ... & Weger, F. (2013). *Standardization of the in-car gesture interaction space*. In Proceedings of the 5th International Conference on Automotive User Interfaces and Interactive Vehicular Applications (pp. 14-21). ACM.

Zhang, W., Duffy, V. G., Linn, R., & Luximon, A. (1999). Voice recognition based human-computer interface design. *Computers & industrial engineering, 37*(1-2), 305-308.

네이버 포스트(2017. 06. 02.). http://m.post.naver.com/viewer/postView.nhn?volumeNo=7956494&memberNo=34218501&vType=VERTICAL

아시아경제(2017. 01. 19.). http://www.asiae.co.kr/news/view.htm?idxno=2017011812493422511

오토타임즈(2012. 07. 02.). http://autotimes.hankyung.com/apps/news.sub_view?nid=01&nkey=201207012041531

중앙일보(2012. 11. 22.). http://news.joins.com/article/9956189

중앙일보(2016. 08. 31.). http://news.joins.com/article/20525965

카마 웹 저널(2016). http://www.kama.or.kr/jsp/webzine/201606/pages/trend_01.jsp

파이낸셜뉴스(2017. 01. 18.). http://www.fnnews.com/news/201701181604202562

한국일보(2016. 08. 22.). http://www.hankookilbo.com/v/79de5fefe5ad41c5b7013273cd4f8dd6

헤럴드경제(2015. 01. 27.). http://jj.heraldcorp.com/view.php?ud=20150127000181#a

홍대신문(2017. 03. 07.). http://hiupress.hongik.ac.kr/news/articleView.html?idxno=170

Perfect Position Seating(2017. 04. 25.). https://www.youtube.com/watch?v=Or_p1wU7gDs

SAMSUNG SDS(2017. 08. 02.). http://news.samsungsds.com/?p=4349

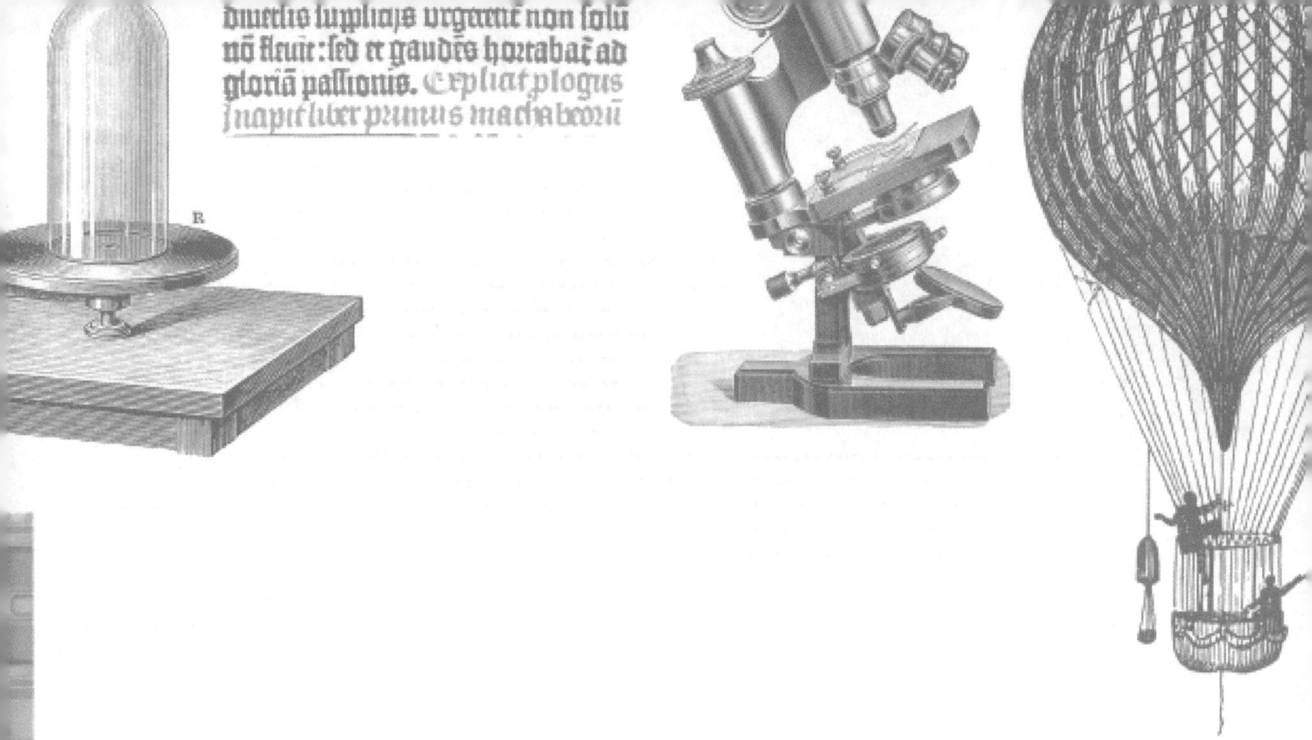

Science of Emotion & Sensibility

Application and Practice

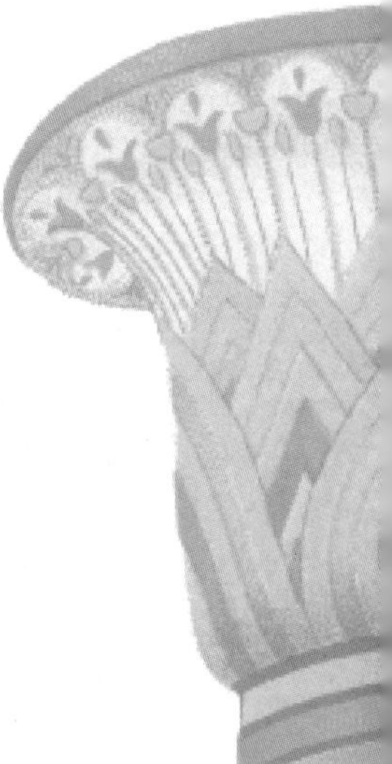

11장
감성과 향

민병찬

●●● 들어가기

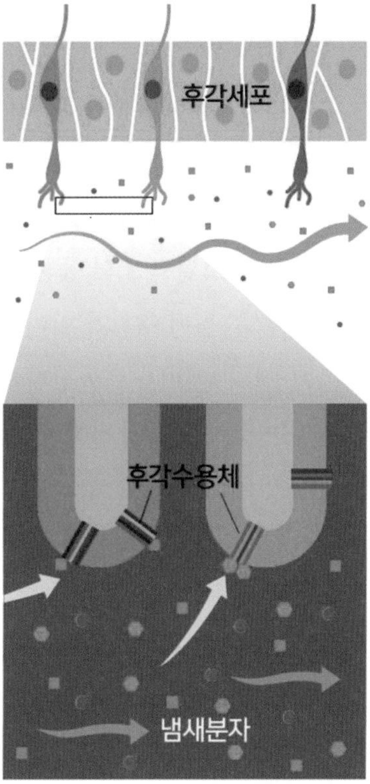

코는 늘상 냄새를 수용하는 기관이라 생각하고 있다. 그러나 코의 본래 기능은 흡입되는 공기의 온도 및 습도를 조절한다. 또한 폐의 섬세한 호흡상피를 보호하고 있다. 호흡된 공기가 각각의 비강 속에 있는 3개의 비갑개에 의해 형성되어 있는 좁은 통로를 통과하는 것으로 조절이 되고 있다. 비갑개는 해면상의 혈관성세포에 의해 덥여 있고, 이것이 팽창하기도 하고 수축하기도 해서 코의 좁은 통로를 열고 닫는 일을 맡고 있다.

미지의 세계 냄새 감각인 후각에 대한 과학적인 연구는 아직 걸음마 단계이다. 인간이 '냄새'가 정확히 무엇인지 알게 된 지 그리 오래 되지 않았다. 2004년 노벨 생리의학상은 후각 시스템을 규명한 미국 컬럼비아 대학교 리처드 악셀 교수와 린다 벅 교수에게 주어졌다. 냄새 분자와 코 안에 있는 후각수용체 단백질이 마치 열쇠와 자물쇠처럼 짝이 맞으면 뇌로 신호를 보내 냄새를 인지한다는 후각 메커니즘을 규명했다.

후각은 후각감각 기능의 정량적 평가가 시각 · 청각 체성감각과 달리 화학수용기로서 자극 제시 및 측정의 통제가 어렵다는데 있다.

더욱이 시각 및 청각은 임상적 진단이 가능하도록 세계적으로 측정의 루틴화를 이루었지만 화학수용기인 후각 및 미각은 정량적 측정방법이 확립되어 있지 않다. 일례로, 후각점막이 탈실되어 산재보험을 받으려 해도 후각감각기능의 객관적인 정량적 측정 방법이 전무하다. 더욱이 독자들의 후각연구의 이해를 돋기 위해서 정동과 뇌 부분은 『Perfumery: The Psychology and Biology of Fragrance』(1988)의 일부분을 옮겨놓았다.

따라서 이 장에서는 후각 감각의 이론적 배경과 연구사례를 통해 후각감성평가에 대해 알아보고자 한다.

1. 후각에 있어서의 정동과 뇌의 역할

1) 호모사피엔스, 후각이 둔한 동물

스미스(Smith, 1966)의 후각에 관해 처음으로 소개된 연구는 암컷 양이 자신이 출산한 새끼 양의 냄새를 출산 후에 얼마나 빠른 시간 안에 학습할 수 있는지에 관해 조사한 실험에 대한 내용이다. 시각이 우선적으로 작동하는 인간에게 냄새의 감각을 겨우 보일 정도의 동물의 세계를 이미지화하는 것은 어렵다. 영국 북부의 구릉지대에서 3월에 추위가 이어지는 날씨에 양이 냄새의 감각을 선호하여 사용하기 때문에 '코의 마비'가 일어난다는 사실을 깨달았다. 양의 무리 안에서는 냄새 감각에 기대는 것이 아주 유리하다. 바람 아래에 자신의 몸을 둠으로써 인간이 전진해서 산기가 있는 암컷 양을 포획할 수가 있다. 하지만 유감스럽게도 그 양들을 잡기 전에 그들이 먼저 우리 인간의 움직임을 시각적으로 파악할 것이다. 그 후 암컷 양과 새끼 양이 아주 정확하게 냄새 감각을 사용해서 서로의 위치를 알려 주고 있다는 것을 알아챘다. 암컷 양이 얼굴을 들어 보지 않고도 자신의 자식이 아닌데도 젖을 먹으려고 하는 뻔뻔한 한 새끼 양을 내쫓는 광경을 목격했다. 그리고 인간보다 훨씬 더 뛰어난 그들의 정비된 냄새 감각에 놀랐다. 인간의 인지능력은 후각이 때때로 아주 불가사의한 능력을 발휘하는 양에 의해서 종종 검증되었다.

여기서는 인간이 냄새 감각을 이해하려고 할 때에 직면하는 '정신적 블록'에 초점을 맞추고자 한다. 이 블록을 깨는 한 가지 방법은 동물의 후각 능력에 관한 지각을 얻는 것이다. 쥐스킨트(Suskind, 1985)가 쓴 통찰력 넘치는 그의 소설에서 Le Norcy의 장을 제시하고 있다. 쥐스킨트의 소설은 이상한 사람이 주인공이다. 이 그루누이유는 경이적인 냄새 감각을 지니고 있다. 그루누이유는 동물처럼 자신이 만나는 모든 인상을 기억한다. 그루누이유는 누군가와 만나면 바로 그 인물의 냄새부터 그의 기분 그리고 그가 무엇을 하려 하는지를 식별할 수 있다. 냄새를 연구하고 있는 연구자들은 당연히 이 놀라운 책을 한 번은 읽어 보아야 할 것이다. 하지만 이것은 픽션이며 상상에 의해 쓰여졌다. 현실에서 일어날 수 있는 일인지는 의문이다.

신기한 우연의 일치인데, 냄새에 특화된 감각을 인간이 경험하는 것에 관한 심리학적 설명이 삭스(Sachs, 1985)에 의해 이루어지고 있다. 삭스의 임상 예는 'The dog bebeath the skin(피부 아래의 개)'라고 불리는 것과 관련된 것으로, 뉴욕의과대학 학생 스티븐(Stephen, 22세)에게 일어난 아주 이상한 사건과 관련된 일이다. 스티븐은 평소에 코카인과 PCP, 안페타민을 복용하고 있었다. 어느 날 밤, 스티븐은 자신이 개이며, '냄새가 상상할 수 없을 정도로 꽉 가득 차 있고 의미를 가지고 있는' 세계를 경험하는 선명한 꿈을 꿨다. 잠에서 깬 후, 그는 이 놀라울 정도로 예리한 후각능력이 현실에서도 유지되고 있다는 것을 깨달았다. 다른 감각들도 민감한 상태였지만, 그 정도가 후각감각만큼은 아니었다. 예를 들어, 이전에는 똑같이 보였던 자신의 가죽표지 책이 꿈에서 깬 상태에서는 눈에 띄게 특징적으로 보였다. 그는 극적인 직관적 시각을 경험하였으며, 이렇게 자신이 그리고자 하는 해부상의 물체를 종이 위에 선명히 투영할 수 있었기 때문에 그것을 덧그리기만 하면 됐다. 이때 이상한 향에 의해 변환된 것은 후각(냄새)감각이었다.

스티븐은 '모든 다른 감각이 이전보다 예리해져 있지만, 후각의 예리함에는 비할 수 없는' 세계에 살고 있다는 것을 깨달았다. 그의 예리해진 냄새 감각과 관련하여, '일종의 떨림, 강한 정동, 잃어버린 세계, 절반의 기억 상실, 절반의 회상과도 같은 세계에 대한 신비로운 감정'이 있었다. 스티븐은 자신의 의지로 향수 가게에 드나들게 되었다. "나는 이전에는 이런 많은 냄새를 한번에 코로 맡은 적이 없었다. 하지만 지금은 바로 하나하나 구별할 수가 있다. 하나하나가 독특하고 호기적이며 완전한 냄새의 세계를 지니고 있다는 것을 알았다." 예를 들면, 그는 병원에 가서 냄새를 맡고 "냄새를 인지함으로써 거기에 있던 20명의 환자와 만나기 전부터 그들이 거기에 있다는 것을 알았다. 한 사람 한 사람이 개개인의 독자적인 후각 인상과도 같은 것, 즉 눈에 보이는 어떠한 얼굴보다도 선명하게 그리고 환기되기 쉽게 향이 더 강한 냄새의 얼굴을 지니고 있었다."라고 이후 설명했다. 그는 성적인 냄새는 흥분시키는 것이며, 그것이 지니는 의미가 증대되었지만, 음식 및 다른 냄새와 같은 정도인 것도 깨달았다. 민감한 후각의식을 가지고 있던 사이, 그는 쾌향은 강렬하며, 불쾌향은 그 정도는 아닌 것도 발견했다.

3주일 후, 갑자기 스티븐은 감각의 예리함을 상실하고 여러 감각은 정상으로 돌아왔다. 그는 원래대로 돌아와서 기쁘지만, 그의 향의 시대가 그립다고 했다. 스티븐은 "나는 원래대로 돌아와서 기쁘지만, 매우 큰 손실이기도 하다. 나는 지금은 인간이 문명화되는 과정에서 우리가 어떠한 것을 버리고 말았는지를 보려고 한다."라고 말했다. 그는 지적이며 사려 깊은 인간이며, 사물을 요약하거나 분류하거나 하는 경향이 강했지만, 감각이 극도로 민감해져 있을 시기에는 자신이 인간의 인지를 수행하는 능력이 필요하다는 것을 느끼지 못했다고 했다. 이상 상태였을 시기에 스티븐의 냄새 감각은 세계에 대해 그가 알고 싶어 하던 모든 것을 그에게 알려 주었다. 모든 것들이 그의 냄새 감각에 의해 명확히 구별되었기 때문에 그의 인지능력은 필요하지 않았다. 즉, 요약해서 생각해 보면, 지적인 능력은 쓸데없는 것이었다.

더욱이 계몽적인 후각의 임상 예로 소개해 준 삭스(1985)에게 감사의 사의를 표한다. 다른 감각 시스템의 진화와 둔화에 따른 인지능력의 발달과 함께 인간이 어떻게 계통 발생적으로 오래된 냄새 감각에 의존하는 경향을 버려 왔는지에 대해 설명하고자 한다. 에덴동산에서 인간이 추방된 근거를 대라고 할지도 모르겠다. 호모사피엔스의 냄새 감각이 다른 감각과 함께 인지적 뇌 회로에서 무효가 되는 결정적인 순간은 존재하는가? 인류의 발달에 있어서 좀 더 오래된, 그리고 좀 더 즐거운 한가롭고 여유로운 시기의 애매한 추억은 없는 것인가? 나는 후각감각이 사라져 잊혀 버렸다는 것을 말하고 있는 것이 아니다. 냄새 감각은 단지 뇌 후부의 반응으로서 내버려지기에는 너무나 중요하기 때문이다. 알다시피, 정동과 같이 냄새 감각은 새롭게 그리고 보다 민감한 형태로 변환되었다. 후각에 관해서는 감각의 진화가 정동에 의해 변환된 여러 가지 변화와 유사하다는 점에 주목해야 한다.

같은 의미에서 르그로스 클락(LeGros Clark, 1952)은 호모사피엔스의 진화에 있어서 후각의 중요성에 초점을 두고 있다. 그는 데카르트의 '나는 생각한다. 고로 존재한다.'는 '냄새를 맡는다. 고로 나는 생각한다.'로 바뀌어야 한다고 주장했다. 동물은 자신들이 살아가는 세계에 관해 정밀하고 특별한 정보를 얻기 위해 후각을 이용하고 있다. 동물은 냄새 감각을 심미감각으로 이용하지는 않는다. 스토더트(Stoddart)는 이미 책에서 뇌 전체가 화학수용기관이며, 뇌의 작용을 이해하는 데 있어서 후각을 연구하는 것 이상의 좋은 방법은 있을 수 없다고 지적하였다.

2) 후각(냄새)감각

예로부터 후각감각에는 다른 감각에서는 발견되지 않는 특별한 성질이 있다고

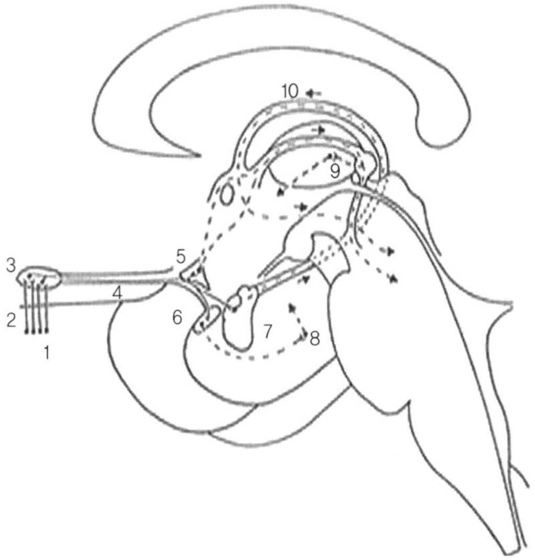

1. 후각수용부 2. 후신경 3. 후구 4. 후색 5. 후결절 6. 전이상피질 7. 편도복합체 8. 시상하부 9. 시상 10. 시상분계조

[그림 11-1] 대뇌변연계와 후각 전달경로

전해져 왔다. 그러나 후각과정에 대하여 더 알고자 하면 반 톨러(Van Toller, 1985)의 다른 감각 시스템과 공통점이 많은 것을 알게 된다. 예를 들면, 냄새는 기억과 특별한 관련이 있다고 여겨져 왔으나, 엔겐(Engen, 1982), 리만(Lyman, 1986), 워크(Walk, 1984) 연구에서는 이것들은 본질적인 것이 다르다는 것보다도, 정도가 다르다는 것이 밝혀지기 시작했다.

엔겐(Engen, 1982)이 강하게 주장했듯이, 냄새 기억은 학습되는 것으로, 냄새에 대한 유전적 반응은 설령 있다고 할지라도 그 양이 적다. 도드(Dodd)는 다른 냄새보다도 더 간단하게 기억되는 냄새가 있다는 점, 그리고 아마도 이러한 냄새들은 종이 특별하다는 점을 언급했다. 하지만 기억되기 쉬운 냄새가 과연 무엇인지에 관해 아직 증명되지 않은 부분이 많기 때문에 후속 연구가 필요하다. 컴퓨터 기술 전문용어에서는 냄새에 대한 반응은 소프트웨어이며, 확실한 하드웨어적인 반응은 없다. 커크-스미스(Kirk-Smith, 1983)는 냄새의 조건이 어떻게 성립 되는지에 대해 조사한 최초의 연구를 보고했다. 커크-스미스와 부스(Kirk-Smith & Booth, 1987)는 후각의 이러한 측면에 관해 간단한 개관(리뷰)을 썼다.

그러한 학습은 특이적인 반응이라는 결과로 끝날지도 모른다. 이처럼 냄새 감각과 정동에 관해 높은 빈도로 특이적인 반응이 일어나는 것을 볼 수 있다.

또한 변연계는 감정과 기분을 제어하는 뇌 일부인데, [그림 11-1]에서 볼 수 있듯이 후각의 전달경로와 밀접하게 통합되어 있다. 이 통합은 아주 밀접하기 때문에, 비강의 상부에 위치하는 후각수용체 부위가 외부세계와 접촉하는 정동적인 기관이라 할 수 있다.

3) 정동

정동에 관한 연구를 수행해 나가기 위해서는 정동의 기원은 호모사피엔스의 생물학적 과거에 있다는 점을 생각해야 한다. 인간의 역사 중 99%는 사냥을 하여 먹을 것을 수집해 온 점에 주목하자. 우리가 살고 있는 혹성의 수명을 24시간이라 하면, 인간의 생명은 그 날이 끝나기 약 4초전에 겨우 시작되는 것이 된다. 인간의 고고학적인 기록은 약 500만 년 전으로 거슬러 올라가는데, 도시나 초기 공업적인 생활의 발달은 1만 2,000년 전부터 시작되었다. 이것은 우리가 당연하다고 생각하는 사회적 구조가 인간 진화의 관점에서 보면 비교적 새로운 것이라는 것을 의미한다. 인간이 힘에 의지하기 시작하여 그다음에는 기계로의 의지로 이동한 산업혁명 때부터는 고작 한 세기 정도밖에 지나지 않았다. 우리는 우리의 일생에서 인간의 뇌의 많은 인지적 측면을 잠식하며 변화하기 시작하고 있는 컴퓨터 혁명을 경험하고 있다.

일반적으로 알려져 있듯이, 정동은 인간에게 있어서 그것이 없으면 가장 좋은 상태라고 생각되는 하급 감정과 행동이라고 여겨진다. 이 견해는 이성주의 철학파들과 크게 대립한다. 데카르트는 이성은 하등동물의 감성적 · 비합리적 · 본능적 행동에 대립하는 것으로, 인간의 특별한 속성이어야 한다고 말했다. 철학자들이 모두 다 이 견해를 제창했던 것은 아니다. 예를 들면, 데이비드 흄(David Hume)은 "이성은 열정의 노예다."라고 말했다. 그러나 우위를 점하고 있는 이성주의 철학자들은, 동물은 인간이 지니고 있는 것과 같은 정동의 가장 단순한 형태를 표출하고 있지만, 인간은 이성적인 능력의 발달을 거쳐 정동에 의해 성립되는 제한을 적어도 부분적으로는 극복하고 있다는 입장이다.

이성주의 철학자들의 설명이 인간의 행동에 있어서 정동이 수행하는 역할을 참되게 비추고 있다고 할 수 있겠는가? 첫 번째로 지적할 수 있는 점은, 인간의 경우 절정 상태에서의 정동을 생각해 봐야 한다는 점이다. 인간의 정동과 동물의 정동은 거의 닮지 않았다. 인간에게 있어서 우리는 정동을 가장 추잡한 곳에서부터 가장 아름다운 곳까지의 완벽한 감정의 범위로 본다. 정동은 호모사피엔스의 가장 악마적인 행동으로 여겨지지만, 가장 지적인 업적 중 하나이기도 하다. 천재의 일에 있어서 우리는 정동적이며 지적인 구성요소의 완벽한 조립을 깨닫는다. 각각의 구성요소로는 충분하지 않다. 정동에 결여되어 있는 지적인 업적은 지적 모방의 빈곤한 형태로서 인지되기 쉽다. 따라서 나중의 어느 한 시점에서 인간은 변태를 경험하고, 순수한 이성적인 생각이라는 아름다운 피부를 보여 주기 위해 정동이라는 흉한 면을 탈피하는 것이라고 추측하는 것은 맞지 않다.

정동은 후각처럼 계통발생학적인 오래된 뇌 시스템이기는 하지만, 단순한 반사작용으로 취급하기에는 너무나도 중요하다. 뇌의 발달 각 단계에서 정동 시스템은 결과로서 뇌의 발달한 영역에 들어오게 된다. 때문에 정동은 좀 더 새롭고 미묘한 형태로 변형되었다. 뇌 발달에 있어서의 각 단계에서 인간의 정동은 변형되어 수식된다.

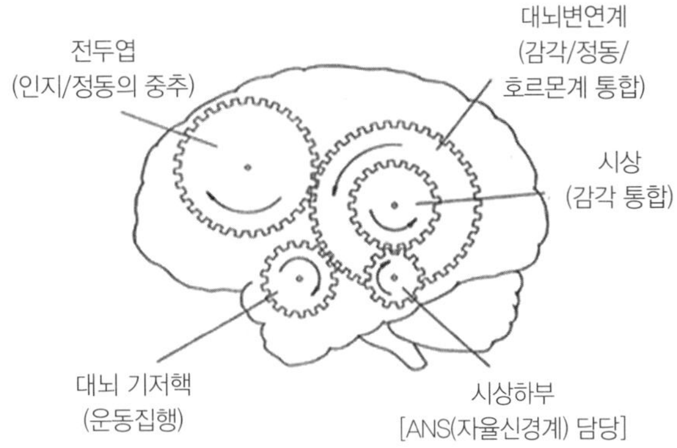

[그림 11-2] 감각, 운동, 정동, 자율신경계 및 인지기능이 원활하고 불연속적 및 연속적으로 적용하는 뇌의 독창적 성질을 나타내는 개요

금세기 초기에 신경심리학자들은 뇌 내의 정동과 관계된 부위를 발견하기 위해 실험적으로, 이론적으로 양쪽 측면에서 많은 시도를 했다. 정동은 뇌 내의 행동 시스템의 모든 것과 관련되어 있기 때문에 이러한 시도는 모두 결국 실패할 수밖에 없었다([그림 11-2] 참조).

인간의 굶주림, 목마름, 성의 동기부여와 같은 시스템과 비슷한, 그러나 극적이지는 않은 변화와 둔화를 경험해 온 것이다. 인간에게는 먹는 것과 마시는 것이 식이 관례로 자리 잡혀 있는데, 같은 식으로 인간의 성행동이 로맨틱하며 이탈한 형태를 이루고 있을 가능성이 있다.

정동과 동기부여의 기본적인 형태가 원시 뇌의 조직에 있어서의 행동의 원형적인 양식을 보전하고는 있지만, 인간의 뇌의 새로운 영역의 회로에서 발생하는 새로운 행동의 차원을 더해 가도록 되어 있는 점을 지적할 수 있다.

정동은 많은 부분을 개인의 학습에 의존한다. 일차적 생물학적 정동은 존재하지 않는다. 그러나 이차적이거나 학습된 정동은 많다(Van Toller, 1976). 정동은 교육 과정에서 무시되기도 한다. 이러한 과정에서 얻어지는 하나의 결과로, 개인의 정동적 성질에 관한 의식이 일생을 살아가는 동안에 천천히 획득된다는 점을 들 수 있다. 최근에 우리는 자신의 '정동적' 문제와 타협하려고 시도하기 때문에 집단감수성 훈련을 통해 집단에 참가하는 중년 집단을 관찰해 왔다. 정동에 관한 지식은 동료들을 모방하고, 정의 내리고, 학습함으로써 획득된다. 실제로 럭믹(Ruckmick, 1939)이 꽤 오래전에 지적한 대로, 아동의 지적인 개념은 정동적 개념과는 끊어야 한다고 여긴다. 많은 10대가 경험하듯이, 만약 정말 사실로 인정할 수 없다고 하더라도 이들은 전혀 정동에 결여되는 지적 개념을 지니지는 않는다. 정치적 신념은 지적 지식의 불모지의 한편에 지나지 않으며, 제대로 된 활기찬 정동적 베이스를 가진 태도인 것이다.

후각 역시 교육적 과정 안에서는 무시되고 있다. 후각에 관해서는 부모로부터나 정규 교육 과정에서 여러 명칭을 학습하거나, 정도는 적지만 소리의 명칭을 붙이거나 하는 것들과 비교하여 그 중요성을 비교해 봐야 한다. 이 타입의 문제를 잘 해결하기 위해서 Warwick 후각연구그룹은 왕립맹학교와 Avon사와 공동으로 냄새 세트를 개발해 왔다(Hinds, 1984). 그러나 이것은 아직 시작 단계에 불과하다. 향료나 방향에 대해서 일반 사람을 교육하는 것을 매우 꺼려하는 향료 업계에서도 똑같이 무시되고 있다고 할 수 있다. 아마도, 만약에 신비감이 없어져 버리면 향수에 대한 흥미가 사라져 뉴욕에서는 일반인을 교육하기 위해 행해진 시도에 의해 정확한 평가가 반대로 되어 버리지는 않을까 생각하고 있는 것 같다.

최근 정동과 관련된 뇌의 구조와 경로에 있어서 중요하고 복잡한 세트는 변연계로 밝혀졌다. 재미있는 것은, 변연계는 후뇌 그리고 소뇌로 알려져 있다. 프랑스의 해부학자 브로카(Broca)는 돌고래에게는 잘 발달되어 있는 변연계가 있지만, 후각 능력은 뒤떨어져 있는 것을 발견하고, 1878년에 이것을 'le grand lobe limbique(변연대엽)'이라고 새로이 명명했다. 변연계는 대뇌의 피질 아래에 위치해 있으며, 53 영역과 35 연합색을 지배하고 있는 뇌의 복잡한 환상구조로 이루어진다(Watts, 1975). 관계가 있다고 생각되는 연합과 여러 상호작용에 대해 간단히 고찰해 보면, 변연계가 정동이나 인격에 중요한 역할을 하고 있을 가능성을 보여 주는 것이라 할 수 있겠다. 변연계의 주된 기능은 뇌의 많은 부분의 활동을 결합시키는 것이다. 호르몬과 자율신경계의 역할 또한 중요하다. 이 모든 것들을 고려해야만 변연계가 행동이나 정동에 미치는 중요한 역할을 이해할 수 있게 될 것이다.

와츠(Watts, 1975)는 변연계의 주된 기능에 대해 종합적인 감각을 쾌냐 불쾌냐의 어느 한쪽을 선택하여 뇌에 입력하는 것이라고 설명하였다. '무해'나 '위험'에 관한 입력이 평가된 후에 변연계가 결정을 내려, 통합된 신체와 감각의 활동을 결과로서 지시한다. 결합된 활동에는 그것에 부수된 호르몬 활동과 신경활동이 포함되는 것을 인식하는 것이 중요하다. 또한 이 복잡한 생물학적 활동은 보통은 천천히 조화를 이루며 종합적으로 행해진다. 조화적으로 총합을 이뤄 나가는 것이 변연계이다.

4) 정동의 생물사회학적 이론

1984년에 뉴욕 향료재단에서 출판한 책에 '잊혀져 버린 코'라는 정동과 냄새 감각의 특별한 관계를 제시한 많은 인용문들이 실려 있다. 캐인(Cain)은 후각 조직과 '정동을 관할하는 뇌의 부분'과의 관계에 대해 제시하고 있다. 그루피(Groupy)는 "냄새 감각은 다른 감각계보다도 정동과 아주 강하고 직접적인 관계를 갖고 있다."고 주장한다. 정동과 냄새의 관련성에 관해 설명하고 있는 재미있는 책은 이 외에도 다수 있다. 향수에 관한 일반적인 문헌을 읽어 보면 정동과 향수의 특별한 관계를 나타내는 문장을 볼 수 있다.

최근에 정동과 후각 체계 사이에 있는 어떠한 관계에 대해 우리가 놓쳐 버렸는지 찾기 위해 출판되어 있는 영문 과학지들을 리뷰했다(Watts, 1975). 이 리뷰는 제1회 향 심리학에 관한 국제회의 개최에 있어 많은 틀을 만들어 냈다. 그러나 처음 가진 의문에 대한 직접적인 답은 거의 얻지 못했다. 정동과 냄새에 관한 초기 심리학 연구는 냄새의 쾌, 불쾌의 차원과, 쾌향과 불쾌향의 관계에 관련된 것이었다. 본래 쾌, 불쾌의 차원은 양극에 쾌와 불쾌가 있는 1차원의 연속적인 것으로 생각되었었다. 이 초기 연구들에서는 냄새 간의 단순한 관계를 발견 · 도출해 내지 못했다.

1962년에 샥터와 싱어(Schachter & Singer)는 사회심리학에 강한 영향을 끼친 정동의 사회적 · 인지적 이론에 관한 틀을 제공하기 위한 일련의 실험들을 보고하였다. 이 실험은 마라농(Maranon, 1924)이 연구한 초기의 임상연구를 발전시킨 것이었다. 그는 정동을 불러일으킬 가능성이 있다고 판단하여 의대 학생들뿐만 아니라 환자에게도 아드레날린을 주사하는 것에 관심을 갖고 있었다. 이 시도는 실패로 끝났다. 실패한 이유는 그가 아드레날린 주사에 무엇을 기대하고 있는지를 학생들이 알고 있었기 때문인 듯하다. 하지만 그는 스스로 '마치(as if)'나 '차가운(cold)' 정동이라고 이름 붙인 것을 보고 했다. 나중에 생각해 보니 마라농은 학생이나 환자로부터 내적인 생리학적 반응을 끌어냈었는데, 이 반응들은 여러 정동의 체험이 어딘가에 있을 법한 사회적 상황에서의 반응이 아니기 때문에 정동으로서는 보고할 수 없었던 것으로 보인다. 예를 들어, 의학적인 환경에서 환자는 자신이 경험하는 여러 반응은 지금 자신이 받고 있는 치료의 결과일 거라고 생각한다. 환자가 의학적 환경에 그 결과를 귀결하는 것 이외의 다른 정동적인 감정을 갖기 위해서는 매우 감수성 높은 정신측정의 척도가 필요하다.

샤터와 싱어(1962)는 보이지 않는 '사회적효과'를 제시하였다. 이 기본적인 실험계획에는 아드레날린 주사나 플라시보 물질 주사를 맞은 피험자가 필요했다. 실험에 참가한 피험자는 3집단으로 나뉘었다. 플라시보 주사를 맞은 피험자는 대조군으로 분류되었다. 2번째 집단은 자율신경계를 각성시키는 아드레날린 주사를 맞았으며, 아드레날린의 생리학적인 효과에 대한 정보를 제공받았다. 3번째 집단은 시력과 관련된 비타민 성질의 주사를 맞았다. 모든 피험자들은 시각에 관한 실험에 참가하는 것이라고 공지받았다. 그러나 시각적 테스트에 들어가기 앞서서 피험자는 질문에 대답하도록 지시받았다. 질문은 여러 유형의 정동이 일어나도록 계획되어 있었다. 대답을 완성시키는 사이에도 피험자는 정동적 반응이 일어나도록 계획된 상황에 놓이도록 하였다. 조작된 정동적 · 사회적 상황은 사전에 정해진 행동을 제시하는 것 이외에는 같은 대답을 적도록 지시되어 있던 '상대방 역할'을 이용함으로써 만들어졌다. 예를 들어, 행복감을 느끼도록 계획된 상황에서는 이 조교는 행복하다는 듯이 행동했다. 실례가 되는 질문을 받으면 이 조교는 화가 난 듯이 행동했다. 이처럼 샤터와 싱어의 피험자들은 아드레날린 주사에 대한 반응에 있어서 어떤 특정 정동이 생성되도록 준비되었다. 이것은 마라뇽의 초기 연구에서는 검토되지 않은 중요한 요인이었다.

샤터와 싱어의 결론은 아드레날린 주사를 맞은 후 주사의 진짜 효과에 관해 공지를 받은 피험자는 아드레날린 주사는 맞았지만 그 주사의 효과에 관해 공지를 받지 않은 피험자들에 비해 보다 정동적인 반응을 보이는 경향을 나타냈다. 이 결과와는 대조적으로, 플라시보 집단은 정동을 거의 체험하지 않았다고 보고했다. 샤터와 싱어는 피험자는 아드레날린 주사를 맞은 후 각성 상태가 되어 자신들이 처한 사회적 · 정동적 환경에 생성된 감정을 귀속시킨 것이라고 주장했다. 정동의 이와 같은 이론은 '정동의 귀속이론'이라고 불렸으며, 켐퍼(Kemper, 1978)의 일과 같은 초기의 연구에서부터 시작되어 많은 연구가 행해지고 있다.

샤터와 싱어는 사회적 환경이 정동의 중요한 결정요인인 것을 제시하였다. 만약 후각에 주의를 집중시키면 향수가 동일하게 정동을 불러일으킬 수 있다는 것을 깨달을 것이다. 좋은 향수는 아름다운 여성을 찾기 위해 그 주변을 배회하게 하는 학습된 반응을 일으킨다. 이 반응에서는 향수는 일련의 각종 세트를 지니고 있다. 그

중 어떤 것은 정동적인 것이다. 향수도 정동적 역할을 지니고 있다. 이는 사회적 환경도 그러하지만 정동의 또 하나의 중요한 결정요인이 감각지각의 변화이기 때문이다. 이러한 각 설들의 중요성을 이해하려면 공포나 불안을 유발하는 것들이 컨트롤되어 있는 것을 생각해 보면 된다. 엄숙한 의식과 함께 흐르는 종교음악은 슬픔과 비슷한 감정을 불러일으킬 것이다. 히스(Heath, 1986)도 정동이 감각지각의 변화와 관련되어 있는 것을 지적하고 있다. 이처럼 향수와 정동의 관계를 설명할 수가 있다. 향수 또는 다른 후각자극으로부터도 정동적 반응을 불러일으키지만, 물론 반응의 크기는 미미하다. 또 반응은 내적인 생리학적 상태에 의존하고 있을 가능성도 있다. 이것은 카바나크(Cabanac, 1971)가 'alliesthesia'라고 부른 개념이다. 식전에 먹을 것을 요리하는 냄새를 맡으면 공복의 고통을 겪지만, 식후에는 같은 냄새를 맡아도 공복은커녕 오히려 이미 음식에 전혀 관심이 없을 가능성이 높다.

대부분의 경우 향수는 쾌감이나 관능적인 반응을 불러일으킨다. 왜냐하면 이것들이 주로 향수에 관련된 반응이기 때문이다. 그러나 이것은 사실이 아닐지도 모른다. 알레르기는 제쳐 두고, 어떤 사람은 특정 향수에 대해서는 다른 반응이나 특유의 반응을 학습하고 있는지도 모른다. 아동은 향수 냄새를 싫어하는 경향을 띄는 것도 사실이다. 좀 더 감수성을 높이는 민감한 냄새는 우선 제외하고, 반 톨러(Van Toller, 1985) 향수는 심미적 차원이 결여되어 있는 젊은이들에게는 너무나도 세련된 것인 듯하다. 만약 향수를 좋아하는 아동이 있더라도 싱글 노트나 심플한 꽃향기 향수를 선호하는 경향이 있다. 그리고 당연한 것이지만 향수에 혐악반응을 보이는 아동도 있다. 예를 들어, 가정에서의 향수 향은 저녁에 부모가 외출해 버리는 것을 의미하기도 한다. 아동은 향을 싫어하는 어떠한 일로 생각하도록 학습해 버리는 일이 종종 있다.

스토더트(Stoddart)는 호모사피엔스의 사회적 평가에 있어서의 향의 역할의 중요성에 대해 설명했다. 그는 향에는 생물학적인 방어의 역할이 있다고 생각했다. 더불어 향수라는 것은 인간의 심미적 감각의 경험에 상당히 영향을 미치는 것과 동시에 세련된 화학적 합성물이며 조합물인 것을 인식해야 한다. 앞에서 서술했듯이, 향수는 정동을 불러일으킨다. 향수를 사용하여 내가 집에서 기르고 있는 동물에게 테스트해 본 결과, 그들의 반응은 노골적이라고 표현하는 것이 가장 적절하다고 할 정도의 반응이었다. 그들은 냄새를 감지할 수 있었으며, 냄새의 근원이 무엇인지를 파악할 수도 있었다. 그렇지만 좋은 향이 나는 냄새에 관심을 갖지는 않았다. 하더

(Harder, 1984)가 지적했듯이, 동물에게 있어서 냄새는 명백하게 의미 있는 무언가를 불러일으키지 않으면 안 된다. 즉, 냄새는 그들에게 있어서 생물학적인 메시지인 것이다. 동물의 세계에는 좋은 향은 존재하지 않으나, 역설적이게도 기본적인 동물의 냄새는 매우 좋은 향 중에서도 중요한 성분의 것이 많다.

향수와 정동반응에 대한 설명으로 돌아가서, 매우 강한 향수를 만났다고 상상해 보자. 그 향수를 사용하고 있는 사람이 매우 넓은 개인 공간을 만들어 내고 있는 것을 알 수 있다. 냄새의 근원을 찾으려 주변을 둘러보고, 아름다운 영화 스타와 조우한다. 이것은 미인과 아마도 매혹적인 무언가에 관련된 정동을 불러일으키는 것이다. 반응의 예로, 동물원에 가서 강렬한 악취가 아닌 아름다운 영화배우 냄새가 나는 물소와 만나는 장면을 상상해 보자. 이 상황은 노골적이라고 비춰질 것이며, 상황의 부조화는 웃음을 유발할 것이다. 웃음이 적절하지 않은 좀 더 정숙한 환경에서는 아마도 키득키득 웃기 시작할 것이며, 히스테릭한 웃음으로 어찌할 수도 없이 허탈해질지도 모른다. 키득키득 하는 웃음의 정도는 유발된 정동의 힘을 보여 주는 것일지도 모른다.

향수는 신체에 뿌려지는 것이 많다. 아침에 향수를 뿌리는 여성이나 면도 후에 로션을 바르는 남성은 여러 이유로 그러한 행동을 하는 것이다. 그러나 왜 향수와 향이 나는 것을 사용하는지 그들에게 물어보면 "내 기분이 좋아진다."라고 대답한다. 예를 들어, 로션 사용은 아침에 단장 마지막 코스로 바르며 주로 행복의 정동적 효과를 위해 사용되는 듯하다. 감각적 역할에도 사용된다. 즉, 향의 최초의 이용은 좋은 감정과 쾌정동을 불러일으킨다. 그리고 그 날의 남은 시간 동안에 결과적으로 향을 뿌린 것은 대부분 잊어버린다.

5) 정동과 후각

만약에 정동의 지식에서 후각에 대한 의문점을 밝히려 한다면 정동 분야의 이론은 모두 아예 무시받고 있다는 것을 알게 될 것이다. 불(Bull, 1951)은 이것에 관한 가장 좋은 예이다. 그녀는 정동에 관한 그녀 자신의 이론에 대해 서술하기도 전에 이미 인간의 후각의 경향에 관한 실험을 실제로 실행해 버렸다(Bult, 1944). 인간의 정동의 기술에 관한 적절하며 관련된 문제로 후각을 고려하는 것에서의 실패는

솔로몬(Solomon, 1977)이 쓴 포괄적 개관에도 제시되어 있다. 솔로몬은 후각은 인간의 정동에 있어서 중요한 역할을 하지 않는다고 생각하고 있었다고 밖에는 결론짓기 어렵다. 그가 생각하기에 과학적 견해는 정동과 냄새의 관계가 빈번하게 거론되고 있는 일반적인 견해와는 대조적인 견해인 듯하다. 이것은 정동과 후각의 관계는 없다고 마음속에서부터 믿고 있는 것을 반영하고 있는 상황이다. 아니면, 나중에 무시하는 태도를 취하는 것과 같이, 이 두 가지의 관계를 결정적이게 하는 인생의 초기에 충분한 훈련을 받지 않은 것을 보여 주는 것인지도 모른다. 스턴, 파와 레이(Stern, Farr & Ray)는 아마도, 냄새는 언어로 설명된 냄새라고 해야 한다고 생각하고 있었던 것 같다. 이런 생각이 드는 것은 이 화제에 관한 그들이 설명하고 있는 내용이 매우 짧고, 조금밖에 언급되고 있지 않기 때문이다. 쾌향의 제시는 쾌정동을 불러일으키는 데 매우 유효한 수법일 가능성이 있으므로 이것은 의외의 단서가 된다. 실제로 후각에 관한 연구를 시작하게 된 것도 이와 같은 생각이 있었기 때문이다. 여러 점에서 이미 서술한 대로 후각과 정동은 비슷한 것이다. 인지 과정과, 적기는 하지만 시각과 청각이 받은 것과 같은 긴 교육 과정은, 후각도 정동도 받지 않는다. 아동이 자기 자신의 정동을 이해할 수 있게 되는 조직적인 훈련을 받는 일은 거의 없다. 이것은 후각에 있어서도 마찬가지이다. 문명화는 후각의 감퇴를 그 결과로 남겼으며, 원시인과 야성아동, 그리고 자연에서 자란 소년은 후각이 뛰어난 능력을 지니고 있다는 주장이 있지만, 아직 이 추측을 지지할 수 있는 증거가 부족하다. 힌즈(Hinds)는 맹인 아동에게 뛰어난 후각능력이 있다는 통속적인 생각을 밝히려고 했지만 결국 실패로 끝났다.

냄새의 감각이 정동과 관련되어 있다는 다른 증거가 있을까? 정동이나 냄새 감각의 특성을 기술하기 위해 사용되어 온 각각의 언어 목록을 수집했다. 다비츠(Davitz, 1969)는 정동의 기술에 사용되는 언어 목록을 수집했다. 냄새 감각과 관련된 언어가 없다는 사실에 주목해야 할 것이다. 이와 같이, 우리도 후각과 관련된 언어(Crocker, 1949; and Harper, 1968) 리스트를 찾아볼 수 있다. 이 목록에는 정동 기록에 쓰이는 언어 목록에서 볼 수 있는 언어나 기술은 포함되어 있지 않았다. 냄새에 대해서 기술하고 있으면 정동적인 언어을 사용하는 것은 부적절하다고 피험자가 생각하고 있었거나, 아니면 정동을 기술하도록 지시받은 경우는 그 반응을 생각하고 있었을 가능성이 있다.

구스타브 야거(Gustave Jager)는 정동과 후각의 관계에 관해 생각했던 철학자 중 1명이다. 그의 지나친 믿음은 도움이 되었다기보다는 오히려 해가 되었다. 그는 정동에 있어서의 냄새의 역할을 강조했다. 아니, 지나치게 강조했다. 그에게 있어서 냄새와 정동은 같은 의미이지만, 그의 견해는 이 두 가지에 관해 너무 환상을 지녔다. 그가 가졌던 관심에 대해 극단적인 견해를 배제한 총괄은 블로흐(Bloch, 1934)의 문헌에서 볼 수 있다.

데일리와 화이트(Daly & White, 1930)는 매우 가치 있는 장래성이 밝은 논문을 냈다. 이 논문은 심리학자와 화학자가 공동으로 쓴 논문이기도 하다. 그들은 고대에 여성들은 자연의 냄새를 더욱 높이기 위한 방법으로 향수를 사용해 온 것을 제시했다. 그들은 "완곡해서 표현하지 않고 말하자면, 남성의 '흥분'은 자극의 방향으로 향하는 성질로의 단순하고 기계적인 반응이다."라고 서술하고 있다. 그들은 이 주장에서 발레리아나(valeriana)는 '현대적인 코'에 있어서는 음매 하고 우는 '염소'의 냄새나 땀 냄새가 나지만, 이 냄새에 대한 반응이 변화한 것에 대해 지적하고 있다. 16세기 무렵에 발레리아나는 좋은 냄새가 나는 향수로 여겨져 양복에 향으로 뿌리거나 약에 널리 사용되거나 했었다. 이 무렵에는 입욕은 가끔씩 하는 것으로 여겨졌었기 때문에 체취가 강했다. 아마도 발레리아나 냄새는 강한 체취를 약하고 부드럽게 하는 역할을 했던 것은 아니었을까? 데일리와 화이트(1930)는 발레리아나가 불쾌한 냄새로 여겨지게 된 것이 성 억압의 변천이라고 주장한다. 그러나 개개인이 위생에 대한 관심이 높아지면서 이 냄새에 대한 지각 방법 변화의 결과라고 생각하는 쪽도 타당한 추측일 수 있다.

6) 심리생리학

냄새에 대한 정동적 반응은 어떻게 측정하는가? 전통적인 수법으로는 정동적 감정과 관련된 말 목록을 피험자가 측정한 정신측정 척도가 사용되어 왔다. 정신측정 척도의 한 가지 문제점은 주로 주관적 요소를 도입하고 있는 것에 있다. 이 문제점을 해결하는 수법이 심리생리적 반응을 이용하는 것이다.

생리심리학은 행동의 변화를 수반하는 잠재적인 생리적 반응에 관해 연구하는 분야이다. 장기적인 심리생리적 변화는 땀, 타액(침), 혈액, 뇨 등의 체내의 유체를 사용하여 측정할 수 있다. 단시간 내의 변화는 체내에서의 순간의 생체 전기적 활동의 증폭과 기록으로 측정할 수 있다. 이 전기적 활동 중에는 근활동이나 심박뿐만 아니라 뇌 내에서 일어나는 전기적 활동도 포함된다. 후자는 뇌파(EEG)로서 기록된 것이다. 이처럼 어떤 냄새로의 한 인간의 반응은 심리생리적 수법을 사용함으로써 측정할 수 있을지도 모른다. 앞서 지적했듯이, 이 수법의 이점은 주관적 반응과 관련된 문제점을 해결하는 것에 있다. 한 인간의 잠재적인 심리생리반응은 '신중히 생각하지 않고 즉시' 반응하는 것이기 때문이다.

이와 같은 수법을 사용한 예로, 안드로스테놀(Van Toller, 1983)의 냄새에 대한 피부전기저항반응(EDR) 측정이 있다. 스토더트와 가워(Stoddart & Gower)는 이 물질의 화학적 구조에 대해 설명하였다. 그러나 심리학적 연구에서의 흥미는 안드로스테놀이 수컷돼지에서 분비되는 복잡한 생물학상의 성페로몬인 것에 있다. 안드로스테놀은 남성의 땀과 뇨에도 존재하기 때문에 인간에게도 같은 페로몬상의 작용이 있을 가능성이 증명되어 왔다. 이처럼 많은 인간이 그 냄새를 검출하지 못했을 경우에 성 페로몬은 불가사의한 것으로 우리는 생각했다. 또한 남성과 여성 사이의 반응에 뭔가 차이가 검출되지는 않을까 하는 점에도 홍미를 가졌다.

이 냄새에 관해서는 평범한 사람들 간에 높은 비율로 이 냄새에 대한 특이적 무후각증이 나타나기 때문에 관심이 높다. 인구의 약 50%가 안드로스테놀을 검출할 수 없다. 검출되는 나머지 50% 인간들 중 약 25%는 쾌를 느끼며, 남은 25%는 매우 불쾌하다고 느낀다. 왜 어떤 인간에게는 쾌향인 것이 다른 인간에게는 불쾌향인 것인지에 대해 밝히는 것은 매우 홍미로운 일이다. 안드로스테놀의 냄새로의 최초의 반응을 보고 싶어, 실험을 수행할 때까지 피험자에게 그 냄새를 맡게 하지 않기 위해 장기적인 연구를 실행했다. 이것은 피험자가 이 냄새를 맡게 하지 못한 것을 알기 이전에 많은 피험자가 우리의 연구에 참가한 것을 의미한다.

피험자를 안락한 의자에 앉게 한 후, 피부의 전기적 활동을 기록하기 위해 피험자의 손가락에 전극을 장착하였다. 피험자의 눈을 가려 시각적인 정보를 제거하였다. 그리고 배경의 잡음이 들리지 않도록 헤드폰을 쓰게 하였다. 헤드폰을 사용한 것은 실험이 있는 시점에서 피험자에게 말을 걸도록 했기 때문이다. 피험자는 지각이 격리된 상황에 놓이게 된다. 피험자에는 일정하고 자연스럽게 규칙적인 호흡을 하도록 지시했다. 그리고 몇 번 냄새지에 뿌린 안드로스테놀 냄새를 비강 아래에 제시하였다. 실험 후 피험자들은 전원 이 실험은 편안한 상태로 즐겁게 수행했다고 보고했다.

원본 출판물에서는 이 실험에서 얻은 많은 중요한 발견들을 보고하고 있다. 그중 하나는 냄새의 평가에 관한 심리 생리적 수법과 특별히 관련된 것이다. 피험자들 중 소수는 냄새를 가까이 대었을 때 그 냄새의 수용은 뇌에 등록된 것을 보여 주며, 확실한 피부의 반응을 보여 주었다. 그러나 냄새를 맡았는지 안 맡았는지를 피험자들에게 물어보면(헤드폰을 통해 질문함), 그들은 냄새는 감지하지 못했다고 보고했다. 실험 실시 중에 피험자는 발로 밟는 페달을 신호로 사용하여 냄새를 감지한 것을 표현해 주었다. 앤드로스테론의 그 후의 제시도 같은 패턴, 즉 냄새는 감지되지 않지만, 명백한 피부전기저항반응이 있는 현상이 일어났다. 어떤 냄새의 수용과 처리에 명백한 제시를 뇌가 지시하고 있으나, 한편으로는 피험자는 냄새의 지각을 부정하고 있는 기이한 현상이었다.

특히 자기관찰 보고를 하는 부분에서는 검지역치를 확인하려는 목적이 있었다. 우리가 지금 검토하고 있는 피험자의 경우, 그들은 "이것은 실험 중에 실험실에서 당신이 나에게 가져다 댄 냄새입니다."라고 한 것을 갑자기 떠올려 말한 것이다. 그들은 왜 실험에서 기록을 하고 있을 때에 냄새 지각을 부정했는지에 관해서는 설명하지 못하여 시종 곤란해했다. 이와 같은 결과를 보인 최초의 1명 혹은 2명에 관해서는 어떻게 설명해야 할지 난감해했지만, 서서히 이런 유형의 피험자에게는 냄새를 인지하기 위한 말이나 분류와 같은 것이 결여되어 있다는 것을 알았다. 그들은 냄새를 알지 못했던 것이다. 그러나 결과로 얻은 것과 같이 그들의 뇌는 냄새를 기록하고 있었고, 냄새에 대한 말의 명명(label)을 붙일 기회를 있기만 하면, 그 후에 냄새를 다시 기억해 내는 것에는 큰 문제가 없었던 것이다. 심리생리적 수법을 사용하지 않았다면 피험자들은 이 물질해 대해 특이적 무후각증 판정을 받았을 것이다.

이 발견은 이 냄새를 쾌향이라고 평가한 남성이 가장 큰 피부전기저항반응을 보인 사실에 의해 지지받았다. 이 냄새가 쾌향이라고 대답한 여성은 중간 정도의 반응을 나타냈다. 이 발견에는 여성은 쾌향과 향에 대한 말이나 분류를 가지고 있다는 것을 보여 준다는 해석이 붙는다. 이와 같은 말이 결여되어 있는 남성에게는 입력되는 감각정보를 취급하는 뇌 내의 처리 파워가 더 필요하다. 가장 작은 반응은 이 냄새가 불쾌라고 답한 피험자의 기록으로부터 얻어졌다. 이 경우, 뇌에 의해 처리가 요구되지 않는 단순한 '우앗!'과 같은 반응을 뇌가 보여 줬기 때문이라고 추측했다.

7) 뇌의 유발전위

냄새의 반응에 대한 정보를 얻기 위해 뇌의 전기적 활동을 이용하는 것은 가능한가? 뇌의 전기적 활동(EEG)을 기록하는 방법은 비침습 수법으로서 두피상에 전극을 씌우거나 부착시키는 방법을 취한다. 이 전극은 뇌와 대뇌피질의 표면에 순간적인 전류를 검출하여, 그것으로부터 이들 전기신호가 증폭된다. 엠슨(Empson, 1986)은 EEG연구에서 사용되는 기본적인 다양한 수법들에 관해 소개하였다.

냄새에 대한 반응을 측정하기 위해 EEG를 사용하려는 시도에 대해서 과학적 문헌에서 이전에 언급되었던 기술은 거의 없다. 몬크리프(Moncrieff, 1977)는 정동은 냄새 사용에 의해 조정 가능하다는 것을 제안하며 EEG를 기록하였는데, 가치 있는 증거는 얻지 못했다. 브랜들, 코발과 플래틱(Brandle, Kobal, & Plattig, 1980)은 쾌향과 불쾌향에 대해 주관적인 평가를 한 EEG 분석을 보고하였다. 그들은 판별분석이라 불리는 통계수법을 사용하여 '매우 불쾌하다'고 평가받은 냄새로 분류된 EEG의 파워 스펙트럼의 80%을 차지하는 패턴과, '매우 좋다'고 평가받은 냄새로 분류된 파워 스펙트럼의 60%를 차지하는 패턴을 발견했다.

그들은 EEG기록의 직접적인 분류에 의해 피험자의 평가를 확인할 수 있을 가능성을 제시하였다.

최근 몇 년간 많은 연구들이 유발전위 또는 사상관련전위라고 불리는 기법을 다

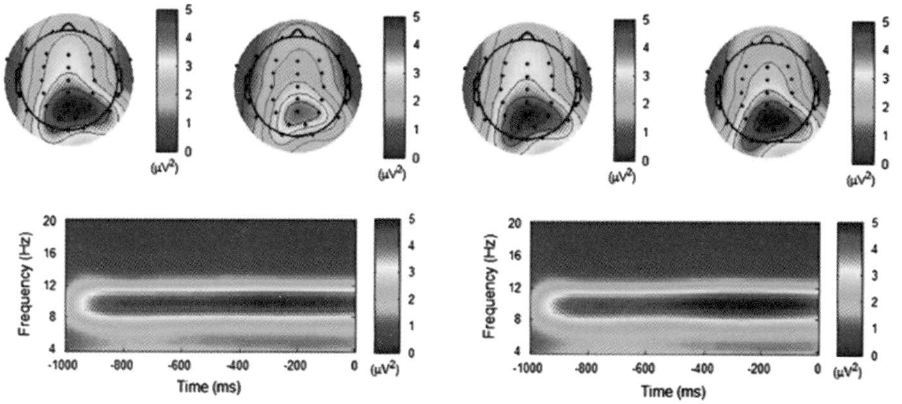

[그림 11-3] 유발 전위의 시각도(VEP)

출처: http://sev.iseverance.com/dept_clinic/department/psychiatry/treatment/view.asp?con_no=89625&page=&SearchField=&SearchWord=

루고 있다. 유발전위는 감각 입력에 대한 반응에 관한 뇌의 전기적 활동의 일정한 변화라고 알려져 있다(Loveless, 1983; Gaillard, 1983). 이 수법에는 피험자에게 감각을 제시하는 방법이 필요하다. 평상시에는 시각이나 청각 자극이 사용된다. 예를 들어, 시각유발전위(VEP)는 시각피질상에 해당하는 후두부상의 두피 부근부터 기록된다([그림 11-3] 참조).

코발(Kobal, 1986)은 일련의 구체적인 연구 결과를 통해서 후각유발전위(OEP)가 정확하게 기록되는 것을 제시하였다. 유발전위에서 얻은 가산 평균된 신호는 약10초에서 29마이크로볼트(μV)이다. 50μV 단위의 뇌의 총합적인 전기적 배경 활동과 노이즈에 대하여 유발전위는 작다. 따라서 명확한 신호를 얻기 위해 몇 번이고 시행하여 유발전위를 가산해야 한다. 이렇게 함으로써 많은 시행 후에 신호인 조직적 활동이 뇌의 랜덤의 전기적 노이즈 속에서 명확하게 분류된다. 유발전위로부터 뇌의 '언어'에 대해서 무언가 알 수 있는 것이 있는가? 아마도 가장 중요한 점은 사상관련전위가 일어남과 동시에 실시간으로 발생하고 있는 것일 것이다. 즉, 피험자의 반응은 '머리 꼭대기에서부터'라는 개념에 가깝다.

코발은 후각유발전위와 신체감각유발전위를 공동으로 연구해 왔다. 뇌의 좌우반구로의 냄새자극과 3차신경자극을 제시하였다. 이 실험에 대해서는 코발, 험멜, 반 톨러와 반 톨러(Kobal, Hummel, Van Toller, & Van Toller, 1986), 및 험멜과 코발(Hummel & Kobal, 1986)에 설명되어 있다. 냄새는 유화수소와 바닐라이며, 신체감각자극 두 가지, 그리고 3차 신경자극에는 이산화탄소와 멘톨을 사용하였다. 3차 신경자극물은 자주 '냄새'로 잘못 사용되는데 실제로는 촉각의 일부이다. 3차 신경(제5뇌신경)은 비강 내를 넓게 지배하고 있다. 후신경은 제1뇌신경에서 후상피에 분포해 있다.

연구의 주된 목적은 4가지 자극에 대한 전기적 반응의 지도상의 분포에 있어서의 차이를 알아보자 하는 것이다. 또한 뇌의 좌우반구에 랜덤으로 자극을 제시했을 경우 얻은 결과에 대해서도 검토했다. 다른 주요 감각 시스템과는 달리, 후각 시스템은 반응의 반구로의 이동이 넓은 범위에 걸쳐 교차해 있지는 않았다. 왼쪽 비강은 왼쪽 반구와 처음으로 관계를 보였으며, 오른쪽 비강은 오른쪽 반구와 관계를 보였다.

이 실험에서는 피험자 14명이 참가하였다. 국제 10/20 전극법에 의거하여 피험자의 두피상에 전극을 부착했다. 10/20 전극의 위치는 [그림 11-4]와 같다(Graib,

1973).

우리는 Fz, Cz, Pz, C3, C4, F3, F4, Fp2의 각 부위의 전극으로부터 EEG를 기록했다. 전극은 귓불에 장착한 A1을 기준으로 했다. 코발(1981)에 의해 후각기능검사기(olfactometer)가 개발되어, 냄새 또는 3차 신경물질의 200ms의 펄스가, 습도와 온도가 조정되어 공급되었다. 또한, 양 비강에 대해서도 랜덤하여 순차적으로 자극이 제시되었다. 피험자는 자극이 시작된 것을 촉각과 습도와 기계적인 동작에 의해 검출하지는 못했다. 자극간격 평균은 40~50초였다. 이 연구에는 좌우의 비강에 자극을 줄 때도 랜덤으로 준 것과 같이, 두 가지 후각기능검사기를 사용하였다.

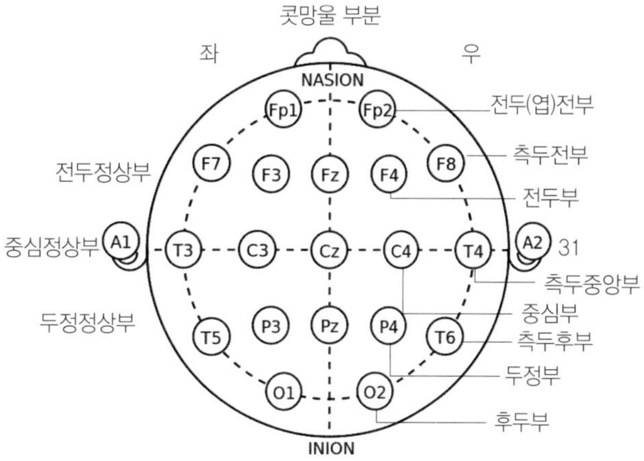

[그림 11-4] 10/20 전극 위치를 나타내는 그림

비디오 게임을 사용함으로써 피험자가 실험 중에 높은 수준을 지키고 있는지를 체크할 수 있었다. 후각유발전위를 가산 평균하기 위해 네 가지 서로 다른 분류를 사용했다. 이 네 가지는 좌와 우 각각의 비강으로의 자극과 자극받은 비강의 판단이 올바른지 아닌지의 경우로 나누었다.

3차 신경자극물질(이산화탄소와 멘톨)에 대한 유발전위의 최대 진폭은 Cz 부위에서 보였다. 그리고 두부 측면과 후부에 비해 두피질 전부에서 진폭 감소가 있었다. 일반적으로는 자극받은 비강 측에 상관없이 진폭의 반응은 뇌의 좌측보다는 우측에서 컸다. 유발전위의 조기전위성분은 처음에는 두정부에, 그 후에 측두, 마지막으로 전두부에서 나타났다. 후기전위성분은 이와 반대의 순서로 나타났다. 왼쪽 비강으로의 자극은 잠시 단축되는 현상을 보였다.

순수 냄새 물질일 뿐인 유화수소와 바닐라에 대한 반응은 3차 신경자극물질에 대한 반응에 비교했을 때 다른 두피상의 분포를 보였다. 냄새 물질을 사용했을 때, 최대진폭이 측두 후두부에서 보였는데, 이 진폭은 비강 측에 의존했다. 순수 냄새 물질을 사용했을 때를 떠올려 보자. 피험자는 어느 쪽 비강을 자극받았는지 찬스 레벨에서밖에 맞추지 못했다. 이것은 제시된 자극 중 반절밖에 피험자가 정확하게 맞추지 못했다는 것을 의미한다. 유화수소가 제시되었을 때, 잠복기(latency) 연장을 동반한 최대 진폭은 좌비강이 자극받았을 때에 보였다. 어느 쪽 비강을 자극받았는지를 피험자가 정확하게 맞춘 시행에서는 잠복기가 단축하기는 했다. 이 현상은 유화수소에도 바닐라에도 보였다. 피험자가 정확하게 맞추지 못한 시행에서는 잠복기는 길어졌으나 진폭은 크지 않았다.

피험자가 멘톨과 이산화탄소가 제시된 때에 어느 쪽 비강이 자극받았는지를 확실히는 알았지만, 순수하게 그 냄새의 질로만 어느 쪽 비강에 자극이 주어졌는지 대답하도록 지시받았을 때에는 그 신뢰성 수준이 찬스 레벨로까지 떨어져 버린 것을 나타내는 결과도 있다. 이 결과는 인간의 코가 청각에 있어서 알려져 있는 정위능력과 마찬가지로 정위능력이 있다고 주장한 폰 베케시(von Bekesy, 1963)와는 정반대였다(Van Toller, 1980). 처음에 우리들 연구에서 유발전위의 두피상 분포는 순수 냄새 물질과 비교해서 신체감각자극물질과 3차 신경자극물질에서는 다른 결과를 보였다. 게다가 유발전위는 냄새와 인지의 상호작용을 연구하는 데 중요한 도구가 될 수 있다는 것을 시사하였다.

냄새에 대한 정동적 반응의 연구에 관한 이 수법의 주된 문제점은 많은 시행을 통해 가산 평균한 신호가 필요한 부분이다. 가산평균은 피험자의 최초의 반응을 잃어버리는 것을 의미한다. 예를 들어, 새로운 이전에 경험한 적 없는 냄새에 대한 최초 반응이라는 것을 결코 볼 수 없는 것이다. 만약 정동을 연구하고자 해도 스테레오타입의 응답이 시작되기 전에 가장 최초의 반응을 보는 것이 어려울 수 있다.

2. 후각 감성연구 사례 1: 향 자극에 따른 직업별 뇌파의 상호 정보량 분석*

1) 서론

향에 대한 신경계의 반응을 평가하기 위해서 뇌파(EEG), 화학 감각적 유발 전위

---

*Byung-Chan Min, In-Hyeng Kang, Ji-Yeon Choi, Sang-Tae Lee, Dong Hyung Lee, Chul-Jung Kim, and Kazuyoshi Sakamoto(2003). Analysis of mutual information content for EEG responses to odor stimulation for subjects classified by occupation, *Sense, Vol. 28*(9), pp. 741-749.

(chemosensory event-related potentials: ERPs), 양전자 방사 단층 촬영(PET) 등 다양한 전기생리학적 방법들이 이용되었다. 이러한 기법들의 적용으로 연령과 향 인지 사이의 관계(Covington, 1999, Geisler, 1999, Murphy, 1984, Murphy, 2000), 또는 쾌향과 불쾌 향에 대한 다른 반응들이 밝혀지기도 했다(Henkin,2001). 머피(Murphy, 2000)는 노년층은 젊은 층에 비해 후각 유발 전위가 감소함을 보고하였고, 헨킨과 레비(Henkin & Levy, 2001)는 불쾌 향은 우반구에서 주로 인지되는 반면, 쾌 향은 좌반구에서 인지됨을 밝혔다.

그러나 다양한 직업군, 특히 향과 관련된 직업에 종사하는 직장인들의 향 자극에 따른 뇌파의 반응을 연구한 예는 화학 제품에 노출된 직종의 노동자들의 후각을 평가하는 것과 같이 극히 제한된 연구들만이 있을 뿐이다(Chiappino, 1997; Dalton, 1997; Rydzewski, 1998). 화학제품에 대한 인지적인 기대감이나 감지된 향 모두 개인적인 반응에 크게 영향을 미치고(Dalton, 1997), 후각 기능의 손상과 혈중, 소변 그리고 작업장 공기 중의 카드뮴 농도는 통계적으로 유의한 관계에 있다(Chiappino, 1998). 이 연구에서는 향을 다루는 직종에 종사하는 서로 다른 집단에서의 향에 대한 반응을 살펴보기 위해서 뇌파의 상호 정보량 분석을 사용하였다.

뇌파는 두뇌 각 영역의 선형, 비선형적 특성을 포함하고 나타내는 전기적 신호이며, 파워 스펙트럼, 엔트로피 또는 상관 차원과 같은 선형 또는 비선형적인 방법을 이용하여 분석되어 왔다(Babloyantz, 1985; Basar, 1988; Gevins, 1983; Nidermeyer, 1993). 이러한 분석 방법에서, 뇌파는 두뇌의 정보 흐름을 반영하는 것으로 간주할 수 있으며, 두뇌의 서로 다른 영역 사이의 상호 정보량을 살펴보는 것은 뇌파의 특성을 이해하는 데 유용한 방법이 된다. 뇌파의 코히어런스(coherence) 분석은 서로 다른 뇌의 두 영역 사이의 기능적인 관계를 조사하기 위해 널리 사용되어 왔다. 후각 기능에 대해서도 코히어런스 분석을 적용하여, 하라다 등(Harada et al., 1998)은 뇌파의 코히어런스 맵핑은 후각 기능의 객관적 테스트의 개발 토대를 제공할 수 있음을 보고하였다. 그러나, 코히어런스 분석은 단지 두 채널 사이의 선형적인 연결성을 보여 줄 뿐이어서, 비선형적인 성질까지 포함한 전체적인 연결도는 얻을 수 없는 한계를 지니고 있다.

상호 정보량은 두 시계열 데이터 사이의 선형 · 비선형 의존도를 나타내는 양으로 두 신호 사이의 정보 흐름 또는 동력학적인 커플링을 나타낸다. 만약 한 시스템이 다른 것과 완전하게 독립적이라면, 이 두 신호 사이의 상호 정보량은 '○'이 될 것이다. 이것을 뇌파에 적용하면, 뇌파 사이의 기능적인 연결도를 수치화할 수 있다. 수(Xu, 1997)은 건강한 피험자의 다양한 상태에 대한 뇌파 분석에 상호 정보량을 사용하였고, 각각 알츠하이머 치매 환자들과 정신분열증 환자들의 뇌파 분석에 상호 정보량 분석을 적용하여 의미 있는 결과를 얻었다(Jeong et al., 2001; Na et al., 2002). 그러나 아직까지 향에 대한 뇌파의 반응을 살펴보기 위해 상호 정보량 분석을 적용한 예는 찾아 볼 수 없다. 선행연구 결과들(Xu, 1997; Jeong et al., 2001; Na et al., 2002)에서 상호 정보량 분석이 뇌파를 통한 뇌의 기능적인 연결도를 수치화할 수 있음을 밝힌 것에 의거해서 다양한 향에 대한 두뇌의 정보량 흐름이 향과 관련된 직업에 따라 어떻게 상이한지를 규명하기 위해 이 연구에서는 향 자극 시 직업별 뇌파의 상호 정보량을 살펴보았다.

2) 실험 방법

실험은 단순노무직(평균 나이 27.3세, 여 9명, 남 1명), 화장품 판매직(평균 나이 25.2세, 여 9명), 화장품 전문 연구원 (평균 나이 32.2세, 여 5명, 남 5명)을 대상으로 실시하였다. 이들은 모두 현재 직업에 대해 5년 이상의 종사 경력이 있으며 정상적인 후각 기능을 가진 사람들로 선정되었다. 실험 전에는 후각에 영향을 줄 수 있는 흡연, 알코올, 카페인, 약물 등의 섭취를 금하였고, 머스크(Musk) 향을 사용하여 후맹 여부를 판단하였다. 시료로 쓰인 향은 100%의 바질 · 라벤더 · 레몬 · 재스민 · 일랑일랑 오일(KIMEX co. Ltd, Korea), 스카톨(skatole; TAKASAGO co. Ltd, Japan) 등 총 여섯 가지 종류의 천연향이다. 실험 중에는 내부 온도(24±1℃), 상대습도(50±10%), 조도(150~200Lx)가 유지되도록 하였다. 향 자극에는 피험자의 호흡주기에 맞추어 들숨일 때 향이 분사되도록 제작된 향 자극기를 사용하였다. 향 자극은 [그림 11-5]와 같은 과정으로 이루어졌다. 온도 센서와 온도 조절 장치를 통해 피험자의 들숨 주기를

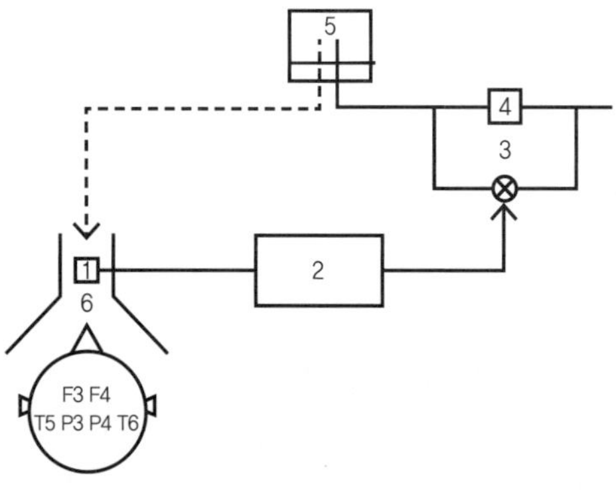

[그림 11-5] 향 자극 과정
(1: 온도 센서, 2: 온도 조절 장치, 3: 밸브, 4: 유량 조절기(100ml/s), 5: 향 컨테이너, 6: 흡입기)

결정하고 이에 맞추어 일정한 유량(100ml/s)으로 각 자극에 해당하는 향을 흡입기로 분사시켜 피험자가 들숨 시 자연스럽게 향을 흡입하도록 하였다.

실험 순서는 처음 90초 동안은 무향 상태에서, 다음 90초씩은 여섯 가지 향을 무작위로 제시하였다. 각 향 자극 후 10분 동안은 배기 시스템을 가동하여 잔존 향의 제거와 함께 주관평가를 실시하였다. 뇌파는 국제 10/20 전극법으로 배치한 F3, F4, P3, P4, T5, T6의 6위치에 대하여 256Hz의 주파수로 측정하였으며, Reference는 양쪽 귓볼로 하는 단극 유도법을 사용하였다. 뇌파 장비는 Grass Model 15 Neurodata Amplifier System을 통해 기록하고, Biopac interface를 거쳐 Acqknowledge(Ver. 3.5.2)에서 저장하였다. 상호 정보량은 F3F4, P3P4, T5T6, F4F3, P4P3, T6T5 총 6개 쌍에 대하여 2048개(8초)의 데이터를 500ms까지의 시간 지연을 주어 계산하였다. 주관평가는 25문항의 양극 7점 척도와 전체 선호도를 평가하는 설문지를 사용하였다.

3) 상호 정보량 분석

상호 정보량은 다른 측정량으로부터 한 시스템이 얻는 정보량을 말한다. 어떤 측정량(X)으로부터 얻는 평균 정보량은 시스템의 엔트로피(H)로서 다음과 같이 나타낸다.

$$H(X) = -\sum_{x_i} P_X(x_i)\log_2 P_X(x_i)$$

여기서, $P_X(x_i)$는 확률이다.

이러한 확률 분포로 나타내어지는 엔트로피를 가지고, Y가 주어진 상황에서 X에 대한 조건 엔트로피는 다음과 같다.

$$H(X \mid Y) = H(X, Y) - H(Y)$$

여기서 $H(X, Y) = -\sum_{x_j, y_i} P_{XY}(x_j, y_i)\log_2[P_{XY}(x_j, y_i)]$이다.

그러면 두 측정량에 대한 상호 정보량은 엔트로피를 이용하여 다음과 같이 구할 수 있다.

$$I(X, Y) = H(X) - H(X \mid Y)$$
$$= H(X) + H(Y) - H(X, Y)$$

이를 다시 쓰면, 상호 정보량은 다음과 같이 된다.

$$I(X,Y) = -\sum_{i,j} P_{XY}(x_j, y_i) \log \frac{P_{XY}(x_j, y_i)}{P_X(x_j) P_Y(y_i)}$$

만약 두 측정량이 완전히 독립이면, 상호 정보량은 0이 된다. 상호 정보량은 두 시계열 데이터 사이의 선형 · 비선형 의존도를 모두 나타내는 양으로 두 신호 사이의 정보 흐름 또는 동력학적인 커플링을 나타내는 양으로 사용된다(Henkin, 2001).

이 연구에서는 두 신호 사이의 시간 지연된 상호 정보량을 평균(평균 상호 정보량)하여 둘 사이의 정보량으로 정의하여 사용하였다(Jeong et al., 2001, Na et al., 2001).

$$I(X(t), Y(t+\tau))$$
$$= -\sum_{X(t), Y(t+\tau)} P_{X(t)Y(t+\tau)}(x(t), y(t+\tau)) \log \frac{P_{X(t)Y(t+\tau)}(x(t), y(t+\tau))}{P_{X(t)}(x(t)) P_{Y(t+\tau)}(y(t+\tau))}$$

상호 정보량은 F3F4, P3P4, T5T6, F4F3, P4P3, T6T5 총 6개 쌍에 대하여 2,048개(8초)의 데이터를 500ms까지의 시간 지연을 주어 계산하였다. 평균 상호 정보량이 증가하는 것은 두 영역 사이의 정보의 흐름이 많아서 뇌기능적으로 커플링되는 것을 의미한다. 평균 상호 정보량은 각 향에 대하여 대응표본 t-검증(Paired t-Test)를 사용하여 유의성을 검증하였고, P값이 0.05 이하인 경우를 통계적으로 유의한 결과로 간주하였다.

4) 결과

단순노무직의 주관적 선호도는 레몬 > 일랑일랑 > 재스민 > 라벤더 > 바질 > 스카톨의 순으로 나타났다. 제시 향에 대한 단순노무직의 상호 정보량의 결과는 [그림 11-6]과 같다. 무향에 비해 라벤더와 레몬 제시 후 F3F4와 F4F3에서, 무향에 비해 라벤더 제시 후 P3P4와 P4P3에서 평균 상호 정보량이 유의하게 증가하였다. 일랑일랑에 비해 레몬 제시 후 T6T5에서 역시 평균 상호 정보량이 유의하게 증가하였다. 그러나 평균 상호 정보량과 주관적 선호도와의 관련성은 찾아 볼 수 없었다.

판매직의 주관적 선호도는 재스민 > 레몬 > 라벤더 > 일랑일랑 > 바질 > 스카톨의 순으로 나타났다. 제시 향에 대한 판매직의 상호 정보량의 결과는 [그림 11-7]과 같다. 무향에 대한 각 향의 비교에서는 무향에 비해 바질 제시 후 F3F4에서, 스카톨 제시 후 F3F4, F4F3에서 평균 상호 정보량이 유의하게 증가하였다. 향 간 비교에서는 바질에 비해 재스민 제시 후, P3P4, T5T6, P4P3, T6T5에서 감소하였다. 바질에 비해 라벤더 제시 후, F3F4에서 유의하게 감소하였다. 또한 바질에 비해 재스민과 라벤더 제시 후, T6T5에서 상호 정보량은 유의하게 감소하였으며 라벤더에 비해 스카톨 제시 후 F3F4에서 상호 정보량이 유의하게 증가하였다. 평균 상호정보량과 선호도와의 관계에서는 선호도가 높은 향을 제시했을 때, 평균 상호 정보량이 감소하는 경향을 보였다.

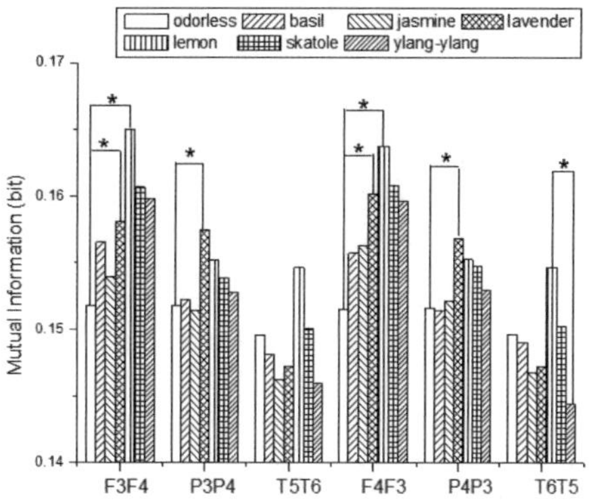

[그림 11-6] 제시 향에 대한 단순노무직의 상호 정보량(p<0.05)

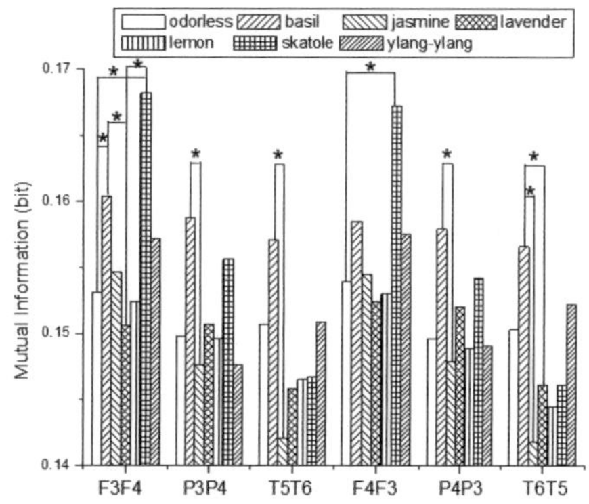

[그림 11-7] 제시 향에 대한 판매직의 상호 정보량(p<0.05)

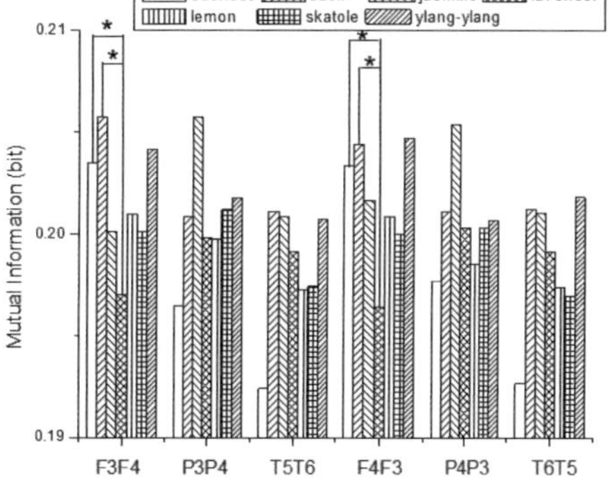

[그림 11-8] 제시 향에 대한 전문직의 상호 정보량(p<0.05)

전문직의 주관적 선호도는 레몬 > 일랑일랑 > 라벤더 > 재스민 > 바질 > 스카톨의 순으로 나타났다. 제시 향에 대한 전문직의 상호 정보량의 결과는 [그림 11-8]과 같다. 바질이나 무향에 비해 라벤더 제시 후 F3F4와 F4F3에서 상호 정보량이 유의하게 감소하였다. 전문직은 mid-frontal 쌍에서 유일하게 유의한 결과를 나타냈으며 판매직과 마찬가지로 선호도가 높은 향을 제시했을 때, 평균 상호 정보량이 감소하는 경향을 보였다.

5) 결론 및 토의

이 연구에서는 향을 다루는 서로 다른 직업, 즉 단순노무직, 판매직, 전문직에서의 다양한 향에 대한 뇌의 정보량 흐름을 파악하는 방법으로 상호 정보량을 사용하였다. 그 결과, 전문직에서는 상호 정보량의 유의한 변화가 전두엽 사이(F3F4)에서만 나타난 반면, 단순노무직과 판매직에서는 전두엽(F3F4), 두정엽(P3P4), 측두엽(T5T6) 사이에서 모두 나타났다. 또한, 단순노무직과는 달리, 전문직과 판매직은 선호도가 낮은 향에서 상호 정보량이 증가하는 경향을 보였다.

코발과 케터만(Kobal & Kettermann, 2000)의 fMRI를 이용한 결과나 잘드 등(Zald et al., 2000) 등의 PET에 의한 연구에서는 향 자극 시, 전두엽이나 후각 중추를 포함한 측두엽에서 뇌기능이 활성화되는 결과를 보여 주었다. 따라서, 단순노무직이나 판매직의 전두엽, 측두엽에서 상호 정보량이 변화를 보인 것은 이들 연구 결과와 일치하는 것이라 할 수 있다.

한편, 후각 정보를 받아들이는 부위로 알려진 orbitofrontal cortex(OFC)는 전두엽의 아래 부분에 해당하는 부위로 주로 후각 정보의 식별과 확인 기능을 담당하는 것으로 보고되고 있다(Jones-Gotman, 1988; Zatorre, 1991). 특히 우측 OFC는 인지 기억에 결정적인 역할을 수행하고, 좌측 OFC는 쾌향 판단에 중추적인 역할을 한다(Zald, 1988). 외부 자극에 대한 뇌 반응에서 후두부는 주로 자극의 물리적인 형태를 인지하는 과정을 수행하는 반면, 전두부는 자극에 대한 수행 반응을 평가하는 등의 다소 고차원적인 기능을 수행한다(Potts, 2001). 따라서, 전문직이 주로 외부 자극에 대한 고차원적 기능을 담당하는 전두엽 영역의 정보량에서 유의한 변화를 보인 것은 향을 전문적으로 구분하고 확인하는 그들의 직업적 특성을 반영한 결과라 추측된다.

그러나 직업환경에서 단순노무직에 비해 향 자극에 폭로되는 시간이 상대적으로 긴 판매직에서의 평균 상호 정보량은 단순노무직과 유사한 경향을 보였다. 즉, 판매직에서의 향 자극에 폭로되는 그들의 직업환경은 향 관련 전문직의 직업환경에 따른 반응과는 구분되어 나타났다. 한편 선호도와의 관계에서는 단순노무직과 비교하여 전문직과 판매직은 선호도가 낮은 향에서 상호 정보량이 증가하는 경향을 보임으로써, 향 관련 종사자들의 향에 대한 주관적 선호도와 상호 정보량 간의 관련성을 시사하였다. 선호도와 상호 정보량과의 반비례 관계에 대해서는 차후 심층적인 연구가 이루어져야 할 것으로 생각된다.

결론적으로, 단순노무직이나 향 관련 판매직의 상호 정보량의 흐름은 향 자극 시 활성화되는 부위인 전두엽, 두정엽, 측두엽에서 모두 유의한 결과를 나타냈고, 전문직에서는 향을 구분하고 분별해야 하는 직업적 특성을 반영해 전두엽에서 주된 반응을 보였다. 또한 선호도와의 관계에서는 향 관련 직종은 그렇지 않은 직종과 상이한 상호 정보량과의 관계를 나타냈다. 이와 같은 결과는 향 관련 연구에 주로 사용하는 기존의 주관적 평가 방법인 선호도 조사와 객관적 평가 방법인 뇌의 상호 정보량 분석을 병행함으로써 향 자극에 따른 직업별 차이를 규명하는 데 기본적인 토대를 마련한 것으로 여겨진다. 또한 이 연구에서 사용한 상호 정보량 분석 방법은 로릭(Lorig, 2000)이 후각 연구에서의 뇌파 사용의 한계점으로 지적하고 선형 분석상의 문제점을 극복하면서 의미 있는 결과를 얻을 수 있는 유용한 방법으로서의 가능성도 함께 시사하였다.

3. 후각 감성연구 사례 2: 뇌파와 자율신경계 반응을 이용한 향의 영향 평가*

1) 서론

후각은 대뇌의 진화 초기부터 발달하여 본능 행동에 관련이 깊은 원시적인 감각

---

*민병찬(1999). 뇌파와 자율신경계 반응을 이용한 향의 영향평가. 한국감성과학회지, Vol. 2, No. 2, pp. 1-10.

이다. 여러 종류의 화학물질을 기체로 식별할 수 있으며 원거리에 있는 물질의 존재를 인식하는 예지적 기능을 가지고 있고, 극히 미약한 물질을 검출하는 매우 예민한 고감도 감각으로 쾌감, 불쾌감을 동반하는 인용성을 가지며, 다른 감각 이상으로 순응이나 피로 특성이 현저하여 향기나 냄새에 대해 선택적으로 후각 피로 현상을 나타낸다. 이러한 후감각에 자극이 되는 향은 인간의 감성에 영향을 줄 뿐만 아니라, 산업적 · 경제적 · 사회적 · 문화적으로 응용도가 높기 때문에 이에 대한 연구가 시급하다.

이러한 후감각을 통하여 향의 영향 평가와 인간의 감성 변화에 대한 연구들이 여러 분야에서 진행되고 있다. 최근 연구 동향을 살펴보면, 토리(Torii, 1981)는 향에 의한 진정작용 및 흥분작용을 수반음성변동(Contingent Negative Variation: CNV)의 조기성분과 관련이 있다고 보았고, 데라우치(Terauchi, 1996)는 노송나무향을 이용하여 CNV 진폭과 뇌파의 α주파수 성분을 관찰함으로써 향이 대뇌에 미치는 영향을 평가하였다. 또한 오렌지향과 발레르산(valeric acid)을 이용하여 자율신경반응(Heart Rate Variability, Galvanic Skin Resistance)을 살펴봄으로써 향에 대한 인간의 정서적 반응을 연구한 결과도 주목할 만하다(백은주, 1998). 생리신호의 반응뿐만 아니라 주관적 감성요인을 이용하여 성별에 따른 향의 선호도를 평가하고(백은주, 1998), 각성 및 진정향이 중추신경계와 자율신경계에 미치는 영향을 연구한 결과도 살펴볼 수 있다(백은주, 1998). 향에 대한 인간의 감성평가 이외에도 정량적 향 자극제시 시스템과 자극 조절장치 등 정밀한 실험 시스템을 개발(Min, 1999)하여 향의 연구에 기여를 하고 있다.

이 연구는 선행 연구 결과들을 바탕으로 주관적 평가와 중추신경계 및 자율신경계의 생리신호반응을 통하여 비교 분석하고, 상호 상관성을 살펴봄으로써 향에 대한 종합적인 인간의 감성평가를 꾀하고자 하였다. 먼저, 주관적 평가는 향의 세부적인 이미지를 나타내는 후각 감성형용사를 이용하여(박준하, 1991), 양극 7점 척도 25문항, 단극 5점 척도 40문항, 그리고 각 향의 전반적인 선호도를 묻는 양극 7점 척도 2문항으로 구성하였고, 각 자극에 의해 유발된 감성을 정량화하여 전체적인 향의 이미지를 살펴보았다. 중추신경계 반응은 후각에 민감한 반응을 보이는 전두엽(Fz)과 두정엽(Cz)에서 뇌파(Electroencephalogram: EEG)를 기록한 후 주파수 변환을 통하여 대역별 상대적인 전력을 구하였다. α대역(8~13Hz)에 대한 β대역(13~25Hz) 전력의 변화량(β/α)을 이용하여 향에 대한 쾌도/불쾌도를 구분하였다. 진정(이완)/각성(긴장)의 파라메타를 적절히 추출할 수 있는 자율신경계 반응은 평균 심장 박동 수, 피부온도 및 피부전도도를 통하여 분석하였다.

2) 실험방법

(1) 실험방법 및 실험시약

실험에 참여한 피험자는 코의 수술 경험이 없고 후각 기능에 장애가 없는 평균연령은 23.9세(21~27세)의 남녀 대학생 각각 10명을 대상으로 하였다. 각각의 피험자들에 대하여 후맹인 자는 실험 대상에서 제외시켰다. 실험 전 중추신경계 및 자율신경계와 후각 감각에 영향을 줄 수 있는 흡연, 음료 및 약품, 약물을 삼가게 하였다. 실험은 이 연구팀에서 구축한 후각 챔버에서 수행되었으며, 챔버 내부에는 후각의 순응을 줄이기 위한 목적으로 흡기와 배기를 동시에 할 수 있는 시설을 설치하였고, 피험자의 실험 참여도를 극대화하고 외부 환경으로부터 독립시켜 실험 시 외부의 환경의 영향을 배제하기 위하여 방음장치를 시설하였다. 또한 평안함을 느낄 수 있도록 벽지를 부가하였다. 챔버 외부 모형은 5.5×3.5×2.4m의 규격을 갖는 박스형이며 외부의 전기적 잡음의 영향을 최소화하기 위하여 챔버 외부전체를 동판으로 절연하였다([그림 11-9] 참조). 실험시 내부온도(24℃), 습도(40~50%), 조도(150~200Lx)를 유지할 수 있도록 하였고, 실험이 끝난 후에는 충분히 환기를 시켜 다음 실험에 대비하였다.

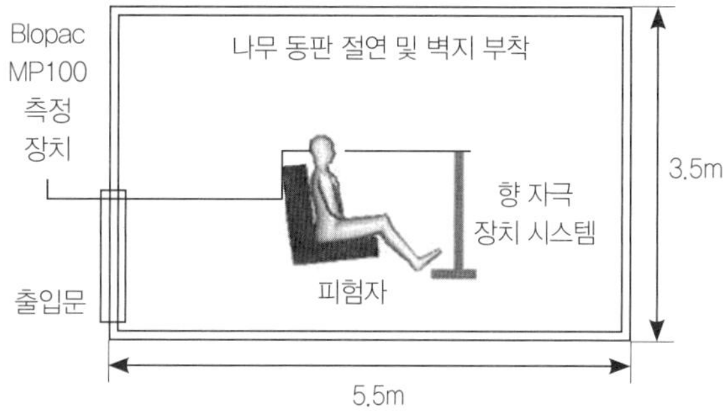

[그림 11-9] 후각 실험을 위한 챔버

이 실험에 사용한 실험시약(향)은 100%의 불가리스 장미 오일, 레몬 오일 misitano, 재스민 abs, 프랑스 라벤더 오일(KIMEX co. Ltd)을 사용하였으며, 후각자극 방법은 자극 기간 동안 피험자의 코 근처에서 시약을 두도록 하였고, 자극과 자극 사이에 주관적 평가 및 피험자의 안정을 취하게 하였으며, 동시에 배기 시스템으로 향을 모두 제거하였다.

(2) 실험 프로토콜

먼저 머스크 향으로 피험자의 후맹을 가려낸 뒤 후맹이 아닌 피험자를 대상으로 실험을 실시하였다. Blank control(안정)로는 1분 동안 자연스럽게 실내 공기를 흡입하도록 하면서 측정을 하고, 다음 1분 동안 네 가지 향을 랜덤하게 제시하면서 자극에 대한 EEG, ECG, SKT, GSR의 반응을 측정하였다. 측정이 끝난 후 자극에 대한 주관적 평가를 실시하였고, 이러한 과정을 각 피험자에 대하여 3회 반복하였다.

향 자극이 끝난 후 배기 시스템을 가동시켜 공조하였고, 충분한 휴식시간을 주어 향에 대한 순응과 피로를 없애도록 하였다. 호흡에 의한 효과를 최소화하기 위해 매트로놈을 이용하여 각 피험자의 호흡 수를 실험 시간 동안 일치시켰다.

(3) 주관적 평가와 생리신호

① 주관적 평가지 구성 및 분석

주관적 평가를 위한 후각 형용사의 선정은 형용사 사전에서 추출한 후각 형용사와 기존의 국내 논문을 개관하고 후각 연구의 주관적 평가에서 쓰인 형용사를 더하여 적합성 평가, 유사성 평가의 과정을 거쳐 형용사 54문항을 선정하였다. 이 54개의 형용사를 의미미분법(SD)에 의한 양극 척도 25문항과 단극 척도 40문항(중복 11문항)으로 나누어 주관적 평가지를 완성하였다. 양극 척도 25문항은 7점 척도[예: 극히 상쾌하지 않다(1점), 아주 상쾌하지 않다(2점), 약간 상쾌하지 않다(3점), 뭐라 할 수 없다(4점), 약간 상쾌하다(5점), 아주 상쾌하다(6점), 극히 상쾌하다(7점)], 단극 40문항은 5점 척도[예: 느끼지 않는다(1점), 약하다(2점), 약간 느낀다(3점), 강하다(4점), 매우 강하다(5점)]로 구성하고, 각 향의 전체적인 선호도를 조사하는 양극 7점 척도의 2문항, 진하다/연하다, 좋다/ 나쁘다[예: 아주 연하다(1점), 아주 진하다(7점)]도 추가하였다(표1). 모든 통계분석은 SPSS(Ver 8.0)를 사용하였으며, 요인분석, t-검증, 분산분석(ANOVA) 등의 분석을 실시하였고, 유의차 검정은 대응이 있는 t-검증($p<0.05$)으로 하였다.

② 측정생리신호

EEG는 국제 10/20 전극법에 따라 Fz, Cz 부위에 도출전극을 붙이고, 기준전극으로는 좌측 귓볼(A1)로 설정하였다. EEG 신호의 데이터 처리는 A/D 변환 후 디지털 필터(30Hz)를 이용하여 필터링을 한 후 FFT 변환에 의해 주파수 분석을 했으며, 측정 부위 Fz, Cz에 있어 상대적인 β/α(13~25Hz의 파워 값/8~13Hz 파워 값)을 계산하여 쾌도/불쾌도를 분석하였다.

향에 대한 자율신경계의 반응을 살펴보고자 HRV, SKT, GSR의 생리신호를 측정하였다. ECG 1 채널(lead II 방식), SKT 1 채널(왼손 약지), GSR 1 채널(왼손 검지와 중지)을 각각 측정하였다. 측정 장비로는 Biopac MP100 series를 사용하였고, 분석 소프트웨어는 AcqKnowledge 3.5.2를 이용하였다. 이때 샘플링 주파수는 256Hz이고 60Hz의 notch 필터를 이용하였다. 측정신호 분석은 각각의 안정에 대한 자극을 정규화(Normalized Sensitivity: NS)시키고 전체의 평균을 구하여 분석하였고, 분석 식은 다음과 같다.

$$NS(\%) = \frac{(\text{자극} - \text{안정})}{\text{안정}} \times 100$$

이 실험에서는 처음 안정과 각 향에 대한 베타/알파 값을 구하고 그것에 대하여 정규화를 시켜 안정에 대한 자극의 변화정도를 나타내었다.

3) 실험결과

(1) 주관적 평가

후각 감성 형용사(양극 25문항, 단극 40문항) 평정에 있어 남자의 점수(score)가 여자보다 항상 높게 나타났는데(양극 척도 25문항 평균－남자: 4.58, 여자: 4.38; 단극 척도 40문항 평균－남자: 2.28, 여자: 2.14), 이는 실생활에서 화장품이나 향수에 자주 노출된 여성에 비해 남성은 저자극의 향에도 민감한 반응을 보이기 때문이라고 판단된다.

① 양극 7점 척도

양극 척도의 25개 형용사를 요인분석한 결과 고윳값(Eigen value)이 1 이상인 요인은 5개로 전체 변량의 65.72%를 나타내고 있다(〈표 11－1〉 참조). 제1요인은 전체 변량의 29.36%를 설명하고 있으며, '밝다/어둡다' '밝고 명랑하다/어둡고 음침하다' '발랄하고 경쾌하다/우울하고 침울하다' '상쾌하다/상쾌하지 않다' 등의 11개 문항의 형용사로 주로 '쾌/불쾌'를 반영하는 어휘들로 판단된다. 제2요인은 전체 변량의

〈표 11-1〉 양극 7점 척도의 후각 형용사 및 요인분석결과

형용사	요인					공유치
	요인1	요인2	요인3	요인4	요인5	
밝다-어둡다	.882					.795
밝고 명랑하다-어둡고 음침하다	.863					.800
발랄하고 경쾌하다-우울하고 침울하다	.854					.798
산뜻하다-산뜻하지 않다	.837					.712
상쾌하다-상쾌하지 않다	.810					.740
쾌하다-불쾌하다	.790					.727
편안하다-초조하다	.642					.726
자연스럽다-인공적이다	.621					.657
섬세하다-거칠다	.614					.569
활발하다-온순하다	.579					.675
여성적이다-남성적이다	.545					.374
자극적이다-자극적이지 않다		.762				.694
정열적이다-이지적이다		.756				.631
진하다-연하다		.720				.658
화려하다-검소하다		.682				.690
흥분된다-흥분되지 않다		.524				.537
경망스럽다-엄숙하고 무게가 있다		.481				.598
품위 있다-품위 없다			.808			.722
고상하다-조잡하다			.788			.673
낭만적이다-낭만적이지 않다			.552			.551
도회적이다-전원적이다				.707		.550
고풍스럽다-현대적이다				-.703		.577
따뜻하다-차갑다				-.493		.587
개성적이다-평범하다					.769	.696
인상적이다-인상적이지 않다					.738	.694
고유치	7.340	4.274	2.230	1.520	1.068	
고유치/문항수(분산율)	29.361	17.096	8.921	6.079	4.270	

17.09%를 설명하고 있고 '자극적이다/자극적이지 않다' '정열적이다/이지적이다' '진하다/연하다' 등의 6개 문항으로 이들 형용사는 '자극/진정'을 나타내는 형용사들로 보인다. 제3요인은 8.92%의 설명 변량을 가지며 '품위 있다/품위 없다' '고상하다/조잡하다' '낭만적이다/현대적이다'의 3문항이다. 제4요인은 전체 변량의 6.07%를 설명하고 있으며, '도회적이다/전원적이다' '고풍스럽다/현대적이다' '따뜻하다/차갑다'의 3문항이다. 마지막 제5요인은 전체 변량의 4.27%를 차지하며, '개성적이다/평범하다' '인상적이다/인상적이지 않다'의 2개 문항이다.

② 단극 5점 척도

단극 척도 40문항을 요인분석한 결과 고윳값 1 이상인 요인은 7개로 전체의 69.55%를 나타내고 있다(〈표 11-2〉 참조). 제1요인은 전체 변량의 28.45%를 설명해주며 "밝다" "상쾌하다" "활발하다" "어린아이 같다" "가볍다" "좋다" 등의 10문항으로 '쾌' 차원의 정적(positive)인 한 형용사들이라고 판단된다. 제2요인은 14.96%의 설명 변량을 가지며, "나쁘다" "불편하다" "조잡하다" "탁하다" "거칠다" 등의 9개의 문항으로 '불쾌' 차원의 부적(negative)인 형용사들로 되어 있다. 제3요인은 전체 변량의 9.29%를 나타내고, "얌전하다" "편안하다" "따뜻하다" 등의 6개의 형용사가, 제4요인은 "차갑다" "딱딱하다" 등의 5문항이 포함되어 있다. 제5요인은 전체 변량의 4.65%를 설명하는데, "화려하다" "섹시하다" "정열적이다" "여성적이다"의 4개 문항으로 되어 있고, 제6요인은 "희미하다" "연하다"의 2문항이며, 마지막 제7요인은 "인상적이지 않다" "개성적이다" "흔하다" "인상적이다"의 4개의 형용사로 되어 있다.

③ 주관적 평가결과

주관적 평가결과를 살펴보면 후각 감성 형용사는 요인분석에 의해 쾌/불쾌의 감성, 각성(자극)/진정(이완)의 감성, 현대/고풍의 감성, 개성/평범의 감성 등으로 분류되었으나, 다른 심리 척도에서도 주로 연구되고 전체에 대하여 가장 높은 설명 변수를 보이는 쾌/불쾌, 각성(자극)/진정(이완)의 요인들에 대하여 주된 분석을 하였다.

〈표 11-2〉 단극 5점 척도의 후각형용사 및 요인분석 결과

형용사	요인							공유치
	요인1	요인2	요인3	요인4	요인5	요인6	요인7	
밝다	.839							.818
상쾌하다	.838							.835
활발하다	.817							.771
어린아이같다	.782							.732
가볍다	.754							.641
젊다	.695							.672
청결하다	.689							.682
좋다	.643							.766
달콤하다	.617							.694
가냘프다	.579							.650
나쁘다		.835						.789
불편하다		.795						.752
조잡하다		.786						.727
탁하다		.742						.749
거칠다		.720						.718
어둡다		.556						.690
진하다		.527						.677
무겁다		.513						.744
남성적이다		.503						.692
얌전하다			.753					.639
편안하다			.666					.681
따뜻하다			.631					.670
가치 있다			.573					.586
고급스럽다			.551					.650
겸소하다			.524					.682
차갑다				.735				.731
딱딱하다				.710				.684
이지적이다				.664				.610
어른스럽다				.470				.667
섬세하다				.394				.680
화려하다					.776			.691

섹시하다					.760			.656
정열적이다					.692			.710
여성적이다					.495			.669
희미하다						.745		.636
연하다						.626		.694
인상적이지 않다							-.715	.591
개성적이다							.641	.729
흔하다							-.621	.635
인상적이다							.604	.732
고유치	11.380	5.985	3.717	2.338	1.826	1.484	1.091	
고유치/문항수(분산율)	28.451	14.963	9.293	5.846	4.565	3.711	2.728	

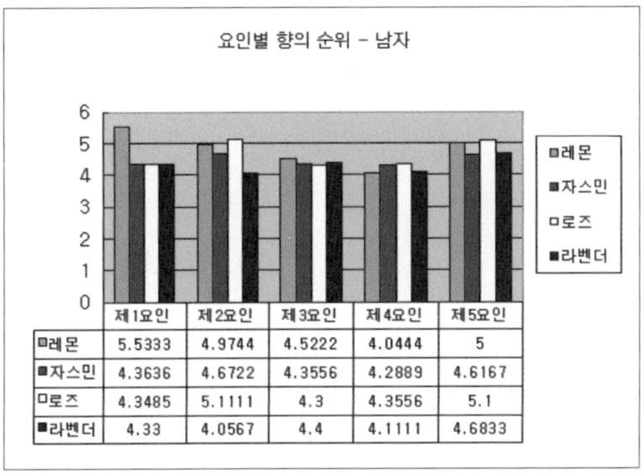

	제1요인	제2요인	제3요인	제4요인	제5요인
레몬	5.5333	4.9744	4.5222	4.0444	5
자스민	4.3636	4.6722	4.3556	4.2889	4.6167
로즈	4.3485	5.1111	4.3	4.3556	5.1
라벤더	4.33	4.0567	4.4	4.1111	4.6833

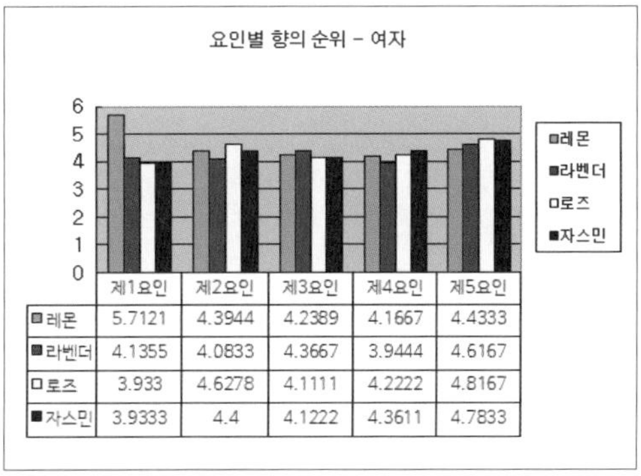

	제1요인	제2요인	제3요인	제4요인	제5요인
레몬	5.7121	4.3944	4.2389	4.1667	4.4333
라벤더	4.1355	4.0833	4.3667	3.9444	4.6167
로즈	3.933	4.6278	4.1111	4.2222	4.8167
자스민	3.9333	4.4	4.1222	4.3611	4.7833

[그림 11-10] 양극 척도에서 요인별 향의 순위

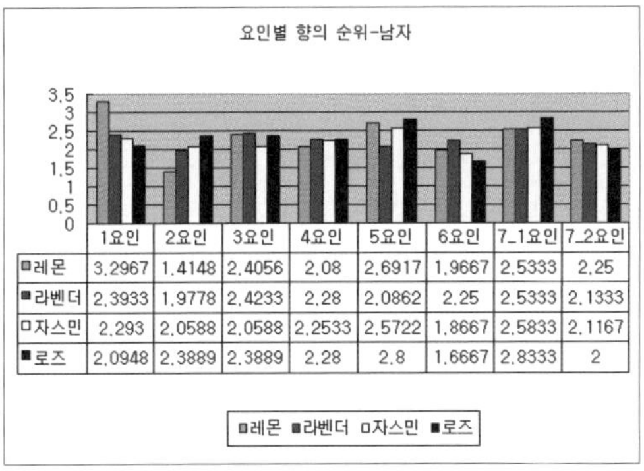

	1요인	2요인	3요인	4요인	5요인	6요인	7_1요인	7_2요인
레몬	3.2967	1.4148	2.4056	2.08	2.6917	1.9667	2.5333	2.25
라벤더	2.3933	1.9778	2.4233	2.28	2.0862	2.25	2.5333	2.1333
자스민	2.293	2.0588	2.0588	2.2533	2.5722	1.8667	2.5833	2.1167
로즈	2.0948	2.3889	2.3889	2.28	2.8	1.6667	2.8333	2

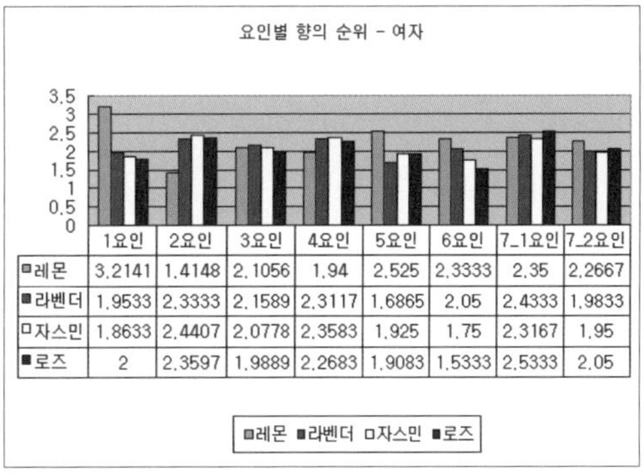

	1요인	2요인	3요인	4요인	5요인	6요인	7_1요인	7_2요인
레몬	3.2141	1.4148	2.1056	1.94	2.525	2.3333	2.35	2.2667
라벤더	1.9533	2.3333	2.1589	2.3117	1.6865	2.05	2.4333	1.9833
자스민	1.8633	2.4407	2.0778	2.3583	1.925	1.75	2.3167	1.95
로즈	2	2.3597	1.9889	2.2683	1.9083	1.5333	2.5333	2.05

[그림 11-11] 단극 척도에서 요인별 향의 순위

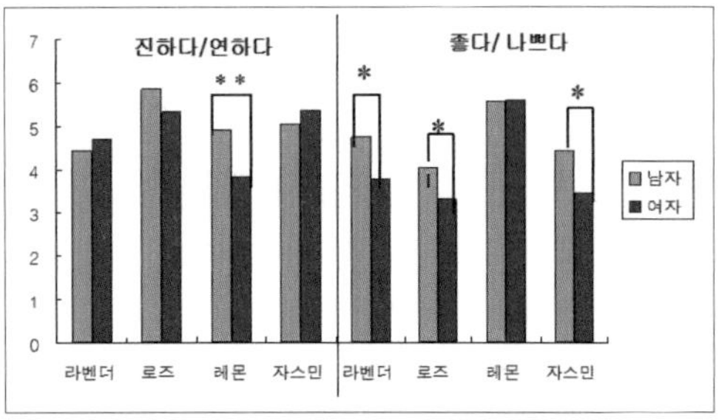

[그림 11-12] 전체적인 선호도 문항의 남녀 차이 (*p<0.05, **p<0.01)

양극 척도의 제 1요인인 '쾌/불쾌' 차원에서는 남녀 모두 레몬이 가장 쾌한 향으로 평가되었고, 불쾌한 향에서는 남자는 라벤더, 여자는 로즈가 가장 불쾌한 향으로 평가되었다. 제 2요인인 '각성(자극)/진정(이완)' 차원의 경우 남녀 모두 로즈가 가장 자극적인 향으로 라벤더가 가장 진정되는 향으로 평가되었다([그림 11-10] 참조).

단극 척도의 제 1요인인 '쾌' 차원에서는 남녀 모두 레몬-라벤더-재스민-로즈의 순위를 보이고 있고, '불쾌' 차원에서 남자는 로즈를, 여자는 재스민을 최우선으로 들었다([그림 11-11] 참조).

전체적인 선호도 문항의 각 향에 따른 남녀 차이를 보면 진하다/연하다 문항의 경우 레몬 향일 때만 남녀 간에 유의미한 차이를 보였고, 좋다/나쁘다 문항의 경우 라벤더, 로즈, 재스민 모두에서 남녀 간에 유의미한 차이를 보였다([그림 11-12] 참조).

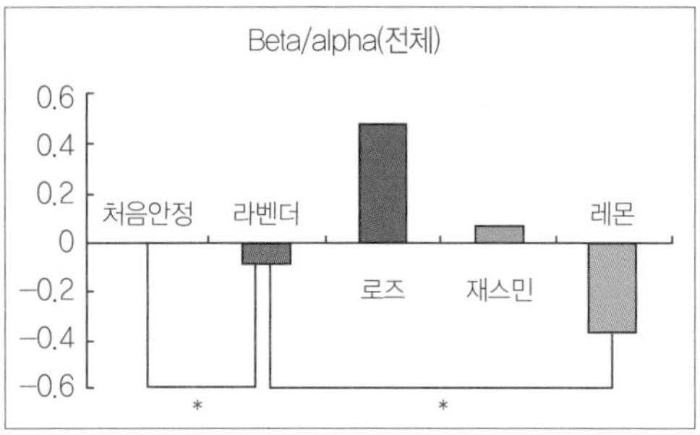

[그림 11-13] 전체 피험자의 쾌도(* p<0.05)

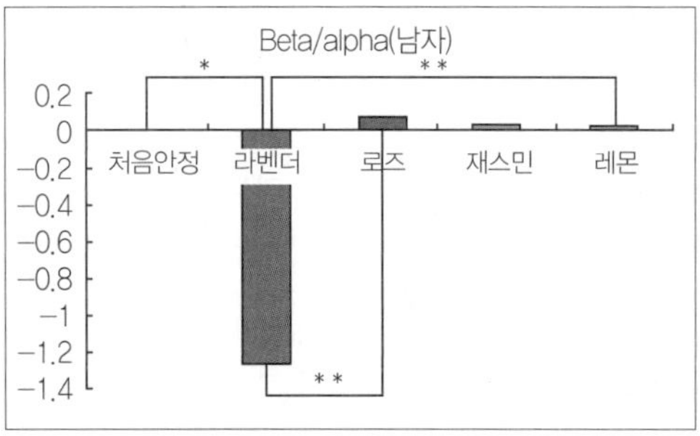

[그림 11-14] 남자피험자의 쾌도(*p<0.05, **p<0.01)

(2) 생리신호 분석결과

인간의 감성은 크게 쾌/불쾌와 긴장/이완으로 구분할 수 있는데, 이것을 구분하는 생리신호는 중추신경계의 반응과 자율신경계의 반응을 통하여 알아볼 수 있다. 이는 자율신경계에 의해 제어되는 생리신호인 피부 온도, 심전도와 쾌/불쾌 감성과의 관계를 살펴봄으로써 자율신경계의 반응만으로는 중립 근처의 쾌/불쾌 감성 영역을 명확하게 정량화하기는 부적합함을 제시하고, 중추신경계의 활동을 반영하는 뇌전위로부터 감성 변수 RQES 값을 구함으로써 쾌하거나 불쾌한 감성 상태를 정량화할 수 있음을 보인 연구(최정미, 1998)와 자율신경반응을 통한 인간의 각성/이완의 감성 파라메타를 추출한 연구결과들을 살펴봄으로써 알 수 있다(민병찬, 1999).

① 중추신경 반응(EEG)

향의 영향평가에 있어서 생리신호와 주관적 평가의 결과를 살펴보면 다음과 같다. 전체 피험자를 대상으로 각 향에 대한 베타/알파 값을 비교해 보면, 레몬－라벤더－재스민－로즈의 순으로 나타났다. 하지만 이에 대한 통계적인 유의차는 처음안정－라벤더, 라벤더－레몬에서만 유의하였다($p<0.05$). 따라서 라벤더는 쾌한 향으로 판명되었고, 레몬향은 라벤더에 비하여 더욱 쾌한 향으로 평가할 수 있다([그림 11－13] 참조).

남녀 차이에 따른 향의 차이를 살펴보면 다음과 같다. 남자 피험자의 경우에는 처음안정－라벤더($p<0.05$), 라벤더－로즈($p<0.01$), 그리고 라벤더－레몬($p<0.01$)의 사이에서 유의미한 차이를 보였다. 역시 라벤더는 남자 피험자의 경우에도 쾌한 향으로 평가되었고, 라벤더에 비해 불쾌한 정도가 레몬－로즈로 평가되었다([그림 11－14] 참조). 여자 피험자의 경우에는 레몬과 재스민이 쾌한 향으로 평가 되었지만, 통계적인 유의미한 차이는 보이지 않았다. 그러나 라벤더 향은 남자 피험자에 반하여 여자 피험자인 경우에는 통계적 유의미한 차이($p<0.05$)를 보이며 불쾌한 향으로 평가되었다([그림 11－15] 참조).

② 자율신경 반응(ECG, 피부 온도, GSR)

EEG의 반응이 쾌/불쾌 차원의 감성을 평가할 수 있는 척도라면, 각성(긴장)/진정(이완)의 영향을 평가할 수 있는 것은 자율신경계 반응이라 하겠다. 자율신경계 반응인 평균 심장 박동 변화율, 피부 저항, 피부온도 등의 생리신호 분석 결과를 살펴보자. 심장

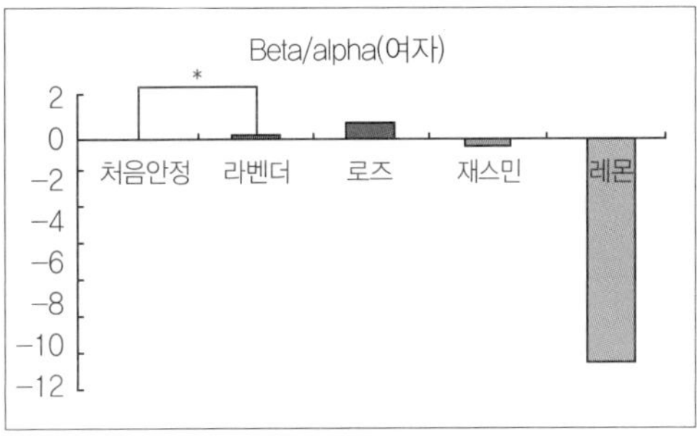

[그림 11－15] 여자피험자의 쾌도(*$p<0.05$)

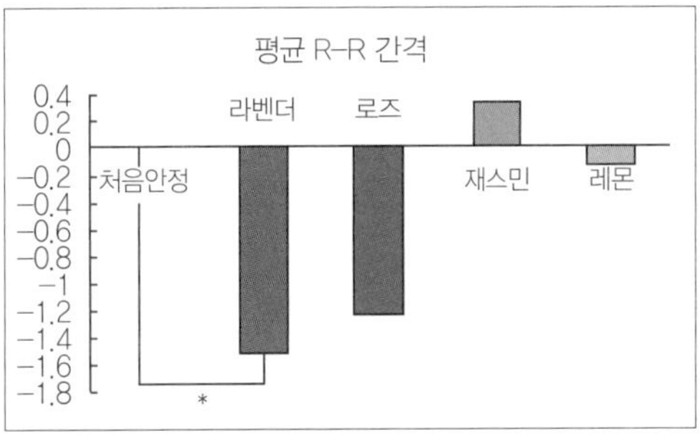

[그림 11－16] 향에 따른 평균 심박 수의 변화(*$p<0.05$)

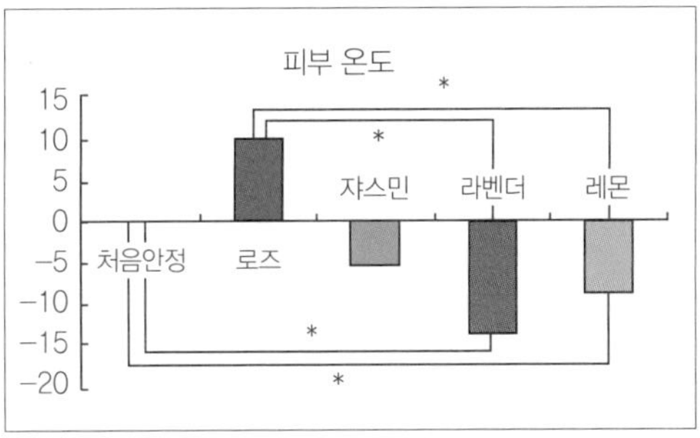

[그림 11－17] 향에 따른 피부 온도의 변화(*$p<0.05$)

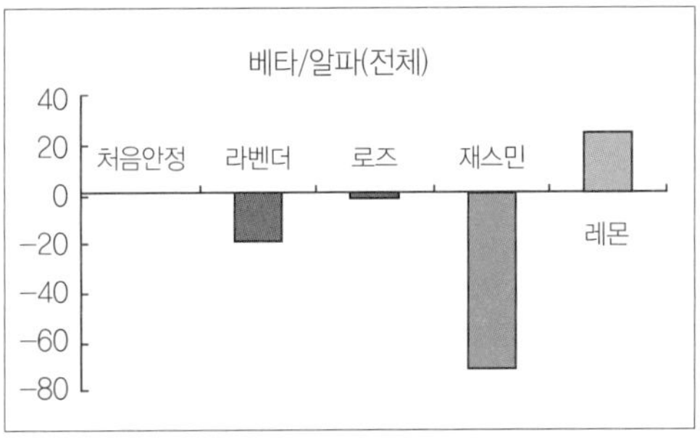

[그림 11－18] 향에 따른 피부저항의 변화(*$p<0.05$)

박동 변화율(평균 R−R 간격)은 안정에 비해 모두 감소하였고, 로즈−재스민−레몬−라벤더 순으로 좁아짐을 관찰할 수 있다([그림 11−16] 참조). 이 결과는 주관적 평가의 양극척도 제 2요인인 각성(긴장)/진정(이완)의 분석 결과에서 로즈−재스민−레몬−라벤더 순으로 로즈가 가장 긴장된다고 나타나 주관적 평가와 상관성을 가지고 있다. 그러나 로즈 향에서만 통계학적인 유의차를 관찰할 수 있었다. 피부온도의 변화에서는 로즈에서 피부 온도가 증가하고, 나머지 재스민, 레몬, 라벤더는 피부 온도가 감소함을 알 수 있다([그림 11−17] 참조). 여기에서 고찰해 보아야 할 사항은 각성(긴장)을 나타내는 향이 피부 온도를 감소시킨다는 일반적인 결과와 비교해 볼 때 서로 반대되는 결과를 나타내고 있다. 통계적 유의차는 관찰할 수 없었지만 피부저항의 변화는 레몬에서 피부 저항이 증가하였고, 나머지는 모두 감소하였다([그림 11−18] 참조). 주관적 평가의 결과와 비교해 보면, 라벤더가 가장 진정(이완)된다는 주관적 평가를 하였고, 피부저항은 가장 낮은 값을 나타내므로 상호 상관성을 가지고 있다.

4) 결론 및 토의

현재 향에 대한 연구가 활발히 진행되는 가운데 보다 쾌적하고 안락한 생활공간, 효율적인 작업 환경 및 인간의 여러 감성을 유발하는 향의 개발과 향에 대한 심리작용을 토대로 향 심리요법이 등장할 정도로 후각 요소에 대한 연구가 계속해서 발전되고 있는 추세이고, 국내 환경에 적합한 향의 연구가 절실히 요구된다.

이러한 연구 배경들과 이전의 연구결과(민병찬, 1999)들을 바탕으로 이 연구에서는 네 가지 향(Rose oil bulgarian, Lemon oil misitano, Jasmine abs, Lavender oil france)을 대상으로 전체적인 선호도와 향의 남녀 성별의 차이를 주관적 평가와 생리신호를 통하여 분석하였다.

중추신경계 반응을 통하여 쾌/불쾌 감성척도를 구분하였고, 이를 통하여 남녀 사이에 향의 선호도 차이를 평가하였다. EEG의 데이터 획득은 Fz와 Cz에서 행해졌으며, 주파수 스펙트럼 분석을 통하여 쾌도를 분석하였다.

전체 피험자를 대상으로 가장 쾌한 향은 레몬, 가장 불쾌한 향은 로즈로 평가되었지만 이에 대한 유의차는 없었다. 그러나 라벤더는 유의미한 차이($p<0.05$)를 가

지며 쾌한 향으로 평가되었다. 남자 피험자들을 대상으로 분석한 결과 라벤더가 가장 쾌한 향으로 평가되었고, 불쾌한 향인 로즈 향과 유의미한 차이($p<0.01$)를 갖고 쾌한 향과 불쾌한 향으로 구분되었다. 반면에 여자 피험자의 경우에는 가장 쾌한 향으로 레몬을 들었지만 유의미한 차이는 없었고 라벤더만이 불쾌향으로 평가되었다.

각성(긴장)/진정(이완)을 유발하는 향에 대한 자율신경계의 반응은 심장 박동 수, 피부 온도 변화와 피부 저항의 변화를 통하여 살펴보았다. 평균 R-R 간격 분석 결과, 로즈향이 가장 긴장도가 높게 나타났다. 피부 온도 분석 결과, 긴장할 때 피부 온도가 감소하리라는 예상과는 달리 평균 R-R 간격에서 긴장도가 높은 로즈가 피부 온도는 가장 높게 나왔다. 이것에 대한 정확한 이유를 알 수는 없었지만, 실험의 재현을 통해 다시 한번 검토해 볼 문제라고 생각된다. 피부 저항은 레몬이 가장 긴장된 것으로 나온 반면 라벤더가 가장 이완으로 나타났지만 전체적으로 유의미한 차이는 없었다.

이 연구는 피험자에게 향 자극을 제시함으로써 향 종류에 따라 서로 다른 생리신호의 반응을 나타냄을 알 수 있었고, 그 결과로서 제시한 향 자극이 피험자에게 쾌/불쾌, 각성(긴장)/진정(이완)의 영향을 미침을 알 수 있었다. 이러한 점을 고려할 때, 향이 사람에게 미치는 영향의 평가를 후각요소의 활용을 통한 상품개발에 이용함으로써 보다 높은 상업적인 효과를 가지는 제품을 개발할 수 있고, 그런 제품을 통해 인간에게 보다 쾌적한 환경을 제시하는 데 도움을 줄 수 있을 것이라고 예상된다.

지금껏 향의 연구는 일부 외국에서 행해 왔고 데이터 베이스 또한 국내 실정에 맞지 않는 것이어서 우리나라에 맞는 향의 구분이 어려웠다. 이 연구는 이러한 어려움을 해결을 하고, 더 나아가서는 국내 향장 산업에 큰 도움이 되리라 생각한다. 앞으로 성별뿐만 아니라 연령별, 직업별 등 다양한 분야에 대한 연구가 요구되고, 시간 강도곡선(time-intensity curve)을 이용한 향의 순응에 대한 연구 또한 중요하다고 생각된다.

요약하기

1. 후각에 있어서의 정동과 뇌의 역할

- 정동과 후각(냄새)감각 간의 유사성에 대해 이해해야 한다.
- 인간의 후각감각을 이해하려고 할 때 '정신적 블록'에 초점을 맞춰야 한다.
- 후각감각에는 다른 감각에서 발견되지 않은 특별한 성질이 있다.
- 정동의 기원은 호모사피엔스의 생물학적 과거에 있다는 점이다.
- 정동은 뇌 내의 행동 시스템의 모든 것과 관련되어 있다.
- 정동과 관련된 뇌의 구조와 경로는 변연계로 밝혀졌다.
- 후각감각은 정동과 직접적 관계를 갖고 있다.
- 후각유발전위(ERPs)에 대해 알아본다.

2. 후각감성연구 사례 1

- 향 자극에 따른 뇌파의 상호 정보량에 대해 이해한다.
- 뇌파의 상호 정보량은 두 사건 사이가 얼마나 밀접한 관계가 있는지 탐색한다.
- 향 자극 시 직업별(단순노무직, 판매직, 전문직) 뇌파의 상호 정보량에 대해 알아본다.
- 전문직에서는 상호 정보량의 유의한 변화가 전두엽 사이(F3F4)에서만 나타난 반면, 단순노무직과 판매직에서는 전두엽(F3F4),두정엽(P3P4),측두엽(T5T6) 사이에서 모두 나타났다. 또한, 단순노무직과는 달리, 전문직과 판매직은 선호도가 낮은 향에서 상호 정보량이 증가하는 경향을 보였다.

3. 후각감성연구 사례 2

- 뇌파와 자율신경계 반응에 대해 향의 영향평가에 대해 이해한다.
- 뇌파 및 자율신경계 측정 및 해석 방법에 대해 이해한다.
- 통계적 요인분석을 통해 주관적 평가법에 대해 이해한다.
- 주관적 평가의 양극 척도의 제 1요인인 '쾌/불쾌' 차원에서는 남녀 모두 레몬이 가장 쾌한 향으로 평가되었고, 불쾌한 향에서는 남자는 라벤더, 여자는 로즈가 가장 불쾌한 향으로 평가되었다. 제 2요인인 '각성(자극)/진정(이완)' 차원의 경우 남녀 모두 로즈가 가장 자극적인 향으로 라벤더가 가장 진정되는 향으로 평가되었다.
- 주관적 평가의 단극척도의 제 1요인인 '쾌' 차원에서는 남녀 모두 레몬–라벤더–재스민–로즈의 순위를 보이고 있고, '불쾌' 차원에서 남자는 로즈를, 여자는 재스민을 최우선으로 들었다.
- 뇌파분석 결과 라벤더 향은 남자 피험자에 비하여 여자 피험자인 경우에는 통계적으로 유의

미한 차이($p < 0.05$)를 보이며 불쾌한 향으로 평가되었다.
- 자율신경계 분석결과는 심장 박동 변화율(평균 R–R 간격)은 안정에 비해 모두 감소하였고, 로즈–재스민–레몬–라벤더 순으로 좁아짐이 관찰되었다.
- 주관적 평가의 양극척도 제2요인인 각성(긴장)/진정(이완)의 분석 결과에서 로즈–재스민–레몬–라벤더 순으로 로즈가 가장 긴장된다고 나타나 주관적 평가와 상관성을 가지고 있다. 피부 온도의 변화에서는 로즈에서 피부 온도가 증가하고 나머지 재스민, 레몬, 라벤더는 피부 온도가 감소함을 알 수 있었다.

참고문헌

민병찬, 정순철, 김상균, 민병운(1999). 운전 및 도로 상황에 따른 자율신경계의 반응. **감성과학 제2권 제1호**, 61-68.

민병찬, 정순철, 김상균, 민병운, 김철중(1999). 향이 뇌파에 미치는 영향. **감성과학회 추계 학술 대회 논문집**, 423-426.

민병찬, 정순철, 김혜주, 김수진, 신정상, 김철중(1999). 향의 이미지 인자구조: 남녀차에 관한 연구. **감성과학회 추계 학술 대회 논문집**, 417-422.

민병찬, 정순철, 오지영, 김유나, 김철중(1999). 자율신경계 반응을 이용한 향의 영향 평가. **감성과학회 추계 학술 대회 논문집**, 407-412.

박준하, 김병선(1991). **한국어 형용사사전**. 서울: 계명문화사.

백은주, 이윤영, 김완석, 이배환(1998). 성별에 따른 향 선호도 결정에 미치는 주관적 감성 요인. **한국 감성 과학회지**, 148-152.

백은주, 이윤영, 이배환, 문장현, 이수환, 한희철(1998). 뇌파와 자율신경계반응에 나타난 오렌지향과 valeric acid에 의한 후각 감성. **한국감성과학회지, Vol. 1, No. 1**, 105-111.

백은주, 이윤영, 하태환, 임재중, 이배환(1998). Lavender와 Jasmine으로 유발된 후각 감성에 대한 중추 및 자율신경계 반응. **한국감성과학회 추계학술대회 발표논문집**, 158-162.

최정미, 황민철, 배병훈, 유은경, 오상훈, 김수용, 김철중(1998). 단일 전극 뇌파에 의한 쾌, 불쾌 감성의 정량화. **감성과학 제1권 제1호**, 59-66.

B. C. Min, S. C. Chung, B. W. Min, S. K. Kim, J. H. Kim, S. J. Park, C. J. Kim(1999). Development of an apparatus to control odorous stimuli for precise measurements of human olfactory event-related potentials, *The 4th Asia-Pacific Conference on Medical*

& Biological Engineering.

Babloyantz, A., Salazar, J. M., and Nicolis, C. (1985). Evidence of chaotic dynamics of brain activity during the sleep cycle. *Physics Letter, 111A*, 152-156

Basar, E. (1988). *Dynamics of sensory and cognitive processing by the brain*. Berlin: Springer.

vonBékésy, G. (1964). Olfactory analogue to directional hearing. *Physiol, 19*, 369-374.

Bloch, I. (1934). *Odoratus Sexualis*. NY: The Panurge Press.

Brandl, U., Kobal, G., & Plattig, K. H. (1980). EEG correlates of olfactory annoyance in man. *In Olfaction and Taste VII. (ed. H. van der Starre)*. London: IRL Press.

Bull, N. (1951). The attitudinal theory of emotion. *Nervous and Mental Disease Monograph, 81*, 3-159.

Bult, N. (1944). The olfactory drive in dislike. *Journal of Psychology, 17*, 3-9.

Byung Chan Min., Soon Cheol Chung., Chul Jung Kim., Se Jin Park., Kang In Lee., Kyu Sik Kwon., Sang Gyun Kim., Byung Woon Min., Ji Young Oh., Jung Sang Shin., Jin Kyu Kang., and Kazuyoshi Sakamoto. (1999). Trial Measurement of Olfactory Event-Related Potentials: Assessment of Young and Elderly Adults, *Jpn J Taste Smell Res. Vol. 6*(3), 365-370.

Cabanac, M. (1971). *Physiological role of pleasure Science, 173*, 1103-1107.

Chiappino, G., Broich, G., Mascagni, P., & Picchi, O. (1998). Occupational olfactory changes: diagnostic trends. *Med. Lav, 89*(4), 283-291.

Covington, J. W., Geisler, M. W., Polich, J., & Murphy, C. (1999). Normal aging and odor intensity effects on the olfactory event-related potential. *Int. J. Psychophysiol, 32*(3), 205-214.

Craib, A. R., & Most, M. (1973). The Beckman EEG Handbook Beckman Institute. *Schiler Park, Ill*.

Crocker, E. C., & Dillon, F. N. (1949). Odor directory. *American Perfumer and Essential oil Review, 53*, 297-301, 396-400.

Dalton, P., Wysocki, C. J., Brody, M. J., & Lawley, H. J. (1997). The influence cognitive bias on the perceived odor, irritation and health symptoms from chemical exposure, Int. Arch. Occup. Environ. *Health, 69*(6), 407-417.

Daly, C. D., & White, R. S. (1930). Psychic reactions to olfactory stimuli. Brit. *I. Med. psychol, 10*, 70-87.

Davitz, J. R. (1969). *The Language of Emotion*. NY: Academic Press.

Empson, J. (1986). *Human Brainwaves*. London: Macmillan.

Engen, T. (1982). *Perception of Odor*. NY: Academic Press.

Fumio Terauchi, Mitsunori Kubo, Toshimasa Ohgama, and Hiroyuki Aoki(1996). Effect of Odors form Conferous Woods on Contingent Negative Variation(CNV). *J, Soc, Mat, Sci, Japan, Vol. 45, No4*, 397-402.

Gaillard, W., & Ritter, W. (eds.) (1983). *Tutorials in Event-related Potential Research: Endog-enous Components*. Amsterdam: North-Holland.

Geisler, M. W., Morgan, C. D., Covington, J. W., & Murphy, C. (1999). Neuropsychological performance and cognitive olfactory event-related brain potentials in young and elderly adults, J. Clin. Exo. *Neuropsychol, 21*(1), 108-126.

Gevins, A. A. S., Shaffer, R. E., Doyle, J. C., Cuttilo, B. A., Tannehill, R. S., & Bressler, S. L. (1983). Shadows of thought: shifting lateralization of human brain electrical patterns during a brief visuomotor task. *Science, 220*, 97-99.

Harada, H., Eura, Y., Shiraishi, K., Kato, K., & Soda T. (1998). Coherence analysis of EEG changes during olfactory stimulation, *Clin. Electroencephalogr, 29*(2), 96-100.

Harder, U. (1984). Physiological/psychological background to the reaction to fragrance. *Contact(Haarman and Reimer), 32*, 14-22.

Harper, R., Bate-Smith, E. C., & Land, D. G. (1968). *Odour Description and Odour classification*. London: Churchill.

Heath, R. G. (1986). The neural substrate for emotion. In R. Plutchik & H. Kellerma(eds.), *Emotion: Theory, Research and Experience, Vol. 3 Biological Foundations of Emotion*. NY: Academic Press.

Henkin, R. I., & Levy, L. M. (2001). Lateralization of brain activation to imagination and smell of odors using functional magnetic resonance imaging(fMRI): left hemispheric location of pleasant and right hemispheric localization of unpleasant odors, J. Comput. Assist. *Tomogr, 25*, 493-514.

Hinds, R. (1984). A phenomenological study of the sense of smell in visually handicapped children. *M. Sc. thesis*, University of Warwick.

Jeong, J., Gore, J. C., & Peterson, B. S. (2001). Mutual information analysis of the EEG in patients with Alzheimer's disease, Clin. *Neurophysi, 112*, 827-835.

Jones-Gotman, M., & Zatorre, R. J. (1988). Olfactory identification deficits in patients with focal cerebral excision. *Neuropsychologia, 26*, 387-400.

Kemper, T. D. (1978). *A Social Interactional Theory of Emotions*. NY: Wiley.

Kirk-Smith, M. D, Van Toller, S., & Dodd, G. H. (1983). Unconscious odour conditioning in human subjects. *Biological Psychology 17*, 221-231.

Kirk-Smith, M. D., & Booth, D. A. (1987). Chemoreception in human behaviour: experfmen-tal analysis of the social effects of fragrances. *Chemical Senses, 12*, 159-166.

Kobal, G., & Kettermann, B. (2000). Olfactory functional imaging and physiology. Int. J. *Psychophysiol., 36*, 157-163.

Kobal, G., Hummel, Th., & Van Toller, S. (1986). Olfactory and chemo-somatosensory evoked potentials from stimuli presented to the left and right nostrils. *Lecture given to Seventh Congress of the European Chemoreception Research Organization, Davos, Switzerland, 22nd-26th September*.

Kobal, G. (1981). *Elecktrophysiologische untersuchen des menschlichen Geruchssinns*. Stuttgart: Thieme.

Le Gros Clark,W. E. (1952). The structure of the brain and the process of thinking. In *The Physical Basis of Thinking*. Oxford: Blackwell.

Lorig, T. S. (2000). The application of electroencephalographic techniques to the study of human olfaction: a review and tutorial, Int. J. *Psychophysiol, 36*, 91-104.

Loveless, N. E. (1983). Event-related brain potentials and human performance. In A. Gale & J. A. Edwards(eds.), *Physiological Correlates of Human Performance*. London: Academic Press.

Lyman, B. J., & McDaniel, M. A. (1986). Effects of encoding strategy on long-term memory for odours, Quart J. Experiment. *Psychol, 38*, 753-765.

Maranon, G. (1924). Contribution a l'ētude de l'action emotive de d'adrenaline. *Revue Francais d'Endocrinologie, 2*, 301-325.

Maxwell, M. (1984). *Human Evolution: A Philosophical Anthropology*. Lodon: Croom Helm.

Moncrieff, R. W. (1977). Emotional responses to odours. *Soap, Perfumery and Cosmetics, 50*, 24-25.

Murphy, C., Morgan, C. D., Geisler, M. W., Wetter, S., Covington, J. W., Madowitz, M. D, Nordin, S., & Polich, J. M. (2000). Olfactory event-related potentials and aging:

normative data, Int. J. *Psychophysiol, 36*(2), 133-145.

Murphy, C., Nordin, S., de Wijk, R. A., Cain, W. S., & Polich, J. (1994). Olfactory-evoked potentials: assessment of young and elderly, and comparison to psychophysical threshold, Chem. *Senses, 19*(1), 47-56.

Na, S. H., Jin, S. H., Kim, S. Y., & Ham, B. J. (2002). EEG in schizophrenic patients: mutual information analysis, Clin. *Neurophysiol, 113*, 1954-1960.

Nidermeyer, E., & Lopes da Silva, F. H. (1993). Electroencephalography: basic principles, clinical applications, and related fields (3rd ed.). *Berlin, Heidelberg. New York, Springer*, pp. 27-62.

Potts, G. F., & Tucker, D. M. (2001). Frontal evaluation and posterior representation in target detection, Brain Res. Cogn. *Brain Res, 11*(1), 147-156.

Ruckmick, I. (1939). *Tlu Psychology of Feeling and Emotion*. NY: McGraw-Hill.

Rydzewski, B., Sulkowski, W., & Miarzynska, M. (1998). Olfactory disorders induced by cadmium exposure: a clinical study, Int. J. Occup. Med. Environ. *Health, 11*(3), 235-245.

Sachs, O. (1985). *The Man Who Mistoor his Wife for a Hat*. London: Duckworth.

Schachter, S., & Singer, J. (1962). Cognitive, social and physiological determinants of emotional states. *Psychol. Rev, 69*, 378-399.

Smith, F. V., van Toller, S., & Boyes, T. (1966). The critical period in the attachment of lambs and ewes. *Animal Behaviour, 14*, 120-125.

Solomon, R. C. (1977). *The Passions: The Myth and Nature of Human Emotion, Doubleday Anchor*. NY: Garden City.

Stern, R. M., Farr, J. H., & Ray, W. J. (1975). *Pleasure. In Research in Psychophysiology*. P. H. Venables & M. J. Christie(eds.). London: Wiley.

Suskind, P. (1985). *Perfume. The Story of a Murderer*. London: Hamish Hamilton.

Torii, S., Fukuda, H., Kanemoto, H., Miyauchi, R., Hamauzu, Y., & Kawasaki. M. (1998). Contingent variation(CNV) and the psychologicl effects of odour. *PERFUMERY, S. Van Toller, G. H. Dodd eds*, pp. 107, 120

van Toller, S. (1985). Odours and emotion. *A review prepared for Quest Infernational*. UK: Ashford, pp. 1-43.

van Toller, S., Hummel, Th., & Kobal, G. (1986). Odour localization and psychometric results from olfactory and trigeminal stimuli presented to the left and right nostrils.

Lecture given to the Seventh Congress of the European Chemoreception Research Organization, Davos, Switzerland, 22nd-26th September.

van Toller, S., Kirk-Smith, M., Sleight, D., & Wood, N. (1980). Hemispheric processing of odours. *Biotogical Psychblogy, 11*, 262.

van Toller, S., Kirk-Smith, M., Wood, N., Lombard, J., & Dodd, G. H. (1983). Skin conductance and subjective assessments associated with the odour of 5a-Androstan-3-one. Biol. *Psychol., 16*, 85-107.

van Toller, S. (1976). *The function of human emotion. Open lecture,* University of Warfwick.

van Toller, S. (1979). *The Nervous Body: An Introduction to the Autonomic Nervous System and Behauiaur*. London: Wiley.

Walk, H. A., & Johns, E. E. (1984). Interference and facilitation in short-term memdry of odors. *Perception and Psychophysics, 36*, 508-514.

Watts, G. O. (1975). *Dynamic Neuroscience: Its Application to Brain Disorders*. NY: Harper and Row.

Xu, J., Liu, Z., Liu, R., & Yang, Q. (1997). Information transmission in human cerebral cortex. *Physica D*, 363-374.

Yan Toller, S., Dodd, G. H. & Billing, A. (1985). Ageing and the Sense of Smell. *Charles C. Thomas, Springfield, Ill*.

Zald, D. H., & Pardo, J. V. (2000). Functional neuroimaging of the olfactory system in humans, Int. J. *Psychophysiol, 36*, 165-181.

Zatorre, R. J., Jones-Gotman, M. (1991). Human olfactory discrimination after unilateral frontal or temporal lobectom. *Brain 114*, 71-84.

찾아보기

인명

Bearden, W. O. 198
Bitner, M. J. 198

Czepiel, J. A. 198

Day, R. 197

Edwards, E. C. 226

Gilmore, R. 198

Kasik, D. J. 226

Norman, D. A. 225, 226

Oliver, R. L. 197, 198

Parasuraman, A. 198

Robitaille, B. 197

Swan, J. E. 198

Thompson, W. 197

내용

3D 프린팅 의류 164
3D 프린팅 직물 168
3차 신경 298
3차 신경자극물질 299
3차원 입체 022

affect 028
AHP 111
AI 271
CLI 229
CNT 157
CX 227
ECG 310
EEG 310, 317
feeling 027
GSR 310, 311
GUI 229
HCI 228
HRV 311
I.R.I 형용사 이미지 스케일 063

ICT 154
mood 028
OFC 306
QFD 111
SKT 310, 311
SPSS 310
TUI 229
t-검증 310
UI 227, 262
UI 화면설계서 245
UX 196, 266

가산 평균 300
가상 의류 피팅룸 173
각성 상태 290
감각 016
감각 형용사 056
감각지각 291
감성 016
감성 변수 316
감성 의류 031
감성 인테리어 030
감성 제품 030
감성 콘텐츠 031
감성 평가 방법 054
감성 품질 255
감성 형용사 054
감성공학 041, 257
감성어휘 185
감성적 인식 능력 016
감성품질 196
감수성 289
감정 형용사 057
감칠맛 025
개별 또는 통합된 정신 생리학적 반응체계 027
개인 맞춤형 의류 174
개인화 274
검지역치 296
계통발생학 287
고객만족 197
고바야시 형용사 이미지 스케일 061
공간해상도 085
공학적 접근 017
공학적인 특성 101
광혈류량도 078
교감신경계 077
국제 10/20 전극법 303
국제 10-20체계 086
기능적 자기공명영상 088
기본감성 078
기분 028
길항작용 077
깊이와 크기 022

냄새 285
뇌 지형도 087
뇌전도 085
뇌파 087, 295
뇨 294
느낌 027
니즈 100
니즈-제품사양 행렬 115
다중회귀분석 200
대뇌변연계 076, 285
대뇌피질 297
대표감성 186
두정부 299
디지털 의류패션 169
땀 294

마이크로볼트 298
말초신경계 076
매트릭스법 109
맥파 082
멘톨 298
모양 021
몰입 이론 233
무후각증 296
미각 감성 025
밀러의 법칙 233

바닐라 298
범위 계획서 102
변연계 288
변연대엽 288
부교감신경계 077
분산분석 310
불쾌향 289
불편성 188
비침습 수법 297
빅데이터 170

사건 관련 전위 087
사상관련전위 297

사용성 184, 225
사용성 테스트 236, 238
사용자 경험 196, 266
사용적 만족성 188
사지유도법 079
색상 020
생리적 각성 027
생리적 측정방법 189
서비스 블루프린트 241
선도 사용자 106
설문조사법 237, 238
센터페시아 258
수반음성변동 308
수축기 082
스마트의류 154
스테레오타입 300
시각 293
시각 감성 020
시각유발전위 298
시각피질 298
시간강도곡선 319
시간해상도 087
신경자극 298
신규성 188
심리생리적 반응 294
심리적 측정방법 189
심리학적 접근 017
심미성 188
심박률 079
심박변이도 079
심성모형 242
심전도 078
싸움-도주 반응 076

아드레날린 290
아마존 에코 225
안드로스테놀 295
안면근전도 078
안페타민 283
알렉사 225
양극 척도 316
양전자 방사 단층 촬영 301
엔트로피 301
요인분석 069, 186, 310
요인적재량 191
우마미 025
우수성 188
워드넷 060
유발전위 087
유발전위 297
유저 인터페이스 262
유전적 반응 285
유쾌성 188
유화수소 298
응답형 디자인 246
의류 추천 서비스 171
의미 분별법 066
인공지능 170, 271
인식 능력 016
인지 과정 293
인지기능 287
인지적 경험 027
인체공학 259
인터랙션 225, 230, 256
인터페이스 229
인포테인먼트 266

자기공명영상 085
자기보고 질문지형 척도 194
자발전위 087
자율 주행 자동차 254
자율신경계 076
잠복기 299
재구매 의도 198
전극 295
전두부 299
전략캔버스 241
전자섬유 156
접근성 231
정동 285
정동의 귀속이론 290
정보통신기술 154
정서 017
정신적 블록 282
정신측정 척도 294
정위능력 300
정황 240
제1뇌신경 298
제임스-랑게 이론 076
제품 만족도 198
제품 반응 카드 067
제품사양 101
제품사양 목록 112
조기전위성분 299
존재 형용사 058
주관적 요소 294

주관적 평가스케일 191
중추신경계 084
즐거움 231
지각 019
지성적 인식 능력 016
지적 모방 286

철학적 접근 016
청각 293
청각 감성 022
체성신경계 076
체취 294
촉각 감성 024
측두 299
친화도법 109

캐넌-바드 이론 076
코히어런스 분석 301
쾌향 289
크론바흐 알파 계수 196
클러스터 258

타액 294
탄소나노튜브 157
테슬라 225

파워 스펙트럼 297, 301
판별분석 297
패턴 021
퍼소나 240
평가 형용사 058
표현된 행동 027
품질기능전개 111
프로토타입 240
플라시보 290
플루치크 235
플루치크의 감성의 바퀴 234
피드백 256
피부의 전기적 활동 295
피부전기반응 296
피부전기활동 078
피부전도반응 081
피부전도수준 081
피어슨 상관관계분석 200
피츠의 법칙 233

하이브리드 차량 260
한국감성과학대상 204
핵자기공명영상 089
향수 292
헬스케어 161
현대적인 코 294
혈류 내 산소 수준 089
혈액 294
호문쿨루스 024
호오 028
호흡률 080
호흡성 동성 부정맥 080
화면설계서 245
화학수용기관 284
확장기 082
후각 282
후각 감성 026
후각기능검사기 299
후각유발전위 298
후기전위성분 299
후두부상 298
후상피 298
후신경 298
휴리스틱 평가 235

저자 소개

김보성(Boseong Kim) [1장 담당]
충남대학교 대학원 심리학과 졸업(문학박사)
공주대학교 그린홈에너지기술연구소 연구교수
충북대학교 심리학과 초빙조교수
한국감성과학회 학술위원장
한국생리인류과학회 편집위원장
한국인지및생물심리학회 인지학습심리사 자격관리위원
현) 동의대학교 철학상담・심리학과 조교수

박재희(Jaehee Park) [2장 담당]
KAIST 대학원 산업공학과 졸업(공학박사)
한국생산성본부 선임위원
한국표준과학연구원 선임연구원
영국 노팅엄 대학교 박사후연구원
한국인간공학기술사회 회장
대한인간공학회 학술 부회장
한국감성과학회 산학 부회장
현) 한경대학교 대학원 산업시스템공학과 교수

도성룡(Sungryong Do) [3장 담당]
상명대학교 대학원 컴퓨터과학과 졸업(컴퓨터과학박사)
현대차그룹 현대오트론 품질팀 선임연구원
한국방송통신전파진흥원 ICT 기금평가위원
ACM TOSEM Journal Reviewer
한국정보처리학회 논문심사위원
한국정보과학회 논문심사위원
한국IT서비스학회 논문심사위원
ISO/IEC 15504 및 A-SPICE 심사원
CMMI 심사원

이영창(Youngchang Lee) [4장 담당]
충남대학교 대학원 심리학과 졸업(문학박사)
한국감성과학회 학술위원
현) 한국생리인류과학회 편집위원

김진호(Jinho Kim) [5장 담당]
서울대학교 대학원 통계학과 졸업(이학박사)
한국표준과학연구원 책임연구원
국가참조표준센터 운영위원회 운영위원장
국가기술표준원 전문위원
국가통계위원회 위원
한국감성과학회 회장
대한인간공학회, 대한설비관리학회 이사
현) 공주대학교 산업시스템공학과 교수

이은주(Eunjou Yi) [6장 담당]
연세대학교 대학원 의류환경학과 졸업(이학박사)
미국 노스캐롤라이나 주립대학교 객원 연구원
한국감성과학회 편집위원장
한국섬유공학회 평의원/편집위원
한국의류학회 편집위원
Fibers and Polymers(SCIE) 자문편집위원
현) 제주대학교 패션의류학과 교수

김춘정(Chunjeong Kim) [7장 담당]
연세대학교 대학원 의류환경학과 졸업(이학박사)
현) 연세대학교 심바이오틱 라이프텍 연구원 전문연구원
　 성균관대학교 겸임교수

정상훈(Sanghoon Jeong) [8장 담당]
KAIST 대학원 산업디자인학과 졸업(공학박사)
삼성전자(주), 삼성중공업(주), 디자인드림(주) 수석디자이너
한민대학교 전임강사, 디지털미디어연구소장
목원대학교 인력개발원장, 산업디자인학과장
미국 신시내티 대학교 객원 연구원
한국연구재단 인문사회연구본부 문화융복합단 전문위원
한국디자인학회(KSDS) 이사, 일본감성공학회(JSKE) 정회원
한국감성과학회(KOSES) 부회장, 한국감성과학대상 운영위원장
현) 목원대학교 미술 · 디자인대학 산업디자인학과 교수

나대열(Daeyol Na) [9장 담당]
홍익대학교 국제디자인전문대학원 디자인학 전공 박사과정
SK텔레콤 UX팀 팀장
LG전자 디자인센터 수석연구원
KAID 한국산업디자이너협회 이사
감성과학회 대외협력분과 국제위원회 이사
HCI학회 학술위원, HCI Korea 2019 조직위원
서울디지털닥터단 자문위원
기초조형학회 정회원
현) 대우전자 디자인센터 전략UX디자인 팀장

주다영(Dayoung Ju) [10장 담당]
서강대학교 영상대학원 미디어공학과 졸업(공학박사)
대한UX전문가협회 회장
대한산업공학회 ie매거진 편집위원
한국HCI학회 부회장, 편집위원, HCI Korea 2020 조직위원장
국가기술표준원 자율주행자동차 국제표준 전문위원
산업통상자원부 초연결-자율주행차 산업융합혁신사업 기획위원
현대기아자동차/BMW/SKT/삼성전자/삼성디스플레이/엘지전자/엘지디스플레이 자문교수
현) 연세대학교 글로벌융합기술원 기술과디자인연구센터 교수/센터장

민병찬(Byungchan Min) [11장 담당]
일본 국립 전기통신대학 대학원 졸업(공학박사)
한국표준과학연구원 선임연구원 및 그룹장
대전광역시 4차산업혁명위원회 위원, 대전광역시 과학기술위원회 위원
국가과학기술지도(NTRM) 작성위원, 한국연구재단 융합과학분과 전문위원
민주평화통일 자문회의 위원, 한국생리인류과학회 회장, 한국감성과학회 수석부회장
대한인간공학회 부회장, 한국산업경영시스템학회 부회장, IBC 인명센터 아태지역 부의장
대한민국 '국가 과학기술유공' 포장 서훈 및 대통령 표창 수상, 한빛대상(과학기술부문), 대한민국인물대상 수상, 대한민국사회공헌대상 수상
현) 국립한밭대학교 산업경영공학과 교수

감성과학
응용과 실제

Science of Emotion & Sensibility
Application and Practice

2019년 3월 1일 1판 1쇄 인쇄
2019년 3월 5일 1판 1쇄 발행

지은이 • 한국감성과학회 편
김보성 · 박재희 · 도성룡 · 이영창 · 김진호 · 이은주
김춘정 · 정상훈 · 나대열 · 주다영 · 민병찬

펴낸이 • 김진환
펴낸곳 • ㈜ 학지사
04031 서울특별시 마포구 양화로 15길 20 마인드월드빌딩
대표전화 • 02-330-5114 팩스 • 02-324-2345
등록번호 • 제313-2006-000265호

홈페이지 • http://www.hakjisa.co.kr
페이스북 • https://www.facebook.com/hakjisa

ISBN 978-89-997-1920-2 03180

정가 20,000원

저자와의 협약으로 인지는 생략합니다.
파본은 구입처에서 교환해 드립니다.

이 도서의 국립중앙도서관 출판시도서목록(CIP)은 서지정보유통지원시스템 홈페이지(http://seoji.nl.go.kr)와 국가자료공동목록시스템(http://www.nl.go.kr/kolisnet)에서 이용하실 수 있습니다.
(CIP 제어번호: CIP2019006570)